아들러 심리학 해설

What Life Should Mean to you

A. 아들러 · H. 오글러 지음 | 설영환 옮김

도서 선영사

아들러 심리학 해설

1판 1쇄 인쇄 / 1987년 02월 01일
1판 1쇄 발행 / 1987년 02월 10일
4판 2쇄 발행 / 2016년 03월 20일
5판 1쇄 발행 / 2022년 01월 10일

지은이 / A. 아들러 · H. 오글러
옮긴이 / 설영환
편집 기획 / 김범석
표지 디자인 / 정은영
편집 디자인 / 정은영, 김범석

펴낸이 / 김영길
펴낸곳 / 도서출판 선영사
주 소 / 서울시 마포구 서교동 485-14 영진빌딩 1층
TEL / (02)338-8231~2 FAX / (02)338-8233
E-mail / sunyoungsa@hanmail.net

등 록 / 1983년 6월 29일 (제02-01-51호)

ISBN 978-89-7558-279-0   03180

ⓒ Korea Sun-Young Publishing. co., 1987

·잘못된 책은 바꾸어 드립니다.

아들러 심리학 해설

What Life Should Mean to you

A. 아들러 · H. 오글러 지음 | 설영환 옮김

Prologue
인간의 절대성을 찾아

인간의 마음을 탐구하는 길에서 우리는 위대한 인물과의 만남을 통하여 새로운 발견과 위안을 느끼게 된다.

알프레드 아들러Alfred Adler는 다른 심리학파의 이론가들과는 달리 인간심리 전인간성의 인식을 강조하여 인간 심리의 심층을 이해함으로써 우리 스스로 인간성을 되찾도록 이끌어 준다.

독특한 관념으로 인간을 이해하고 설명해 주고 있는 아들러 심리학은 그 선배격인 프로이트 심리학과 궤를 달리한다. 또 같은 시대에 그 발전 단계를 거친 융 심리학과도 축을 달리한다.

오늘날에 있어서 아들러 심리학은 환자를 치료하는 데에 쓰이거나 문제 아들의 교육에 원용되고 있으며, 학술적인 평가에도 많은 심리학도들로부터 관심과 연구의 대상이 되고 있다.

이 책은 아들러 심리학의 중심을 쉽게 이해할 수 있도록 엮는 데 주안점을 두었다. 바로 아들러 자신의 주요한 저술이며, 아들러 심리학의 모든 것이 설명되고 있는 저서를 주축으로 엮은 해설서이다. 이 책을 엮는 데 종합된 책은 다음과 같다.

제1부 :《Alfred Adler ; The Man & His Work》, Hertha Orgler

제2부 :《What Life Should Mean to You》, Alfred Adler

제3부 :《Personality》, C. S. Hall 외

뜻있는 독자 여러분의 따뜻한 성원을 빌면서 미흡함을 자위하고자 한
다.

1987년 1월
편역자 씀

Contents

제1부
평전 — 길을 이루는 삶

Alfred Adler The Man & His Work

H. 오글러

Alfred Adler; The Man & His Work, Hertha Orgler

평범한 아동, 비범한 목표의식

알프레드 아들러는 1870년 2월 7일 오스트리아 빈에서 곡물상을 하던 레오폴트 아들러의 6남매 중 둘째로 태어났다.

아동기의 아들러는 매우 병약했다. 구루병척추가 구부러지거나, 뼈의 변형으로 안짱다리 등의 성장 장애가 나타나는 병을 앓았으며, 때때로 후두 경련을 일으켜서 큰소리로 비명을 지를 때는 질식의 위험이 따를 정도였다. 아동기의 아들러에게 가장 충격을 주었던 사건은 바로 아래 동생이 그의 옆 침대에서 죽어간 사건이었다. 그로 인해 어린 아들러에게는 삶과 죽음이라는 문제가 커다란 마음의 과제로 움트기 시작했다.

다음 해에 그 자신도 중증의 폐렴을 앓게 되었다. 회복의 가망이 없다는 의사의 선고를 엿들으며, 어린 아들러는 마음속에 굳은 결심을 하게 되었다. 당시 의학계에서도 못 고친다는 병을 그 자신은 고칠 수 있는 사람이 되겠다는 것이었다. 그때 꼭 의사가 되겠다는 결심을 했다고 한다. 동생을 잃고, 자신도 죽을지 모르는 상황에서 죽음과 싸우는 의사가 되겠다고 마음속에 새긴 다짐은, 훗날 그가 모든 사람의 아픔을 자기 것으로 여기는 소양 깊은 의사생활을 하게 하였다.

아들러의 허약함은 부모에게 응석을 부리게끔 했다. 그의 어머니는 교육을 많이 받지는 못했지만, 아버지만큼 지성적이었으며 매우 헌신적인 여성이었다. 그의 아버지는 이 아들에게 많은 기대를 하고 있었으므로, 언제나 아들에게 도움을 주고자 하였다. 그는 아들이 모든 일을 심사숙고하여 처리하도록 교육했다. 그는 언제나 "모든 일을 당연하다고 생각해서는 안 된다", "모든 일은 스스로 해결해야 한다"는 말을 주지시키곤 하였다. 이것은 아들러의 삶에 있어서 평생 하나의 신조가 되었다.

아들러의 가족이 사는 펜치히에는 드넓은 목장과 밭이 있었다. 마침, 구루병 치료에 맑은 공기와 따뜻한 햇볕이 좋다는 의사의 지시대로 아들러는 이곳에서 마음껏 뛰어놀 수 있었다. 또한, 다른 아이들과 어울리면서 용기와 동료 의식 및 사회성을 키울 수 있었다. 그는 노년이 되어서도 이 시절을 회상하며 "다른 사람들과 사귀기를 좋아하는 나의 기질은 어린 시절부터 싹터온 것이다."라고 말하기도 하였다. 그러다가 언젠가 그가 실수로 친구를 다치게 하는 일이 발생했다. 그 이후로 그는 절대로 밖에 나가 놀려고 하지 않았으며, 단지 집 안에서 책을 읽거나 물건을 만들며 시간을 보냈다.

그는 매우 평범한 아이로 자랐다. 중학교에 들어가서는 수학 성적이 매우 저조해서 유급을 거듭했다. 그러자 그의 선생님은, 그에게는 자랑할만한 특기도 없으니 학교를 그만두게 하고 구두 가게에나 보내 기술을 배우게 하는 것이 어떻겠냐고 그의 아버지에게 충고하기도 했다. 훗날 아들러는 "그때 아버지가 그 충고대로 나를 구두 가게에 보냈다면 그런대로 솜씨 있는 구두 수선공이 됐을지는 몰라도, 수학에 자질이 없어도 성공할 수 있다는 것은 평생 믿지 못하셨을 것이다."라고 회상했다. 아버지는 선생님의 충고에도 불구하고 그를 계속 학교에 보냈다. 그리고 그는 새로운 각오로 열심히 수학 공부를 한 결과, 마침내 어떤 수학 문제도 척척 풀 수 있게 되었다. 그 이후로 아들러는 수학에 관한 한 누구보다 뛰어난 실력을 과시하여 주위 사람들을 놀라게 했다.

삶을 지키려는 노력

아들러는 그의 학창 시절에 심리학·철학·정치학·경제학 및 사회학 등을 두루 섭렵했다. 의과대학 진학시험을 통과한 후, 그는 빈 대학에서 의학을 공부했다. 의사가 되겠다는 그의 결심은 아주 어린 시절부터 이미 싹트고 있었다. 그는 심리학이나 철학 강의에도 출석했다. 전공 중에서는 병리해부학이 특별히 그의 흥미를 끌었다. 또한, 그는 사회 문제나 사회적 위치에 관해서도 관심을 기울였다. 그는 가난한 급우의 숙제를 도와주거나, 그의 집을 방문함으로써 사회 제반의 문제에 관한 적절한 경험을 쌓기도 했다.

아들러는 1895년, 의사 시험을 치르고 빈 병원에서 일하게 되었다. 그리고 1898년에는 안과 전문의로 개업했다. 그 후 그는 일반개업의가 되었다. 그는 환자를 하나의 증례에 불과하다고 생각하지 않았다. 그는 병이란 것을 결코 별개의 것으로 생각하지 않고 인격 전체로 이해하고자 했다. 즉, 정신적 과정과 신체적 과정 사이에 있는 깊은 연관성을 이해하려고 노력했다.

그리하여 그의 훌륭한 진단과 뛰어난 치료 능력은 그의 명성을 너욱 높여 주었다.

그는 중금속을 응용해서 암을 치료하고자 연구하기도 했다. 언젠가 당뇨병 환자를 치료하면서 속수무책이었던 체험이 그에게 심각한 영향을 준 것이다인슐린이 아직 발견되지 않았을 때였다. 그는 그저 환자의 죽음을 지켜볼 수밖에 없었다. 죽음에 관한 이러한 무력감은 그를 몹시 힘들게 했다. 그로 인해 그는 일반개업의를 그만두고, 더욱 지원이 가능한 치료 분야에 뛰어들 것을 결심했다. 그때 그는 크라프트에빙Kraft-Ebing의 강의에 힘입어 신경학으로 전향을 했다.

이처럼 바쁜 생활 가운데서도 그는 다른 분야에도 관심을 가졌다. 심리학과 철학의 연구를 계속하는 동시에 사회과학에도 눈을 돌렸다. 그는 인간을 전인全人으로 이해하여 그 정신적·육체적 통일성과 사회적인 존재 양식을 이해하고자 했다. 이 한 인간에 대한 전체적인 이해는 인간의 정신적 과정을 이해하는 데 있어 커다란 도움이 되었다. 마침내 그는 신경학자로서, 정신의학자로서 국제적인 명성을 얻게 되었다. 그리고 많은 나라에서 그의 치료를 받기 위해 환자들이 몰려들었다.

아들러는 자신의 업무에 충실한 가운데 사교적인 모임에도 빠지지 않았다. 특히 친구들과 어울리는 것을 좋아했는데, 그럴 때마다 그의 표정은 더할 나위 없이 즐거워 보였다. 사실 그에게는 많은 친구가 있었으며, 가족들과의 관계도 매우 친밀했다. 아들러는 이러한 자신의 노력으로 옛날 자기가 느꼈던 불안을 보상받고 싶었다.

19세기가 끝나갈 무렵, 그의 삶에 두 가지 커다란 변화가 일어났다. 그 한 가지는 학문과 사상의 자유를 찾아서 제정 러시아 차르 정부를 떠나 오스트리아로 유학 온 진취적이고 아름다운 라이사 에프슈타인을 만나 교제 끝에 결혼에 이르게 된 일이고, 다른 하나는 프로이트를 만난 일이었다.

1902년 아들러는 프로이트의 권유로 토론 모임 〈수요 심리학회〉에 참가하게 되었다. 그것은 다만 프로이트의 학설에 흥미를 느꼈기 때문이었다. 또한, 그는 프로이트 심리학파의 잡지 편집진에 참여하기도 했다. 그러나 그는 처음부터 프로이트와는 많은 점에서 견해를 달리하고 있었다. 특히 그는 성적 욕구를 기본적 욕구로 보는 프로이트와 다르게 '기관열등organic inferiority'의 중요성을 강조했다. 1907년에 발간된 그의 저서 《기관열등에 관한 연구》는 다소 프로이트적 경향을 띠고 있기는 했지만, 그 보다 새로운 견해가 많이 담겨 있다. 그 뒤 아들러는 〈정신적 생활에 있어서 프로이트의 성욕설에 대한 비판〉을 주제로 한 일련의 강의에서 자신의 입장을 표명한 뒤, 1911년 7명의 회원과 함께 이의서를 제출하고 그 모임에서 탈퇴했다. 아들러가 특히 반박한 대목은 성충동의 학설을 정신적 생활의 기본 요소로서 노이로제 환자나 정상적인 사람도 적용시킨다는 부분이었다. 아들러의 견해로는 그러한 것들은 절대적인 요인이 아니라 개인적인 갈등 속에서 빚어진 소재이며 수단에 불과한 것으로 생각했다.

그 이후 그는 7명의 회원과 함께 〈자유정신분석협회〉를 결성했는데, 1912년 그 명칭을 〈개인심리학협회〉로 변경했다. 프로이트와의 결별에 대한 아들러의 해명은 후년에 이르러 매우 객관적이었다고 보여진다. 굳이 결별의 이유를 들자면, 두 과학자의 매우 다른 객관적 견해였다고 할 수 있을 것이다. 두 사람의 학설에 관심을 가졌던 융은 그들의 결별이 두 심리학자만의 문제가 아니라, 프로이트와 아들러의 인생관 사이에 거리가 있음을 말해 주는 것이라고 지적했다. 예를 들면 종교에 대한 프로이트의 적대적 태도와 아들러의 호의적인 태도가 그것이다.

1934년 나는 뉴욕의 한 강연회에 참석하게 되었는데, 그때 사랑에 관한 아들러의 강연은 많은 사람을 감동하게 했고 마침내 사회자는 청중에게 기립 박수를 치도록 부탁했을 정도였다. 아들러는 성욕보다는 사랑을 더 중시했다. 그는 사랑과 행복을 정당화시키기 위하여 성욕과 쾌감 원칙을 인정하지 않았다.

아들러가 프로이트의 도움을 많이 받았음은 부인할 수 없을 것이다. 그러나 반론 또한 무시할 수 없으리라. 사실 프로이트 심리학파의 정신분석학도 아들러의 개념을 받아들여 그 이론 체계를 확충할 수 있었다.

새로운 퍼스낼리티의 정립

아들러는 프로이트의 학설에 반대하는 새로운 개념을 제2의 중요한 저술인 《신경증적인 체질》에서 전개하였다. 그는 이 책에서 '개인심리학'이라는 용어를 유일하고 분리할 수 없는 개체로서의 인간 ― 통일체로서의 인간 ― 에 관한 그의 새로운 심리학적 개념에 있어서 가장 적절한 표현으로 채택했다.

어떠한 생명 현상도 별개로 볼 것이 아니라, 항상 개인 전체와 관련지어서 봐야 한다는 것이 그의 주장이었다. 아들러는 개인 전체를 연구하면서, 사람은 누구든지 어떤 목표를 향해 노력하고 있다는 생각에서 일을 추진했다. 일반적으로 어떤 사람의 목표를 알게 되면 그를 이해하기가 한결 쉬워질 것이다. 이러한 목표를 탐구하는 관찰법을 우리는 '목표율'이라 부른다.

그것은 이유를 찾는 관찰법, 즉 '인과율'의 반대다.

아들러는 최초로 정신 활동에 있어서 목적성을 인식한 사람이다. 그의 말에 따르면 목표를 향한 모든 인간의 노력은 아래에서부터 위로 일어난다는 것, 즉 '마이너스의 상황'을 떠나 '플러스의 상황'으로 향한다는 것이다. 그렇다고 해서 아들러가 유전 이론을 부인한 것은 아니다. 그의 《저서 기관열등에 관한 연구》에서 그는 신체적인 여러 특징의 유전적 중요성을 특히 강조했는데, 그와 동시에 유전되는 것은 능력뿐이며, 특이성 그 자체는 아니라고 주장하고 있다.

인간의 발달은 사실에 영향을 받기보다는 이 사실에 대해 갖게 되는 의견에 더 큰 영향을 받는다. '한 개인의 우주관을 바탕으로 하는 생활관이 그 사람의 생각·감정·의지·행동을 좌우한다'는 것이 아들러의 견해였다.

정신생활에 대한 통찰

최초의 기억이 인간의 정신생활 속에 깊이 관류한다는 인식은 아들러의 가장 위대한 발견 중 하나이다. 최초의 4, 5년간의 어린 시절이 그 이후의 발달에 결정적인 영향을 끼친다는 착상에서 출발하여, 아들러는 가장 최초의 기억에 큰 흥미를 느꼈다. 그러한 기억은 사는 방식이 이루어지는 동안의 시기로 되돌아가기가 쉽기 때문이다. 이러한 기억들은 정확한 사실인지 어떤지는 그리 중요하지 않다. 설사 그 기억들이 변경된 것이거나 상상적인 것이라 하더라도, 그 기억은 인생에 관한 인간의 특이한 태도를 밝혀주게 될 것이다.

사람은 수많은 유년기의 상황이나 일화 속에서 한 가지 특별한 것을 골라내어 기억한다. 그것으로 그 사람의 중요한 관심이 이 사건에 집중되어 있다고 추정할 수 있는데, 아들러의 의견에 의하면 이러한 관심이야말로 그 사람의 인생 스타일에 관한 어떤 결론을 도출해 내는 열쇠라는 것이다. 이 이론을 입증하기 위해 아들러는 100명 이상의 의사들에게 그들 유년기의 첫 기억을 질문했다. 그 결과 대부분 의사의 첫 기억이 중병이나 가족의 죽음과 관계가 있음을 알아냈다. 아들러는 또 가족 가운데 사망자가 있는 어린이들에게 장차 무엇이 되고 싶은지를 물었다. 남자아이들 대부분 '의사'라고 대답했으며, 여자아이들은 '간호사'라고 대답했다. 때로는 '화학자'나 '약사'라고 대답하는 아이들도 있었다.

일반적으로 유아기의 기억을 분석해서 알 수 있는 것은, 다음과 같은 아들러의 말에 잘 표현되어 있다.

"극히 조심스럽게 전진하고 다년간의 경험을 통한 결과, 우리는 이제 유아기의 기억을 통해 삶의 방식의 어떤 그릇된 방향도 사회적 관심의 결여나 그 반대의 경우도 발견할 수 있다. 한 개인이 '우리'의 상황과 '나'의 상황 중 어느 편을 선택하느냐에 따라, 그 어머니의 이야기를 추론하여 그의 문제를 더 잘 해명할 수가 있다. 위험이나 사고 또는 벌을 기억한다는 것은 인생의 적대적 측면을 보는 경향이 있음을 나타낸다. 형제·자매의 출생에 얽힌 기억은 사랑의 관심권에서 벗어났다는 추측을 가능하게 한다. 유치원이나 초등학교에 입학한 첫날의 기억은 새로운 경험 때문에 새겨진 깊은 인상을 담고 있다. 병이나 죽음에 대한 기억은 대부분 공포와 연결된 것이지만, 의사나 간호사로서 더 충분한 조건을 갖춘 다음에 이 위험들과 부딪치고 싶다는 생각과 연결된 경우가 더 많다."

어머니와 함께 시골에서 보낸 휴일에 대한 기억이나 다정한 분위기에서 어머니·아버지·할아버지·할머니와 같은 사람들과 나누었던 이야기에 대한 기억은 이 사람들에 대한 선택인 동시에 다른 사람들에 대한 배제를 나타낸다. 도둑질과 거짓말, 성적 기행性的奇行과 같이 자신의 나쁜 행동에 대한 기억은 이런 고약한 행동을 피해야겠다는 노력을 보이는 것이다. 인생 최초의 기억은 여러 종류의 다른 경향 ─ 시각적이건, 청각적이건, 운동적이건 ─ 을 보여준다. 그러므로 이러한 것들은 우리를 도와 학교의 몇몇 과목에 있어서 실패의 원인이나 잘못된 직업 선택의 원인을 밝혀준다. 또한, 더 나아가서는 어떤 사람에게 그 사람의 삶에 있어서 더욱 적절한 직업을 선택할 수 있도록 도와주기도 한다.

아들러 자신의 아동기에 대한 회상은 매우 흥미롭다.

"부모님이 여행을 떠나야만 했다. 그래서 나와 형은 남아서 여자 가정교사의 보호를 받게 되었다. 아버지가 돌아왔을 때 진기한 광경이 벌어졌다. 나는 책상 위에 서서 큰 소리로 유행가를 부르고 있었다. 그 노래는 닭이 도살되는 것을 보고 슬퍼하는 한 여자의 이야기를 내용으로 한 것인데, 닭이 무척 가엾다고 하는 그 여인의 말끝에 '만일 이 수탉의 불행이 그다지도 당신의 마음을 아프게 한다면, 왜 항아리나 냄비를 당신의 가엾은 남편에게 던지는가' 하는 후렴구가 반복된다."

아들러는 이 기억에 대해 "나는 모든 요소가 하나의 조화된 전체 속에 통일되어 있는지 어떤지에 흥미를 느끼고 있다"고 스스로 해석했다. 그렇지만 그 이상의 것은 추론할 수가 없다. 통일성에 관한 그의 탐구 이외에 우리는 후렴의 기억 속에 말과 행동 사이의 모순에 관한 관심을 발견할 수 있다. '나는 노래하고 있었다'는 청각형을 보이며, '기묘한 광경이 벌어지고 있었다'는 시각적 흥미도 나타내고 있다. 그리고 '나와 형은 여자 가정교사의 보호를 받았다.'라는 '우리'라는 상황에서 그가 매우 잘 발달한 사회적 관심이 있었다고 판단할 수 있다. '나의 형'이란 형제의 경쟁 관계를 의미할지도 모른다. 어머니가 아니라 아버지가 나타났다는 것은, 그가 어머니보다는 아버지를 더 사랑하고 있었기 때문일 것이다. '나는 책상 위에 서 있었다'는 대목에서는 현재의 자신보다 더욱 커지길 원한다는 것을 알 수 있으며, 그가 큰 꿈을 품고 있다는 것 또한 알 수 있다. 전체적인 상황은 명쾌함을 띠고 있다.

어떤 상상적 체험에 관한 아들러의 또 다른 기억을 통해 우리는 그의 삶의 방식에 관해 많은 것을 추론할 수 있다.

"큰 병을 앓고 난 후, 나는 처음으로 학교에 가게 되었다. 내 기억에 의하면 통학 길에는 공동묘지가 있었는데, 나는 그곳을 지나갈 때마다 항상 두려움을 느꼈다. 나는 한 걸음 한 걸음 걸을 때마다 공포와 전율이 온몸을 덮치는 것을 느꼈는데, 다른 아이들이 태연스럽게 묘지를 지나가는 것을 보게 되면 당황하지 않을 수 없었다. 이 공포감으로 인해 야기된 심한 불쾌감 말고도 나는 다른 아이들보다 겁쟁이라는 생각 때문에 몹시 고민하고 있었다. 그러던 어느 날, 드디어 이 죽음의 공포와 '작별'하리라 결심했다. 나는 자신을 단련하는 방법을 스스로 선택했다. 나는 일정한 거리를 두고 다른 아이들의 뒤를 슬며시 따라가 내 가방을 묘지 근처에 놓고 왔다. 그리고 다음에 그것을 가지러 가는 것을 12번이나 거듭한 끝에 겨우 두려움을 극복할 수 있었다. 그 뒤로는 전혀 공포감을 느끼지 않고 이 통학 길로 다닐 수 있었다고 기억한다."

중년에 이르러 어느 날 아들러는 1학년을 함께 다닌 옛 급우를 만나게 되었다. 그들은 어렸을 때의 추억을 서로 얘기하게 되었는데, 아들러는 그에게 공동묘지의 일에 관해 물었다. 그런데 그 급우는 공동묘지를 전혀 기억하지 못했다. 아들러 자신은 그 묘지를 선명하게 기억하고 있었으므로, 여러 사람에게 같은 질문을 해 보았으나 그들은 한결같이 공동묘지 같은 것은 금시초문이라는 표정들이었다. 그래서 아들러는 이 기억이 상상으로 만들어진 것이며, '죽음의 공포를 극복하고 싶다는 간절한 소망에서 나온 하나의 시적인 꿈'이었음을 인정했다. 어쩌면 교회에 달린 묘지가 그의 마음속에 심어준 커다란 공포감으로 인해 그에게 생생한 기억을 불어넣었다고 할 수 있을 것이다.

아들러는 사람의 기억은 시키는 대로만 하지 않고, 다만 그것들을 선택할 뿐이라고 말했다. 그는 항상 기억을 창조해 내는 것은 삶의 방식이라는 사실을 강조했다. 그의 견해에 의하면, 어렸을 때 똑같은 경험을 겪은 사람들도 각각 다른 방식으로 각양각색의 기억을 창조해 낸다는 것이다.

삶에 있어서 중요한 고비

사람들은 누구든지 공동체에서, 더 엄밀하게는 공동체의 구속력에서 벗어날 수 없다. 인간이라는 것은 서로 사랑을 주고받는 존재임을 의미한다. 외톨이로 고립된 인간은 자연의 노예가 되어 버리고 만다. 이 점을 인간들은 잘 알고 있다. 자기 혼자서는 자연의 힘에 굴복하게 되므로, 인간은 가족과 종족이라는 무리를 필연적으로 형성하고 있었다. 그들은 힘을 합쳐 위험과 맞서 싸웠으며, 함께 신을 공격했다.

협력은 여성에게도 남성에게도 요구되었다. 법률은 공동체에 해를 가한 사람들을 벌하기 위하여 만들어졌다. 모든 사람은 공동체에 적응하고 거기에서 자기 일을 찾아야만 했다. 그런데 그러한 현상은 오늘날에 이르기까지 그다지 변함이 없다. 언어라는 것도 공동체 생활 속에서 서로서로 이해하기 위하여 발달하게 된 것이다. 이처럼 모든 기능은 공동체에 관련해서 발달하고, 모든 생활에서 활동은 협력으로 인해 이루어졌다. 이러한 활동은 출생과 함께 시작된다. 먼저 갓난아기의 '자아'는 어머니라는 '타자他者'와 부딪히게 된다. 어린이가 어머니의 젖가슴에서 젖을 빨 때, 이 젖 빨기를 아들러는 사디즘성적 대상에게 고통을 줌으로써 성적인 쾌감을 얻는 이상 성행위 행위가 아니라 최초의 협력으로 생각했다. 어머니의 부푼 젖가슴은 갓난아기와 타협하는 것이다. 어머니가 갓난아기에게 영양과 에너지를 주는 것은 신성한 자연의 행위이다. 어머니와 갓난아기의 협력에 의해서만 갓난아기는 살아갈 수가 있다.

어린이에게 사회적인 관심을 각성시키고, 그것을 발달시키거나 억제하는 일은 어머니만이 할 수 있는 일이다. 어머니가 아이를 기르는 방법과 아이에게 미치는 영향은 아이의 장래 생활에 있어서 매우 중요하다. 그러나 가끔 어머니들이 이러한 일의 중요성을 의식하지 못하고 있는 때도 있다. 아이가 어릴 때, 어머니는 아이에게 다른 사람에 관한 관심을 일깨우는 일을 미처 생각하지 못하고 있다. 그래서 어린이는 이 점에서는 인생에 대한 준비가 미처 갖춰지지 못한 상태로 성장하게 된다. 그래서 이러한 부족함을 보완하고 다른 사람에 대한 아이의 관심을 각성시키는 일은 학교의 임무가 된다.

우리는 처음 보는 사람이라 할지라도, 그들이 인간적인 사랑을 나누고 있는지 어떤지를 느낄 수 있는 수가 있다. 적대감을 품고 있는 시선이나 멸시하는 듯한 시선, 또는 공허한 표정 등은 다른 사람에 관한 관심의 결여를 표현하고 있는 경우가 많다. 우리는 또한 상대방의 얘기에 귀를 기울이는 태도로 미루어 보아 그 사람이 사랑을 나누고 있는가 아닌가도 판단할 수 있다.

인간이란 원래 아주 밀접하게 연결된 존재라는 아들러의 이러한 생각은 오늘날에 와서 더욱 명확해지고 있다. 그러나 아들러는 다른 사람들로부터 종종 인간의 집단을 다루지 않는다는 비난을 들어왔다. 그러나 그는 다만 맹목적인 복종을 원치 않았고, 이해할 수 있는 대등한 관계를 기대했을 뿐이다. 그가 추구하는 것은 자기희생이 아니라, 자신과 인류를 위하여 오로지 그 능력을 발전시킬 수 있길 원했던 것이다. 또한, 아들러는 자신의 저서와 강연 등에서 사회적 관심의 중요성을 곧잘 강조했는데, 그것으로 인해 흔히 종교적 교리를 주장한다고 오해를 받기도 했었다. 그러나 그는 옳지 않은 종교를 설교하는 일을 거부하고, 자신은 다만 과학의 견해을 고수하면서 사실을 설명할 뿐이라고 말했다.

직업에 대한 견해

세상에는 자신이 어떤 직업을 선택해야 할지를 결정하지 못하고 고민에 빠져 있거나, 그 어떤 분야에도 적응하지 못하고 자꾸만 직업을 바꾸는 사람들이 있다. 또는 시험 때만 되면 갑자기 의기소침해지거나, 병에 걸렸을 때는 그 병으로부터 도피하여 병마와 싸우기를 포기해 버리는 사람도 있다. 이러한 사람들은 심한 열등감을 가지고 있는 것이 보통이다. 게으름도 바로 이 열등감이나 호전적인 태도의 징후인 경우가 많다.

자신의 직업에서 실패를 거듭하는 사람들이 있는가 하면, 자신의 직업을 위해서만 살아가고, 그 밖의 다른 일에는 관심을 두지도 않는 사람이 있다. 이처럼 자신의 직업에 관한 일에만 빠져 있는 사람 또한 인생에 대해 그릇된 태도를 보인다고 할 수 있다. 그들을 좀 더 세밀하게 관찰하면, 이러한 직업에 대한 지나친 열성은 대개 다른 골치 아픈 문제들로부터의 도피를 의미한다. 이는 사회적인 관심에 몰두함으로써 자신에게 주어진 과제를 피하고자 스스로 선택한 하나의 도피 책이며, 그러한 직업에서의 성공을 그들 자신의 우월에 대한 욕구를 충족시킨다.

아들러는 과장된 야심이 목적 달성을 방해하는 문제에 있어서 심리학적인 설명을 제시한다고 주장했다. 과장된 야심은 우리의 마음에 과도한 심적 긴장을 초래하여 능력의 완벽한 진행을 억제해 버린다. 그래서 결국 과장된 야심은 작업 능력을 촉진하기는커녕, 오히려 그것에 제한을 가하는 것이다. 간혹 혼자 하는 일에서는 곧잘 능력을 발휘하는 사람이 다른 사람과의 협력해야 하는 일에는 도무지 아무런 능력도 발휘하지 못하는 경우가 있다. 이러한 사람들의 사회적인 관심은 지나칠 정도로 약한 것이 보통이다. 그들은 인류가 의존하고 있는 협력에 대한 자세가 전혀 되어 있지 않은 사람들이다.

장래의 직업에 대비하여 어린이들에게 적절한 준비를 시키는 단계로서 학교의 중요성은 대단히 크다. 아들러는 어린이들 각자가 자신의 장래 직업에 대해 생각해 보는 기회를 얻게 하려고 자신이 장차 되고 싶은 사람에 관한 글짓기를 하도록 학교 당국에 요청하기도 했다. 어렸을 때부터 직업을 선택하는 문제에 관해 생각하고 스스로 결정을 하게 되면 어린이들은 그것에 대해 일종의 연습을 시작하게 되는데, 이러한 연습은 그들이 나중에 다른 직업을 갖게 되더라도 매우 유용한 경험이 된다.

사랑과 결혼

사랑과 결혼은 협력의 한 방법이다. 그러나 단지 두 사람만의 행복을 위한 협력이 아니라, 인류의 복지를 위한 협력이 되어야 한다는 점을 잊어서는 안 된다. 그러나 이에 대해 아들러는 불완전한 생각을 하고 있었다. 왜냐하면, 그 누구도 사랑이나 결혼에 관해서 일반적이거나 확실한 것을 말할 수 없다는 견해를 가지고 있었기 때문이다. 다만 여기서 아들러가 지적하고 싶었던 것은, 사랑이라는 것은 두 사람을 위한 공동의 작업이며 사랑의 결론이 결혼으로 나타난다는 것을 강조하려 했던 것 같다.

사람을 사랑하는 방법은 그 사람의 모든 인격의 표현 가운데 하나이다. 그것은 그 사람의 삶의 방식과 매우 밀접하게 연결되어 있으므로, 우리는 그 사람의 연애 문제에서 삶의 방식을 추론해 낼 수 있으며, 반대로 그 사람의 삶의 방식에서 연애 관계를 추측할 수도 있다. 그리하여 사람은 자신과 상대의 인생 방식을 이해하게 됨으로써 불행한 연애나 결혼의 혼란에서 벗어나기도 한다.

아동기에 사랑에 관한 그릇된 관념을 가지게 된 남성들은 그들이 성장하면서 접하게 되는 문학이나 예술로 인해 더욱더 그런 생각이 확고해져 점점 여성을 멀리하게 된다. 우리 자신은 불행한 연애가 인간에게 어떠한 영향을 미치는가를 예측할 수 없다. 그것은 그 사람의 삶의 방식에 따라서 달라지는 것이다. 어려움으로부터 도피하거나 그다지 노력하지 않고 인생을 살아가는 사람에게는 불행한 연애가 곧 인생에 있어서 하나의 난관이 될 수도 있겠지만, 어려움을 극복하는 일을 수없이 경험한 사람에게는 그 불행한 연애 역시 극복할 수 있는 문제 중 하나에 불과하다. 그러한 문제를 어떻게 극복하느냐 하는 것은 용기 있는 사람과 의기소침한 사람의 차이에 지나지 않는다.

많은 사람이 사랑이란 것은 결혼 후 상대방의 사랑에 의하여 눈이 떠지는 것으로 생각하고 있다. 그러나 그런 생각은 잘못된 것이다. 왜냐하면, 그렇게 생각한 결혼은 으레 불행해지기 때문이다. 결혼한 두 사람은 서로의 협력 없이는 더 나은 길을 발견하지 못한다. 개인심리학의 도움으로 불행한 연애나 결혼은 반드시 예정된 것이 아니고, 그 대신 자신의 그릇된 태도가 모든 문제를 일으키고 있다는 점을 알게 된다. 이러한 통찰들은 그들의 불안정한 결혼을 재고하게 해 주고, 아울러 새로운 행복을 발견하거나 그들의 결혼에 있어서 사랑을 재창조할수 있게 해 준다.

인생문제에 대한 자세

우리의 인생 문제를 성공적으로 해결하기 위해서는 사회적 관심이 절대적으로 필요하다. 사회적 관심이 존재하지 않는다면, 우리는 크나큰 잘못을 범하게 될지도 모른다. 문제아나 범죄자, 혹은 노이로제 환자·성도착자들을 세밀하게 관찰해보면, 그 어느 경우에도 그들이 다른 사람에게 관심이 있지 않다는 것을 알 수 있다.

아들러는 정상인과 비정상인 사이에 특별한 구분을 짓지 않는다. 다만 그의 견해로는 전자는 좀 더 작은 잘못을 범하고, 후자는 그보다 눈에 띄는 잘못을 범한다는 차이가 있을 뿐이라는 것이다. 그는 이러한 문제를 정도의 차이로만 보고 있다. 이것이 부분적 또는 전면적으로 인생에서 실패한 사람들을 보는 그의 기준이다. 그는 그들에게서 일부러 결점을 찾아내려고 하지 않는다. 또한, 비난도 하지 않는다. 그는 어떻게 이 사람들을 이해해야 하는가, 그리고 그들은 자신들을 어떻게 이해할 수 있는가 하는 문제를 제시하여, 그들을 치료하는 방법을 가르쳐 준다.

이론의 적용

아들러는 개인심리학의 이론을 다만 실제에서 기초로만 대했다. 그의 학설의 가장 두드러진 점은, 실천에 있어서 개인심리학에 그 역점을 두고 있다는 사실이다. 이전에는 모든 인간이 일상생활 속에서 실천할 수 있는 과학적 방법 같은 것은 존재하지도 않았으나, 오늘날에는 개인심리학의 반대자들까지도 실제로 인정할 수밖에 없는 놀랄 만한 업적이 존재한다.

아들러는 절대로 성격을 도덕적 판단의 한 대상으로는 생각하지 않았다. 그는 인간의 목적과 노력이 한 덩어리가 된 길에 빛을 제시하여 어둠을 밝혀주었다. 그는 이 지식을 실천하는 데 있어서의 가르침을 바탕으로 지도하였다. 인간이 출발점에서부터 올바로 양육된다는 것은 그 인간의 전 발달과정에 있어서 무척 중대한 사실이다. 어른들은 그들 자신의 눈으로 어린이를 보게 되기 때문에, '어른'과 '세계'에 대한 어린이의 경험을 도무지 이해하지 못하는 것이다. 그런 사고방식은 어린이에게는 존재하지 않는 것을 어린이에게 주입하게 되는 커다란 위험이 뒤따르기도 한다.

아들러의 말에 의하면, 어른들은 곧잘 어린이에게서 끌어낸 것을 다시 어린이 속으로 집어넣는 일을 한다는 것이다. 개인심리학은 이와는 전혀 다른 방법으로 어린이를 관찰한다. 그것은 어린이의 삶의 방식을 발견해 내고, 그 목적을 찾아내고자 노력한다. 아들러는 어린이들의 마음을 읽는 데 매우 뛰어나서, 어린이의 생각에 맞추어 그것을 완벽히 이해할 수 있을 정도로 자신을 어린이에게 융합시킨다.

아들러가 문제아를 만난 후, 만약 자신이 그 아이의 처지에 있고 그 아이와 같은 그릇된 인생관을 가지고 있었더라면, 아마 아들러 자신도 그와 같은 행동을 했을 것이라고 말하곤 했다. 어린이는 일정하게 형성된 성격적 특성을 가지고 태어나는 것이 아니라, 선천적으로 타고난 능력을 자신이 가진 창조력으로 발달시킬 뿐이라는 아들러의 주장은 교육에 새로운 가능성을 시사했다. 삶의 방식은 최초의 4, 5년간에 걸쳐 형성되는 것이므로, 이 시기의 양육은 무엇보다도 중요하다. 그리고 어린이의 양육을 맡게 되는 쪽은 어머니이며, 그 영향은 어린이의 발달에 있어서 가장 큰 의미를 지니고 있다.

아들러는 거듭해서 어린이 교육에 대한 어머니의 중요성을 강조했다. 많은 어머니가 자녀를 본능에 따라서 양육하게 되는데, 그들은 이러한 방법이 유일한 방법이라고 주장한다. 그러나 이 본능적인 방법의 결과는 항상 좋지 않았고, 흔히 문제아들에게서 이러한 본능적인 방법으로 양육된 경우를 많이 볼 수 있다. 다른 사람을 올바로 교육하기 위한 선행 조건은 바로 자기 교육이다. 다른 사람을 교육하는 사람은 우선 어린이들에게 자신의 우월함을 나타내는 행동을 피해야 한다. 이상적인 교육자가 갖추어야 할 조건으로는 이해·자애·명랑·신뢰성·인내력, 그리고 낙천주의적인 사고가 좋다. 교육의 힘을 확신하는 사람만이 어린이의 정신 안에 감추어진 모든 능력을 발달시킬 수 있다.

자녀들을 비교적 순조롭게 기르고 있는 부모들은 어떤 문제가 발생하게 되면 커다란 충격을 받게 된다. 그러나 어린이는 외부에서 오는 영향들을 그 자신의 창조력으로 동화시키는 경향이 있다. 많은 사람이 생각하듯이, 교육자 개인의 생각대로 되는 것이 아니라, 발달 과정에서의 어린이들이 가진 생각들이 직접적인 역할을 하는 것이다. 어린이는 처음부터 자신의 인생 문제와 직접 부딪칠 수 있도록 준비되어야 한다. 또한, 실패를 미리 방지하기 위해서는 열등감을 그 근원에서부터 없애야만 한다.

아들러의 경우 응석받이라는 말은 어린이 자신으로부터 독립적인 사고를 빼앗거나 혼자의 힘으로 어떤 일을 해내는 기회를 주지 않고, 어린이가 자신의 능력을 발휘하는 것을 방해하거나 기생충이나 다름없는 존재로 키운다는 것을 의미한다. 어린이에게 되도록 일찍부터 독립적인 상태를 만들어 주는 것이 애정을 기울이면서도 응석받이가 되지 않게 하는 유일한 방법이다. 응석받이는 어떤 중병을 앓고 난 후에 나타나는 경우가 많다.

아들러는 오이디푸스 콤플렉스 또한 과잉보호의 결과로 나타난 인위적인 산물로 간주하고 있다. 그러나 아들러는 남자아이가 어머니를 차지하고자 하는 성적 욕구는 아주 드문 일이라고 말했다. 그것은 대체로 아버지의 권위를 받아들이길 거부하는, 흔히 과잉 보호된 어린이가 갖게 되는 힘에 대한 무한정의 욕구라는 것이다. 무시된 어린이들이 적대적인 감정을 품게 되는 일은 흔히 있는 일이다. 이러한 무시된 어린이의 범주에는 정말 무시되어 있는 어린이 이외에도 실제로는 무시되어 있지 않지만, 어린이 편에서 무시 내지는 방해당하고 있다고 생각하는 어린이들까지도 포함해야 한다.

우리는 가능한 한 어린이가 인생에 대해 적대적인 감정을 품게 되는 일을 막아야 한다. 그런 태도는 언제나 그 어린이의 열등감을 심화시키는 결과가 되기 때문이다. 잔소리나 나무람 등은 결과적으로 어린이의 열등감을 부추기는 데 지나지 않는다. 물론 그릇된 행동이나 버릇없는 행동을 무시해도 된다는 말은 아니다. 그러나 어린이의 결점을 고치기 위하여 굳이 야단칠 필요까지는 없다. 어린이의 감정을 상하게 하는 말보다는 그 문제에 대해 간접적으로 시사함으로써 스스로 잘못을 인정하도록 하는 편이 낫다.

개인의 심리학 교육은 충분히 습득이 가능한 기술이다. 개인심리학의 방법은 어린이를 충분히 이해하고, 권위에 의해 어린이의 성격 발달이 방해되는 것을 거부하는 것이다. 다시 말하면 간접적인 방법을 쓰는 대신, 절대로 힘을 사용하지 않고 어린이를 바른길로 이끄는 데 힘쓰는 것이다. 어린이가 적극적인 적응력과 낙천주의·용기·자신감 및 사회적인 관심 등을 나타내게 되었을 때, 그리고 다른 사람과 협력하여 사회에 이바지한다는 사실을 깨닫게 되었을 때, 비로소 교육자는 자신의 소임을 다했다는 뿌듯함을 느끼게 된다.

치료의 길

개인심리학에는 특별히 엄격한 원칙이라는 것이 없고, 환자 각 개인의 사정에 따라 적용할 수 있도록 심리요법으로 방향이나 조언을 제공할 뿐이다.

아들러는 일부러 엄격한 체계를 이루지 않도록 주의를 했다. 그의 생각에 의하면, 상담자의 삶의 방식이 치료 방법을 결정하는 것이긴 하지만 의사와 학생을 위한 강좌 등에서 대강의 윤곽을 보여주고 있고 그의 몇 권의 저서에서도 그러한 뜻을 뚜렷이 보여주고 있다.

첫째, 환자와의 접촉을 시도해야 한다. 둘째, 환자의 인생 방식이 잘못됨을 이해시켜야 한다. 셋째, 환자를 격려해야 한다. 넷째, 환자의 사회적 관심을 발달시켜야 한다. 환자의 저항을 극복하고 신뢰를 얻기 위해서는 상담자의 완벽한 기술이 요구된다. 환자에게는 절대로 권위를 내세워 말하지 말고 친구의 입장이 되어 말해야 하며, 환자의 적극적인 협력에 의해서만 치료할 수 있다는 것을 인식시키는 일에 최선을 다하는 것이 그 방법이다. 또한, 아들러는 환자를 너무 심하게 다루지 않도록 경고한다. 그는 심리학자들에게 명랑함과 다정함으로 환자들을 설득하도록 충고한다.

개인 심리학자는 상대방의 삶의 방식을 발견하는 데 있어서 아무런 곤란도 느끼지 않는다. 그는 환자가 방에 들어서는 모습에서부터 악수하는 자세·시선·몸짓들로 미루어 그 환자가 얘기를 시작하기 전에 이미 어떤 결론을 짐작할 수 있다. 의사는 보통 환자의 삶의 방식을 즉시 파악할 수도 있다. 그런데 이러한 통찰이 체득되기 전까지는 환자를 다루는 데 아무래도 많은 시간이 걸리게 된다. 우리는 환자의 불평에 귀를 기울이고 그것들이 발생하게 된 원인을 찾아낸다. 이렇게 하여 판명된 사실은, 우리가 환자에게 적절한 도움을 주는 데 필요한 훌륭한 자료가 된다. 그리고 환자에게는 미리 결론을 말하지 않는 편이 좋다. 왜냐하면 이 결론을 바탕으로 우리는 그의 삶의 방식을 추측해야 하기 때문이다.

환자가 이제까지 보여왔던 증상들이 치료된 이후에도, 우리는 완치되었다고는 간주하지 않는다. 환자 자신의 문제를 직접 대면하여 스스로 극복해 냈을 때야 비로소 진정한 완치를 선언한다. 또한, 개인 심리학자들은 '정신' 과 '육체'의 통일성에 절대적인 믿음을 가지고 육체적인 검진 없이는 절대로 상담을 시작하지 않는다. 의사가 아닌 정신요법자들은 항상 의사와 함께 일 해야 한다.

때로는 육체의 치료가 필요한 때도 있다. 아들러는 다른 심리학파의 이론 과 더불어 철학과 교육학에도 완전한 지식을 습득하도록 요구한다. 이러한 사람을 특히 상담자로서 적합하다고 생각했다. 아들러는 독선적인 사람을 제외하고는 의학이나 교육학을 연구한 사람은 누구라도 상담자로서 적합 하다고 생각했다.

내 경험에 의하면, 낙천적이고 명확하며, 인내심이 있고, 적극적이고, 긍정 적인 생각을 하는 사람들이 특히 개인 심리학자로 적합한 것 같다. 나는 아 들러가 단 한 번도 다른 사람을 비판하거나 꾸짖는 것을 본 적이 없다. 그 는 이따금 어떤 상황을 단 한마디의 말이나 단 한 가지의 몸짓으로 시사할 뿐이었다. 인간성에 관한 그의 독특한 이해심은 가장 복잡한 성격과 상황 의 통찰까지 가능하게 했다. 또한, 그의 뛰어난 유머 감각은 마음이 극도로 굳어져 버린 환자들의 마음까지도 사로잡았다.

개인심리학의 의의

아들러의 개인심리학은 문제아·노이로제 환자·범죄자 등의 치료에 있어 서 눈부신 업적을 이룩했다. 그의 개인심리학은 과학적인 경험과 지식을 바탕으로 하여 삶에서 실패한 사람들에게 새로운 목표와 그것을 이룰 수 있는 방법을 제시했을 뿐 아니라, 비교적 적응이 잘된 사람들까지도 자기 자신이나 다른 사람을 이해할 수 있는 길을 가르쳐 주고 있다.

오늘날에 와서는 많은 사람이 '인생 스타일'과 '열등감' '성공욕' '독자적인 우월에 대한 욕구' '권력욕' 등의 말을 유행어처럼 사용하고 있다. 그러나 아들러 학설에서의 진지함과 완벽한 지식만이 그의 학설의 진수를 알게 하고, 살아 있는 인간의 원동력을 이해할 수 있게 해 준다. 개인심리학의 가장 독특한 점은 인간성에 대한 포괄적인 지식을 가르칠 수 있다는 데 있다. 그리고 이러한 관점에서 볼 때, 개인심리학은 인간이 좀 더 행복한 삶을 영위할 수 있도록 실제적인 도움을 주고 있는 것이라고 할 수 있다.

제2부
삶의 심리학 이해

What Life Should Mean to You, Alfred Adler

A. 아들러

제 *1* 장
인생의 의미

Alfred Adler; The Man & His Work, Hertha Orgler

우리 인간들은 수많은 의미의 영역 속에 살고 있다. 우리가 경험하는 것은 결코 순수한 것만은 아니다. 다만, 모든 건 언제나 인간에게 의미 있는 사실이라는 것이다. 우리의 경험부터도 이미 그 근원은 우리의 인간적인 목적으로 규정되어 있다. '나무'는 인간과의 관계에 있는 나무를 의미하는 것이며, '돌'은 그것이 인간 생활의 한 요소일 수 있다는 전제하에서의 돌을 의미한다. 만약 어떤 사람이 여러 가지의 의미로부터 도망쳐서 사실에만 전념하려고 한다면 그 사람은 매우 불행해질 것이다.

그는 자신을 다른 사람들로부터 고립시켜 버릴 것이며, 그의 행동은 자기 자신에게 있어서나 다른 모든 사람에게 있어서나 무익한 것이 되어 버릴 것이다. 한마디로 말해서 무의미한 것이 되어 버릴 것이다. 그러나 어떠한 인간도 의미 없이는 살아갈 수 없다. 우리가 현실을 경험하는 것은 항상 우리가 현실에 부여한 의미를 통해서이며, 우리는 현실 자체가 아니라 이미 무엇인가로 해석된 것으로서의 그것을 경험하는 것이다.

그러므로 이 의미라는 것이 언제나 미완성된 것, 불완전한 것이 아니라 결코 완전할 수 없다고 생각하는 것은 당연하다. 수많은 의미로 가득 찬 세계는 과실로 가득 찬 세계이다. 우리가 어떤 사람에게 "인생의 의미란 무엇입니까?" 하고 묻는다면, 그는 선뜻 대답할 수 없을 것이다. 일반적으로 사람들은 이 문제로 수없이 고민하기도 하지만 어떤 해결을 얻어내는 것 같지는 않다.

그러나 이 문제가 인간의 역사만큼이나 오래된 것이며, 오늘날에도 많은 젊은이가 — 그리고 나이를 먹은 사람도 — "그런데 인생은 무엇 때문에 있는 걸까? 인생에는 어떤 의미가 있는 것일까?" 하고 자주 부르짖는 것도 당연한 일이다. 그렇지만 우리는 그들이 그런 질문을 던지는 것은, 단지 패배를 맛보았을 때만이라고 할 수 있다. 인생의 작은 돛단배가 순탄하게 고요한 물살을 가르며 나아가고, 어려운 시련에 부닥치지 않았을 때는 그들은 결코 이런 질문을 던지지 않는다. 모든 사람이 이 질문에 대답하는 방법은 그의 행동을 통해서이다.

우리가 그가 하는 말에 대해 귀를 막고 그의 행동만을 관찰한다면 그가 그만의 고유한 개인적인 인생의 의미가 있으며, 그가 하는 모든 행동·표현 방식·야심·습관·성격의 특징 하나하나가 그의 인생의 의미와 합치된다는 사실을 알 수 있을 것이다. 그는 마치 인생을 어떤 일정한 것에 근거를 두고 이해하고 있는 것처럼 행동한다. 그의 모든 행동의 밑바닥에는 세계 및 자신에 대한 일정한 암묵의 평가, 다시 말해서 '나는 이러이러한 사람이고 세계는 이러이러하다'라는 판단과, 그가 자신에게 그리고 인생에 부여한 의미가 가로놓여 있다.

인생의 의미를 정의 내리는 것은 인간의 수만큼이나 다양하며, 그런 의미는 많건 적건 간에 모두 약간씩의 차이를 갖고 있다. 절대적인 인생의 의미를 가진 사람은 한 사람도 없다. 또한, 어디에든 도움이 될 수 있는 의미라든가 아니면 절대로 다르다고 단정 내릴 수 없다. 모든 의미는 이 두 극한 사이에 놓여 있다. 그렇지만 우리는 이런 수많은 의미 속에서 좋은 대답을 주는 것과 그렇지 않은 것을 구별할 수 있다. 그 나쁜 정도는 적은 것도 있고 많은 것도 있다. 우리가 공유할 수 있는 좀 더 좋은 의미란 무엇일까, 그리고 나쁜 의미가 갖는 결함이란 대체 무엇일까를 우리는 발견할 수 있다.

우리는 이렇게 함으로써 과학적인 인생의 의미, 진정한 의미의 공통 척도, 그리고 인간과 관련되는 모든 현실에서 우리가 직면할 수 있는 의미를 획득할 수 있다. 여기서도 우리는 '진정한 의미'라는 것이 '인류에게 있어서의 진정한 의미'이며, '인류의 목표와 목적에 있어서 진정한 것'이라는 의미가 있음를 잊어서는 안 된다. 이것과 상치되는 진리는 존재하지 않는다. 만약 다른 진리가 있다 해도, 그것은 우리와 전혀 무관하고 우리가 그것을 파악할 수도 없을 것이며, 그것은 우리에게 있어서 무의미한 것이다.

모든 인간은 세 개의 커다란 인연을 갖고 있다. 그리고 인간이 고려해야만 하는 것은 이들 인연에 관한 것이다. 그것이 인간에게 있어서 현실이라는 것을 만들어 내고 있다. 인간이 직면하는 모든 문제는 이들 인연의 방향에 있다. 인간은 이러한 문제에 항상 대답해 가지 않으면 안 되는데, 그 이유는 이러한 문제가 항상 그에게 제기되어 오기 때문이다. 그리고 그의 대답은 우리에게 인생의 의미에 관한 한 개인으로서의 관념을 보여준다.

이러한 인연 중 첫 번째 것은 우리가 바로 이 지구라는 행성 위에 살고 있다는 사실이다. 우리는 우리의 이 삶의 터전이 제시하는 여러 가지 제약과 가능성 아래서 발전해 나가야만 한다. 우리는 또 육체적·정신적으로도 지구상의 우리는 개개인의 생활을 계속하여, 인류의 미래를 확실한 방향으로 나아갈 수 있도록 해야 한다. 이것은 우리 한 사람 한 사람에게 대답이 요구되는 문제이다. 어느 사람도 이 문제를 회피할 수는 없다. 우리가 어떻게 행동을 하더라도, 우리의 행위 그 자체가 인간이 살아가는 상태에 대한 우리 각자의 대답인 것이다.

결국, 우리의 행위는 우리가 어떤 것을 필요로 하고 또 어떤 것을 적절한 것, 가능한 것, 바라는 것으로 생각하고 있는가를 명확하게 보여준다. 모든 대답은, 우리가 인류에 속해 있다는 사실, 또 인간은 이 지구상에 사는 동물이라는 사실에 의해서 규정되지 않으면 안 된다. 또한, 인간이 약한 육체를 가지고 있다는 것과 우리들의 환경이 불확실함 속에 있다는 것을 잘 생각해 볼 때, 우리는 자기 자신의 생명과 인류의 복지를 위해서 우리의 대답을 확실한 기반 위에 두지 않으면 안 되며, 시야를 좀 더 넓게 볼 수 있도록 해야 한다는 사실을 인식하게 된다. 그것은 어쩌면 우리에게 수학 문제가 주어진 것과 같은 것이다.

우리는 해답을 구하기 위해 노력해야만 하며 조직적으로 이용할 수 있는 모든 수단을 활용해서 노력을 기울여야만 한다.

우리는 영원히 확정될 수 있는 완벽한 해결을 단번에 발견할 수는 없다. 그럼에도 불구하고 우리는 가능한 한 가장 좋은 해답에 도달할 수 있도록 전력을 기울여야 한다. 우리는 항상 좋은 답을 얻기 위해 노력해야 하며, 모든 해답은 우리가 지구라고 하는 이 작은 행성의 표면에, 그리고 이 모든 이점과 결점이 함께 뒤얽혀 있다는 사실에 반드시 적응할 수 있어야 한다.

그러면 이제 제2의 운명에 대해 생각해 보자. 우리만이 인류의 구성원은 아니다. 우리의 주위에는 다른 사람들이 살고 있으며, 우리는 그들과의 관계 속에서 살아간다. 개개의 인간은 그 자신이 가진 약점과 각자의 한계로 인해 자기의 목표를 혼자서 달성할 수 없다.

만약 인간이 혼자서 살고 자신의 과제를 혼자서 해결해 나가려 한다면, 그는 파멸할 수밖에 없을 것이다. 그는 자기 자신의 생명을 유지하는 일조차 불가능할 것이며, 인류의 생명을 지속시켜 갈 수도 없을 것이다. 인간은 언제나 자기 자신의 약함과 불완전성, 그리고 한계성 등에 의해 다른 인간과 관련을 맺고 있다. 그 개인의 행복을 위해, 또 인류의 행복을 위해 할 수 있는 최대의 노력은 교제이다. 그러므로 인생의 모든 문제에 대한 그 대답들은 이 운명을 숙고한 것이어야만 한다. 그것은 우리가 교제 속에서 살고 있으며, 유리遊離될 때는 파멸될 수밖에 없다는 사실의 시점에서부터 얻어지지 않으면 안 된다. 만약 우리가 살아남으려 한다면, 우리의 감정조차도 그 어떤 과제나 목표 중에서 가장 중요한 문제에 호응하는 것이어야 한다.

그 가장 중요한 것이란 다른 인간들과 계속 협력하며, 우리가 사는 이 행성 위에서 함께 사는 개체와 인류의 생명을 지속하고 있다는 것이다. 또 우리와 관련된 제3의 인연이 있다. 인간은 남녀라고 하는 두 이성이 살아간다. 개체와 공동체의 생명 유지라는 목적을 위해서는 이 사실이 고려되지 않으면 안 된다. 사랑과 결혼의 문제는 제3의 운명에 속한다. 어떤 남자나 여자도 이 문제에 해답을 내리지 않을 수 없다. 인간이 이 문제에 직면할 때, 어떻게 행동을 하든 간에 그것이 바로 그 사람의 대답인 것이다.

인간이 이 문제를 해결하려는 방법은 천차만별이다. 그들의 행동은 항상 그들에게 있어서 이 문제의 해명이 가능해지도록 하기 위한 유일한 방법이라 생각하는 것을 보여준다. 그러므로 이 세 가지 인연은 세 가지 문제를 제기한다. 즉, 이 지구의 특성이 주는 모든 제약 아래서 우리가 계속 살아갈 수 있게 해 주는 직업을 어떻게 발견할 것인가, 우리가 주위의 사람들과 협력하고 협동의 복리를 누릴 수 있는 상태을 그들과의 관계 속에서 어떻게 발견할 것인가, 또한 인간이 남자와 여자라고 하는 두 이성으로 살아가면서 인류의 미래와 존속이 우리의 성생활에 의존하고 있다는 사실에 자기 자신을 어떻게 적응시키는가 하는 문제이다.

개인심리학의 견지에서는 이들 세 개의 중요한 문제, 즉 직업·친구·성 중에서 하나라도 빠져 있는 인생 문제는 없다고 본다. 그리고 모든 사람은 이러한 세 개의 문제에 대응함으로써 인생의 의미에 관한 자기 내부로부터의 확신을 반드시 얻게 된다. 예를 들어 자기의 성생활에 만족하지 않고, 자기의 직업에 충실하지 않으며, 친구도 거의 없고 동료와의 접촉을 고통스럽게 생각하는 사람을 관찰하기로 하자.

그의 생활 중에 생기는 여러 가지 한계라든가 제약으로 인해 우리는 그가 '살아간다'는 것이 어려우며, 위험스럽기만 하고, 좋은 기회는 거의 주어지지 않으며, 곳곳에 위험만 도사리고 있다고 생각한다는 결론을 내릴 수 있을 것이다. 그의 좁은 활동 영역은 다음과 같은 판단에 의한 것이라고 해석될 수 있다. 즉, '인생이란 자기가 상처받지 않도록 몸을 보호하는 것이며, 곡창 속에 웅크리고 앉아 있다가 무사히 도망쳐 나오는 것'이라고 하는 판단이다.

한편 성생활이 친밀하고, 다면적인 협동 관계 속에 있고, 그 직업이 유익한 성과를 거두는 것이며, 친구도 많이 있고, 동료와의 접촉도 폭넓은 사람을 한번 관찰하자. 이런 사람이면, 인생이라는 것은 창조적인 과제이고 많은 유익한 기회를 제공하며, 회복 불가능한 패배를 맛보게 하는 것은 결코 아니라고 느끼고 있음을 알 수 있다. 인생의 모든 문제에 직면하는 그의 생각은 다음과 같은 확신에 차 있음을 알 수 있다. '인생이란 동료들에게 관심을 두는 것이며, 전체 중 일부가 되는 것이며, 인류의 복리에 가능한 한 공헌하는 것'이라는 확신이다. 여기에서 우리는 모든 '잘못된' 인생의 의미 및 모든 '참된' 인생의 의미를 측정해 볼 수 있는 공통 가치가 있다는 것을 알 수 있다.

모든 실패자 — 신경증 환자·정신병자·범죄자·알코올 중독자·문제아·자살자·성도착자·매춘부 — 는 동료의식과 사회적 관심이 빠져 있으므로 실패자이다. 그들은 직업이나 우정 또는 성생활이라는 과제에 있어서 연대적인 공통 노력으로 해결될 수 있다는 확신이 거의 없다. 그들이 인생에 부여하는 의미는 개인적인 의미이다. 즉, 그들이 자기의 목표를 달성했을 때 그들 이외에는 아무도 이익을 받지 못하며, 그들의 관심은 단지 그 자신에게만 한정된 것이다. 그들이 성공하려고 노력하는 그 목표는 허구적인 개인의 우월감에 지나지 않으며, 그들의 승리는 그들 자신에 있어서만 의미가 있을 뿐이다.

어떤 살인자는 독이 들어 있는 병을 손에 쥐었을 때, 뭔가 마음이 든든해지는 것 같은 느낌이 들었다고 고백했다. 확실히 살인자는 자신밖에 안중에 없으며, 반면 다른 사람들은 그런 경우 독이 든 병을 들고 있다는 것이 더 뛰어난 가치를 주는 것으로 생각하지 않을 것이다. 개인적인 인생의 의미라는 것은 실제로는 결코 의미라고 부를 만한 것은 아니다. 의미란 타인과의 관계에 의해서만 가능한 것이다. 단지 한 인간에게만 의미가 있다는 말은 실제로는 무의미하다는 뜻이다.

이와 똑같은 말을 우리의 목표나 행동에도 적용할 수 있다. 그들의 유일한 의미는 타인과의 관계 속에서의 의미이다.

모든 사람은 의미를 구하려고 노력한다. 그러나 우리의 생각은 모두 타인의 삶에 기여하는 속에서 본질을 갖는다는 사실을 깨닫지 않는다면, 우리는 항상 잘못을 범할 것이다. 어떠한 작은 종파의 여성 지도자에 관한 다음과 같은 일화가 있다.

어느 날, 그녀는 신자들을 모아놓고 다음 주 수요일에 세계의 종말이 올 것이라고 알렸다. 그녀의 신봉자들은 매우 깊은 감명을 받고 자신의 물건들을 팔아서 이 세상의 모든 일로부터 손을 떼고, 가슴을 조이며 그 운명의 날이 오기를 기다리고 있었다

그런데 그 수요일에는 아무런 특별한 일도 일어나지 않고 지나가 버렸다. 목요일에, 그들은 그녀의 해명을 듣기 위해 집회를 열었다. 그들은 "우리가 얼마나 곤혹스러워하고 있는지 보십시오" 하고 말했다. "우리는 이 세상의 확신을 모두 버렸습니다. 우리는 만나는 사람들에게 수요일에 이 세상의 종말이 올 것이라고 말했습니다. 그들이 우리를 비웃었으나 우리는 추호도 의심하지 않았으며, 계속 되풀이해서 이야기했던 것입니다. 이 일을 의심할 나위 없는 권위자에게서 들어 알게 된 것이라고 말입니다. 그런데 약속한 수요일은 지나가 버렸습니다. 그런데도 이 세상은 아직 여기에 이렇게 존재하고 있지 않습니까?" 그때 그 여자 예언자가 이렇게 대답했다. "그런데 내가 말한 수요일은 여러분들이 말하는 수요일이 아닙니다" 라고. 그런 식으로 그녀는 '사적인' 의미를 사용해서 격렬한 비난으로부터 자기의 몸을 보호할 수 있었다.

사적인 의미란 것은 결코 시험이 될 수 없다. 모든 참된 인생의 의미의 지표가 되는 것은 그것들이 공통의 의미 ─ 그것들은 다른 사람들이 공유할 수 있으며, 타당하다고 승인할 수 있는 의미이다. 그것은 인생의 모든 문제

에 대한 좋은 대답 중의 하나는 항상 타인에게도 그 길을 열어 놓고 있다는 것이다. 왜냐하면, 거기서 우리는 공통의 문제에 대한 답을 발견하게 한다. 천재만이 가장 유익한 사람이라고 정의되는 것은 당연하다. 그러나 어떤 사람의 생이 타인에 의해서 의미 있다고 승인될 때만, 그 사람은 천재라고 할 수 있다. 그와 같은 생에 의해 표현된 의미는 항상 '인생이란 전체에 공헌한다는 것을 의미한다'는 것이다.

우리는 지금 공공연한 동기에 관해서 이야기하고 있는 것이 아니다. 우리는 새로운 이론에 귀를 막고, 단지 익숙해진 것에만 귀를 기울이려 한다. 인생의 모든 문제를 극복하는 데 성공한 사람은 마치 인생의 의미란 타인에 관해 관심을 기울이는 것이며, 타인과 협동하는 데 있다는 것을 충분하게, 그리고 자발적으로 인식하고 있는 것처럼 행동한다. 그가 하는 모든 일은 그의 동료들의 관심 때문에 이끌려진 것처럼 보이며, 곤란한 일에 직면했을 때는 그 곤란함을 인류의 이익과 일치할 수 있는 수단에 의해서만 극복하는 것처럼 보인다.

이것은 아마도 많은 사람의 눈에 새로운 시점으로 비칠 것이다. 그리고 그들은 우리가 인생이 주는 의미라는 것이 진정으로 타인을 위한 것이며, 타인에 대한 관여와 타인과의 협동에 있다고 생각한다. 그들은 다음과 같은 질문을 던질지도 모른다. '그러면 도대체 개인은 어떻게 되는 셈인가. 만약 자기가 항상 타인에 대한 일을 염려하고 그들의 이익에만 자신의 모든 것을 바친다면, 자기 자신의 개성이 상처 입는 것은 아닌가. 적어도 많은 인간에게 있어서는 자기가 올바르게 발달해 가기 위해서 자기 일을 생각해야 하는 것은 아닌가. 우리 중에는 무엇보다도 먼저 자기 자신의 이익을 보호하고, 자기 자신의 인격을 고양할 것을 배워야만 하는 사람들이 많이 있는 것은 아닐까?' 라고.

　이런 생각은 나의 견해로는 잘못된 것이며, 그것이 제기하는 문제는 그럴 듯해 보이지만 결국 겉치레뿐인 문제이다. 만약 어떤 사람이 인생에 의미를 부여하는 일에 공헌하기를 원한다면, 그리고 자기의 모든 감정이 이 목표에 향해진다면, 그는 그 공헌을 위해서 당연히 자기를 가장 좋은 상태에 두지 않으면 안 된다. 그는 자기의 목표에 도달되도록 노력을 기울일 것이며, 사회 감정을 고양하도록 자신을 훈련할 것이고, 그것을 실천함으로써 점차로 몸에 익혀나갈 것이다. 목표가 정해지기만 하면 곧 훈련이 동반된다. 그때 그는 인생에 놓인 그 세 가지 문제를 해결하기 위해서 준비하고 스스로 능력을 발달시키기 시작할 것이다.

　사랑과 결혼에 대해 한번 생각해 보자. 우리가 자신의 반려자에게 관심을 기울인다면, 그리고 상대방의 인생을 쉽게 책임지려 하고, 또 풍요로운 것으로 만들고 싶다면, 우리는 당연히 그것을 위해 자기 자신을 가장 좋은 상태로 만들려고 할 것이다. 만약 우리가 타인에게 공헌하려는 목표도 없이 우리의 인격을 진공 상태 속에서 발전시켜 나가야만 한다고 생각한다면, 우리는 너무나 난폭하고 오만스럽고 불쾌한 사람이 되어 버릴 것이다. 공헌이야말로 참인생의 의미라고 추정할 수 있는 근거로써 여기 또 하나의 가설이 있다.

　오늘날 우리의 조상 때부터 이어져 내려온 유산을 되돌아볼 때, 우리는 무엇을 볼 것인가. 그것들 속에서 오늘날까지 계승되어 오는 것은 모두 인간의 생활을 위해서 그들이 이룩해 왔던 공헌으로 일관되어 있다. 우리는 경작된 토지와 철도라든가 건축물을 본다. 우리는 전승·철학적 체계·자연과학·예술 그리고 인간으로서 우리들의 상황에 적합한 모든 기술 속에서,

그들의 인생 경험으로부터 전해져 남게 된 성과를 본다. 그러한 모든 성과는 인류의 복리를 위해서 공헌한 사람들에 의해 남겨진 것이다. 그러면 다른 사람들은 어떻게 된 것일까? 결코, 타인과 협력하려고 하지 않았던 사람들, 인생에 다른 의미를 부여한 사람들, '나는 나의 인생에 무엇을 끄집어낼 수 있을까?'라는 자문밖에 던지지 않았던 사람들은 어떻게 된 것일까?

그들을 단순히 죽어 버렸다고 할 수는 없다. 그들의 전 생애는 다만 무익한 것이었다고 할 수 있다. 우리 지구 자체가 그들을 향해 선포할 것이다. '우리는 너희들을 필요로 하지 않는다. 너희는 인생에 적합지 않다. 너희의 목적과 노력에 있어서, 또 너희가 중요하다고 생각하는 가치라든가, 너희들 정신으로는 아무런 미래도 기약될 수 없다. 너희들은 떠나가 버려라! 너희 따위는 필요 없다. 죽어서 사라져 버려라' 라고.

협력이나 협동과는 다른 의미를 가지려고 하는 사람들을 향한 궁극적인 선고는 항상 '너희는 무익한 존재이다. 아무도 너희를 필요로 하지는 않는다. 떠나 버려라!' 라고 하는 것이다. 당연한 일이지만, 현재 우리의 문화 속에서 많은 불완전성을 발견할 수 있다. 결함을 발견한다면, 우리는 그것을 변화시키지 않으면 안 된다. 그러나 그 변화는 항상 인간의 복지를 더욱 풍요롭게 하기 위한 것이어야 한다. 이것을 이해하는 사람, 즉 인생의 의미란 인류 전체에 관심을 두는 데 있다는 사실을 알고 사회적 관심과 사랑을 확신시키려는 사람은 항상 존재해 왔다.

우리는 모든 종파가 인류의 구원을 위한 관심을 두고 있음을 본다. 세계의 모든 위대한 정신적 운동에서 인간은 사회적 관심을 높이기 위해 노력해 왔는데, 종교는 이런 방향에 있어서 가장 중요한 노력 중의 하나이다. 그러면서 종교는 자주 잘못 해석됐다. 그리고 만약 종교가 이 공통 과제를 위해서 더욱 세밀한 주의를 기울이지 않는다면, 종교가 이미 성취해 온 그 이상의 일을 할 수 없다고 생각할 수 있다. 개인심리학은 과학적인 방법으로도 똑같은 결론에 도달하며, 과학적인 기술을 제공한다.

그것은 내가 믿는 바로는 한 발자국 더 전진한다. 아마 과학은 다른 인간과 인류의 복리에 대한 사람들의 관심을 증대시킴으로써 정치적 혹은 종교적인 다른 모든 운동보다도 훨씬 더 쉽게 목표에 접근할 수 있을 것이다. 우리는 다른 방향에서 과제에 접근한다. 그러나 목적은 같다. 결국, 그것은 타인에 관한 관심을 증대시키는 일이다. 우리가 인생에 부여한 의미는 우리를 보호해 주는 천사나 항상 붙어 다니는 악령과 같은 작용 하므로 이런 의미가 어떻게 형성되어 있는가, 그것이 어떻게 서로 다른 점을 갖고 있는가, 그리고 만약 그것들이 중대한 잘못을 내포하고 있다면, 어떻게 그 잘못을 바로잡을 수 있는가에 대한 대답이다. 이것을 이해하는 일은 당연히 가장 중요하다.

이것은 생리학이나 생물학의 영역과는 완전히 다른 심리학의 영역이다. 즉, 여러 가지 의미와 그것들이 인간의 행동이나 인간의 운명에 주는 영향에 대해 이해함으로써 인간의 복리에 도움이 되려는 것이다. 어린 시절부터 이미 인생의 의미를 찾으려는 이러한 움직임, 마치 어둠 속에서 무언가를 찾기 위해 손으로 더듬어 보는 듯한 모습을 관찰할 수 있다. 유아기에도 이미 자신을 에워싸고 있는 생활 전체에서 자기의 역할과 자기 자신의 가능성을 확인하려고 노력한다. 아이들은 거의 다섯 살이 끝나가는 무렵에는 여러 가지 문제나 과제와 씨름하기 때문에, 조리 정연하고 확고한 하나의 행동 규범과 독자적인 스타일을 만들어낸다.

그 아이는 세계나 자기 자신으로부터 무엇을 기대할 수 있는가에 대해서 지속적이고 지극히 깊숙하게 뿌리내린 관념을 이미 가진 것이다. 이때부터 아이는 세계를 하나의 확고한 통각 체계統覺體系를 통해서 보게 된다. 즉, 모든 경험은 그것들이 수용되기 전에 해석되는 것이며, 그 해석은 항상 인생에 주어진 근본적인 의미에 호응하는 것이다. 이 의미가 가령 중대한 잘못을 품고 있다 해도, 또 문제나 과제와 우리와의 관계가 끊임없이 실패와 고통으로 이어진다 해도 단순히 방치되는 일은 결코 없다. 인생에 부여했던 의미가 안고 있는 잘못된 부분들이 시정될 수 있는 것은, 다만 이 잘못된 해석이 내려지게 된 상태가 다시 한번 생각되고, 그리하여 잘못된 부분이 인식되어 통각 체계가 정정됨으로써만 가능하다.

개인이 잘못된 접근 방법으로 부정하는 일 없이, 자기가 인생에 부여했던 의미를 정정한다거나, 혼자의 힘으로 끝까지 변화하는 데 성공할 수 있는 경우는 지극히 보기 드문 일이다. 그러면서 그는 어떠한 사회적 압력도 없이 낡은 접근 방법을 계속해 나간다면, 만사가 잘 되리라는 사실을 자각하지 않는 이상 결코 이렇게 할 수 없을 것이다. 대개, 잘못된 접근에 대한 정정이 가장 흔히 행해지는 것은 이런 의미를 이해하는 데서 훈련을 받은 사람, 즉 근원적인 잘못을 발견하는 일에 협력할 수 있고 더 적절한 의미를 암시하는 데 도움을 줄 수 있는 사람의 원조를 받은 경우이다. 유아기의 상황이 어떻게 여러 각도에서 해석되는지 간단한 예를 하나 들어보자.

유아기의 불행한 경험에도 완전히 반대의 의미가 부여될 수 있다. 지금까지 불행한 경험을 했던 적이 있는 사람은, 그런 경험이 뭔가 장래를 위해서 도움이 되는 것을 제시할 때 외에는 그것에 대해서 잘 생각하지 않는다. 그는 느낀다. '우리는 그러한 불행한 상황을 제거하기 위해 노력하며, 우리의 아이들이 잘못되는 일 없이 더 좋은 상태에 놓이도록 해야만 한다'고. 그런데 어떤 사람은 이렇게 느낄지도 모른다. '인생은 불공평하다. 다른 사람들은 항상 우위에 서 있다. 세상이 나를 그런 식으로 취급한다면, 왜 내가 세상을 그것 이상으로 잘 취급해야만 한단 말인가?' 라고.

어떤 부모는 자기 아이들에게 "나도 역시 어렸을 때는 너와 같은 고통을 겪었다. 그리고 나는 그 곤경을 극복해 왔다. 너희들도 또한 그렇게 해야 한다고" 말한다. 또는 이렇게도 말한다. "나는 불행한 어린 시절을 보냈기 때문에 내가 무슨 짓을 해도 모두 용서되어야만 한다"고 말한다.

위의 세 사람의 모든 행동에서 그들 각자의 해석이 명확히 간파될 것이다. 그리고 그들은 자기들의 해석을 변경하지 않는 한, 그들의 행동을 변화하는 일은 결코 없을 것이다. 개인심리학이 결정론의 이론을 공격하는 것은 바로 여기에서이다. 어떤 경험이건 그것 자체가 성공의 원인도 실패의 원인도 될 수 없다.

우리는 경험의 충격 — 이른바 외상外傷 — 으로 고통스러워할 것이 아니라, 그 경험 속에서 꼭 자기의 목적에 합치되는 것을 발견해 내는 것이다. 우리는 우리가 자기의 경험에 부여한 의미에 의해 스스로 결정한 사람 self determined이다. 그러므로 우리가 특정한 경험을 자기 장래의 인생을 위한 기초라고 생각할 때는 항상 무언가 잘못을 안고 있다. 의미는 상황에 의해 결정되는 것이 아니며, 우리는 우리가 상황에 부여한 의미에 의해 스스로 결정하는 것이다. 그렇지만 어린 시절에는 아주 많이 잘못된 의미가 자주 나오게 되는 일정한 상황이라는 것이 존재한다. 대부분의 실패가 생기는 것은 아이들이 이런 상황 속에 있기 때문이다.

그 첫 번째 예로, 불완전한 기관을 가진 아이들, 즉 유아기에 병이나 허약 체질로 고생한 아이들의 상황이다. 그런 아이들은 과잉 부담을 짊어지고 있으며, 인생의 의미가 타인에게 공헌하는 것이라고 느끼기는 어려울 것이다. 누군가 그들 곁에 있어서 그들의 주의를 자기들 자신으로부터 떼어내어 타인에게 관심을 두도록 하지 않는 한, 그들은 오로지 자기의 기분에만 얽매이기 쉽다. 훗날에 그들은 자기의 주위 사람과 자기를 비교해 보고 실망할지도 모른다. 또 우리의 현재 운명 속에서 그들의 열등감은 주위 사람들이 보이는 동정·조소·기피의 자세에 의해 심화하는 경우마저 생길 수 있다. 이런 모든 상황에서는 그들은 자신 속에 숨어들어 공동생활 속에서 유익한 역할을 해내려는 희망을 잃고, 사회생활에 의해 자기들이 개인적으로 멸시되고 있다고 느낄지도 모르는 것이다.

나는 불완전한 기관을 갖고 있다거나 내분비內分泌가 비정상인 아이들이 직면하는 모든 문제에 대해서 처음으로 언급했었다. 과학에서 이 분야는 놀랄 만큼의 진보를 이루었지만, 내가 바라고 있던 방향으로 발달했다고 말할 수는 없다. 내가 처음부터 탐구하고 있었던 것은 이런 곤경을 극복하는 방법이었으며, 실패의 책임을 유전이나 육체적 상태에 되돌리는 이유 따위는 아니었다. 모든 기관이 아무리 불완전해도 그것이 잘못된 인생의 유형을 결정짓는 것은 아니다.

불완전한 기관이 주는 영향이 똑같은 아이는 없다. 우리는 종종 이런 모든 곤란을 극복하고, 게다가 그것을 극복하면서도 유익한 모든 능력을 길러온 아이들을 볼 수 있다. 이런 의미에서 개인심리학이 우생학적 선택이라는 기획을 위해 매우 적합한 선전이라는 것은 아니다. 저명한 인물, 즉 우리 문화에 위대한 공헌을 했던 대부분 사람은 선천적으로 불완전한 기관을 갖고 있던 사람들이 많다. 대부분 그들의 육체는 건강하지 못하며, 때로는 일찍 죽기도 한다. 진보라든가 새로운 공헌이 행해지는 것은 주로 신체적으로나 외적인 모든 조건에 있어서, 모든 곤경과 힘들게 대결했던 이런 사람들에 의해서이다. 이런 투쟁은 그들을 강하게 해 주어 더욱 전진해 갈 수 있었다. 정신의 발달이 좋은지 아닌지는 단순히 신체로써 판단할 수 없다.

그렇지만 이제까지 불완전한 기관을 갖고 태어난 아이들의 대부분은 올바른 방향으로 훈련되어 오지 않았다. 그들이 짊어진 모든 역경은 이해되지 않았으며, 그들은 주로 자기 자신에게만 관심을 쏟아 왔다. 유아기에 불완전한 기관이라는 무거운 짐을 짊어진 아이들이 성장하면서 좌절되는 예가 많은 것은 이런 이유 때문이다. 인생에 부여된 의미에서 가끔 잘못을 범하게 하는 두 번째 상황은 응석받이 아이의 상황이다.

응석받이 아이는 자기의 원망이 법률처럼 취급되기를 기대하도록 훈련되어 있다. 그 아이는 보살핌을 받고자 하는 노력을 기울이지 않고도 잘 보살펴져 있으며, 일반적으로 이처럼 보살펴지는 것이 자기가 태어날 때부터 가진 권리라고 믿게 된다. 그 결과 그는 자기가 주목의 대상이 아니라, 타인들이 그의 감정에 배려하는 일을 그들의 주목적으로 삼지 않는 상황 속에 놓이게 되면, 몹시 불안해하고, 마침내 자신이 사회에서 버려졌다고 느낀다. 응석받이 아이는 자신도 모르는 사이에 타인에게 베푸는 것보다 타인에게 기대하도록 훈련되었다. 그는 모든 문제에 직면하기 위한 다른 어떤 방법도 배운 적이 없다.

다른 사람들이 항상 그를 도와주었기 때문에, 그는 자기의 독립심을 잃어버리고 스스로 일을 해낼 수 있다는 사실을 모른다. 그의 관심은 자신에게만 쏟아져 있으므로, 협력하는 일의 유익함이나 그 필요성도 배운 일이 없다. 그가 어려움에 직면할 때에, 그가 그것에 대항하는 단 하나의 방법만 알고 있다. 즉, 타인에게 도움을 청하는 방법뿐이다. 그가 만약 다시 우월해질 수 있는 상태를 획득할 수 있다면 즉, 만약 다른 사람에게 그가 특별한 인간이며 그가 바라는 것이라면 무엇이든 그에게 주어져야 한다고 인정하게 되면 그때 그의 상황이 가장 올바른 것처럼 생각하게 되는 것이다.

이처럼 응석받이 아이의 모습이 그대로 굳어져 어른이 된 사람들은 사회 속에서 아마 가장 위험한 부류일 것이다. 그들 중에서 어떤 사람은 자기는 선의를 갖고 있다고 단언할지도 모른다. 그들은 전제 군주와 같은 자리에 서기 위해서 매우 '사랑스러운' 사람처럼 될지도 모른다. 그러나 그들은 통상의 인간적인 일에 대해 보통의 인간으로서 서로 협력하는 일에 반항하고 있다. 게다가 더욱 철저하게 반항하는 사람도 있다. 그들이 익숙해져 있는 안이한 따스함이나 종속이 두드러지지 않게 되면 그들은 배반당했다고 느낀다. 그들은 사회가 그들에 대해서 적대적이라고 생각하고 모든 주위 사람에게 복수하려고 한다.

그리고 만약 사회가 그들의 삶의 방식에 적의를 보이면 ― 거의 의심할 나위 없이 그럴 테지만 ― 그들은 이 적의를 자기들이 '개인적으로' 학대받고 있는 새로운 증거라고 생각한다. 그러므로 처벌은 항상 효과가 없는 것이다. 처벌은 단지 타인이 자기에게 적의를 품고 있다는 의견을 확인시켜 줄 뿐이다. 그런데 응석받이 아이가 철저하게 반항을 하든, 약점에 의해 지배하려고 하든, 폭력에 의해 복수를 하려고 하든 간에 실제로 그는 같은 잘못을 범하고 있다. 실제로 이들 중 두 개의 방법을 따로따로 시도한 사람도 있다. 그들의 목표는 변하지 않은 그대로이다. 그들은 '인생이란 제1인자가 되는 것, 가장 중요한 사람이라고 인정받는 것, 내가 바라는 것은 무엇이든지 손에 넣어야 하는 것'을 목표로 한다. 그리고 그들이 인생에 이런 의미를 계속 부여하는 한, 그들이 이용하는 방법은 모두 잘못된 것이다.

잘못을 범하기 쉬운 세 번째 상황은 무시된 아이들의 상황이다. 그런 아이는 사랑이나 협력하는 일 등을 알게 될 기회가 없다. 그는 그러한 훌륭한 힘을 도외시한 채 인생의 해석을 만들어낸다. 그가 인생의 모든 문제에 직면할 때, 그는 그러한 문제의 곤란함을 과대평가하고 타인의 도움과 성의를 받아 거기에 대항하는 자기 자신의 능력을 과소평가한다. 그는 사회라고 하는 것은 자기에게 매우 냉혹하다고 생각하며, 항상 그런 상황을 예기한다. 게다가 그는 타인에게 유익한 행위를 함으로써 애정이나 존경을 얻을 수 있다는 사실을 이해하지 못한다. 그래서 그는 결국 타인에 대한 의심이 깊어지고, 자기 자신마저도 신뢰할 수 없게 된다. 욕심이 없는 애정을 대신할 수 있는 어떤 경험도 실제로 존재하지 않는다.

어머니의 첫 번째 임무는 자기의 아기에게 신뢰할 수 있는 타인이 있다는 경험을 주는 일이다. 그리고 나중에는 이 신뢰감이 아이를 에워싼 환경의 모든 것을 포함하도록 그것을 넓게 확대하지 않으면 안 된다. 만약 어머니가 이 최초의 임무에 실패한다면 — 즉, 아이의 관심·애정·협력을 얻는 것에 실패한다면 — 그 아이가 사회적 관심과 그의 이웃 사람들에 대한 우정어린 감정을 갖게 되는 일이란 매우 어려워질 것이다. 누구나 타인과 융화할 수 있는 능력을 갖추고 있다. 그러나 이 능력은 육성되고 훈련되지 않으면 안 된다. 그렇지 않으면 그 발달이 저해될 것이다. 만약 무시되거나 미움을 받거나 환영받지 못하는 아이의 순수한 유형이 있다면, 그는 아마도 협동이라는 것이 존재한다는 사실을 모르고 있는 경우일 것이다.

결국, 아이는 커서 고립되며, 타인과 관계를 맺을 수 없고 인간과 함께 협력해서 살아가는 데 도움이 되는 모든 일에 완전히 무지하다는 것을 알게 될 것이다. 그런데 이미 보았던 것처럼 이런 상태에 있는 개인은 자멸해 버릴 것이다. 아이가 유아기를 지내왔다는 사실은, 그가 어떤 보살핌과 주의를 받아왔는가에 대한 증거이다. 그러므로 우리는 순수한 유형의 무시된 아이를 다루는 일은 없는 것이다. 즉, 우리는 보편적인 보살핌을 받아 왔다고는 말할 수 없는 사람들이나, 어떤 점에서는 무시되어 왔지만 다른 점에서는 그렇지 않았던 사람들을 취급하고 있다. 한마디로 말하면 무시당한 아이들이란 신뢰할 수 있는 타인을 여태까지 한 번도 본 적이 없는 사람이라고 말해도 좋다.

고아나 사생아가 인생에 있어서 실패자의 대부분을 차지한다는 것, 그리고 전체적으로 그런 아이들의 무리를 무시된 아이들 속에서 발견할 수밖에 없다는 사실은 우리의 운명에 대한 서글픈 평가이기도 하다. 이러한 세 가지 경향, 즉 불완전한 기관을 가졌거나 응석받이, 그리고 무시된 상황은 인생에 잘못된 의미를 부여하게 하는 커다란 계기가 된다. 그리고 이러한 상황에 있던 아이들은 거의 언제나 모든 문제에 대처하는 그들의 표현 양식을 바로잡기 위해서 도움이 필요하다. 우리는 그들이 좀 더 좋은 의미를 찾아낼 수 있도록 도움을 주어야만 한다. 만일 우리가 그런 일에 대한 안목을 갖고 있다면, 즉 만일 우리가 그들에게 진정으로 관심을 두고, 이 방향에서 스스로 훈련하게 한다면 그들이 하는 모든 일 속에 자신들의 의미를 발견할 수 있을 것이다.

꿈이나 공상은 확실히 유익할지도 모른다. 꿈의 세계나 눈을 뜨고 있는 세계에서나 똑같은 퍼스낼리티지만, 꿈속에서는 사회적 요구의 압력이 그만큼 심하지 않고 퍼스낼리티는 극심한 방위나 은폐 없이 현저해질 것이다. 그런데 사람이 자기 자신과 인생에 부여한 의미를 완벽히 이해하는데 있어서 최대의 도움은 그 사람의 기억을 통해서 온다. 기억이란 것은 인간이 그것을 아무리 하찮은 것으로 생각해도 그에게 있어서 무언가 기억할 가치가 있음을 나타내 주는 것이다.

그것은 그가 기억을 떠올릴 때, 인생에 대해 그것이 가진 관계로 인해 가치가 부여되는 것이다. 그것은 그를 향해서 이야기한다. '당신이 얘기해야만 하는 것은 이것이다' 혹은 '인생이란 그런 것이다'라고, 마치 이 경험이 끈질기게 기억되어 인생에 부여할 의미를 결정시키기 위해서 이용된다고 하는 사실만큼, 경험 그 자체는 중요하지 않다는 것을 우리는 다시 강조해야만 한다. 모든 기억은 하나의 기념품인 것이다. 유아기의 기억은 각 개인의 인생에 대한 독특한 대처 방법이 얼마나 오랫동안 지속하는 것인지를 보여주고, 또 그가 그의 인생을 최초로 결정시켰던 모든 상황을 전해 주는 데 있어서 특히 도움이 된다.

게다가 가장 초기의 기억은 다음 두 가지 이유로 상당히 주목할 가치가 있다. 첫째로, 그 속에는 그 개인과 상황에 관한 근본적인 견해가 함축되어 있다. 그것은 모든 사정의 최초 총결산이며, 자기 자신에 대해, 그리고 그에게 향해졌던 모든 요소에 대한 최초의 완전한 상징이다. 두 번째로, 그것은 그의 주관적인 출발점이며, 그가 자기 자신을 위해 묘사한 자서전의 시초이다. 그러므로 그 속에는 가끔 그가 그 속에 있다고 느꼈던 약하고 불안정한 입장과 그가 자기의 이상이라고 여기는 강력하고 안전한 목표와의 사이에 대조를 보인다. 심리학의 목적에서는, 개인이 최초의 것으로 생각하는 기억이 그가 기억하고 있는 최초의 것인지 아닌지, 혹은 그것이 현실의 사건에 대한 기억인지는 전혀 문제가 되지 않는다.

기억이란 것은 그것들이 그렇다고 생각되고 있으므로 기억의 해석과 그것들의 현재와 미래의 인생이 가지는 관계 때문에 중요하다. 그러면 이제 유년기 초기의 기억을 예로 들어, 그 기억의 내용은 그것들이 결정한 인생의 의미라는 것을 입증해 보겠다. '나는 커피포트가 탁자에서 떨어져서 화상을 입었다'는 기억을 보자. 인생이란 그런 것이다! 자기의 자서전을 이런 식으로 시작하는 소녀가 무력감에 빠져, 인생의 위험이나 곤란 등을 과대평가하고 있는 것을 알아도 놀랄 일은 아니다. 또, 그녀가 마음속에서 자기 일을 다른 사람이 충분히 돌보아주지 않았다고 비난해도 결코 놀랄 일은 아니다. 그렇게 작은 여자아이를 그런 위험에 직면하도록 놔두었다는 것은 누군가가 매우 부주의했다.

또 하나의 기억에도 세상에 대한 그와 같은 견해가 나타나 있다. '내가 세 살 때 유모차에서 떨어졌던 일이 있다.' 이 최초의 기억과 함께 자주 꾸는 꿈의 내용은 이러했다. '세계의 종말이 오고 밤중에 잠에서 깨면, 하늘이 불로 새빨갛게 되어 있다. 별이 모두 떨어지고 우리는 다른 행성과 충돌하게 된다. 그러나 충돌하기 직전에, 나는 정신이 든다.' 이 학생에게 무엇인가 두려워하는 것이 있느냐고 물었을 때, 그는 "나는 인생에서 성공하고 싶지 않습니다"라고 대답했다. 그의 최초의 기억과 반복되는 그 꿈이 그의 용기를 꺾는 작용을 하였고, 그가 실패와 파국에 대한 두려움을 심하게 갖고 있다는 것은 확실하다.

야뇨증이 있으며, 어머니와 끊임없이 언쟁하고 있어서 진찰을 받게 되었던 열두 살의 소년이 자기의 맨 처음 기억에 대해 다음과 같이 이야기했다. "어머니는 내가 없어진 줄 알고 몹시 놀라 큰 소리로 나를 부르면서 거리로 뛰어나갔습니다. 그동안 나는 집의 문 뒤에 숨어 있었던 겁니다." 이 기억 속에서 우리는 다음과 같은 판단을 내릴 수 있다. 즉, '인생이란 사람을 곤란하게 만듦으로써 주의를 끄는 것이다. 안전을 획득하는 방법은 속이는 일이다. 나는 그다지 주목을 받고 있지 않지만, 다른 사람을 바보로 만들 수 있다.' 그의 야뇨증도 다른 사람에게 주의를 끌기 위한 것으로 자주 이용하는 수단이었고, 그의 어머니는 그에 대한 일을 걱정하여 신경질적이 됨으로써 그의 인생 해석을 확증해 주고 있었다.

앞에 들었던 모든 예의 경우와 같이 이 소년은 너무 이른 시기에 외부 세계가 위험에 꽉 차 있다는 인상을 받았으며, 자기가 안전할 때는 다른 사람들이 그를 위해 걱정을 하는 순간뿐이라고 결론지어 버렸다. 그는 이런 방법에 따라서만 자기가 보호받고 있다는 사실을 확인할 수 있었다. 서른다섯 살 된 어떤 부인의 최초 기억은 다음과 같은 것이었다. "나는 세 살 때, 지하실에 내려갔습니다. 내가 아주 캄캄한 계단 위에 있었을 때, 나보다 몇 살 위인 사촌 오빠가 문을 열고 내 뒤를 따라 내려왔죠. 나는 그를 몹시 두려워하고 있었습니다."

이 기억에서 추측할 수 있는 것은 그녀가 다른 아이들과 함께 어울려 노는 데 익숙하지 않았다는 것, 그리고 그녀가 남성과 함께 있을 때 특히 불안을 느꼈다는 것이다. 우리는 그녀가 외톨이였다고 추측할 수 있다. 사실 그녀는 서른다섯 살의 독신이었다. '나는 어머니가 나에게 동생이 타고 있는 유모차를 밀어주게 했던 일을 기억하고 있다'고 하는 기억에서는 더 높은 사회 감정이 몸에 익혀져 있다는 것을 알 수 있다. 그렇지만 이 경우에서는 자기보다 약한 사람들과 있을 때만 안심하는 경향, 그리고 다분히 어머니에게 의존하고 있다는 경향도 볼 수 있을 것이다.

새로 아기가 태어났을 때는, 그 아기를 돌봐주는 데 손위 아이들의 협력을 구하고, 새롭게 태어난 아이에게 관심을 기울이게 하고, 그 아기를 돌봐줄 책임을 그에게 나누어 주는 일이 매우 흔하다. 만약 그들의 협력을 구할 수 있다면, 그들은 아기에게 기울여진 주의를 그들 자신의 중요성이 감소한 것으로 느끼는 일은 없을 것이다. 주위 사람에게 도움을 주고 싶다는 바람은 다른 사람에 대한 참된 관심을 증명하는 일임이 틀림없다. 한 소녀는 최초의 기억에 대해 "나는 언니와 두 명의 여자 친구와 함께 놀았습니다"라고 대답했다. 여기에는 확실히 사교적이려고 노력하고 있는 소녀의 모습이 나타나 있다. 그러나 그녀가 두려움에 가득 차서 "나는 혼자서 살 수 있을지 그것이 가장 두려워요"라고 말했을 때 나는 그녀의 노력에 대한 새로운 통찰을 얻을 수 있었다.

즉, 독립심의 결여라는 징후가 보이는 것이다. 어떤 사람이 인생에 부여하는 의미가 한 번에 발견되고 이해되었다면, 그 사람의 전인격을 아는 열쇠가 되는 일이다. 인간의 성격은 불변한다고 가끔 말하는데, 이런 입장은 상황을 이해하는 올바른 열쇠를 곧바로 발견해 보지 못한 사람들에 의해서만 주장되는 것이다. 그런데 이미 보아왔던 것처럼, 어떠한 논의 혹은 취급 방법도 최초의 과실을 발견하는 데까지 거슬러 올라가지 않는다면 성공할 수 없을 것이며, 유일한 개선의 가능성은 인생에 대해 좀 더 협동적이며 더욱 용기 있는 대처 방식을 훈련하는 데 있는 것이다. 또 협동이야말로 신경증적 경향의 발달에 대해서 우리가 가진 유일한 방위책인 것이다.

그러므로 아이들이 협동하는 일에 대해 훈련받고 주의를 듣는 일은 매우 중요한 일이다. 그들은 자기들과 같은 또래의 아이들 사이에서 공통 과제와 공통 놀이를 통해서 자기 자신의 길을 발견해 내야만 한다. 협동에 대한 어떠한 방해물도 더욱 중대한 결과를 낳게 될 것이다. 예를 들면 응석받이로 자기 자신에게만 관심을 두는 것을 배워 버린 아이는 다른 사람에 대한 관심이 있지 않은 상태로 학교에 다니게 된다. 이런 아이가 교과에 관심이 있는 것은 단지 선생님의 관심을 끌게 될 것으로 생각하기 때문이다. 그는 자기 자신에게 있어서 이익이 된다고 생각하는 일에만 귀를 기울인다.

성인이 되어 감에 따라서 사회 감정을 기르는 데 실패하는 그는 점점 더욱 확실한 잘못을 가져오게 된다. 그들의 잘못이 비로소 처음 일어났을 때, 그는 책임과 독립에 대해 자기 자신을 훈련하는 일을 그만둬 버린다. 이렇게 되면 그는 어떠한 인생의 훈련에 대해서도 극심할 정도로 대처할 수 없게 된다. 이제 와서 그들의 여러 가지 결함을 비난할 수는 없다. 우리가 할 수 있는 일이란, 그가 여러 가지 결과를 느끼기 시작했을 때, 그의 모든 결함을 고치기 위한 도움을 주는 일뿐이다. 우리는 지리를 한 번도 배운 적이 없는 아이가 그 과목의 답안에 잘 정리된 답을 적을 수 있으리라고는 기대할 수 없다.

마찬가지로 우리는 협동하는 훈련을 받은 일이 없는 아이가 이런 훈련을 전제로 하는 과제를 제시했을 때, 올바른 해답을 내리리라고 기대할 수는 없다. 그런데 인생의 문제라고 하는 것은 모두 그것이 해결되기 위해서는 협동하는 능력을 요구한다. 모든 과제는 인간 사회 속에서, 게다가 우리 인간의 복리를 더욱 증진하는 방법으로 해결되지 않으면 안 된다. 인생이란 다른 사람에게 공헌하는 것이라는 것을 이해하는 개인만이 많은 역경에 용기를 갖고 대처하며, 성공의 기회를 얻을 수 있다.

만일 교사나 부모나 심리학자가 인생에 의미를 부여할 때 저지르기 쉬운 잘못을 이해한다면, 그리고 만일 그들 자신이 같은 잘못을 범하지 않는다면, 사회적 관심이 없는 아이들은 그들 자신의 능력에 대해서, 또 인생의 여러 가지 문제에 직면할 때 그들은 스스로 노력하는 일을 그만두지 않을 것이다. 또 안이한 출구를 탐색하기도 하고 도망쳐 버린다거나, 무거운 짐을 다른 사람에게 맡겨 버린다거나, 특별한 동정을 구한다거나, 굴욕을 받았다고 느껴 복수하려고 한다거나, '인생이란 어떤 도움이 되는가, 나는 거기서 무엇을 얻을 수 있는가?' 라는 자문을 하게 될 것이다. 반대로 그들은 이렇게 말할지도 모른다.

'우리는 스스로 자기의 인생을 만들어 가지 않으면 안 된다. 그것은 우리 자신의 과제이며, 우리는 거기에 대처할 수가 있다. 우리는 자기 자신의 행동의 주인이다. 무언가 새로운 것을 창조해야만 하고 낡은 것이 변화되지 않으면 안 된다고 한다면, 그것을 수행해야만 하는 것은 역시 바로 우리 자신인 것이다'라고. 만약 인생이 이런 식으로 자립적인 개개 인간들의 협력으로서 이루어진다면, 우리 인간 사회의 진보에서 한계점이란 결코 없을 것이다.

제2장
마음과 몸

Alfred Adler: The Man & His Work, Hertha Orgler

인간은 항상 마음이 몸을 지배하는 것인지, 몸이 마음을 지배하는 것인지에 대해 논의를 거듭해 왔다. 철학자들도 이 논의에 가담하여 이런저런 견해를 밝혀 왔다. 그들은 자신을 이상주의자라고 부르기도 하고, 유물론자라고 부르기도 하면서 수많은 논의를 벌여 왔다. 그런데 이 문제는 여전히 결론이 나지 않고 미해결인 채로 남아 있다. 어쩌면 그 해결을 하는 데 있어서 개인심리학이 어느 정도 도움이 될는지도 모른다. 개인심리학에서 볼 때, 우리는 마음과 몸의 상호 작용에 진실로 직면할 수 있기 때문이다.

여기서 어떤 인물 ― 마음과 몸으로 이루어진 ― 을 살펴보기로 한다. 만약 우리의 취급법이 잘못된 토대 위에 선 것이라면, 우리는 그에게 도움이 되려는 일에 실패하게 될 것이다. 우리의 이론은 명확하게 경험 속에서 우러난 것이 아니면 안 된다. 그것은 명확히 응용시험에 합격해야만 한다. 우리는 이러한 상호 작용 속에서 살고 있으며, 올바른 견해를 찾아내기 위한 최대의 도전을 받는 것이다. 개인심리학의 연구 결과는 이 문제에서 야기되는 많은 긴장을 제거한다. 그것은 역시 여기저기 머무는 것은 아니다. 우리는 양자의 상호 관계를 그 전체로서 이해하기 시작한 것이다.

인간의 생명은 움직이고 있는 생물의 생명이며, 몸만 발달시켜서는 성숙한 인간이 될 수 없을 것이다. 식물에는 뿌리가 있으며, 한 장소에 머물러 있으면서 움직이지 않는다. 그러므로 만일 식물이 마음 — 적어도 우리가 어떤 의미에서건 이해할 수 있는 것 — 을 갖고 있다는 것을 발견하게 된다면, 매우 놀라운 일일 것이다. 예를 들어 식물이 예견할 수 있다든가, 모든 결과를 앞당겨 볼 수 있다고 해도, 그런 능력은 식물에 도움이 되지 않을 것이다. 식물에 있어서 '누군가가 이쪽으로 오고 있다. 곧 그는 나를 밟아 버릴 것이다. 그리고 나는 그의 발아래 무참히 죽게 되겠지'라고 생각하는 것이 어떤 이익이 될 것인가.

그 식물은 역시 그곳에서 결코 도망쳐 나올 수 없다. 그렇지만 움직이는 동물은 모두 예견할 수가 있으며, 어떤 방향으로 움직여야 하는지 판단할 수 있다. 그리고 이 사실로 인해 그러한 생물이 마음이라든가, 영혼 따위를 갖고 있다고 가정해 볼 필요가 생기는 것이다.

물론 군은 감각을 갖고 있을 테지. 그렇지 않다면, 자넨 움직일 수 없을 거야.

— 《햄릿》, 제3막 제4장 —

이처럼 운동의 방향을 예견하는 일은 마음의 중심적인 원리이다. 우리가 그 일을 인지하건 인지하지 않건 간에, 우리는 마음이 어떻게 몸을 지배하는지 — 그것이 어떻게 운동의 목표를 설정하는지 — 를 이해할 수 있다.

단순히 순간순간 아무렇게나 운동을 하기 시작하는 것만으로는 절대로 충분하지 않다. 여러 가지 노력을 위한 목표가 없어서는 안 된다. 운동해야만 하는 점을 결정하는 것이 마음의 영역이기 때문에, 마음은 생명체 안에서 지배적인 위치를 차지하고 있다. 동시에 몸도 마음에 영향을 미친다. 움직이지 않으면 안 되는 것은 몸이다. 몸이 가진 가능성에 따라서만, 게다가 몸이 발달하도록 훈련될 가능성에 의해서만 마음이 몸을 움직일 수 있다.

예를 들면 마음은 몸에 저 멀리 달까지 움직일 것을 제안할 수는 있지만, 몸의 모든 한계에 균형이 맞는 기술을 발명하지 않는 한 그것은 실패로 끝날 것이다. 인간은 다른 어떠한 생물보다도 운동에 종사하고 있다. 인간은 — 인간의 손이 행하는 복잡한 운동에서 볼 수 있듯이 — 보다 많은 방식으로 운동할 뿐만 아니라 자기의 운동을 이용해서 자기 주변의 환경을 움직이는 일에도 다른 생물보다 능력이 탁월하다.

그러므로 우리는 예견하는 능력이 인간의 마음에 있어서 가장 고도로 발달해 있다는 것을, 또 인간이 자기의 모든 상황에 관련된 자기 입장 전체를 개량한다는 목적을 갖기 위해 노력하고 있다는 더욱 확실한 증거를 제시할 수 있으리라고 기대할 수 있다.

게다가 우리는 모든 인간 속에서 목표를 위한 모든 부분적인 여러 요소의 배후에 단 한 가지 포괄적 운동이라는 것을 찾아낼 수 있다. 우리의 노력은 모두 인생의 모든 역경이 극복되어 — 우리 전체 환경과의 관련 속에서 더욱 안전하게 승리하며 — 부상해 왔다는 느낌에 도달하게 된다. 이 목적을 고려해 넣고서 모든 운동이라든가 표현은 정리되고 통합되지 않으면 안 된다. 마음은 하나의 궁극적 이상의 목표를 달성하기 위해 강해진다. 몸도 역시 마찬가지다. 몸도 하나의 통일체가 되려고 노력한다. 몸은 생식세

포 속에 이미 존재해 있는 이상의 목표를 향해 발달해 간다.

예를 들어 만일 피부에 상처가 생기면, 그것을 치료하기 위해 전체 몸의 기능이 바쁘게 움직인다. 그런데 몸은 그런 여러 가지 잠재력을 발휘할 때 독단적으로 행하게 되는 것이 아니라 몸의 발달에 마음이 도움을 준다. 운동이나 훈련, 그리고 일반적인 위생 가치는 이미 모두 입증됐다. 그리고 그들 모두는 궁극적인 목표를 행해서 노력할 때, 몸을 위해서 마음이 제공해 주는 노력이 관여되는 법이다. 생명이 태어난 날부터 마지막 죽음에 이르는 최후의 날까지 끊임없이 성장과 발달의 이러한 연계가 계속된다. 몸과 마음은 하나로서 서로 협력한다. 마음은 동력기와 같은 것이며, 그 힘으로 몸속에서 발견할 수 있는 모든 잠재력을 끌어내어 몸이 안정되고, 그리고 모든 불안정을 넘어서는 상황에 도달되도록 도움을 준다.

몸의 모든 운동 속에 그리고 모든 표현과 징후 속에 마음의 목적이 새겨져 있음을 알 수 있다. 인간이란 것은 움직이는 생명체이며, 그 움직임에는 의미가 있다. 인간은 자기의 눈과 얼굴의 근육 따위를 움직인다. 그의 얼굴은 표현하고 있으며, 의미가 있다. 거기에 의미를 부여하는 것은 마음이다. 그리하여 지금 우리는 마음에 관한 과학이라 할 수 있는 심리학이 무엇을 취급하는지 이해하기 시작한다.

심리학의 영역은 개인의 모든 표현에 내포한 함축된 의미를 탐구하며, 그 사람의 목표를 위한 열쇠를 응시하고 그것을 다른 사람들의 목표와 비교하는 점에 있다. 안전이라는 궁극적인 목표를 향해 노력하면서, 마음은 항상 그 목표를 구체적으로 밝힐 필요성에 직면한다. 즉, '이 특정한 점에 있어서 안전한 선'을 측정하고 '이 특정한 방향으로 나아감으로써 그것이 달성되는 일'을 측정할 필요가 생기는 것이다. 물론 여기에는 잘못이 범해질 경우도 있다. 그러나 지극히 뚜렷한 목표나 방향 설정이 없다면, 여러 가지 운동이란 것은 있을 수 없다. 만일 내가 손을 올린다고 한다면, 그 운동을 위한 목표라는 것이 먼저 마음속에 없어서는 안 된다. 마음이 선택하는 방향이 오히려 몸을 해롭게 할지도 모른다. 그러나 그 방향이 선택된 것은 마음이 그것을 잘못 생각해서 더욱 유익한 방향이라고 결정지었기 때문이다.

안전이라는 목표는 모든 인간에게 공통적인 것이다. 그러나 어떤 사람들은 그 안전이 존재하는 방향을 잘못 인식하여, 그들의 구체적인 운동이 그들을 방황하게 만드는 것이다. 만일 우리가 어떤 표현이나 징후를 보고 그 배후에 있는 의미를 인식하여 행한다면, 그것을 이해하기 위한 가장 좋은 방법은 우선 그것의 윤곽만 잡고 하나의 간단한 운동으로 환원하는 일이다. 예를 들어 훔친다는 행위를 보자. 훔친다는 것은 어떤 사람에게서 그의 소유물을 나의 것으로 가져오는 것이다. 그 운동의 목표를 음미해 보면, 그 목표는 자신을 풍부하게 하며, 더 많은 것을 소유함으로써 더욱 평온한 안정감을 느끼는 것이다. 그러므로 그 운동이 시작되는 유인이 되는 것은 자기가 빈곤하며 강탈당하고 있다는 느낌이다.

다음 단계는 이 개인이 어떤 상황에 놓여 있는가, 또 어떤 상황 속에서 강탈당한다고 느끼는가를 알아내는 일이다. 마지막으로 우리는 그가 이런 상황을 변화시켜 강탈당하고 있는 자기의 감정을 극복시키기 위하여 올바른 방법을 취하고 있는지 아닌지, 그 운동이 바른 방향으로 나아가는지, 또는 그가 바라는 것을 손에 넣는 방법이 잘못된 것은 아닌지에 대해 알아낼 수 있을 것이다. 우리는 그의 궁극적인 목표를 비판할 필요는 없다. 그러나 우리는 그가 그 목표를 구체화할 때 잘못된 방법을 선택했다는 것을 지적할 수는 있다. 인간이 그 환경 속에서 만들어냈던 여러 가지 변화를 우리는 문화라고 부른다. 그리고 우리의 문화는 인간의 마음이 자신의 몸을 보호하기 위해서 이룩해 온 모든 행위의 결과이다.

우리의 행위는 우리의 마음에 의해 영감을 받은 것이다. 우리 몸의 발달은 마음에 의해 그 방향이 결정되며, 도움을 받는다. 결국, 우리는 마음의 목적 의도로 꽉 차 있지 않은 인간의 표현이라는 것을 단 한 가지도 발견할 수 없을 것이다. 그렇지만 마음이 자기의 역할을 과시할 정도로 강조하는 일은 절대 바라지 않는다. 우리가 모든 역경을 극복하려면, 신체적인 적성이 필요하다. 그러므로 마음은 몸이 보호되는 방법으로 환경을 통치하는 일에 종사하고 있다. 즉, 그것은 몸을 병·죽음·파괴·사고·기능 장애로부터 보호하기 위해서 존재한다. 마음은 쾌감이나 고통을 느끼기도 하고 공상을 하기도 하며, 좋은 상황 혹은 나쁜 상황과 자신을 동일화하기도 하는 우리의 능력에 의해 부과된 목적이다. 여러 가지 느낌은, 몸이 일정한 응답을 함으로써 상황에 대처하려는 상태를 정리한다. 공상이나 자기 동일화는 예견의 방법이다.

그러나 그것만이 아니라 그런 것들은 몸이 함께 행동하는 모든 감정을 북돋운다. 이리하여 한 개인의 여러 가지 감정은 그 사람이 인생에 부여하는 의미와 자기의 노력을 위해 설정한 목표를 더욱 분명히 드러내 준다. 이러한 감정은 그 사람의 몸을 통제하지만, 그의 몸에 크게 의존하고 있는 것은 아니다. 그것들은 항상, 주로 그의 목표와 나란히 그의 일관된 인생의 스타일에 의존하고 있는 것이다. 매우 명확한 일로서 개인을 통제하고 있는 것은 인생 방식만이 아니다. 그 사람의 태도는 그의 모든 징후를 그 이상의 도움 없이 창출해 내는 것은 아니다. 행동으로 끌어내기 위해서는, 태도는 감정에 의해 지지가 되어야만 한다. 개인심리학의 견해 속에서 새로운 것은 여러 가지 감정이 인생 스타일과 절대 모순되지 않는다는 관찰이다.

목표가 있는 곳에서 감정은 언제나 그 목표 달성을 위해 자신이 적응해야 한다. 우리는 그것을 역시 생리학이나 물리학의 견지에서 설명할 수 없다. 여러 가지 감정이 일어나는 것은 화학 이론으로 설명할 수 없으며, 화학적 검사에 의해서 예고되는 것도 아니다. 개인심리학에서 우리는 생리학적인 모든 과정을 전제하지 않으면 안 되지만, 우리는 심리학적 목표에 좀 더 큰 관심을 두고 있다. 불안이 교감신경 및 부교감신경에 영향을 주는 것에 우리는 그 정도로 관심을 두고 있지는 않다. 우리는 오히려 불안의 목적 및 목표를 탐구하는 것이다.

이러한 접근 방법을 통해 볼 때, 불안은 억제된 성욕에서 생기는 것이라든가, 두려운 출산 경험의 결과라고는 생각될 수 없다. 그와 같은 설명은 걸맞지 않다. 우리는 어머니와 항상 가까이에 있으며 도움을 받고 지지를 받는 데 익숙해져 있는 아이가 불안이라는 것을 — 그 원천이 무엇이건 — 자기의 어머니를 지배하기 위한 매우 유효한 무기라고 생각한다는 것을 알고 있다. 우리는 분노에 관한 육체적 서술로는 만족하지 않는다. 우리의 경험은, 분노가 어떤 사람이나 어느 상황을 지배하기 위한 보조 수단이라는 것을 우리에게 가르쳐 주었다. 우리는 모든 육체적 및 정신적 표현이 유전된 소재에 기초를 두고 있음이 분명하다는 사실을 증명된 것으로 인정할 수 있다. 단지 우리의 주의는 명확한 목표를 달성하려는 노력에 있어서 이 소재가 이용되는 방법에 집중되고 있다.

이것만이 유일한 참된 심리학적인 접근 방법이라고 생각된다. 우리는 모든 개인에게 있어서, 감정은 그의 목표 달성을 위한 본질적인 방향으로 향하거나, 그에 대응해서 좌우되고 발달한다는 사실을 보게 된다. 그의 불안이나 용기, 쾌활함이나 슬픔은 그의 인생 스타일과 일치한다. 거기에 비례한 모든 감정의 힘이나 지배는 정확하게 우리가 예기할 수 있었다. 다른 사람보다 우월해지고 싶다는 자기의 목표를 슬픔을 통해 달성하는 사람은 결코 명랑할 수 없으며, 또 자기가 달성한 것에 만족할 수도 없다. 그는 자기가 비참할 때만 행복한 것이다. 우리는 또 여러 가지 감정이 필요하기 때문에 나타나기도 하고 사라지기도 한다는 사실도 인지할 수 있다.

광장공포증으로 괴로워하고 있는 환자는 자기의 집에 있을 때나 그가 다른 사람을 지배하고 있을 때는 불안감을 느끼지 않는다. 모든 신경증 환자는 자기들이 정복자일 정도로 그렇게 강하지 않다고 느끼고 있는 생활의 모든 부분을 배제하는 것이다. 정서의 양상은 인생 스타일과 같이 고정된 것이다. 예를 들어 그가 자기보다 약한 사람과 있을 때는 거만하기도 하며, 다른 사람에 의해 방위 되고 있을 때는 용감하게 보이기도 한다. 그는 자기 세계의 문을 굳게 닫아걸고 맹견이나 함정으로 방비하며, 그리고 자기는 용기백배한다고 주장할지도 모른다. 아무도 불안감을 증명할 수 없을 것이다. 그러나 그의 겁 많은 성격은 그가 자기의 몸을 보호하기 위해서 아끼지 않는 많은 방법에 따라 충분히 감지할 수 있다.

성애性愛의 영역도 똑같은 증언을 준다. 성에 관한 모든 감정은 항상 다른 사람이 자기의 성적 목표에 가까워지기를 바랄 때 나타난다. 그는 정신을 집중함으로써 모순되는 모든 과거나 상반되는 관심을 배제하려고 한다. 이처럼 해서 그는 적절한 감정이나 기능을 불러일으킨다. 이러한 감정이나 기능의 결여는 — 조루·성도착·불면증의 경우처럼 — 부적절한 과제나 관심의 배제를 거부하는 일에 의해 생겨난다. 그와 같은 이상성은 언제나 우울해지고 싶어 하는 잘못된 인생 스타일에 의해 유발된다. 그 같은 경우에 우리는 항상 타인을 생각하기보다는 자신이 배려받기를 기대하는 경향이나 사회 감정의 결여나 용기, 또는 낙천적인 활동에서의 실패 등을 발견할 수 있다.

　나의 환자 중에 차남인 한 남자가 피할 수 없는 죄책감으로 몹시 심각하게 고통받고 있었다. 그의 아버지나 형도 정직함을 매우 숭상하고 있었다. 그는 일곱 살 때, 어떤 숙제를 그의 아버지나 형이 해 주었다고 학교 선생님에게 스스로 고백했다. 소년은 그의 죄의식을 3년 동안 숨기고 있었다. 결국, 그는 선생님 집을 찾아가서 자기의 '엄청난' 거짓을 고백했다. 선생님은 단지 웃었을 뿐이었다. 그다음에 그는 아버지에게 가서 울면서 두 번째 고백했다. 이번에는 전보다 더 자세하게 이야기했다. 아버지는 자식이 진실을 사랑하고 있다는 사실을 자랑스럽게 생각하며, 그 아이를 따뜻하게 위로해 주었다. 아버지가 그를 용서해 주었음에도 소년은 여전히 우울했다.

　우리는 이 소년이 그러한 사소한 일로 인해 그 정도로 심하게 자신을 책함으로써 자기의 성실성과 엄격함을 증명하는 데 오로지 마음을 쏟고 있음을 알 수 있다. 그의 가정의 높은 도덕적 분위기는 그에게 정직하면서 뛰어나다는 충동을 주었다. 그는 학업에서 또 사회성에 있어서 자기 형에게 열등감을 느끼고 있었다. 그런 점으로 인해서 그는 자기 자신의 부정행위로 우월성을 획득하려 했다. 그는 나중에 또 다른 자기를 향한 비난으로 고통받았다. 그는 학교에서 커닝을 전혀 하지 않은 것은 아니었다. 그 죄책감은 항상 시험을 보기 전에 한층 더 심해졌다. 시간이 흐름에 따라 그는 이런 종류의 곤란함을 점점 더 느끼게 되었다. 그의 민감한 양심 때문에 그는 자기의 형보다도 더욱 무거운 짐으로 괴로워했다. 이리하여 그는 형과 같아지려 함으로써 맞게 되는 모든 실패에 대한 좋은 변명을 준비해 두고 있었다.

그가 대학을 중퇴했을 때 그는 기술 관계의 직업을 가지려고 계획했는데, 그의 협박적 죄의식이 너무나 심해졌기 때문에 그는 신의 용서를 구하려고 온종일 기도하게 되었다. 그리하여 일하는 시간이 없어져 버렸다. 당시 그의 상태는 매우 나빴기 때문에 그는 정신병원에 보내졌다. 그곳에서 그는 치료될 수 없다고 진단이 내려졌다. 그러나 얼마 안 있어 그의 상태는 좋아져서 퇴원했는데, 재발해서 곤란을 겪을 때는 다시 입원할 수 있도록 허가를 받았다. 그는 직업을 바꾸어서 예술사藝術史를 공부했다. 이윽고 시험을 치를 때가 다가왔다. 공휴일에 그는 어느 교회에 갔는데, 갑자기 군중 속에 몸을 내던지고 "나는 세상에서 가장 나쁜 죄인입니다"라고 울부짖었다. 그는 이런 일로 다시 한번 자기의 예리한 양심으로 사람들의 주의를 끌게 하는 데 성공했다.

또다시 정신병원에서 잠시 보낸 후, 그는 집으로 돌아왔다. 어느 날, 그는 점심 식사 때 나체로 내려왔다. 그의 체격은 매우 좋았다. 그는 이 점에서 그의 형과 다른 사람들과 충분히 겨룰 수 있었다. 그의 죄책감은 그가 다른 사람보다도 정직하게 보이기 위한 수단이었으며, 이렇게 해서 그는 우월감을 탈취하려고 노력했다. 그렇지만 그의 노력은 인생의 무익한 측면에 치우쳐 있었다. 시험이나 직업으로부터의 도피는 그를 겁쟁이로 만들었으며, 더더욱 무능감을 높여주었다. 그리고 그의 신경증은 모두 그가 패배를 두려워했던 모든 활동을 의도적으로 배제하는 일이었다. 그가 너무도 하찮은 수단으로 우월감을 얻기 위해 노력한다는 사실은, 그가 교회에서 몸을 내던졌을 때도, 또 아무것도 걸치지 않은 모습으로 식당에 나타났을 때도 명확히 볼 수 있었던 셈이다.

그의 인생 스타일이 바로 그러한 일을 요구했던 것이며, 그가 불러일으켰던 모든 감정은 완전히 그것에 의한 것이었다. 이제까지 보아왔듯이, 개개인이 자기 마음의 통일성을 확립하고 몸과 마음의 관계를 구축하고 있는 것은 그 인생의 최초의 4, 5년 동안이다. 그는 자기의 유전적 소질과 환경에서 끌어낸 인상을 취하여 그것들을 자기의 우월의 탐구에 적용시켜 간다. 다섯 살이 끝날 무렵까지는 그의 인격은 완전히 결정結晶된다. 그가 인생에 부여한 의미, 그가 추구하는 목표, 그가 문제에 대처하는 태도, 그의 정서적인 특징 등이 모두 고정된다. 그것은 물론 나중에 변화할 수 있다. 그가 이전에 했던 모든 표현이 마치 그의 인생 해석과 연결되어 있듯이, 지금 만일 그가 잘못을 바로잡을 수 있다면 그의 새로운 모든 표현은 그의 새로운 해석과 결합한 것이다.

개인이 자기의 환경과 접촉하고 거기에서 여러 가지 인상을 받는 것은 그의 모든 기관에 의해서이다. 그러므로 우리는 그가 자기의 몸을 훈련하는 방법을 통해 그가 자기의 환경으로부터 어떤 종류의 영향을 받아서 구성하고 있는가, 자기의 경험을 어떤 식으로 이용하려 하고 있는가를 알아낼 수 있다. 만약 우리가 어떤 식으로 보고 듣는지, 또 그의 주의를 끄는 것이 무엇인지 알 수 있다면, 우리는 그에 대해서 이미 많은 것을 배운 셈이다. 몸의 자세라고 하는 것이 매우 중요하다는 것은 바로 이런 이유 때문이다. 자세는 모든 기관의 훈련과 인상을 선택하기 위해서 그들을 이용하는 방법을 우리에게 보여준다.

자세는 항상 의미에 의해 조건 지워지고 있다. 여기서 우리는 심리학에 관한 우리의 정의에 좀 더 부언할 수가 있다. 심리학이란 것은 한 개인이 자기 몸의 모든 인상에 대해 취하는 태도에 관한 이해이다. 우리는 또 인간의 마음속에 어째서 커다란 잘못이 생기는지를 이해하기 시작한다. 환경에 잘 적응하지 못하고, 환경의 요구를 잘 받아들일 수 없는 몸은 대개 마음에 의해 무거운 짐이라고 느껴진다. 그러므로 불완전한 기관을 갖고 괴로워한 아이들은 정신적 발달에 있어서 다른 아이들보다도 훨씬 커다란 곤궁에 빠진다. 그들의 정신은 자신의 몸을 우월한 지위를 향해 움직인다거나 통제하기가 보통의 경우보다 매우 어렵다. 똑같은 목표를 달성하려고 할 때도 다른 사람보다 많은 정신적 노력이 필요하며, 정신의 집중도도 훨씬 높지 않으면 안 된다.

그러므로 마음의 부담은 과중해지며, 자기중심적이고 이기적으로 되어간다. 만일 아이가 항상 자기의 모든 기관이 불완전하다거나 움직이는 데 곤란을 느껴서 마음을 쓰고 있다면, 자기 이외의 것에 주의를 쏟을 여유가 없다. 그 아이는 타인에게 관심을 가질 시간도 자유도 없으며, 그 결과 사회 감정이나 협동하는 능력도 다른 사람보다 낮은 상태로 성장하게 된다. 모든 기관이 불완전하다는 것은 많은 불리한 조건이 된다. 그러나 그렇다고 해서 결코 피할 수 없는 운명도 아니다. 만약 정신이 자기의 본분을 잘 수행하고 모든 어려움을 극복하도록 열심히 훈련한다면, 그런 사람은 무거운 짐을 지지 않은 다른 사람들과 마찬가지로 훌륭하게 성공할 수 있다. 실제로 불완전한 기관을 가진 아이가 가끔 그런 장애에도 불구하고 정상적인 기관을 가진 아이들보다 더 커다란 업적을 이룩하기도 한다.

그런 경우의 핸디캡은 전진하기 위한 자극인 셈이다. 예를 들면 어떤 소년은 눈이 비정상이기 때문에 극심한 고통으로 괴로워할지도 모른다. 그는 눈으로 볼 수 있는 세계에 다른 사람보다 더 주의를 기울인다. 즉, 그는 여러 가지 색이나 형태로 판별하는 일에 누구보다도 흥미를 갖는다. 결과적으로 그는 사소한 차이에 주의를 기울여 고투할 필요가 전혀 없는 다른 아이들보다 가시적 세계에 대해 위대한 경험을 갖게 된다. 이리하여 불완전한 기관은 귀중한 이점의 원천도 될 수 있다. 단지 그것은 마음이 모든 역경을 극복하기 위한 올바른 수단을 발견했을 때뿐이다. 불완전한 시력으로 고민했다는 화가나 시인의 경우를 우리는 잘 알고 있다.

이런 불완전함은 잘 훈련된 정신에 의해 통제되고 있었다. 그리고 결국에 이런 정신의 소유자는 그들의 눈을 정상에 가까운 다른 사람들보다 더욱 많은 목적을 위해 이용할 수 있게 된 것이다. 이와 같은 종류의 보상은 왼손잡이 아이들 가운데서 잘 볼 수 있을 것이다. 가정생활에 있어서 혹은 학교생활을 처음 시작할 때, 그들은 불완전한 오른손을 사용하도록 훈련될 것이다. 그 과정에서 그들은 글자를 쓴다거나, 그림을 그린다거나, 수예하기 위해서는 사실 준비를 잘 할 수 있다고 말할 수는 없을 것이다. 만일 정신이 그런 어려움을 극복할 수만 있다면, 이 불완전한 오른손도 가끔 고도의 예술성을 발휘하게 할 수 있다고 기대될 것이다. 그리고 어쩌면 그런 일이 일어날 것이다. 많은 사례에서도 볼 수 있는데, 왼손잡이 아이는 다른 아이보다 글씨를 쓰는 것이나 그림을 그리는 것이 뛰어나며, 수예 솜씨도 훌륭하다. 그들은 올바른 기술을 배움으로써 흥미나 훈련이나 연습으로 불리한 점을 이점으로 변화시켜 갔다.

전체를 위해서 공헌하고 싶다고 생각하는 아이라든가, 자기에게만 관심을 쏟고 있지 않은 아이들은 자기의 결함을 고치려는 훈련에 성공할 수 있다. 만일 아이가 자기의 어려움으로부터 해방되고 싶다고 바라기만 하고 있다면 더 늦어질 것이다. 그들이 노력을 위한 목적을 계속 가지고 있을 때, 그리고 이 목적을 달성하는 일이 그들 앞에 버티고 서 있는 장애물보다 훨씬 중요하다고 생각할 때 그들은 용기를 계속 가질 수 있다. 문제는 그들의 관심과 주의가 어디로 향해 있는지다. 만약 그들이 그들의 목표를 향하고자 한다면, 당연히 그들은 그것을 달성하기 위해 자기를 훈련하고 준비할 것이다. 어려움이란 성공에 이르는 도중에 극복되어야만 하는 것 이상의 것은 아니다. 그들의 관심이 자기들의 장애를 강조하는 일에만 향해 있다거나, 그들로부터 해방되고 싶어서 하는 목적으로 이러한 장애와 싸우기만 하고 있다면, 그들에게 진실로 진보란 없을 것이다.

불필요한 오른손은 단지 생각뿐이며, 그것이 그 정도로 쓸모없지 않기를 바라기만 하는 것으로, 혹은 불필요함을 피하기만 하는 것만으로 능숙한 오른손이 될 수는 없다. 재주 있는 손이 되기 위해서는 실제로 사용을 하고 연습을 해야만 한다. 그리고 능숙한 손으로 만들고 싶다는 마음이 지금까지 서툴렀기 때문에 느꼈던 불편함보다 더욱 강하게 느껴져야만 한다. 만약 아기가 자기의 노력을 기울여서 자신의 장애를 극복하려 한다면, 이런 행동을 위해서는 자기 이외의 목표가 있어야만 한다. 즉, 현실에 관한 관심, 다른 사람에 관한 관심, 협동에 관한 관심에 기초를 둔 목표이어야 한다. 유전적인 요인과 그 영향에 관한 좋은 예를 수뇨관輸尿管의 이상으로 인해 고민하는 가족에게서 발견할 수 있다. 이런 가족의 아이들은 야뇨증으로 매우 고민하고 있다. 그런 경우 기관은 정말로 이상이 있다.

그런 이상은 신장이나 방광이나 척추의 분열이라는 증상에 의해서 나타난다. 또 그것에 따른 허리뼈 부분의 불완전은 그 부분의 피부에 반점이 있다거나, 태어나면서부터 있었던 반점으로부터 그 원인이 추측될 수 있다. 그렇지만 야뇨증은 반드시 열등한 기관에 의해서만 설명될 수 있는 것은 아니다. 아이는 그 기관에 지배를 받는 것이 아니라, 그 나름의 방법으로 모든 기관을 이용하고 있다. 예를 들면 어떤 아이들은 밤에 오줌을 누지만 낮에는 결코 그런 일이 없다. 이 습관은 종종 환경이나 부모의 태도가 변했을 때 사라져 버린다. 정신지체아인 경우는 별도로 하고, 야뇨증은 아이가 자기의 불완전한 기관을 뭔가 다른 목적을 위해서 사용하는 것을 그만둔다면 극복될 수 있다.

그렇지만 야뇨증으로 시달리고 있는 아이들은, 주로 그것을 극복할 수 있도록 자극되지 않고 단지 그것을 계속해 가도록 자극받는다. 현명한 어머니는 올바른 훈련을 시킬 수 있다. 그런데 만약 어머니가 숙련된 솜씨가 아니라면 불필요한 약점이 계속 남게 된다. 신장 장애나 방광 장애로 고생하는 가족에게 있어서는 때로 배뇨에 관한 일이 지나치게 강조된다. 그럴 때 어머니는 야뇨증을 고쳐주기 위해 잘못된 방법으로 훈련시킨다. 만약 아이가 이 점에 얼마만큼의 가치가 주어지고 있는지를 깨닫는다면, 그는 즉각 반항할 것이다. 또 만일 아이가 자기에게 취하는 어머니의 행동에 반항한다면, 그는 언제나 어머니의 최대 약점을 찔러 공격하는 방법을 발견할 것이다. 독일의 저명한 사회학자는, 범죄자 중의 놀랄 만한 숫자가 범죄를 억압하는 데 모든 노력을 기울이는 듯한 가정, 즉 재판관·경찰·간수 등의 가정에서 나온다는 사실을 발견했다. 교사의 아이들은 대개 몹시 반항적이다. 나 자신의 경험에 비추어 보아도 이것은 어느 정도 사실인 듯하다.

나는 놀랄 만큼 많은 숫자의 신경증적인 아이들이 의사의 자녀들 가운데 있으며, 또 놀랄 만한 숫자의 비행 청소년들이 목사의 아이들이라는 사실을 알아냈다. 마찬가지로 배뇨할 것을 강조하는 부모 밑에서 자라는 아이들은, 그들이 자신의 의지를 갖고 있다는 사실을 지극히 명료한 방법으로 ─ 야뇨증 ─ 증명하고 있다. 또 야뇨증은 우리가 의도하는 행동에 적합한 감정을 불러일으키기 위해서 꿈이 어떻게 이용되는지 좋은 예를 제공해 준다. 야뇨증인 아이들은 흔히 자기들이 방을 나와 화장실에 가는 꿈을 꾼다. 이런 식으로 그들은 자기 변명을 한다. 즉, 이불에서 소변을 볼 권리가 있다고 주장하는 것과 같다. 야뇨증이 하는 역할은 일반적으로 낮과 똑같이 밤에도 다른 사람의 관심을 끌고 종속시켜 주의를 받으려는 것이다. 때로 그것은 타인을 적대시하는 것이며, 그 습관은 적의의 선언이다. 모든 각도에서 보면, 우리는 야뇨증이라는 것이 실로 하나의 창조적인 표현이라는 사실을 알 수 있다. 즉, 그 아이는 입 대신 방광을 사용하여 말을 하는 것이다. 기관의 불완전함은 그 아이에게 자기의 의견을 표현하는 수단을 제공할 뿐이다. 이런 방법으로 자신을 표현하는 아이는 항상 긴장하여 괴로워한다.

일반적으로 말해서, 그들은 특별하게 주의를 끌었던 자신들의 입장을 잃어버린 응석받이 아이들의 부류에 속한다. 그들은 남동생이나 여동생이 태어나면 어머니의 사랑을 계속 독점할 수 없으리라고 생각한다. 그래서 야뇨증은 그러한 불쾌한 수단에 의해서라도 어머니와 더 가깝게 접촉하게 될 거라는 기대를 표현하는 것이다. 실제로 그것은 '나는 어머니가 생각하고 있는 만큼 자라지 않았다. 아직 보살핌을 받지 않으면 안 된다'고 하는 표현이다. 다른 사정하에서나 다른 불완전한 기관을 가지고 있다면, 또 다른 수단을 선택했을지도 모른다. 예를 들면 그들은 관계를 만들기 위해서 소리를 사용할지도 모른다. 그 경우라면 그들은 한밤중에 계속해서 울어 버릴 것이다. 어떤 아이들은 몽유병을 갖게 되기도 하며, 악몽에 시달리기도 하고, 침대 아래로 떨어지기도 하며, 갈증이 난다고 하며 물을 달라고 하기도 한다.

이런 여러 가지 표현의 배후에 있는 심리적 배경은 모두 비슷하다. 어떤 증후를 선택할 것인가는, 일부는 기관의 상태에 의해서 또 일부는 주위 사람들의 태도에 의해서 좌우된다. 그런 예들은 마음이 몸에 미치는 영향을 매우 잘 나타내고 있다. 틀림없이 심리는 특정한 신체적 증후의 선택에 영향을 줄 뿐 아니라, 몸의 전체 구성을 통제하며 그것에 영향을 준다. 우리는 이 가설을 직접 증명할 수는 없으며, 게다가 그런 증명이 어떻게 확립될 수 있는지를 이해하는 일도 매우 어렵다. 그렇지만 증거는 충분히 확실하다고 생각한다. 만약 몸에 자신이 없다면 그 사람의 열등감은 그의 발달의 모든 면에 반영된다. 그는 육체를 사용해 무언가 해내는 것을 좋아하지 않는다. 아니, 그보다는 오히려 그는 그런 일이 자기에게 가능하다고 생각조차 하지 않는다.

그 결과 자기의 근육을 유효한 방법으로 훈련하려는 정도의 생각은 하지도 않으며, 외부 세계에서 보통 근육 발달에 자극이 된다고 생각되는 것을 모두 배제하려고 한다. 근육의 훈련에 흥미를 갖는다든지, 그런 영향을 받는 일에 두려움이 없는 다른 아이들은 신체적 적응력이 갈수록 발달하여 가지만, 이 아이는 그 관심마저 없애려 해서 느린 채로 있게 되는 것이다. 그런 고찰을 통해서 우리는 몸의 형태와 발달은 심리에 영향을 미치며, 심리의 잘못이나 결함도 반영한다고 확실하게 결론지을 수 있다. 우리는 자주 정신적 실패로 인한 최후의 결과라고 할 수 있을 신체적인 모든 표현을 명확히 관찰할 수 있다. 거기에서는 곤란을 극복하게 하는 올바른 방법이 발견되어 있지 않았다. 예를 들어 내분비샘도 태어난 후 최초의 4, 5년에 영향을 받을 수 있다는 것은 명확하다.

불완전한 내분비샘이 그 사람의 행동에 강제적인 영향을 미치는 일은 결코 없다. 이에 반해서 기관은 환경 전체에 의해서, 또 아이가 인상을 받으려 하는 방향성에 의해서, 그리고 더욱이 이런 흥미로운 상황 속에서, 그의 정신의 창조적 활동으로 끊임없이 영향을 받고 있다. 또 하나의 증거가 있는

데, 이것이 아마 더 잘 이해될 수 있을 것이다. 왜냐하면, 그것은 더욱 가까운 것이며, 몸의 고정화된 습성에 이끌리는 것이 아니라 일시적인 표현에 끌리는 것이기 때문이다. 인간이란 자기의 감정을 눈에 보이는 어떠한 형태로 나타낸다. 아마 그 자세나 태도나 표정에서, 아니면 다리나 무릎을 떠는 동작 따위로 나타낸다. 이와 똑같은 변화가 다른 기관에서도 보인다. 예를 들면 그가 만약 얼굴이 빨개진다거나 창백해지게 되면 혈액순환이 영향을 받는다.

노여움·불안·슬픔과 그 밖의 어떤 감정들의 경우에도 항상 몸은 말을 하고 있으며, 개개인의 몸은 그 특유의 언어로 이야기를 전달한다. 두려운 상태에 있을 때 어떤 사람은 떨며, 어떤 사람은 몸의 털이 곤두서고, 어떤 사람은 심장이 두근두근할지도 모른다. 게다가 어떤 사람은 식은땀을 흘리기도 하고, 갈증이 나기도 하며, 목이 쉰다거나 몸이 오그라들기도 하고 긴장으로 위축되기도 한다. 어떤 때는 몸에 한축寒縮이 나타나기도 하고, 식욕이 없어진다거나 구토를 하기도 한다. 어떤 사람은 그런 감정에 의해 주로 자극을 받는 것은 방광인 경우도 있고, 어떤 사람은 성기인 경우도 있다. 실제로 시험을 치르는 동안에는 성기가 자극을 받는다고 느끼는 아이들도 많이 있다. 그리고 범죄자들이 범행을 저지른 후에, 사창가에 간다거나 정부情夫의 집에 가는 일은 잘 알려져 있다.

어떤 심리학자는, 과학의 영역에서는 본래 성과 불안이 상호 결합하여 있던 것이며, 완전히 동떨어져 있지 않다고 주장하고 있다. 그들의 견해는 대부분 그들 자신의 경험에 의존하고 있으므로, 성과 불안의 관계가 어떤 사람의 경우에는 관계가 있으며, 어떤 사람의 경우에는 없을 수도 있다. 이러한 모든 반응은 개개인의 유형에 따라 다르다. 그런 것 중의 일부는 어쩌면 어느 정도까지는 유전적이라고 할 수 있으며, 어떤 종류의 신체적 표현은 자주 우리에게 집안의 약점이나 특징에 관한 시사를 준다. 다른 가족도 매우 유사한 신체적 반응을 보일지 모른다. 그러나 여기에서 더욱 흥미 깊은 것은, 심리라는 것이 여러 가지 감정에 의해 신체적인 모든 조건을 어떻게 활성화할 수 있는가를 보는 일이다. 여러 가지 감정과 그런 것에 반응하는 신체적 표현은 심리의 상태가 좋다거나 나쁘다고 해석하는 상황 속에서 어떻게 반응하고 활동할 것인지를 보여준다.

예를 들면 화가 났을 때, 사람은 자기의 불완전함을 될 수 있는 한 빨리 극복하기를 원한다. 가장 좋은 방법은 상대방을 공격한다거나 비난하는 일일 것이다. 노여움은 여러 가지 기관에 영향을 주어 행동을 위해 그것들을 동원하기도 하며, 게다가 더욱 긴장을 더 하기도 한다. 어떤 사람들은 화가 났을 때, 동시에 위장의 상태가 나빠지기도 하고 얼굴이 빨개지기도 한다. 그들의 혈액순환은 두통이 생길 정도로 변하는 경우도 있다. 우리는 보통 편두통이나 습관성 두통이 일어나는 배후에 억압된 격한 노여움이나 굴욕감을 발견할 수있으며, 어떤 사람의 경우에는 신경통이나 전환성 발작이라는 결과를 낳는다. 몸의 영향을 받는다는 근거는 이제까지 결코 충분히 해명되어 있지도 않았으며, 아마 완전하고 충분하게 설명할 수는 없을 것이다.

정신적인 긴장은 수의조직隨意組織이나 식물성 신경조직에도 영향을 미친다. 긴장하고 있을 때는 수의조직이 활동한다. 그 사람은 탁자를 치기도 하고 입술을 깨물기도 하며, 종이를 찢어 버리기도 한다. 긴장하고 있으면, 그는 어떤 방법으로라도 움직여야만 한다. 연필이나 둘둘 말은 종이를 씹기도 하는 행위는 긴장을 발산하려는 의도이다. 이러한 행위는, 그 사람이 어떤 상황에 직면하는 태도가 지나치게 민감하다는 것을 보여준다. 그가 모르는 사람들 사이에 있을 때, 얼굴이 붉어진다든가 떨기 시작하며 경련을 일으키는 경우도 마찬가지이다. 그것은 모두 긴장의 결과이다. 긴장은 식물성 조직에 의해서 몸 전체에 전달된다. 그러므로 어떤 감정이 있을 때는 몸 전체가 전부 긴장하게 되는 것이다.

그렇지만 이런 긴장의 표시는 모든 점에 있어서 균등하게 명확히 나타나지는 않는다. 그리고 우리가 증후라고 할 때는 결과를 발견할 수 있는 경우에만 한해서 부르는 것이다. 만일 우리가 더 상세히 조사한다면, 하나의 감정 표현을 하는 데 있어서 몸 전체가 관여되는 이러한 신체적 표현이 심리와 몸의 움직임에서 기인한다는 사실을 알 수 있을 것이다. 이와 같은 몸에 대한 심리의, 또 심리에 대한 몸의 상호 움직임의 관계를 탐구하는 것은 매우 필요하다.

그것은 우리가 매우 관심을 가질 수 있는 영역이기 때문이다. 우리는 그런 증거로부터 합리적으로 인생 스타일과 거기에 호응하는 정서적 특성이 몸의 발달에 계속된 영향을 미친다고 결론지을 수 있을 것이다. 아이가 자기의 인생 스타일을 유아기의 초기에 결정짓는다는 것이 사실이라면 — 우리가 만약 충분한 경험으로써 그 사실을 입증할 수 있다면 — 그 이후의 생활 속에 그 결과로써 나타나는 신체적인 모든 표현을 발견할 수 있을 것이다.

용기 있는 사람은 자기 태도의 영향을 몸으로 나타낼 것이다. 그의 몸은 다른 식으로 만들어질 수 있을 것이다. 근육의 탄력성은 더욱 강해지며, 그의 몸동작은 더욱 민첩하게 될 것이다. 자세는 아마 상당한 정도로 몸의 발달에 영향을 미치며, 부분적으로는 근육의 탄력성이 좋아진다고 설명될 수 있을 것이다. 용기 있는 사람은 표정도 다르며, 나중에는 얼굴 모습 전체가 달라진다. 두개골의 형태마저 영향을 받을 수 있다. 오늘날 심리가 뇌수에 영향을 줄 수 있다는 사실을 부정하는 것은 어려울 것이다. 병리학에서는 어떤 사람이 뇌의 좌반구 일부분이 손상됨으로 인해 읽고 쓰는 능력을 상실하게 되었는데, 뇌의 다른 부분을 훈련함으로써 이 능력을 회복했던 예를 보여주고 있다. 가끔 일어나는 일이지만 어떤 사람이 뇌졸중 발작으로 쓰러져 뇌의 파괴된 부분을 고칠 가능성이 전혀 없었지만, 뇌의 다른 기관의 기능을 다시 회복하여 뇌의 모든 능력을 완전히 회복했던 일이 있다.

이 사실은 개인심리학을 교육적으로 응용할 가능성을 보여주는 데 도움을 주기 때문에 특히 중요하다. 만약 심리가 뇌에 그와 같은 영향을 줄 수 있다면, 또는 그 도구에 지나지 않는다면, 우리는 이 도구를 발달시켜 개량하는 방법을 발견할 수 있다. 일정한 표준의 뇌를 갖고 살아온 사람은 누구나 일생을 불가피하게 그것에 구속된 채로 있을 필요는 없다. 뇌를 그 사람의 인생에 좀 더 적합한 것이 되도록 하는 방법이 발견될지도 모른다. 잘못된 방향으로 목표를 설정한 심리, 예를 들면 협동하는 능력을 발달시키지 않은 사람의 심리는 뇌의 성장에 도움이 되는 영향을 주는 데 실패한다. 이런 이유로 우리는 협동하는 능력이 빠져 있는 많은 아이가 그 이후의 생활속에서 그들의 지성이나 사물을 이해하는 능력을 발달시키지 않았다는 사실을 발견하게 된다.

성인의 행동 전체가 처음 4, 5년간에 완성된 인생 스타일로부터 많은 영향을 받기 때문에, 그리고 우리는 그의 통각체계統覺體系 및 그가 인생에 부여한 의미로 인한 결과를 모두 명료하게 볼 수 있으므로 협동이라는 것에 있어서 그가 고민하는 이유를 발견할 수 있으며, 이런 실패를 바로잡는 데 도움이 될 수 있을 것이다. 개인심리학에서 이미 우리는 이런 학문을 향해 최초의 몇 발자국을 내디뎠다. 많은 심리학자가 마음의 표현과 몸의 표현 사이에 부단히 관계가 맺어지고 있다는 사실을 지적해 왔다. 그런데 누구도 양자를 잇는 다리를 발견하려 하지 않았던 것 같다.

예를 들면, 크레치머Kretschmer는 몸의 구조 속에 일정한 유형으로 맺어지는 마음과의 대응을 어떻게 발견할 수 있는가에 대해 논했다. 그리하여 그는 인류의 대다수를 몇 종류의 유형으로 구별할 수 있다고 말했다. 예를 들어 땅딸보 형의 사람pyknoids, 즉 낮은 코에 비만하고 둥근 얼굴을 한 사람들이 있다. 줄리어스 시저가 다음과 같이 말했던 사람들이다.

뚱뚱하며, 머리를 단정하게 빗어 넘긴
밤에 잠을 잘 자는 남자들을
나의 주위에 있게 해다오.

— 《줄리어스 시저》, 제1막 제2장 —

크레치머는 그와 같은 체형과 특정한 정신적 특징을 연결시켰다. 그러나 그의 저서는 이렇게 관련지었던 이유를 명확하게 밝혀놓지 않았다. 우리 자신의 여러 조건에서는, 이런 체형의 사람들은 기관의 결함으로 인해 고민하고 있다고 생각되지 않는다. 그들의 몸은 문화에 잘 적응한다. 그들은 신체적으로 다른 사람들과 동등하다고 느낀다. 그들은 자기의 힘에 자신을 갖고 있다. 또한, 긴장하고 있지도 않으며, 만약 싸우고 싶다고 생각하면 싸울 수도 있다고 느낄 것이다. 그러나 그들은 타인을 적으로 간주할 필요가 없으며, 마치 인생이 그들에게 적대하고 있지 않은 것과 같이 인생에 항거할 필요도 없다.

심리학의 어떤 학파는 그들을 외향적이라고 부른다. 우리는 그들이 외향적일 것을 기대해야 할 것이다. 왜냐하면, 그들은 자기 몸의 고통 따위를 갖고 있지 않기 때문이다. 크레치머가 구별한 대조적인 유형은 정신분열성 schizoid적인 사람이다. 그들은 보통 키가 크고 코가 길며, 계란형의 머리를 하고 있다. 이런 사람들은 염려를 잘 하며, 내성적이고 성격장애가 생긴다면 분열증이 된다. 그들은 시저가 다음과 같이 말한 유형의 사람들이다.

저기에 있는 카시우스는 너무 말라서 배가 고픈 것 같다.
그는 사물을 지나치게 생각한다.
저런 인간은 위험하다.

─ 《줄리어스 시저》 ─

아마 이런 사람들은 불완전한 기관으로 인해 고민하여 좀 더 자기중심적이고, 많은 주변의 관심 속에서 자랐을 것이다. 아마 그들은 다른 사람들보다 많은 도움을 청할 것이고, 자기가 충분히 배려되고 있지 않다고 생각했을 때는 원한을 갖고 의혹을 품게 된다. 그렇지만 우리는 크레치머가 인정했던 것처럼, 대부분 혼합된 유형의 사람들이 많다는 것을 발견할 수 있다. 즉, 비만형인 동시에 분열형에 속하는 정신적 특징을 가진 사람들도 있다. 만일 그들의 모든 여건이 다른 방법으로 그들에게 압력을 가하고, 그래서 그들이 겁쟁이가 된다거나 용기를 잃게 된다면, 우리는 이것을 이해할 수 있을 것이다. 우리는 아마 어떤 아이이건 계획적으로 실망하게 함으로써 분열중적으로 행동하는 인간으로 만들 수가 있을 것이다.

　만약 우리가 많은 경험을 쌓아온 사람이라면, 한 개인의 모든 부분적 표현으로부터 그가 다른 사람과 협동하는 능력을 어느 정도 가졌는지 알 수 있을 것이다. 사람들은 그걸 모르고 항상 그와 같은 표시를 찾기 바랐다. 협동의 필요성은 언제나 우리를 에워싼다. 그리고 이 혼탁한 인생에서 어떻게 해서 보다 좋은 방향을 결정해야만 하는지를 보여주는 많은 시사는, 과학적인 것이 아니라 직감적으로 이미 발견됐다. 마찬가지로 우리는 역사의 모든 위대한 개혁이 눈앞에서 이루어질 때, 사람들의 마음은 이미 개혁의 필요를 인정하고 그것을 달성하기 위해 노력했다는 사실을 알 수 있다. 그 노력이 본능적인 것에 지나지 않는 한, 잘못된 생각은 사라지지 않는다. 사람들은 흔히 매우 특수한 육체적 특징을 가진 사람들이라든가 기형아들을 경멸했다.

　사람들은 단순히, 이런 사람들은 협동에 그다지 적합하지 않은 사람들이라고 판단해 버렸다. 이것은 커다란 잘못이었다. 그러나 그들의 판단은 아마 경험에 따랐을 것이다. 이러한 특수성으로 고민하고 있던 사람들에게 있어서 협동의 기회를 증대시킬 방법이 아직 발견되어 있지 않으며, 그래서 그들의 불리한 점이 지나치게 강조되고 그들은 대중들에 의한 편견의 희생이 되었다.

　그러면 우리의 입장을 요약해 보자. 아이가 태어나서 처음의 4, 5년이 지나면 그 정신적인 노력은 통합되며, 심리와 육체와의 근본적인 관계가 세워진다. 정해진 인생 스타일이 거기에 호응하는 정서적 및 육체적 습성과 함께 채용된다. 그 발달은 고도의 혹은 낮은 정도의 협동을 포함한다. 그리고 우리가 그 개인을 판단하고 이해하는 것은 이 협동의 정도로부터 유추해

낼 수 있다.

모든 실패한 사람에 있어서, 공통으로 가장 흔히 볼 수 있는 것은 협동하는 능력의 정도가 지극히 낮다는 점이다. 우리는 이제 일보 전진한 심리학에 대한 정의를 내릴 수 있다. 즉, 그것은 협동의 부족에 대한 이해이다. 심리란 하나의 통일체이며, 동일한 인생 스타일이 그 모든 표현을 일관하고 있으므로 한 개인의 여러 가지 정서나 생각은 그의 인생 스타일과 일치할 것이 틀림없다. 만약 확실히 곤란한 일을 일으켜 그 사람의 행복에 역행되는 정서가 보인다면, 이런 정서를 변화하려는 일부터 시작하는 것은 무익하다. 그것들은 그 사람의 인생 스타일의 올바른 표현이며, 그것들이 근절될 수 있는 것은 단지 그가 자기 인생의 스타일을 바꿀 때만 가능한 것이다.

여기서 개인심리학은 우리의 교육관 및 치료에 있어서 특별한 시사점을 준다. 우리는 결코 한 가지 증후나 단 하나의 표현만을 다루지는 않는다. 우리는 심리가 경험을 해석하는 방법에 있어서, 또 그것이 인생에 부여하는 의미에 있어서, 게다가 그것이 몸이나 환경으로부터 받았던 인상에 응답할 때의 모든 행위에 있어서 인생의 스타일 속에서 익숙해진 잘못을 발견해 내야만 한다. 이것이 심리학의 참된 과제이다. 만약 우리가 아이를 침으로 자극하여 그 아이가 얼마나 높게 뛰어오르는지를 본다거나, 간질여서 그 아이가 얼마나 큰 소리를 지르며 웃는지를 보게 된다면, 그런 것은 정확히 말해서 심리학이라고 부를 수 없다. 현대의 심리학자 사이에서 매우 일반적인 방법으로 인정되고 있는 이런 방법은 실제로 한 개인의 심리에 대해 우리가 무엇인가를 알려주는 것인지도 모른다.

그러나 그것은 그런 것이 정착된 특정한 인생 스타일에 대해 증언할 때에 한한다. 이것은 자극과 반응을 조사하는 사람들에게, 외상外傷이나 충격적인 경험의 영향을 알아내려는 사람들에게, 또 유전되는 모든 능력을 조사하여 그것들이 어떻게 전개되는가를 보려는 사람들에게 해당한다. 그러나 개인심리학에서는 정신 자체, 즉 통일된 심리를 고찰한다. 우리는 개개인이 세상이나 자기 자신에게 부여한 의미나 그들의 목표, 그리고 그들이 기울이는 노력의 방향과 그들이 인생의 모든 문제에 대처해 나가는 방법을 음미한다. 여러 가지 심리적인 차이점을 이해하기 위해서 우리가 지금까지 손에 넣을 수 있었던 가장 훌륭한 열쇠는, 협동하는 능력의 정도를 조사함으로써 얻어질 수 있다는 사실이다.

제3장
열등감과 우월감

Alfred Adler; The Man & His Work, Hertha Orgler

개인심리학의 가장 중요한 발견의 하나라고 할 수 있는 '열등감'은 세계적으로 유명하게 되었다. 많은 학파의 심리학자들이 이 말을 이용하여, 그들 자신의 분야에서도 사용하고 있다. 그렇지만 나는 그들이 그것을 이해하고 있는지, 혹은 올바른 의미로 그것을 사용하고 있는지는 전혀 확신하지 못한다. 예를 들어 어떤 환자에게 그가 열등감으로 고통을 당하고 있다고 알리는 것은 아무런 도움도 되지 않는다. 그런 말을 하면, 극복하려는 방법도 찾지 못한 채 오히려 그의 열등감만을 더욱 심하게 할 뿐이다. 우리는 그가 자기의 인생 스타일 속에서 보여준 특정한 실망에 대해 주의하지 않으면 안 된다. 우리는 그가 용기를 내지 못하고 있는 바로 그 점에 있어서 그에게 용기를 북돋워 주어야만 한다.

모든 정신질환 환자는 열등감을 느끼고 있다. 어떠한 신경증 환자라 할지라도, 그가 열등감을 가진 데 반해, 다른 사람은 갖고 있지 않다는 사실에 의해 다른 신경증 환자와 구별되지는 않는다. 그가 다른 환자와 구별되는 것은, 그가 인생의 유익한 측면에서 생활을 계속해 나갈 수 없다고 느끼는 상황의 종류에 의해서이며, 또한 그가 자기의 노력이나 활동에서 느꼈던 한계에 의해서이다. 그에게 '당신은 열등감으로 앓고 있다'고 알려서 그가 용기를 얻을 수 있도록 도움을 줄 것으로 생각하는 것은, 머리가 아프다는 사람에게 '당신의 문제가 무엇인지 말씀드리지요. 당신은 머리가 아픈 것입니다' 라고 말함으로써 그에게 도움이 될 것으로 생각하는 것과 똑같이 무익한 일이다.

대부분의 신경증 환자는 자신을 열등하다고 느끼고 있느냐고 물으면 "아니오" 하고 대답할 것이다. 다음과 같이 말하는 사람도 있을지 모른다. "나는 내가 주위 사람보다 뛰어나다는 사실을 잘 알고 있습니다" 라고. 우리는 물어볼 필요는 없다.

우리는 그 개인의 행동을 유심히 관찰하기만 하면 되는 것이다. 자기는 중요한 사람이라는 사실을 다시 한번 스스로 이해시키게 하려면 그가 어떤 트릭을 사용할 것인가를 우리가 알 수 있는 것은 바로 그 부분이다. 예를 들면 우리가 만약 누군가 오만한 사람을 본다면, 우리는 그가 '다른 사람들은 나를 무시하는 경향이 있다. 나는 내가 대단한 사람이라는 사실을 보이지 않으면 안 된다'라고 느낄 것이라고 추측할 수 있다.

만약 이야기할 때 제스처gesture가 심한 사람은 '나의 말은 만약 내가 그것을 강조하지 않으면 아무런 중요성도 갖지 않을 것'이라고 느끼고 있는 것으로 추측할 수 있다. 자기가 타인에 대해서 우월한 것처럼 행동하는 모든 사람의 배후에는 숨겨야 한다는 특별한 노력을 요구하는 열등감이 존재해 있다. 그것은 마치 키가 너무 작아서 고민하는 사람이 자기를 커 보이게 하려고 발끝을 세우고 걷는 것과 같다.

우리는 가끔 두 명의 어린아이가 키재기를 하고 있을 때, 이러한 행동을 볼 수 있다. 자기가 작지 않을까 하고 생각하고 있는 아이는, 몸이 꼿꼿하게 매우 경직되어 있다. 그는 자기를 실제보다 크게 보이려고 한다. 만약 우리가 그런 아이에게 "너는 너 자신이 너무 작다고 생각하니?" 하고 묻는다고 해도, 그 아이가 그 사실을 인정하리라고 기대할 수는 없다. 그러므로 열등감이 강한 사람은 순종적이고 조용하며, 순한 눈을 한 비공격적인 인물만은 아니라고 할 수 있다. 열등감은 수많은 방법으로 자기를 표현할 수 있다.

나는 이것을 동물원에 구경 간 세 명의 아이들이 나타내는 각각의 반응에서 예증해 보일 수 있다. 그들 일행이 사자 우리 앞에 섰을 때, 첫 번째 아이는 어머니의 치맛자락을 붙들고 "집에 가고 싶어요" 하고 말했다. 두 번째 아이는, 그곳에 선 채로 얼굴이 창백해지고 벌벌 떨면서 "나는 조금도 무섭지 않아" 하고 말했다. 세 번째 아이는 물끄러미 사자를 노려보며 "침을 뱉어줄까?" 하고 어머니에게 말했다.

여기에서 우리는 세 아이가 모두 열등감을 느끼고 있다는 사실을 알 수 있다. 그러나 그들 각자는 자신의 감정을 자기의 인생 스타일과 일치하는 자신의 독특한 방법으로 표현했을 뿐이다. 열등감이란 것은 어느 정도는 우리 모두에게 공통으로 존재하고 있다. 왜냐하면, 우리는 모두 항상 좀 더 나아지고 싶다고 생각하기 때문이다.

만약 우리가 계속 용기를 갖고 있다면, 우리는 이런 감정을 단 하나의 직접적이고 현실적인, 그리고 만족스러운 수단에 의해서, 즉 상황을 개선함으로써 제거하려 할 것이다. 어떠한 인간도 열등감을 오랫동안 계속 갖고 있을 수는 없다. 인간은 뭔가 활동을 압박해 오는 긴장 속에 내던져져 있다. 그런데 어떤 사람이 이미 의기소침해 있다고 하자. 그래도 역시 그는 자기의 열등감을 견뎌내지 못할 것이다. 그는 결국 그런 감정을 제거하려 할 것이다. 그는 자신을 조금도 전진시키지 않는 방법을 시도해 볼 것이다. 그의 목표는 역시 '역경에 질 수 없는' 것이지만, 그는 장애물을 극복하는 대신에 자기 최면이나 자기도취에 의해 자기는 뛰어난 사람이라고 느끼려 하는 것이다.

그동안에 그의 열등감은 축적된다. 왜냐하면, 열등감을 만들어내는 상황은 변함없이 남겨져 있기 때문이다. 그 원인은 아직도 거기에 존재해 있는 것이다. 한 발자국 움직일 때마다 그는 점점 깊게 자기기만 속으로 빠져들고, 그의 모든 문제는 더욱 무겁게 그를 압박해 온다. 만약 우리가 그의 움직임에 아무런 의미도 두지 않고 바라본다면, 그의 움직임은 아무 목적도 없는 것으로 생각할 것이다. 그러한 움직임은 상황을 개선하기 위해서 계획된 것이라는 인상을 주지는 않을 것이다. 만약에 그가 자기를 약한 사람이라고 깨닫는다면, 그는 자기가 강하게 느껴질 수 있는 상황 속으로 옮겨간다. 그는 더 강해지기 위해 좀 더 충실한 사람이 되려고 훈련하기보다는 자기 자신의 눈에 한층 더 강하게 보일 수 있게 한다.

자신을 기만하려는 이러한 그의 노력은 부분적인 성공밖에 거둘 수가 없다. 만약 그가 직업에 관한 모든 문제를 이겨낼 수 없다고 느낀다면, 그는 가정에서 폭군이 됨으로써 자기의 중요성을 자기에게 재차 이해시키려 할지도 모른다. 이러한 방법으로 그는 스스로 자기에게 마취를 걸지도 모르지만, 열등감은 그냥 고스란히 남겨져 있다. 그 열등감은 앞의 경우와 같은 상황에 의해서 야기된 것과 마찬가지의 열등감이다. 그것은 그의 정신생활에 영속적인 저류를 형성할 것이다. 그럴 때 우리는 진실로 열등감을 이야기할 수 있다.

이제는 열등감의 정의를 살펴볼 차례이다. 열등감이란 개인이 그것에 대해 잘 적응하지 못하거나 준비되어 있지 않아서 그것을 해결할 수 없다는 자기의 확신을 언행으로 표현하게 되는 하나의 문제가 닥쳤을 때 나타난다. 이 정의로부터 우리는 눈물이나 변명같이, 노여움도 열등감의 표현일 수 있다는 사실을 이해할 수 있다. 열등감은 항상 긴장을 자아내는 것이기 때문에 항상 우월감을 향해 나아가는 보조적 운동이 있다. 그러나 그것은 역시 그 문제를 해결하는 방향으로 향하는 것은 아니다. 그러므로 우월을 향한 운동은 인생의 무익한 측면으로 향하게 된다. 정말 중요한 문제는 배제되어 버린다. 당사자는 자기의 활동 범위를 한정하려고 함으로써 성공을 향해 전진하기보다는 패배를 피하는 일에 몰두할 것이다. 그는 난관에 부딪히게 되면, 망설이게 되며 꼼짝도 하지 않거나 뒷걸음질 치는 모습마저도 보이게 될 것이다.

그런 태도는 광장공포증일 때 매우 확실하게 보인다. 이 증후는 '나는 앞으로 나가야만 하는 것은 아니다. 나는 눈에 익은 상황에만 관련되어 있어야 한다. 인생은 위험으로 꽉 차 있다. 그런 위험을 만나는 기회를 피해야만 한다'라는 확신의 표현이다. 이 태도가 끊임없이 유지된다면, 그 사람은 방에 틀어박혀 있다거나 침대에 웅크리고 앉은 채로 있게 될 것이다. 위험으로부터 몸을 사리는 행동 중에서 가장 철저한 표현은 자살이다. 여기서 당사자는 인생의 모든 문제를 앞에 두고 모든 것을 포기하고, 자기의 상황을 개선하기 위해서 어떠한 행동도 할 수 없다는 자기의 확신을 표현한다.

사람이 흔히 자살로써 우월감을 얻으려 한다는 말은 자살이 항상 비난이나 복수라는 사실을 깨달을 때 이해될 수 있다. 우리는 어떤 경우의 자살도 본인이 자기의 죽음에 대한 책임을 누군가에게 전가하려 한다는 것을 발견할 수 있다. 자살은 마치 다음과 같이 말하는 것과 같다. '내가 보기에 당신은 사람들 속에서 가장 우울하며 상처받기 쉬운 사람이었다. 그 때문에 당신은 나를 너무도 심할 정도로 잔혹하게 취급했다.' 신경증 환자는 모두 어느 정도는 ― 아니면 매우 상당한 정도까지 ― 자기의 활동영역이나 상황 전체에 대한 접촉을 한정해 버린다. 그는 육박해 오는 인생의 세 가지 문제에 대해서 거리를 둔 채로 자기가 지배할 수 있다고 느끼는 상황 속에 자기를 폐쇄해 버린다.

이리하여 그는 자기만을 위한 좁은 집을 짓고 문을 잠가 버리며, 바람도 햇살도 신선한 공기도 들어오지 못하게 하고 인생을 살아간다. 그가 협박으로 지배하려 할지, 울음소리로 지배하려 할지는 그가 받은 훈련의 결과로써 선택된다. 그는 자기가 스스로 시험해 보고, 자기의 목적에 가장 효과적이라고 생각되는 방법을 택할 것이다. 때때로 그는 한 가지 방법에 불만을 느끼고, 다른 방법을 시도할지도 모른다.

그러나 어느 경우든 목표는 같다. 즉, 상황을 개선하기 위한 노력은 하지 않고 우월감만을 획득하려는 것이다. 울어버림으로써 상황을 지배할 수 있다고 생각하는 의지력 없는 아이는 울보가 될 것이다. 그리고 울보가 그대로 성인이 되면, 우울증 환자가 된다. 눈물과 불평 ― 내가 '물의 힘'이라고 불러왔던 수단 ― 은 협동을 혼란스럽게 하고, 타인을 노예 상태로 몰아넣기 위한 지극히 유효한 무기가 될 수 있다.

그런 사람들이면 우리는 부끄러움·죄책감·창피함 등으로 고통당하고 있는 사람들과 마찬가지로 표면으로 드러나는 열등감을 발견할 수 있을 것이다. 결국, 그들은 곧 자기의 약점이나 자기 자신을 돌볼 수 없다는 사실을 인정할 것이다. 그들이 다른 사람에게 보이지 않으려고 숨기는 것은 우위에

서고 싶은 높은 목표 때문이며, 어떠한 값을 치르더라도 제1인자가 되고 싶은 소망이 있기 때문이다.

다른 한편으로 허풍 치는 아이는 자기의 우월감을 한눈에 알아볼 수 있도록 나타낸다. 하지만 만약 우리가 그 아이의 말도 안 되는 행동을 자세히 살펴보면, 그 아이가 자기 자신에게 인정하지 않는 열등감을 바로 발견할 수 있다.

이른바 오이디푸스 콤플렉스라는 것은, 실제로 신경증 환자의 '좁은 집'의 특별한 예에 불과한 것이다. 만약 어떤 사람이 세계 속에서 사랑의 문제에 직면할까 봐 두려워하고 있다면, 그는 이 문제를 자기 자신으로부터 제거하는 데 성공하지 못할 것이다. 만일 그가 자기의 행동 영역을 가족이라는 테두리로 한정한다면, 그의 성적인 노력에도 이런 한계 내에서 이루어진다는 사실에 그리 놀랄 것은 없다.

그는 자기의 불안감 때문에, 자기가 가장 잘 알고 있는 사람들 외에는 그의 관심을 확대할 수가 없다. 그는 다른 사람들과 함께 있을 때, 자기가 익숙한 방법으로 지배할 수 없을 것이라고 두려워한다. 오이디푸스 콤플렉스의 희생자는 대개 어머니에 의해 응석받이로 자란 아이들인데, 그들은 자기의 소원이 반드시 성취될 권리를 갖고 있다고 믿도록 학습됐으며, 또 가정의 범위 밖에서 자기의 자립적인 노력으로 호의나 애정을 획득할 수 있다는 사실을 경험한 적이 없다.

그들은 성인이 된 후에도 어머니의 치맛자락에 싸여 있는 상태이다. 사랑의 대상에 있어서도, 그들은 동등한 파트너로서가 아닌 '하녀'를 구한다. 그리고 그들이 반드시 지지를 받을 수 있다고 확신하고 있는 하녀는 바로 그들의 어머니인 셈이다. 우리는 아마 어떤 아이들일지라도 오이디푸스 콤플렉스를 갖고 있음을 알 수 있다. 어머니가 그 아이의 응석을 받아주고, 그 아이가 자기의 관심을 다른 사람이 아닌 어머니에게만 쏟고 있으면 되는 것이다. 또한, 아버지가 비교적 무관심하다거나 냉담하다면, 이런 오이디푸스 콤플렉스는 자연적으로 생기게 된다. 이러한 한정된 행동을 하는 모습은 모든 신경증 증세에서 볼 수 있다. 말을 더듬거리는 사람이 이야기할 때는 그 사람의 주저하는 모습을 볼 수 있다.

그에게도 사회 감정이 남겨져 있으므로 동료들과 관계를 맺도록 강요되는데, 다른 사람들이 자기를 낮게 평가하며 그들에게 시험을 당하지 않을까 하는 두려움 때문에 그것이 다른 사회 감정과 싸우게 되고, 결국 이야기할 때에 주저하게 되는 것이다. 학교에서 '소외되는' 아이들, 30세 정도까지 직업을 갖지 못한 사람들, 혹은 결혼 문제로 고민해 온 사람들, 같은 행위를 반복하지 않으면 안 되는 강박신경증 환자들, 낮에 하는 일에 진절머리가 나는 불면증 환자들은 모두 열등감을 느끼고 있는데, 그 열등감은 그들이 인생의 문제를 해결하기 위해 전진하는 것을 금지해 버린다. 자위·조루·성불능·성도착은 모두 망설임이라는 인생의 태도를 나타내고 있는데, 그것은 이성을 가까이하려 할 때 자신은 불완전한 사람이라는 두려움에 의한 결과이다.

만약 우리가 "왜 그렇게 불완전한 것을 두려워하는가?" 하고 묻는다면, 우월감이라는 목표가 곧 떠오른다. 가능한 유일한 대답은, 그 사람이 자기 자신에게 너무나 높은 목표를 설정했기 때문이라는 것이다. 열등감이란 것이 그 자체로서는 이상한 것이 아니라는 사실은 이미 설명했다.

열등감은 인류가 자기 자신을 개선하려 하는 노력의 결과이다. 예를 들면 과학자들이 자기의 무지와 미래를 예견할 필요성을 느낄 때만 일어날 수 있다. 또한, 열등감은 인류가 자기의 생활을 개량하여 우주에 대해 더 많이 알고, 그것을 더욱 잘 통제하기 위한 여러 가지 노력의 결과이다. 실제로 나의 견해로는 우리 인간의 모든 문화는 열등감에 기반을 두고 있다고까지 생각된다.

어떤 외계의 방문자가 우리 지구라는 행성을 관찰한다고 상상해 보면, 그는 반드시 다음과 같은 결론을 얻을 것이다. '많은 조직이나 제도를 만들고 안전을 위해서 모든 노력을 기울이며, 비를 피할 목적으로 집을 짓고, 몸을 따뜻이 하기 위해 의복을 만들고, 여행을 낙으로 삼기 위해 길을 만든 인간들은 확실히 자기 자신을 지상의 모든 생물 중에서 가장 약하다고 느끼고 있음에 틀림없다'라고. 사실 어떤 의미에서 인간은 모든 피조물 중에서 가장 약하다. 우리는 사자나 고릴라처럼 강한 힘을 갖고 있지 않으며, 다른 많은 동물은 살아남기 위해서 숱한 위험에 혼자 맞서는 일에 매우 빨리 적응한다.

어떤 동물들은 자기의 약함을 집단에 의해서 보호받는다. 즉, 그들은 무리를 지어서 생활한다. 그런데 인간은 세계의 다른 어느 곳에서 발견할 수 있는 동물들보다 훨씬 복잡하고 긴밀한 협동을 해야 한다. 인간의 자손은 특히 약하며, 수년에 걸친 도움과 보호가 필요하다. 어떠한 인간도 한때는 가장 약하고 가장 어렸던 적이 있다. 그리고 협력하지 않으면 인류는 환경에 완전히 굴복할 수밖에 없다는 것을 생각하면, 모든 면에 있어서 협력하도록 훈련되지 않은 아이는 결국 피할 겨를도 없이 비관주의와 고정적인 열등감을 느끼게 된다는 것을 이해할 수 있을 것이다. 그리고 또 우리는 인생이란 것이 가장 협력적인 사람에게도 여러 가지 문제를 계속 제기한다는 것도 이해할 수 있다.

어떤 개인도 우월이라는 자기의 궁극 목표나 환경을 완전히 지배하려는 목표에 도달하는 위치까지 다다를 수는 없다. 인생은 너무 짧으며, 우리의 육체는 너무도 약하다. 그리고 인생의 그 세 가지 문제에는 언제라도 풍부하고 충실한 해결책이 있음을 보여준다. 우리는 언제나 한 가지 해결에 가까이 갈 수는 있다. 그러나 또한 우리는 자기가 달성한 것에 계속 만족할 수는 없다. 협력은 어떤 경우에도 계속된다. 그렇지만 협력적인 개인의 경우에는 우리가 공동으로 처해 있는 상황을 현실적으로 개선하려고 노력하며, 희망으로 가슴이 벅차고 공헌으로 가득 차게 될 것이다. 나의 견해로는, 우리는 우리 인생의 최고 목표에 도달할 수 없다는 사실에 대해서 아무도 염려하지는 않을 것으로 본다. 만일 누구든 한 사람이라도 이제 더 이상의 어떠한 역경도 없는 위치에 도달했다고 상상해 보면, 그런 상황에 있는 인생이란 지극히 따분할 것으로 생각한다.

그렇게 된다면 모든 일은 성취될 수 있으며, 만사가 예정되어 버릴 것이다. 그 후로는 예기하지 않았던 기회를 한 번도 가질 수 없을 것이다. 장래에 기대하는 것은 아무것도 없게 된다. 인생에 대한 우리의 관심은, 주로 우리가 확신을 갖지 못하고 있는 데서 유래된다.

만일 우리가 만사에 확신하고 모든 것을 다 알고 있다면, 결국 토론이나 발견 따위는 없을 것이다. 과학도 이제 종말에 다다를 것이며, 우리 주위의 우주도 지나치게 반복되는 이야기에 지나지 않을 것이다. 달성될 수 없는 목표를 위해 우리에게 용기를 불어넣어 주는 예술이나 종교도 역시 아무런 의미를 갖지 않게 될 것이다. 인생이 그렇게 간단하게 연속되지 않는다는 사실은 우리 인간에게는 행운이다. 인간의 여러 가지 노력은 계속되는 것이며, 우리는 항상 새로운 문제를 발견할 수도 발명할 수도 있으며, 협력과 공헌을 위한 새로운 기회를 만들어낸다.

정신병 환자들은 처음부터 움직임이 통제되어 버린다. 인생 문제에 있어서 그가 내리는 해결은 저급한 수준에서 그치며, 그에 따라 그가 받는 어려움도 가중된다. 그러나 정상적인 사람은 자기가 부닥치는 모든 문제에 대한 해답을 뒤로하고 새로운 역경과 과감히 맞서며, 즉각 새로운 해결에 도달할 수 있다. 이런 식으로 해서 그는 타인에게 공헌할 수가 있으며, 타인에게 뒤지지 않고 주위 사람에게 신세를 지지도 않는다. 그는 특별한 배려를 필요하지 않으며, 요구도 하지 않는다. 오히려 그는 용기와 자립심을 갖고 사회감정을 조화시켜 나가면서 자기의 문제를 해결하기 위해서 전진해 간다.

우월이라는 목표는 개개인에게 있어서 매우 개인적이며, 독창적인 것이다. 그것은 그 사람이 인생에 부여한 의미에 의존한다. 그리고 이 의미라는 것은 언어의 문제는 아니다. 그것은 그 사람의 독특한 인생 스타일 속에서 만들어지는 것이며, 스스로 창작한 기묘한 멜로디처럼 그 사람의 인생을 관통하여 울려 퍼진다. 그 사람은 자기의 인생 스타일 속에서 자기의 목표를, 우리가 그것을 한 번에 도식화할 수 있을 것처럼 표현하는 것은 아니다. 그는 그것을 막연하게 표현하기 때문에 우리는 그것을 그가 주는 시사점에서 추측해 내야만 하는 것이다.

인생 스타일을 이해하는 것은 시인의 작품을 이해하는 것과 비슷하다. 시인은 언어를 사용해야만 하지만, 그가 의미하는 것은 그가 사용한 언어 이상의 것이다. 그가 이야기하고자 하는 것의 대부분은 독자들의 상상과 추측에 맡겨진다. 즉, 우리는 시 한 구절 한 구절 사이의 여백을 읽어내야만 한다. 마찬가지로 개개인의 인생 스타일이라고 하는 것도 매우 복잡한 조화의 묘미라고도 할 수 있다.

심리학자는 시의 구절과 구절 사이의 여백을 읽는 법을 배워야만 한다. 그는 인생의 의미를 맛보는 기량을 배워야만 하는 것이다. 그것은 특별한 것이 아니다. 인생의 의미란 것은 인생의 최초 4, 5년 사이에 만들어지는 것이다. 게다가 그것은 수학적인 과정에 의해 도달되는 것이 아니며, 목적도 없이 더듬어 보는 손놀림 때문에 완전히 이해되지 못한 감정에서 암시를 받고 설명을 구하며, 만지작거리는 손놀림으로 만들어지는 것이다. 우월이라는 목표도 마찬가지로 손의 더듬거림과 추측 때문에 결정된다. 그것은 동적인 경향이며, 생명을 건 탐구인 동시에 지도 위에 보인다거나 지리학적으로 결정되는 것이 아니다.

아무도 자기의 우월 목표를 확실히 알지 못한다. 개인은 어쩌면 자기의 직업적인 목표도 잘 알지 모른다. 그러나 그것은 그의 목표 중의 일부분에 불과하다. 예를 들어 목표가 구체적으로 보이는 경우라 할지라도, 그 목표를 이루기 위해 노력하는 방법은 수없이 변할 수 있다.

가령 어떤 사람은 의사가 되고 싶을지도 모른다. 그러나 의사가 되고 싶다는 것은 상당히 많은 의미를 내포하고 있다. 그는 내과학의 전문가라든가, 생물학의 전문가가 되고 싶을지도 모른다. 그는 자신의 여러 가지 활동을 통해서 자기 자신이나 타인에 대한 그 나름대로 독특한 관심을 나타낼 것이다.

우리는 그가 어느 정도까지 자기의 동료에게 도움이 되려고 훈련을 하는지, 또 어느 정도까지 자기가 타인의 도움이 될 것을 한정하는지 볼 수 있을 것이다. 그는 이런 목표를 특정한 열등감 때문에 보상한 것이며, 우리는 그의 직업이나 다른 분야에서 그가 하는 표현을 통해 그가 보상하려고 하는 특정한 감정을 추측할 수 있어야만 한다.

예를 들면 우리는 아주 가끔 의사들이 어린 시절에 죽음에 대한 사실을 매우 일찍부터 알고 있었다는 것을 발견한다. 죽음은 그들에게 인간의 불안정적인 요소 중에서 가장 충격적인 인상을 주었다. 아마도 그들의 형제나 부모가 죽었던 경우가 있을 것이다. 그리고 그들이 나중에 받은 훈련은 그들 자신을 위해서건 타인을 위해서건 죽음에 대해 더욱 확실한 길을 찾는 방향으로 계속 나아갔을 것이다. 다른 사람은 교사가 될 것을 자기의 구체적인 목표로 삼을지도 모른다. 그러나 우리가 잘 알고 있듯이, 교사들도 실로 여러 가지 유형이 있다. 만약 교사가 저급한 사회감정 밖에 갖고 있지 않다면, 교사가 되겠다는 그의 우월의 목표는 자기보다 열등한 사람들 사이에서 지배적인 위치에 있고 싶다는 의미인지도 모른다. 고도의 사회감정을 가진 교사는, 자기의 제자들을 자기와 동등한 사람으로 취급한다. 그는 인류의 복리에 진심으로 공헌할 것을 바란다.

우리는 여기서 교사들의 능력이나 관심이 어느 정도 다른 것일 수 있는지, 또 이러한 모든 표현이 그들의 목표에 어느 정도 중요한 것일 수 있는지에 대해 설명하는 것만으로 충분할 것이다. 하나의 목표가 구체적이 되면, 그 개인의 잠재력은 축소되어 이 목표에 적합하게 한정되지 않으면 안 된다. 그러나 목표 전체, 그 원형은 항상 이러한 한계를 억지로 움직이게 하여 어떤 상황에서라도 인생에 부여한 의미 및 우월을 잡기 위하여 노력한다고 하는, 궁극적인 이상을 표현하기 위한 방도를 모색할 것이다. 그러므로 우리는 모든 개인에 대해서 표현의 이면에 있는 것을 보아야만 한다. 개개인은 자기의 목표를 구체적으로 할 때 그 방법을 변화시킬지도 모른다. 그것은 마치 그가 그의 구체적 목표의 하나인 직업을 바꾸는 것과 같은 것이다. 우리는 그래도 저류를 이루는 인격의 통일된 일관성을 탐구해 내지 않으면 안 된다. 이 일관성은 그 모든 표현 속에 정착해 있다.

우리가 정삼각형을 여러 가지 다른 위치에 놓고 볼 때, 삼각형의 모양은 언제나 똑같다는 사실을 발견할 것이다. 항상 공통으로 일치되는 것은 원형이라고도 할 수 있다. 그 내용은 하나의 표현에 의해서는 결코 다 표현할 수 없으며, 우리는 단지 원형을 모든 표현 속에서 인정할 수 있다. 어떤 사람을 향해서 우리는 '우월을 구하려 하는 당신의 노력은, 만약 당신이 이런저런 일을 하면 이룰 수 있을 것이다'라고는 결코 말할 수 없다. 우월을 위한 노력은 자연스럽게 계속된다.

그리고 실제로 어떤 개인이 건강하고 정상적인 사람일수록 그의 노력이 어떤 특정한 방향에서 방해되고 있다면, 자기의 노력을 위해 새로운 돌파구를 그만큼 빨리 발견해 낼 수 있을 것이다. 자기의 목표를 위한 구체적인 표현에 대해서 '이것이 안 된다면, 다른 어떤 것도 안 될 것이다'라고 느끼는 사람은 신경증 환자뿐이다.

그것이 무엇이건 특정한 우월 추구의 노력을 그다지 안이하게 공식화하려고 하는 것은 아니지만, 우리는 모든 목표 속에서 하나의 공통적인 인자 ― 신과 같이 되려는 노력 ― 를 발견할 수 있다. 때로는 이런 방식으로 자기를 지극히 노골적으로 표현하여 "신이 되고 싶다"라고 말하는 아이를 볼 수가 있다. 많은 철학자도 그와 비슷한 생각을 하고 있었다. 그리고 아이들을 신과 같이 되도록 만들려고 훈련과 교육을 시키고 싶어 하는 교육자가 있다. 옛날에 행해지던 종교적인 수련에서도 이와 같은 목표를 뚜렷이 볼 수 있다.

제자들은 신처럼 되기 위해서 자기 수련을 하지 않으면 안 되는 것이다. 신과 같이 된다는 이 이상은 '초월자'라는 생각에 있어서 더욱 조심스러운 방법으로 나타난다. 그리고 니체가 신경증적으로 되었을 때, 스트린드벨리의 편지 속에서 자기 자신을 '십자가에 매달린 사람'이라고 표현했던 것은 사태의 본질을 완연히 드러내고 있다.

　신경증적인 사람들은 자주 그들의 우월 목표를 확실하게 나타낸다. 그들은 '나는 나폴레옹이다'라든가, '나는 중국의 황제다'라고 주장한다. 그들은 전세계의 주목을 한몸에 받고 싶어하며, 만인에게 우러러보이고 싶고 전세계와 무선으로 연락하여 모든 회화를 도청하고 싶어한다. 또 그들은 미래를 예고하기도 하며, 초자연적인 힘의 소유자라고 주장하기도 한다. 신처럼 되고 싶다는 목표는 아마도 보다 합리적인 방법에서는 모든 일을 알고 우주적인 지혜를 소유하고 싶은 소망, 혹은 생명을 영원히 갖고 싶다는 소원 속에 나타난다. 지상의 생명을 영원한 것으로 하고 싶다는 생각이나, 수육전생受肉轉生에 의해서 삶이 윤회하는 것을 상상하건 혹은 내세에서의 불사不死를 예견하건 간에, 이런 기대는 모두 신처럼 되고 싶다는 바램에 기반을 두고 있다.

　종교적인 가르침에서는 불멸의 존재, 즉 모든 시간을 초월하여 영원히 살아남는 것이 신이다. 나는 지금 이런 생각이 옳은지 그른지에 대해 논하고 있는 것은 아니다. 그것은 인생의 몇 가지 해석이며, 여러 가지 의미일 뿐이다. 그리고 우리는 모두 어느 정도까지는 이 의미 ― 신과 같이 되려는 것 ― 에 관련되어 있다. 무신론자들조차도 신을 정복하려 하고 있으며, 신보다 높은 존재이기를 원한다. 우리는 이것이 독특하게 강한 우월 목표라는 것을 알 수 있다. 우월 목표가 한번 구체적이 되면, 인생 스타일에 있어서 잘못이 일어나는 경우는 없다. 개인의 습관이나 모든 징후는 그의 구체적인 목표를 달성하기 위해서는 지극히 올바른 것이며, 그것은 모든 비판을 초월한다. 모든 문제아·신경증 환자·알코올 중독자·범죄자·성도착자는 자기가 우월한 입장이라고 생각되는 것을 달성하기 위해 거기에 알맞은 행동을 한다.

그의 모든 징후 자체를 공격하는 것은 불가능하다. 그것은 마치 그와 같은 목표를 위해서 그가 가져야만 하는 징후처럼 보인다. 어떤 학급에서 가장 열등생인 소년이 선생님으로부터 "왜 너의 성적은 이렇게 형편없는 거지?" 하고 질문을 받자, 그는 이렇게 대답했다. "제가 반에서 가장 게으르다면, 선생님은 항상 저의 일로 힘이 들었을 것입니다. 선생님은 반에서 문제를 일으키지 않고 공부도 잘 하는 아이들에게는 전혀 주의를 기울이지 않게 될 것입니다." 자기에게 주의를 끌게 하여 자기의 선생님을 지배하려는 것이 그의 목표인 한, 그는 그것을 위한 가장 좋은 방법을 발견했다. 그의 게으름을 그에게서 없애 버리려고 해도 소용 없을 것이다.

그는 그것을 자기의 목표를 위해 필요로 하고 있기 때문이다. 그는 완전히 옳았던 것이며, 만약 그가 자기의 행동을 변화시킨다면 그는 바보일 것이다. 또 어떤 소년은 집에서는 너무도 순종적이어서 바보처럼 보이기까지 했다. 그는 학교에서는 소외되어 있었으며, 집에서도 전혀 활기가 없었다. 그에게는 두 살 위인 형이 있었는데, 그 형은 인생 스타일에 있어서 그와 완전히 달랐다. 형은 머리가 좋고 활동적이었는데, 그 뻔뻔스러움으로 인해 문제를 일으키곤 했다.

어느 날, 동생이 형에 대해서 말하고 있는 것을 들었다. "형처럼 뻔뻔스러워지는 것보다는 나처럼 바보스러운 편이 좋아"라고. 만약 그의 목표가 분쟁을 피하는 일이라면 그의 바보스러움은 실제로는 매우 지성적인 것이다. 그의 바보스러움으로 인해 그에게 요구되는 것은 별로 없었으며, 무언가 잘못을 저질러도 그 일로 비난받지는 않았기 때문이다.

그의 목표 관점에서 본다면, 바보가 아닌 것이 바로 바보인 것이다. 오늘 날에 이르기까지 치료는 증후 그 자체를 공격하는 것이었다. 이런 태도에 대해 개인심리학은 의학의 영역에서나 교육의 영역에서 기존의 방식을 완전 히 반대한다.

아이가 산수 능력이 모자란다거나 성적이 나쁜 경우, 우리의 주의를 오로 지 그 점에 집중하여 이런 특정한 표현에 대해서 그를 향상 시키려고 해도 그것은 전혀 무익한 일이다. 아마 그는 자기의 선생님에게 걸림돌이 되고 싶 을 것이다. 어쩌면 퇴학을 당함으로써 아예 학교라는 곳으로부터 도망쳐 나 오고 싶을지도 모른다. 만일 우리가 그를 한쪽 측면에서만 논해 본다면, 그 는 자기의 목표를 달성하기 위한 새로운 방법을 찾아낼 것이다. 그것은 마 치 신경증 환자인 성인의 경우와 같다.

예를 들면 그가 편두통으로 괴로워하고 있다고 하자. 이러한 두통은 그에 게는 많은 도움이 되며, 그가 그것을 가장 필요로 할 때마다 그 두통 증세 가 일어날 수 있다. 그는 두통 덕분에 사회의 모든 문제를 해결하지 않고 도 피할 수가 있다. 그런 두통은 언제나 그가 처음으로 사람과 만난다거나 새 로운 결단을 내리지 않으면 안될때 나타난다. 동시에 그런 두통은 그의 사 무실 직원이나 그의 아내와 가족을 지배하는 데 도움을 준다. 어떻게 우리 는 그가 이토록 훌륭하게 시험을 치러내는 방법을 버려두리라고 기대할 수 있겠는가.

그가 현재 자기의 견해로써 자기에게 부여한 이 고통은 현명한 투자임이 틀림없다. 그것은 그에게 자기가 원할 수 있는 모든 이익을 가져다줄 것이 다. 어쩌면 우리는 그에게 충격을 줄지도 모르는 설명으로 위협함으로써 그를 이런 증후에서 빼내려 할 수도 있을 것이다.

그것은 마치 전쟁에서 경험한 충격 때문에 신경증 환자에게 가끔 전기 충격이나 외관 수술로 위협해서 그들의 증후를 없애려는 것과 같은 것이다. 아마 의학적인 처치는 이 점에서는 그를 해방할 것이며, 그가 선택한 특정한 증후를 버리지 않을 수 없을 것이다. 그렇지만 그의 목표가 한결같이 계속되는 한 그는 한 가지 증후를 버린다고 해도 다른 증후를 또다시 찾아낼 것이 틀림없다. 편두통이 낫는다고 해도 그는 불면증이라든가, 뭔가 다른 새로운 증후를 습관적으로 갖게 될 것이다. 그의 목표가 변하지 않고 그대로 있는 한, 그는 그러한 증후를 계속 추구해 나갈 것이다. 놀랄 정도로 빨리 모든 증후는 사라져 버리며, 그리고 일순간의 망설임도 없이 새로운 증후를 찾아낼 수 있는 신경증 환자도 많이 있다.

그들은 끊임없이 자기들의 레퍼토리를 넓혀가면서 신경증의 도사가 된다. 심리요법에 관한 서적을 읽는 것은, 그들이 아직 시험해 볼 기회가 없었던 어떤 다른 신경상의 장애를 그들에게 알려줄 뿐이다. 우리가 계속해서 탐구해야 하는 것은 일정한 증후를 나타나게 만들었던 목적에 대해서이며, 우월이라고 하는 일반적인 목적과의 결합에 대해서이다. 내가 우리 학급에서 사다리를 갖고 오게 하여, 그것을 타고 올라가 칠판의 맨 꼭대기에 버티고 앉았다고 가정해 보자. 그런 나를 보면, 누구나 '아들러 박사는 완전히 돌았다'고 생각할 것이다. 그들은 어째서 하필 사다리를 타고 왜 내가 거기에 올라갔는지, 그리고 왜 내가 그런 이상한 장소에 앉아 있는지 이해하지 못할 것이다. 그렇지만 만약 그들이 '그는 아마 물리적으로 다른 사람보다 높은 위치에 있지 않으면 자기가 열등하다고 느껴지기 때문에 칠판 위에 앉고 싶을 것이다. 그는 반 아이들을 눈 아래로 내려다보고 있을 때만 안심할 수 있는 것'이라고 받아들이고 있었다면, 그들은 나를 그 정도로 완전히 미쳤다고 생각하지는 않을 것이다.

나는 나의 구체적인 목표를 달성하기 위해 하나의 멋진 방법을 선택한 것이 될 것이다. 그러면 사다리는 쉽게 이해가 가는 방법으로 생각될 것이며, 그것을 타고 올라가려는 나의 노력이 잘 계획되어 훌륭하게 실행되었다고 생각될 것이다. 다만 한 가지 면에서만은, 나는 미치광이가 될지도 모른다. 즉, 우월에 관한 나의 해석의 문제이다. 만약 내가 나의 구체적인 목표를 선택하는 데 있어서 잘못되어 있었다는 사실을 이해하게 된다면, 그때는 나의 행동도 변화될 것이다. 그렇지만 목표가 그대로라면, 그리고 나의 사다리가 치워진다면, 이번에는 의자를 갖다 놓을지도 모른다. 만약 의자도 치워진다면, 나는 뛰어오르기라도 하여 나의 근육의 힘으로 올라갈 수 있을 정도로 노력을 기울일 것이다.

모든 신경증 환자도 마찬가지이다. 방법의 선택에서는 어떤 것이라도 잘못된 것은 아니다. 방법은 비판의 영역 밖의 문제이다. 우리가 고치려고 하는 것은 그의 구체적인 목표뿐이다. 목표가 변화되면, 정신적인 습관이나 태도도 변할 것이다. 결국, 옛날의 습관이나 태도는 불필요하게 되고, 그의 새로운 목표에 적합한 새로운 것이 옛날 것을 대신할 것이다. 친구를 사귀는 것이 불안하고 불가능하여 고민하고 있던 30세대 부인이 나를 찾아왔던 경우를 예로 들어보자.

그녀는 직업 문제에서 발전할 수가 없으며, 또 가족의 무거운 짐이 되어 있었다. 그녀는 한때 비서라는 직업에 종사한 일이 있었는데, 그녀의 사장이 그녀에게 사랑을 고백하면서 그녀를 몹시 괴롭혔기 때문에, 그녀는 사무실을 그만두지 않을 수 없었다. 그러나 새로 취직한 곳은 그 반대로, 사장이 그녀에게 전혀 관심을 보이지 않았다. 그런데 그녀는 이번에는 매우 모욕 당했다고 느끼고 그만둬 버렸다.

그녀는 수년 동안이나 — 8년간이었다고 생각된다 — 심리요법을 받고 있었는데, 그 치료는 그녀를 사교적으로 만들지도 않았고, 생활을 할 수 있는 직업을 구할 수 있도록 만들지도 않았다. 나는 그녀를 진찰하면서 그녀의 인생 스타일에 대해 그녀의 오랜 어린 시절에까지 거슬러 올라가 보았다. 아이를 이해하는 것에 대해 배우지 않은 사람은 누구든지 어른도 이해할 수가 없다.

그녀는 막내딸로서 매우 귀여운 아이였으며, 믿어지지 않을 정도로 응석받이로 자라났다. 그녀의 부모는 당시 매우 부유하였으며, 그녀의 소원은 말이 떨어지기가 무섭게 곧 실행되곤 했다.

그런 말을 듣고 나는 그녀에게 "당신은 공주처럼 자라났군요" 하고 말했다. 그녀는 "이상해요, 모두가 나를 공주님이라고 불렀습니다" 하고 대답했다. 내가 그녀에게 최초의 추억에 관해 묻자 그녀는 이렇게 대답했다. "내가 네 살 때, 집 밖에 나가서 어떤 놀이를 하고 있던 아이들을 보았던 때를 기억합니다. 그들은 늘 뛰어다니면서 '마녀가 나왔다'고 소리를 질렀습니다. 나는 너무 무서워서 집으로 돌아와서는 나와 함께 살고 있던 할머니에게 정말 마녀가 있느냐고 물어보았습니다. 그 할머니는 '있고 말고요. 마녀나 강도나 도둑이 있어서, 그들은 모두 아가씨를 쫓아온답니다' 하고 말했습니다." 이 일로 인해 그녀가 집에 혼자 있는 것을 두려워했다는 것을 알 수 있다. 그리고 그녀의 생활 전체에서 자신의 두려움을 표현하고 있었다. 그녀 스스로 집을 나올 정도로 강하지는 않다고 느끼고 있으며, 집에 있는 사람들은 그녀를 지켜주고 모든 일에서 그녀를 돌보아 주지 않으면 안 된다고 느끼고 있었다.

또 한 가지 유아기의 기억은 다음과 같은 것이었다. "나에게는 피아노를 가르쳐 주시는 선생님이 계셨습니다. 남자 선생님이었습니다. 어느 날 그는 나에게 키스를 하려고 했습니다. 나는 피아노 치는 것을 멈추고 나와서 어머니에게 그 이야기를 했습니다. 그 후, 나는 다시는 피아노를 치고 싶지 않았습니다."

여기에서도 그녀가 자기와 남자와의 사이에 커다란 거리를 두도록 훈련되어 있었다는 사실을 알 수 있다. 그리고 그녀의 성격 발달은 사랑에 대해서 자기를 보호한다는 목표와 일치했다. 그녀는 사랑하게 되는 것은 하나의 약점이라고 느끼고 있었다. 여기서 나는, 대다수의 많은 사람이 실제로 사랑할 때는 약하다고 느끼게 되는 것이라는 사실을 말하지 않으면 안 된다. 그리고 그들은 어느 정도까지는 옳다.

만약 우리가 사랑이란 것을 하고 있다면, 우리 자신은 매우 뛰어나지 않으면 안 된다. 그리고 타인에 대한 우리의 관심은 우리를 불안하게 만든다. 사랑이라고 하는 상호 의존을 피하려는 것은 자기의 우월 목표가 '나는 절대 약해지지 않으며, 절대 벌거숭이가 되지는 않는다'고 생각하는 사람들뿐이다. 그런 사람은 사랑으로부터 멀어지려 하는 사람이며, 사랑에 대해서 잘못된 자세를 가진 사람이다.

자주 볼 수 있는 일이지만, 그런 사람은 사랑에 빠진 것 같다고 느껴지는 상황을 우스운 것으로 생각해 버린다. 그들은 자기가 불안한 감정을 가진 것 같다고 생각하는 사람을 조소하기도 하며, 그 사람에게 농담하기도 하고 조롱하기도 한다. 이런 방법으로 그들은 자기의 약한 감정을 제거해 버리려 한다. 이 여성도 또 사랑과 결혼을 생각했을 때, 자기가 약한 사람이라고 느꼈다. 그리고 그녀는 남자들이 직장에서 그녀에게 가까이하려 했을 때, 필요 이상으로 강렬한 인상을 받았다. 그녀는 도피하는 것 이외에 어떤 다른 방법을 발견할 수 없었다. 그녀가 이런 문제에 직면해 있는 동안에 그녀의 아버지와 어머니가 세상을 떠나고 말았으며, 그녀의 '궁전'은 거의 황폐해져 버렸다.

친척들이 와서 그녀를 다시 보살펴 주었지만, 그녀의 처지에서는 전과 비교하면 그다지 만족스럽지 못한 것이었다. 얼마가 지난 후, 친척들은 그녀에게 지치게 되었고, 그녀가 필요하다고 느끼고 있던 수준의 관심을 그녀에게 쏟는 것을 그만두고 말았다. 그녀는 그들에게 화를 내며 자기가 혼자 있게 되는 것이 얼마나 위험스러운 일인가에 대해서 반복해서 이야기했다. 이런 식으로 해서, 그녀는 자기 스스로 살아가야 하는, 혼자가 되는 비극에서 면할 수 있었다.

만약 친척들이 그녀에게 관련되는 일을 완전히 포기해 버렸다면, 그녀는 자기가 미쳐 버렸을 것이라고 확신하고 있었다. 그녀의 우월 목표를 달성하는 유일한 방법은, 자기의 가족을 강요해서 자기 자신을 지탱하고, 자기가 인생의 모든 문제를 차질 없이 끝내도록 하는 것이었다.

그녀는 자기의 마음속에 다음과 같은 이미지를 갖고 있었다. '나는 이 행성에 속한 사람이 아니며, 다른 행성의 사람이다. 거기에서 나는 공주이다. 이 빈약한 지구는 나를 이해하지 않으며, 내가 중요한 사람이라는 사실도 인정하지 않는다.' 그 상태에서 한 발자국만 더 나아갔다면, 그녀는 미쳐 버렸을 것이다. 그렇지만 그녀가 얼마간 자기 소유의 재산을 갖고 있었고, 자기를 돌봐줄 친척들을 발견할 수 있었던 탓으로 최악의 단계까지는 이르지 않았다.

열등감과 우월감의 양쪽이 뚜렷이 인정되는 특별한 예가 있다. 나에게 16세 된 소녀가 왔던 적이 있는데, 그녀는 6, 7세 때부터 도둑질을 계속했으며, 12세 때부터는 소년들과 외박을 하곤 했다.

그녀가 두 살 때, 그녀의 부모는 성격 차이로 인해서 오랜 싸움 끝에 이혼했다. 그녀는 어머니와 함께 할머니 댁에서 살게 되었다. 그리고 자주 있는 일이지만, 그녀의 할머니는 이 아이의 응석을 받아주는 데 몰두해 버렸다. 그녀는 부모의 싸움이 가장 심했을 때 태어났고, 어머니는 그녀의 출생을 환영하지 않았다. 그래서 어머니는 자기 딸을 좋아하지 않았으며, 두 사람 사이에는 긴장이 계속되었다. 그녀가 나를 찾아온 후, 나는 그녀와 친근하게 이야기했다. 얼마가 지나자 그녀는 이렇게 고백했다. "나는 물건을 훔친다거나 남자아이들과 어울리는 것을 좋아하지 않습니다. 하지만 나는 어머니에게 지지 않겠다는 것을 보여주어야만 했습니다." 내가 그녀에게 "너는 복수를 하기 위해서 그런 행동을 하는 것이냐?" 하고 묻자, 그녀는 "그런 셈이죠" 하고 대답했다.

그녀는 자기가 어머니보다 강하다는 사실을 증명해 보이고 싶었다. 그렇지만 그녀는 자기가 약하다고 느끼고 있었기 때문에 이 목표를 세웠다. 그녀는 어머니가 자기를 싫어한다고 느끼고 있었으며, 열등감으로 고민하고 있었던 것이다. 그녀의 우월성을 주장하기 위해서 그녀가 생각할 수 있었던 유일한 방법은 문제를 일으키는 일이었다. 아이들이 절도라든가 그 밖의 청소년 범죄를 저지를 때는, 대부분 복수를 하기 위한 것이다. 열다섯 살의 여자아이가 8일 동안이나 잠적했다. 그녀는 발견된 후, 미성년자 재판소에 끌려가서 혼이 났다. 거기서 그녀는, 자기가 어떤 남자에게 납치되어 어느 방에 묶인 채로 8일 동안 감금되어 있었다고 말했다. 아무도 그녀가 하는 말을 믿지 않았다. 의사는 그녀와 매우 친숙하게 이야기를 하며, 사실대로 이야기하라고 타일렀다.

그녀는 그 의사가 자기의 이야기를 믿지 않았기 때문에 몹시 화가 나서 그의 뺨을 때렸다. 내가 그녀를 만났을 때, 나는 그녀가 무엇이 되고 싶으냐고 물은 다음, 나는 단지 그녀의 운명에만 관심이 있으며, 그녀를 돕기 위해서 내가 무엇을 할 수 있는지만 생각하고 있다는 인상을 주었다. 그러자 그녀는 "나는 어느 무허가 술집에 있었어요. 밖에 나왔을 때 엄마를 만났고, 곧 아버지가 달려왔죠. 그래서 나는 아버지에게 들키지 않도록 나를 숨겨달라고 부탁했어요" 하고 실토했다. 그녀는 자기 아버지를 무서워하고 있었으며, 그에게 반항하고 있었다. 그녀의 아버지는 자주 그녀에게 벌을 주었는데, 그녀는 벌 받는 것을 두려워하고 있었기 때문에 거짓말 할 수밖에 없었다. 이렇게 거짓말을 할 때는 우리는 엄격한 아버지를 조사해 보지 않으면 안 된다. 진실이 위험하다고 느끼지 않는다면, 거짓말에는 아무런 의미도 없다.

한편, 우리는 이 소녀가 어머니와는 약간의 협력을 하고 있었다는 사실을 알 수 있었다. 그리고 그녀는 이야기를 번복해서 어떤 사람이 그녀를 무허가 술집에 데리고 갔고, 그녀가 거기서 8일 동안 지냈다고 말했다. 그녀는 아버지 때문에 고백하는 것을 무서워했다. 그러나 동시에 그녀의 행동은 아버지를 앞지르고 싶다는 바램에 의해 지배되고 있었다. 그녀는 아버지에게 복종하도록 강요당하고 있다고 느꼈다. 그리고 그녀는 그에게 상처를 입힘으로써만 그에 대해서 자신을 정복자라고 느낄 수 있었던 것이다. 우월로 향하는 길을 잘못 선택한 사람들에게 우리는 어떻게 도움을 줄 수 있을까? 만약 우리가 우월감을 얻기 위해 노력하는 것이 만인에게 공통되는 것이라고 인정한다면, 그 일은 그다지 곤란한 것만은 아닐 것이다.

그때 우리는 그들의 입장에서 볼 수 있으며, 그들의 외로운 반항도 동정할 수 있다. 문제는 오로지 그들의 노력이 인생의 무익한 측면에서 행해지고 있다는 점이다. 인간의 모든 창작 활동의 배후에는 우월을 획득하기 위한 노력이 있으며, 그것은 우리의 문화에 더해지는 모든 공헌의 원천을 이룬다. 모든 인간 생활은 이런 활동의 바람직한 선을 따라 — 아래에서 위로, 마이너스에서 플러스로, 패배에서 승리로 — 진행해 간다. 그렇지만 인생의 모든 문제에 직면하고 그것을 극복할 수 있는 사람은, 그들이 노력하는 방향과 다른 모든 사람을 풍요롭게 할 수 있는 경향을 보이는 사람들과 다른 사람도 함께 이익을 볼 수 있는 방법으로 나아가는 사람들뿐이다. 만약 우리가 다른 사람들에게 올바른 방법으로 가까워진다면, 우리는 그들을 설득하기 곤란한 사람이라고만 생각하지는 않게 될 것이다.

여러 가지 가치나 성공에 관한 인간의 모든 판단은 궁극적으로 협동에 기초를 둔 것이다. 이것은 인류 모두가 나누어 가진 위대하고 '평범한' 지혜이다. 우리가 행위·이상·목표·활동·성격에서 요구하는 것은, 단지 그것들이 우리 인간이 협동하는 데 공헌해야만 한다는 것에 지나지 않는다. 사회감정이 완전히 없는 사람은 결코 있을 수 없다. 신경증 환자나 범죄자도 이 주지의 비밀을 갖고 있다.

우리는 그들이 이것을 알고 있다는 것을, 그들이 자기의 인생 스타일을 어떻게 해서든 정당화하기도 하고 타인에게 책임을 전가하려고 행동하는 모습에서 발견할 수 있다. 그렇지만 그들은 인생의 유익한 측면에서 전진해 나가려는 용기를 잊어버린 것이다. 열등감은 그들에게 말한다. '협동하면서 이루어지는 성공이란 너에게는 맞지 않는다'고.

그들은 인생의 참된 문제로부터 도피해 버리며, 자기들의 힘을 스스로 재확인하려고 하여 실체 없는 그림자와의 싸움에 매달리고 있다. 우리 인간의 분업 체제 속에는 매우 변화성이 풍부한 구체적인 목적을 위한 여지가 있다. 모든 목표 속에서 우리는 항상 무언가 비판해야 할 것을 발견할 수 있다. 우월이란 어떤 아이들에게는 수학적 지식 속에 있는 것처럼 생각될 수도 있으며, 다른 아이들에게는 예술 속에, 또 다른 아이들에게는 육체적인 힘 속에 있다고 생각될 수도 있다. 소화 기능이 뒤떨어지는 아이에게 닥치는 문제는 주로 영양에 관한 문제라고 생각할지 모른다. 그의 관심은 음식물로 향할지도 모른다. 왜냐하면, 그는 이런 방법으로 자기의 상태를 개선할 수 있다고 생각하기 때문이다. 결과적으로 그는 요리 전문가나 영양학 교수가 될지도 모른다.

이런 모든 구체적인 목표가, 우리는 참된 보상이라는 점과 동시에 여러 가지 가능성을 어느 정도쯤 배제한다는 것, 그리고 자기 한정을 향한 몇 가지 훈련이라는 것을 볼 수 있다.

예를 들면 우리는 철학자가 때때로 깊은 사고를 하거나 저작을 위해서 사회를 떠나 은둔하지 않으면 안 되는 상황을 이해할 수 있다. 그러나 이런 사실에 포함된 잘못이 고도의 사회감정이 우월이라는 목표와 연결되어 있다면 결코 커다란 문제는 아닐 것이다. 우리의 협동이라는 것은 많은 종류의 우수한 사람들을 필요로 하는 것이다.

최초의 기억

Alfred Adler; The Man & His Work, Hertha Orgler

우월한 입장에 도달하기 위한 노력은 사람의 인격 전체를 알 수 있는 열쇠이기 때문에, 우리는 거기에서 개인의 모든 정신생활과 만날 수 있다. 이 사실을 인식하는 것은 개개인의 인생 스타일을 이해하려는 우리의 과제에 두 가지 커다란 도움을 준다.

첫 번째는, 우리가 선택하는 어떤 곳에서나 출발할 수 있다는 것이다. 즉, 모든 표현은 우리를 같은 방향 ─ 그것을 돌며 인격이 형성되는 유일한 동기와 유일한 특수성 ─ 으로 이끌어간다. 두 번째는, 우리에게는 막대한 양의 재료가 주어져 있다는 것이다. 모든 언어·생각·행동이 우리의 이해에 도움이 된다. 우리가 어떠한 하나의 표현에 대해서 너무 성급하게 생각할 때 범하게 될지도 모를 잘못도 수없이 많은 다른 표현으로 음미 되고 시정될 수 있다. 우리는 어떤 하나의 표현의 의미를 그것이 전체 속에서 차지하고 있는 역할을 이해할 때까지 단적으로 결정 내릴 수는 없다. 그렇지만 결국 모든 표현은 같은 것을 말하고 있는 것이며, 모든 표현은 우리가 해결하는 데 도움을 준다. 우리는 토기의 파편이나 도구나 건물의 파손된 벽, 아니면 파괴된 기념비나 파피루스의 파편 조각 등을 발견하여 그러한 것을 근거로 소멸해 버렸던 것을 다루는 것이 아니라, 인간의 내적으로 조직화 되어있는 모든 측면, 즉 우리 앞에 그 자신의 의미를 부단히 새롭게 제시할 수 있는 살아 있는 개인과 맞서는 것이다.

인간을 이해한다는 것은 그리 쉬운 것이 아니다. 개인심리학은 아마 배우고 실천하기가 가장 어려운 심리학일 것이다. 우리는 언제나 전체를 향해 귀를 기울여야만 한다. 진짜 열쇠가 스스로 명확해질 때까지는 회의적이지 않으면 안 된다. 우리는 매우 사소한 많은 개인의 특성 — 그 사람이 방에 들어오는 방법, 인사나 악수하는 방법, 웃는 모습, 걸음걸이 — 으로부터 힌트를 얻어내야만 한다. 우리는 어떤 한 면에서는 방황할지도 모른다. 그러나 다른 여러 가지 면이 나타나서, 그것이 우리에게 시정을 요구하기도 하고 확증을 주기도 한다.

치료 행위가 협동의 실천이며, 협동의 테스트이다. 우리가 성공할 수 있는 것은, 우리가 다른 사람에게 순수한 관심을 가질 때 비로소 가능해진다. 우리는 그의 눈으로 보고 그의 귀로 들을 수 있어야만 한다. 그는 우리의 공통 이해를 위해서 그의 분량만큼 공헌하지 않으면 안 된다. 우리는 그와 함께 그의 태도나 역경을 해명해야만 한다. 예를 들어 우리가 그를 이해했다고 느껴도 그가 이해하지 않은 것이라면 우리가 옳다고 보증할 수는 없다. 함께 통하지 않는 진리라는 것은 결코 전체적인 진리가 될 수 없다. 그것은 우리의 이해가 충분하지 않았다는 것을 보여주는 것이다. 아마 이 점을 오해하여 다른 학파는 부정적이거나 혹은 긍정적인 '감정 전이'라는 개념을 끌어냈을 것이다.

이것은 개인심리학 치료에서는 한 번도 보인 적 없는 요인이다. 응석을 부리는 데 익숙해져 있는 환자의 태도는 단순히 애정을 획득하기 위한 그의 안이한 방법일지도 모른다. 그렇지만 지배하기를 원하는 그의 바람은 아무리 심층에 숨겨져 있다 할지라도 명확하게 드러날 것이다. 만약 우리가 그를 가볍게 보고 넘긴다면, 분명 그의 적의를 초래하게 될 것이다. 그때 그는 치료를 그만둘지도 모르며, 어쩌면 자기를 정당화하고 우리가 후회하도록 만들기 위해 치료를 계속 할지도 모른다. 우리가 그를 받아준다거나 가볍게 무시하는 것은 결코 그를 돕는 일이 될 수 없다. 우리는 한 명의 친구를 대하는 한 사람의 인간으로서 그에게 관심을 보여야만 한다.

어떠한 관심도 그것보다 진심일 수도 객관적일 수도 없을 것이다. 우리는 그 자신의 이익을 위해서도, 또 다른 사람들의 복리를 위해서도 그의 잘못을 발견하는 일에 협력해야만 한다. 이 목적을 상실하지 않는다면, 우리는 결코 감정 전이를 재촉하는 것 같은 권위자로서의 포즈를 취한다거나, 그를 의존적이고 무책임한 사람이 되게 하는 위험스러운 잘못을 저지르지 않고 치료를 끝낼 것이다. 모든 심적 표현 속에서 가장 계시적인 것은 개인의 기억이다. 그의 기억은 그의 주변, 즉 그 자신의 모든 한계나 모든 상황의 의미를 생각나게 한다. 우연한 기억이란 것은 없다.

개인이 받는 무수한 인상 중에서, 그는 어느 정도는 어렴풋이 그의 상황과 관계가 있다고 느끼는 것만을 기억하도록 선택한다. 이처럼 그의 기억은 그의 '생애의 이야기'를 대표한다. 이 이야기를 그는 자기 자신에게 반복하여 들려주는데, 그것은 자기에 대한 경고이기도 하며, 자기를 위로한다거나 자기의 목표를 향해 자신을 스스로 계속 집중시키고, 과거의 경험으로 이미 시험해 보았던 활동 태도를 표준 삼아 미래에 직면하게 될 자신을 준비하기도 한다. 기분을 안정시키는 데 기억이 도움이 된다는 것은 일상적인 행동에서도 확실히 볼 수 있다. 만약 어떤 일에 실패하여 낙담하게 된 사람은 그 이전에 경험했던 패배를 곧잘 기억해 본다.

만약 그가 우울하다면, 그의 기억도 모두 우울하다. 그가 기분이 좋고 용기로 꽉 차 있을 때는, 그는 전혀 다른 기억을 선택한다. 즉, 그가 생각해 내는 내용은 즐거우며, 그것은 그의 낙천주의를 확인해 준다. 이와 같은 방법으로, 만약 그가 어떤 문제에 직면해 있다고 느낀다면, 그는 거기에 직면할 기분이 되는 데에 도움이 되는 기억을 불러 모을 것이다. 이런 식으로 해서, 기억은 꿈과 매우 비슷한 목적을 꾀한다. 많은 사람은 결정해야만 하는 일이 있을 때, 그들이 무사히 합격했던 시험에 대한 꿈을 꾼다. 그들은 그들의 결정을 시험과 나란히 놓고 보고, 이전에 성공했을 때의 기분을 다시 한번 창출해 내려는 것이다. 개인의 인생 스타일 속에서 여러 가지로 자아내지는 기분에 대해서 말할 수 있다는 것은 그의 기분의 일반적인 구조와 균형에 대해서도 말할 수 있다는 것이다.

우울증 환자가 만약 자기가 즐거웠던 순간이나 여러 가지 성공했던 일을 기억하고 있다면, 계속 우울증에 빠져 있을 수는 없다. 그는 자신에게 '나는 평생 불행하기만 했다'고 말하지는 않으며, 자기의 불행한 운명을 예로 하여 자기가 해석할 수 있는 사건만을 선택하게 되는 것이다. 만약 어떤 사람의 우월 목표가 '다른 사람들은 언제나 나를 모욕한다'고 느끼도록 요구한다면, 그는 자기가 치욕스럽다고 해석할 수 있는 사건만을 선택해서 기억할 것이다. 그의 인생 스타일이 변화되면 그의 기억도 변한다. 그는 여러 가지 사례를 생각해 낼 것이며, 어쩌면 그가 기억하고 있는 모든 사건을 다른 식으로 해석하게 될 것이다. 초기의 기억은 특별한 중요성을 띠고 있다.

첫째로, 그것은 인생 스타일을 그 근원적인 면과 가장 단순한 표현으로 보여준다. 우리는 그러한 기억에서 그 아이가 응석받이로 자랐는지, 혹은 무시당하고 있었는지, 다른 사람과 어느 정도로 협동하도록 훈련받았는지, 어떤 문제를 겪어냈는지, 그리고 그런 문제들과 어떻게 싸워왔는지를 판단할 수 있다. 시력이 나빠서 괴로움을 당하고 좀 더 가까이 물건을 보도록 훈련받은 아이들의 초기 기억에서, 우리는 시각형 성격의 모든 인상을 발견할 수 있을 것이다. 그의 기억은 '나는 주위를 둘러보았다'로부터 시작되기도 하는데, 주로 색깔이나 형체에 관한 내용이 대부분이다. 운동 기능에 고장이 있어서 걷는다거나, 달린다거나, 도약해 보고 싶다고 생각하는 아이의 기억 속에서는 그러한 관심이 두드러지게 나타난다.

어린 시절부터 기억되고 있는 사건은, 그 개인의 주된 관심과 매우 가까운 것이다. 그리고 만약 우리가 그의 주된 관심을 알 수 있다면, 우리는 그의 목표나 인생 스타일을 알 수 있을 것이다. 초기의 기억을 매우 가치 있는 것으로 평가하는 것은 이런 이유 때문이다. 게다가 우리는 기억 속에서 그의 부모와 가족에 관한 관심을 발견할 수 있다. 기억이 정확한지 아닌지는 비교적 아무래도 관계없다. 무엇보다 중요한 것은 그런 기억이 그 개인의 판단을 보여준다는 점이다. 예를 들면 '아이 때부터 나는 이러이러한 인간이었다'라든가, '아이 때부터 나는 인생을 이런 것으로 생각했다'라는 자기 자신에 관한 판단을 알아낼 수 있다는 것이다. 모든 기억 중에서 가장 계시적인 것은 그가 기억해 낼 수 있는 최초의 사건이다. 최초의 기억은 그 개인의 근본적인 인생 스타일과 그의 삶 중에서 최초로 만족스러웠던 결정을 보여준다.

그것은 우리에게, 그가 무엇을 자기 발달의 출발점으로 삼았는가를 한눈에 볼 수 있는 기회를 준다. 때로 사람들은 어떤 사건이 처음이었는지 기억할 수 없다면서 대답을 회피하기도 하고 고백하지 않는 예도 있는데, 그것 자체도 하나의 계시가 된다. 우리는 그들이 자기의 근본적인 의미에 대해 논하고 싶지 않는다는 것, 그리고 그들이 협력할 생각이 없다는 사실을 추측할 수 있다.

대개, 사람들은 선뜻 자기의 최초의 기억에 관해 이야기해 준다. 그들은 그런 것을 간단한 일이라고 생각하며, 그 속에 숨겨져 있는 의미에는 생각이 미치지 않는다. 거의 누구나 최초의 기억을 이해하지는 못한다. 그러므로 대개의 사람은 그들의 최초의 기억을 통해서, 그들 인생의 목적과 타인과의 관계, 그들의 환경에 대한 견해 등을 완전히 중립적으로, 그리고 부끄러움 없이 고백할 수 있다.

최초의 기억에 있어서 또 하나 흥미 깊은 점은, 그것이 매우 압축되어 있고 단순하여서 그것을 사용해서 집단 조사를 할 수도 있다는 것이다. 우리는 학급 전체에게 그들의 최초의 기억을 써달라고 의뢰할 수 있다. 그리고 만약 우리가 그것을 해석하는 방법을 알고 있다면, 우리는 모든 아이 한 명한 명에 대해서 매우 가치 있는 이미지를 갖게 될 것이다. 지병을 위해서 최초의 기억 몇 가지를 제시하여 그것을 해석해 보자. 나는 이런 사람들에 대해서 그들이 이야기해 주었던 기억 이외에는 아무것도 ― 그들이 아이인지, 어른인지조차도 ― 모른다. 최초의 기억 속에서 발견할 수 있는 의미는 그들 인격의 다른 표현들로 표시되지 않으면 안 된다. 그러나 우리는 우리의 훈련을 위해서, 그리고 우리의 추측 능력을 날카롭게 만들기 위해서 들은 그대로의 기억을 이용할 수 있다.

우리는 무엇이 진실인지 알 수 있을 것이며, 한 가지 기억과 다른 기억을 비교할 수 있을 것이다. 특히 우리는 그 개인이 협동하는 훈련을 하고 있는지, 그렇지 않으면 협동과 반대되는 훈련을 하고 있는지, 그가 용기를 가졌는지, 낙담하고 있는지, 그가 다른 사람들로부터 지지받고 보호받고 싶어 하는지, 자립적인지, 다른 사람에게 의존하려 하는지, 다른 사람에게 베풀어 줄 마음이 있는지 혹은 단지 다른 사람으로부터 받으려고만 하는지에 대해 알아낼 수 있을 것이다.

1. "내 동생이…… 때문에……"

최초의 기억 속에서, 자기의 주변 인물 중 어떤 사람이 등장하는가에 대해 주의를 기울이는 것이 중요하다. 자매가 나타날 때, 그 사람이 언니나 동생의 영향을 받았다고 생각하고 있음이 분명하다. 그 자매는 그의 발달에 어떤 그림자를 드리우고 있다. 보통 우리는 두 사람의 관계를 통해 마치 트랙에서 함께 경주하는 것 같은 대항 관계를 발견할 수 있다. 그리고 우리는 그런 대항 관계가 성장에 있어서 지나치게 곤란을 준다는 사실을 이해할 수 있다. 아이가 우정에 의해 협력할 수 있어야 하는 시기에 대항 관계에 정신이 쏠려 있다면, 자기의 관심을 다른 사람들에게 확대할 수가 없게 된다.

그렇지만 이렇게 결론으로까지 비약하는 것은 될 수 있으면 피하도록 하자. 어쩌면 두 사람은 좋은 친구였는지도 모르기 때문이다. "나의 여동생과 나는 가족 중에서 제일 어렸기 때문에, 나는 학교에 가는 것을 동생이 갈 수 있는 나이가 될 때까지 기다려야만 했습니다." 이제 그 대항 관계는 명확해진다. '내 동생은 나를 방해한 것이다! 그녀는 나보다 어리다. 그래서 나는 그녀를 기다리도록 강요되었다. 그녀는 나의 가능성을 축소해 버렸다!' 하는 것이 된다. 만약 이 기억의 의미가 정말 이런 것이라면, 이 소녀 ― 혹은 소년 ― 는 다음과 같이 느끼리라고 생각된다. '누군가가 나를 제한하여 나의 자유로운 발달을 방해하는 때가 내 인생에서 최대로 위험하다'라고. 아마 이것을 쓴 사람은 여자일 것이다. 여동생이 학교에 갈 수 있는 나이가 될 때까지 남자아이를 기다리게 하는 경우는 거의 없으리라고 생각된다. "그래서 우리는 똑같은 날 입학하게 됐죠." 이것은 그러한 상황 속에 있는 소녀의 처지에서 본다면, 가장 좋은 교육이라고 할 수는 없을 것이다. 그녀는 나이가 많으므로 뒤에 있지 않으면 안 된다는 인상을 주었다고 해도 어쩔 수 없다.

어쨌든 틀림없이 그녀는 그것을 그렇게 해석했다는 것을 알 수 있다. 그녀는, 사람들이 여동생을 더 귀중하게 생각하고 자기는 경시되고 있다고 느꼈다. 그녀는 이처럼 무시되었던 일에 관해서 누군가를 비난할 것이다. 어쩌면 어머니를 비난할지도 모른다. 그녀가 아버지에게 더욱 기울어지고, 아버지 마음에 들기 위해 노력했다고 해도 놀랄 만한 일은 아니다. "나는 정확하게 기억하고 있는데, 우리가 처음으로 학교에 갔던 날 어머니는 몹시 쓸쓸했다고 모두에게 이야기했습니다. 어머니는 '그 날 오후, 나는 몇 번이나 대문 앞까지 달려 나가서 아이들을 찾았습니다. 아이들이 곧 돌아올 시간이 된 것으로 생각했던 것입니다'하고 말했습니다." 여기에서는 어머니에 대해 언급되고 있다. 그리고 그 내용은 어머니의 지적으로 행동했다고는 말하지 않았다.

그것은 그녀가 묘사하는 어머니像이다. 그 어머니는 이제나저제나 아이들이 돌아오기를 기다렸다 ― 어머니는 확실히 애정이 깊었다. 그리고 소녀들은 어머니의 애정을 알고 있었다. 그러나 그와 동시에 그녀는 불안스럽고 긴장해 있었다. 만약 우리가 이 소녀에게 이야기할 수 있다면, 그녀는 어머니가 동생 쪽을 더욱 소중히 여겼던 일을 이야기해 줄 것이다. 그런 편애는 특별하게 놀랄 만한 정도는 아니다. 왜냐하면, 막내는 대부분이 응석을 부리기 때문이다. 이 최초의 기억에서 우리는 이 언니 쪽이 동생의 대항으로 방해받았다고 느끼고 있었다는 결론을 내릴 수 있을 것이다. 우리는 그녀가 나이 어린 여성을 싫어하는 것을 보아도 놀라지 않을 것이다. 평생 자기는 나이를 너무 먹었다고 느끼는 사람들이 있다. 그리고 대부분의 질투가 강한 여성은 자기보다 젊은 여성에 대해 열등감을 느끼고 있다.

2. "나의 최초의 기억은, 내가 세 살 때 할아버지의 장례식에 대한 것입니다……."

이것은 어떤 소녀가 쓴 내용이다. 그녀는 죽음이라는 것에 깊은 인상을 받았다. 그것은 무엇을 의미하는 것일까. 그녀는 죽음을 인생의 가장 불안한 것, 최고로 위험한 것으로 보았다. 그녀는 어린 시절에 일어났던 여러 사건에서 '할아버지도 돌아가셨다'는 기억을 끄집어냈다.

아마 그녀는 할아버지를 좋아하고, 할아버지는 그녀의 응석을 받아주었을 것이다. 대부분의 할아버지 할머니는 거의 언제나 자기의 손자들을 귀여워한다. 그들은 손자에게 부모만큼의 책임은 없다. 그리고 가끔 아이들을 자기 쪽으로 끌어들여 자기들이 아직 애정을 받을 수 있다는 부분을 보이고 싶어 한다. 우리의 문화는, 노인들이 자기의 가치에 쉽게 확신을 가질 수 있게 하는 문화는 아니다. 그러므로 그들은 때때로 안이한 방법으로 확신을 얻으려 한다. 여기서 우리는 이 할아버지가 아이였던 그녀를 귀여워했다는 사실, 그리고 그녀의 기억 속에서 그를 그렇게 깊게 새겨두었던 사실에서 그가 응석을 받아주었다는 사실을 알 수 있다.

할아버지가 죽었을 때, 그녀는 그 사실을 커다란 고통으로 받아들였다. 집안의 동맹자가 없어져 버린 것이다. "나는 할아버지가 매우 조용히, 하얀 얼굴을 하고 관 속에 누워 있었던 것을 생생히 기억하고 있어요." 세 살짜리 아이에게 죽은 사람을 보게 하는 것이 좋은지 나쁜지는 확실하지 않다. 적어도 아이에게 미리 마음의 준비를 시켜두는 편이 좋다. 대부분 아이는 죽은 사람을 보았을 때 강한 인상을 받았으며, 그것이 잊히지 않는다고 이야기했다. 이 소녀도 할아버지의 죽음을 결코 잊을 수 없었다. 그런 아이는 죽음의 위험을 감소시키려 하거나, 아니면 극복하려 하기도 한다. 그들은 죽음과 대결하기 위해서는 의사가 다른 사람들보다 잘 훈련되어 있다고 느낀다. 의사에게 그의 최초의 기억을 물으면 누군가의 죽음에 관한 기억인 경우가 많다.

'미동도 하지 않고 하얀 얼굴로' ― 이것은 무언가 눈에 보이는 것에 대한 기억이다. 아마 이 소녀는 시각형으로 세계를 바라보는 데 관심이 있을 것이다. "그러고 나서 묘지에 관이 내려졌을 때, 그 초라한 관 아래에서부터 끌어올려 진 끈을 기억합니다." 그녀는 또 자신이 보았던 것을 이야기한다. 그리고 그녀가 시각형이라는 나의 추측이 확인된다. "이 경험은 내 친척이건 친구이건 혹은 어떤 지인이건 간에, 세상을 떠나 버렸다는 소식을 들을 때 몸이 전율하는 것 같은 공포심을 나에게 남겨놓았던 것입니다." 죽음이 그녀에게 강렬한 인상을 주었다는 사실이 다시 한번 확인된다. 만약 내가 그때의 그녀와 이야기를 나눌 기회가 있었다면, 나는 그녀에게 '어른이 되면 뭐가 되고 싶지?' 하고 물을 것이다. 그리고 그녀는 아마 '의사'라고 대답할 것이다. 만약 그녀가 대답하지 않는다거나 질문을 피한다면, 내 쪽에서 '의사라든가 간호사가 되고 싶지 않니?' 하고 암시를 보낼 것이다.

그녀가 '저 세상'이라고 말할 때, 죽음의 공포에 대한 한 가지 보상이 보여진다. 우리가 그녀의 기억에서 전체로 파악했던 것은 그녀의 할아버지가 그녀에게 소중한 사람이었다는 것, 그녀가 시각형이라는 것, 그리고 그녀의 마음속에서 죽음은 최초의 기억에 큰 부분이라는 사실이다. 그녀가 인생에서 끌어낸 의미는 '우리는 모두 죽을 수 밖에 없다'는 사실이다. 이것은 의심할 나위 없는 사실이다. 그러나 누구나 죽음에 관심을 집중하고 있는 것은 아니다. 우리의 주의를 끄는 것은 매우 다양하다.

3. "내가 세 살 때, 나의 아버지는……"

최초로 아버지에 관련된 기억이 나타날 때, 우리는 이 소녀가 어머니보다 아버지 쪽에 관심이 있었다는 것을 상상할 수 있다. 아버지에 관한 관심은 언제나 발달의 제2단계이다. 아이는 처음에 어머니 쪽에 더 큰 관심을 둔다. 왜냐하면, 처음 1, 2년 동안에는 어머니와의 협동 관계가 매우 밀접하기 때문이다. 아이는 어머니를 필요로 하며, 어머니에게 애착을 느낀다. 아이의 심적 노력의 대부분은 어머니와 관련되어 있다. 만약 아이가 아버지 쪽에 주의를 기울이기 시작하면, 어머니는 패배한 것이다. 그것은 아이가 자기의 상황에 만족하고 있지 않다는 것이다.

이것은 일반적으로 두 번째 아기가 태어난 결과이다. 이 기억 속에서 동생에 관한 내용이 나타난다면, 우리의 추측은 확인될 것이다. "아버지는 우리를 위해서 포니pony를 두 마리 사주었습니다." 아이는 한 명이 아니었다. 거기서 우리는 또 한 명의 아이에 대해 듣고 싶어한다.

"아버지는 포니를 끌고 집에 데리고 왔습니다. 세 살 위의 언니가……" 우리의 해석은 고쳐지지 않으면 안 된다. 우리는 이 소녀가 맏딸이라고 생각했었지만, 동생이라는 사실을 알았다. 다분히 이 언니는 어머니에게 주의를 기울이고 있을 것이다. 그래서 이 소녀는 아버지와 두 마리의 포니 선물에 대해 기억했다. "언니는 줄을 쥐고 자랑스럽게 자기의 포니를 거리로 데리고 나갔습니다." 여기에서는 언니의 승리가 이야기되고 있다.

"나의 포니는 급히 언니의 포니 뒤를 쫓아 달려갔는데언니가 선두에 서 있었기 때문에, 나는 그것을 따라잡을 수가 없었습니다. 그래서 나는 흙탕물만 뒤집어쓰고 말았습니다." 그것은 빛나리라고 기대하고 있었던 경험의 처참한 결말이었다. 언니가 정복하고 점수를 얻었다. 이 소녀가 하고 싶은 말은 틀림없이 다음과 같은 내용일 것이다. '정신을 똑바로 차리지 않으면 언니가 항상 이긴다. 나는 언제나 지고 있다. 나는 항상 진흙탕 속이다. 안전하고 유일한 방법은 바로 일등이 되는 것이다.' 우리는 또 어머니를 둘러싼 싸움에서도 언니 쪽이 승리했다는 사실과 그런 이유로 동생은 아버지 쪽에 주의를 기울이기 시작했다는 것을 이해할 수 있다. "나중에, 내가 기수가 되어 언니보다 뛰어난 사람이 되었다는 사실도 이때의 낙담했던 기분에 조금도 위안이 되지 않았습니다."

우리가 추측한 것은 지금 모두 확인되었다. 자매 사이에 어떤 경쟁이 있었다는 사실을 알 수 있다. 동생은 '나는 언제나 지고 있다. 나는 선두로 나서야만 한다. 다른 사람들을 추월하지 않으면 안 된다'고 느끼고 있었다. 이것이 바로 내가 묘사해 보이고 싶었던 유형이다. 그것은 둘째나 막내와의 사이에 매우 자주 보이는 형태이며, 그들에게는 항상 자기 앞에서 달리는 사람pacemaker이 있으며, 그들은 언제나 이 사람을 추월하려고 한다. 이 소녀의 기억은 그녀의 태도를 강화한다. 그것은 그녀에게 '누군가 내 앞에 있다면, 나는 위험에 빠진 것이다. 나는 언제나 첫 번째가 되지 않으면 안 된다'고 이야기하는 것이다.

4. "내 최초의 기억은, 내가 태어났을 때 열여덟 살 정도였던 제일 큰언니
   가 파티라든가 사교장에 데리고 갔던 일에 관한 것입니다……."

이 소녀는, 자기가 사교계의 한 멤버였다고 기억하고 있다. 이 기억 속에
는 아마 다른 사람들의 경우보다도 강한 협동성을 발견할 수 있을 것이다.
18세인 그녀의 언니는 그녀에게 있어서 어머니의 역할을 하고 있었다. 그 언
니는 그녀를 귀여워해 준 가족 중의 한 사람이었다. 그러나 그녀는 타인들
에 대한 이 아이의 관심을 매우 지적인 방법으로 넓혀갔던 것처럼 생각된
다. "우리 집에는 4남매가 있는데, 내가 태어날 때까지 언니는 유일한 여자
아이였었죠. 그래서 언니는 나를 기꺼이 남들 앞에서 과시해 보였습니다."
이것은 우리가 생각하는 만큼 좋은 일로 들리지 않는다. 아이가 자랑거리
로 내보여질 때, 그 아이는 다른 사람을 위해 공헌을 하기보다는 자기가 칭
찬을 받는 일에 관심을 끌게 될지도 모른다.

"언니는 내가 비교적 어린 아이일 때, 나를 잘 데리고 다녔죠. 그때의 파
티에 관해서 내가 기억하고 있는 단 한 가지 일은 내가 끊임없이 '어느 부인
께 네 이름을 말씀드려라'라든가, 아니면 다른 어떤 말들을 하도록 재촉받
고 있었다는 것입니다." 이것은 잘못된 교육 방법이다. 그로 인해 이 소녀가
말을 더듬는다거나 언어 장애를 가져왔다 해도 놀랄 일은 아니다. 아이가
말을 더듬을 때는, 대개 그 아이의 언어에 지나치게 강한 관심이 보였다는
것을 알 수 있다. 다른 사람과 자연스럽게 대화를 하는 대신에, 그 아이는
자기를 의식하고 칭찬을 받도록 교육되었다. "나는 또 내가 아무것도 말하
려고 하지 않았기 때문에 집에 도착하면 반드시 언니에게 혼이 났으며, 그

때문에 밖에 나가서 사람들을 만나는 것을 싫어하게 되었던 일도 기억하고 있습니다." 여기에서 우리의 해석은 전면적으로 시정되지 않으면 안 된다.

이제야 우리는 그녀의 맨 처음 기억의 배후에 있는 의미가 다음과 같다는 것을 알 수 있다. '나는 다른 사람들과 접촉하도록 강요당했습니다. 그리고 나는 그것을 불쾌하게 생각했습니다. 이런 경험 때문에 나는 그런 협동이라는 것을 계속 싫어하게 되었던 것입니다.' 그러므로 그녀가 지금도 다른 사람과 만나는 것을 좋아하지 않을 거라는 예측을 할 수 있다. 사람들을 만나면 그녀는 자기가 훌륭하게 보여야만 하며, 또 이 요구가 너무 무거운 짐이라고 느껴졌기 때문에 될 수 있는 대로 소녀는 그들과 거리를 두고 싶다고 예측할 수 있을 것이다. 그녀는 친구들과 함께 있을 때의 편안한 기분이라든가, 평등하고 자유로워야 한다는 부분에서 멀어지도록 훈련을 받았던 것이다.

5. "내가 어렸을 때, 큰 사건이 하나 일어났습니다. 네 살 때쯤 나는 증조할머니댁에 간 적이 있습니다."

할머니가 손자를 귀여워해 준다는 것은 이미 알려진 사실인데, 그때까지 그는 증조할머니가 어떤 식으로 대해 주는지는 경험한 일이 없었다. "증조할머니를 방문한 동안에 4대가 모여 가족사진을 찍었습니다." 이 소녀는 가계家系에 비상한 관심을 두고 있다. 그녀가 증조할머니를 방문했던 것과 그때 찍었던 사진에 대해 그 정도로 강하게 기억하고 있기 때문에, 아마 그녀가 자기의 가족에 열중하고 있었을 것이라고 결론지을 수 있다. 만약 그것이 올바른 것이라면, 그녀의 협동 능력은 자기 가족의 테두리를 넘어서지 않는다는 것을 알 수 있을 것이다. "우리가 다른 곳으로 드라이브를 하고,

사진사 아저씨네 집에 도착하고부터 하얀 자수가 놓여 있는 옷으로 갈아입었던 일을 뚜렷하게 기억하고 있습니다." 이 소녀도 아마 시각형일 것이다.

"4대가 함께 사진을 찍기 전에, 내 동생과 내가 먼저 사진을 찍었습니다." 여기에서도 가족에 관한 관심이 나타난다. 동생은 가족의 일원이며, 아마 동생과의 관계에 대해 더 이야기할 것이다. "동생은 내 옆 의자의 팔걸이 위에 앉혀지고 새빨간 관冠을 갖고 있게 되었습니다." 여기서도 그녀는 시각형인 것을 기억하고 있다. "나는 그 의자 옆에 서게 되고, 아무것도 들고 있지 않았습니다." 이제야 비로소 우리는 중요 쟁점을 발견하게 되었다. 그녀는 자기보다 동생이 더 귀중하게 보살펴지고 있다고 스스로 이야기하고 있다. 그녀는 동생이 태어나고 나서 제일 어린 이유로, 그동안 귀여움을 독차지했었던 자기의 처지가 바뀌었음을 알았을 때, 몹시 불쾌함을 느꼈던 것이라고 추측할 수 있다.

"우리는 웃어야 했습니다……." 여기서 그녀가 말하고 싶었던 것은 '그들은 우리를 웃기려고 했다. 하지만 왜 내가 웃어야만 한단 말인가? 그들은 동생을 왕좌에 앉히고 동생에게는 빨간색 왕관을 주었다. 하지만 나에게는 도대체 무엇을 주었단 말인가' 하는 것이다. "그리고 나서 4대가 함께 사진을 찍게 되었습니다. 나 이외의 모든 사람이 서로 잘 나오게 하려고 애썼습니다. 그러나 나는 웃으려 하지 않았습니다." 그녀의 가족이 그녀에게 아주 잘 대해 주지 않았기 때문에, 그녀는 가정에 대해서 공격적이다. 이 맨 처음의 기억 중에서, 그녀는 자기의 가족이 자기를 어떻게 취급했는지에 대해 우리에게 알려줄 것을 잊지 않았다. "동생은 웃으라고 했을 때, 너무도 훌륭하게 웃었습니다. 동생은 너무나 귀여웠습니다. 지금도 나는 사진 찍기를 싫어합니다."

그러한 기억은 우리에게 보통의 사람들이 인생과 마주치는 만남의 방법에 대한 좋은 통찰을 준다. 우리는 하나의 인상을 채택하여 일련의 행동 전체를 정당화하기 위해서 사용한다. 그러고 나서 우리는 결론을 끌어내 그런 결론이 명백한 사실인 것처럼 '행동한다' 사진을 찍었을 때, 그것이 그녀에게 불쾌한 시간이었다는 것은 매우 명백하다. 그녀는 지금도 사진 찍는 것을 싫어한다. 일반적으로 볼 수 있는 일인데, 사진 찍는 것을 이 정도로까지 싫어하는 사람이면 누구나 자기가 싫어하는 이유를 선택한다. 그는 자기의 경험 속에서 그것을 정당화한다는 무거운 짐을 지워줄 무엇인가를 선택한다. 이 최초의 기억은 그것을 쓴 사람의 퍼스낼리티를 이해할 수 있는 중요한 두 가지 단서를 우리에게 제공해 준다. 첫째, 그녀는 시각형이다. 둘째, 이것은 더욱 중요한 일로서 그녀는 자기의 가족에 대해 애착이 있다. 그녀의 최초의 기억 속에 나타난 모든 행동은 가족의 테두리 안에 놓여 있다. 우리는 그녀가 사회생활을 위한 준비를 잘 할 수 있다고 볼 수 없다.

6. "맨 처음 기억은 아니지만, 내 최초의 기억 중의 하나는 아마 내가 세 살 때쯤에 일어났던 사건일 것입니다. 부모님을 위해 일을 하고 있던 한 소녀가 나와 나의 사촌을 지하실에 데리고 가서 우리에게 사과주를 먹게 하였습니다. 우리는 그것을 아주 좋아했습니다."

사과주가 담가져서 지하실에 있다는 사실을 발견하는 것은 재미있는 경험이다. 만약 우리가 여기서 이미 결론을 내려야만 한다면, 우리는 두 가지 의미를 추측할 수 있을 것이다.

이 소녀는 깜짝 놀랄 만한 새로운 상황과 만나는 것을 좋아하며, 인생과 대결하는 용기가 있을지도 모른다. 한편, 또 한 가지 그녀가 말하려는 것은 자기보다 강한 의지를 가진 사람이 있으며, 자기들을 유혹하여 방황하게 할 것이라고 말할지도 모른다. 나머지 기억들이 어느 쪽으로 결정하는지에 도움을 줄 것이다. "그 후 잠시 있다가, 우리는 다시 한번 맛을 보고 싶어서 우리끼리만 내려갔습니다." 이것은 용기 있는 소녀의 행동이다. 그녀는 독립적인 사람이 되고 싶다고 생각한다. "잠시 후, 우리는 발에 힘이 빠져 버려서 사과주를 바닥에 엎질렀기 때문에 지하실이 난장판이 되어버렸습니다." 여기에는 금주당원 한 명의 출현이 보여진다. "내가 사과주나 그 밖의 술을 싫어하는 것과 이 사건이 어떤 관련이 있는지는 모르겠습니다."

여기에서도 하나의 작은 사건이 인생 스타일 전체를 좌우하는 열쇠가 된다. 상식적으로 생각하면, 이 사건이 그런 결론에 도달될 정도로 그렇게 중요한 사건이라고는 보이지 않는다. 그러나 이 소녀는 묘하게 그 일을 술 자체를 싫어하게 된 충분한 이유라고 받아들였다. 아마 그녀는 자기의 잘못으로부터 어떤 교훈을 얻어내야 하는지에 대한 탁월한 이해자라는 사실을 알 수 있을 것이다. 아마도 그녀가 진실로 자립적인 사람이며, 자기가 잘못되어 있다는 것을 느낄 때 그것을 고쳐야 한다고 생각할 것이다. 이 성격은 그녀 인생 전체의 특징을 이루고 있을지도 모른다. 그녀는 마치 '나는 잘못을 범한다. 그러나 그것이 잘못되었다는 것을 안다면, 나는 그것을 고쳐야 하겠다'고 말하고 있는 것 같다. 만일 그렇다면 그녀는 매우 바람직한 유형의 사람이 될 것이다. 즉, 활동적이고 용기를 갖고 노력하며, 자기의 상태를 개선하며 항상 최선을 다해 삶의 방식을 탐구하는 사람이 될 것이다.

이런 모든 사례는 확실히 우리에게 추측하는 기량을 훈련해 준다. 그리고 우리의 결론이 옳다고 확신하기 전에, 우리는 그 퍼스낼리티의 다른 여러 가지 표현을 꼭 보아야 할 필요가 있다.

이제부터 퍼스낼리티의 일관성이 그 모든 표현 속에서 보여지는 몇 개의 사례를 실제의 진료 예로써 살펴보기로 하자.

불안신경증으로 괴로워하고 있는 35세의 남성이 나를 찾아왔다. 그는 집을 떠나 있을 때만 불안을 느꼈다. 한때 그는 취직을 해야만 하였다. 그러나 그는 사무실에 출근하자마자 온종일 울고 싶었으며, 저녁때 집에 돌아와서 어머니 곁에 앉으면 그때야 마음이 가라앉았다. 그의 최초의 기억에 대해 그는 이렇게 말했다. "네 살 때 집의 창가에 앉아 바깥을 내다보면서 사람들이 움직이는 것을 보고 재미있어 했던 때를 기억하고 있습니다." 그는 다른 사람들이 움직이고 있는 것을 보는 것이 즐거웠다. 그 자신은 단지 창가에 앉아서 그들을 바라보고 싶었을 뿐이다.

그의 상태를 변화시키려 한다면, 그것은 다른 사람의 일에는 협력할 수 없다는 그의 신념으로부터 그를 해방시킴으로써만 가능하다. 이제까지 그에게 있어서 유일한 삶의 방식은 타인에 의해 유지되는 것이라고 생각해 왔다. 우리는 그의 이러한 견해 자체를 변화시키지 않으면 안 된다. 그를 비난하는 것만으로는 아무것도 달성할 수 없을 것이다. 약이라든가 엑스레이에 의해 그가 확신을 갖도록 할 수는 없다. 그러나 그의 첫번째 기억은 그의 흥미를 유발시키는 것이 무엇인지를 우리에게 알려준다.

그의 주된 관심은 오로지 바라보는 것이었다. 우리는 그가 근시로 고민했다는 사실을 발견했다. 그리고 그는 이 불리한 점으로 인해 눈에 보이는 것에 대해서 더욱 많은 주의를 기울였다. 그가 직업 문제에 부닥쳤을 때, 그는 움직이지 않고 계속 바라보고 싶다고 생각했다. 그러나 이 두 가지는 반드시 모순되는 것은 아니다. 완치된 후에, 그는 자기의 이런 주된 관심을 따라 직업을 선택했다. 그는 미술점을 열었다. 이렇게 하여 그는 자기가 할 수 있는 분야에서 우리 사회의 분업에 공헌할 수 있었다.

히스테리성 실어증으로 고민하는 32살의 남성이 치료를 받으러 왔다. 그는 속삭이는 정도 이상으로는 말을 하지 않았다. 이런 상태가 2년 동안 계속되고 있었다. 그 증상은 어느 날, 그가 바나나 껍질을 밟아 미끄러져 택시의 창문 쪽으로 넘어졌을 때부터 시작되었다.

그는 이틀 동안 계속 토하고, 그 후 편두통으로 고생하기 시작했다. 이는 의심할 나위 없이 뇌진탕이었는데, 그것만으로는 그가 왜 말을 하지 않게 되었는지 충분히 설명되지 않았다. 그는 8주 동안 한마디도 하지 않았다.

그의 이 사건은 재판까지 하기에 이르렀다. 그는 이 사고가 완전히 그 택시 운전사에게 책임이 있다고 하여, 택시회사에 배상을 요구하고 소송을 제기했다. 그가 무언가 몸에 이상이 생긴다면, 소송에서 훨씬 유리하다는 것을 우리는 이해할 수 있다. 그가 부정직하다고 말할 필요는 없지만, 커다란 소리로 이야기하도록 자극한 것도 아무것도 없었다. 아마 그는 그 사고의 충격 이후 말하는 것이 곤란하다고 생각했을 것이며, 그것을 변화해야 할 아무런 이유도 찾아내지 못했을 것이다. 그 환자는, 인후咽喉 전문의에게 진찰을 받았지만 아무 데도 잘못된 곳은 없었다.

그의 최초의 기억에 관해 물었을 때, 그는 다음과 같이 이야기했다. "나는 똑바로 눕혀진 채로, 요람 속에 있었습니다. 연결된 못이 빠지는 것을 보았던 것을 기억합니다. 요람이 넘어져서 나는 심한 상처를 입었습니다." 누구나 넘어지는 것은 싫어한다. 그러나 이 사람은 넘어지는 것을 지나치게 강조한다. 그는 넘어지는 위험에 생각을 집중한다. 그것이 그의 주된 관심이다. "내가 쓰러졌을 때, 문이 열리고 어머니가 들어왔습니다. 나는 무서웠습니다." 그는 넘어짐으로써 어머니의 주의를 끌 수 있었다. 그러나 그의 기억은 어머니를 비난하는 부분도 있다. "어머니는 나를 충분히 돌봐주지 않았습니다." 동시에 택시 운전사도 그 택시를 소유하고 있는 회사도 비난당하여야만 했다. 그들은 모두 다 그를 충분히 보살피지 않았다. 이것은 응석받이로 자란 아이의 인생 스타일이다.

그는 타인에게 책임을 전가하려고 한다. 그의 다음 기억도 같은 내용이다. "다섯 살 때, 나는 20피트 높이에서 떨어졌고, 무거운 나무판이 내 머리 위로 떨어졌습니다. 5, 6분간 나는 한마디도 할 수가 없었죠." 그에게는 이야기하지 않게 된 것이 오히려 잘된 일이다. 그는 그것을 위해 훈련을 하고 있었으며, 넘어진다거나 떨어짐으로써 말하는 것을 거부했다. 우리는 그것을 이유라고 할 수는 없지만, 그는 그런 식으로 보았다. 그는 이 방법으로 경험을 쌓아갔다. 그리하여 이제는 넘어진다거나 떨어지면 자동으로 말을 하지 않게 되는 현상이 계속 일어나는 것이다. 이것이 잘못되었다는 것, 즉 넘어지는 것과 말을 안 하는 것 사이에는 아무런 관련도 없다는 것을 그가 깨닫는다면 치료가 가능해질 것이다.

그렇지만 그는 이 기억 속에서 왜 그것을 이해한다는 것이 그에게는 어려운 것인가를 우리에게 보여준다. "달려 나온 어머니는 너무나 흥분한 것처럼 보였습니다"라고 그는 회상했다. 어떤 경우라도 그가 넘어지거나 떨어진다는 것은 그의 어머니에게 공포감을 주었으며, 그녀의 주의를 그에게 집중시키게 하였다. 그는 귀여움을 받고 싶었고 주의를 끌고 싶다고 생각하는 아이였다. 우리는 그가 자기의 불행에 대해서 어떻게 보상을 받고 싶은지 이해할 수 있다. 다른 아이들, 즉 응석받이 아이들도 이와 같은 일이 반복해서 일어났다면 그와 같이 되었을지도 모른다. 그러나 그는 아마 언어 장애를 일으킨다는 방법에는 생각이 미치지 않았을 것이다. 이것이 바로 그 환자의 상표인 것이다. 그것은 그가 자기의 경험 속에서 만들어 낸 인생 스타일의 일부인 것이다.

스물여섯 살의 어떤 남자가 나를 찾아와서 만족스러운 직업을 구하지 못하겠다고 호소한 적이 있다. 그는 8년 전에 그의 아버지의 권고로 중개회사에 취직한 일이 있었는데, 아무리 해도 그 일이 마음에 들지 않아서 최근에 그 일을 그만두었다고 했다. 그는 다른 직업을 찾으려고 했지만 잘 나타나지 않았으며, 또한 잠을 이룰 수도 없고, 여러 번 자살을 생각한 적도 있었다고 말했다. 그가 회사를 그만두었을 때, 그는 집을 뛰쳐나가 다른 곳에서 어떤 직업을 구했는데, 어머니가 병으로 위독하다는 편지를 받고 가족과 생활하기 위해 다시 집으로 돌아왔다. 이 이야기에서 우리는 이미 그가 어머니에게 귀여움을 받고 있었던 것, 그리고 아버지가 그에게 권위를 잡고 있었다는 것을 추측할 수 있다. 우리는 그의 인생이 다분히 아버지의 권위에 대한 대항이었다는 것을 알 수 있을 것이다.

형제 중에서의 그의 순위에 대해 알아보자. 그는 막내이자 외아들이었다. 그에게는 두 명의 누나가 있었는데, 큰누나 쪽이 언제나 그에게 보스이며, 작은누나도 그다지 다르지 않았다. 그의 아버지는 항상 그에게 잔소리했고, 그는 가족 전체로부터 지배되고 있다는 느낌을 강하게 받고 있었다. 어머니만이 유일한 친구였다. 그는 열네 살 때까지 학교에 다녔다. 그 후, 그의 아버지는 그를 농업학교에 보냈는데, 그 이유는 아버지가 사려고 계획했던 농장에서 아들이 일하게끔 하기 위해서였다. 그는 농업학교는 열심히 다니고 있었지만, 농부가 되고 싶지는 않았다. 중개업 회사에 직업을 구했던 것은 그의 아버지였다. 그가 그 일을 8년간이나 계속했던 것은 놀랄 만한 일이었는데, 그는 그것에 대해서 가능한 한 어머니를 위한 길을 따랐던 것이라고 말했다.

어렸을 때, 그는 단정치 못한 겁쟁이였으며, 어두운 곳에 혼자 있게 되는 것을 두려워했다. 우리가 야무지지 못한 아이를 대할 때 우리는 항상 그를 위해서 정리 정돈을 해 준 사람을 찾아내야만 한다. 캄캄한 어둠이 무서워서 혼자 있는 것을 싫어하는 아이가 있을 때. 그가 주의를 끌고 싶은 사람. 즉, 그를 유도해 줄 사람이 있다는 사실을 잊어서는 안 된다. 이 소년의 경우 그 대상은 그의 어머니였다. 그에게 있어서 친구를 사귄다는 일은 쉬운 일이 아니었지만, 본 적도 없는 사람이라도 무척 허물없이 지냈다는 느낌을 받았다. 그는 연애한 적이 없었다. 그는 연애에 흥미가 없었으며, 결혼하고 싶다는 생각을 한 번도 하지 않았다. 그는 자기 부모의 결혼을 불행하다고 보았다. 그리고 이 사실은 왜 그가 자기 자신에 있어서도 결혼을 생각하지 않았는지 그 이유를 이해하는 데 도움을 준다.

그의 아버지는 그가 중개업을 계속하도록 압력을 가하고 있었다. 그는 광고업 쪽에 들어가고 싶었지만, 자신의 가족은 이런 직업을 갖는 데 필요한 비용을 마련해 주지 않을 것이라고 단정 짓고 있었다. 우리는 그의 행동 목적이 모든 면에서 아버지에게 반대하는 데 쏠려 있다는 것을 알 수 있다. 그가 중개회사에 있었을 동안은 완전히 자립해서 혼자 지내고 있었는데, 광고업을 배우기 위해서 자기의 돈을 사용해야 한다고는 생각하지 못했다. 그는 지금 그 일을 아버지에 대한 새로운 요구라고 생각하고 있다. 그의 최초의 기억은 엄격한 아버지에 대한 응석받이 아이의 반항을 뚜렷이 보여준다.

그는 자기의 아버지가 레스토랑에서 어떻게 행동했는지를 기억하고 있었다. 그는 접시를 닦기도 하고 이쪽 테이블에서 저쪽 테이블로 접시를 옮기기를 좋아했다. 그가 접시를 만지작거리며 다니는 것은, 그의 아버지를 화나게 하였다. 아버지는 손님들 앞에서 그를 나무랐다. 그는 자기의 어린 시절의 경험을, 아버지는 그의 적이며, 그의 인생은 아버지에 대한 투쟁의 연속이라는 증거로써 사용하는 것이다. 그는 아직 진짜로 일을 하고 싶다고는 생각하지 않는다. 그는 아버지에게 상처를 입힐 수 있는 일이라면 그 일이 어떤 일이든 불사할 것이다. 자살에 대한 그의 생각은 간단히 설명될 수 있다. 자살이라는 것은 일종의 비난 표현이다. 자살을 생각함으로써 그는 '모든 것에 대한 책임은 아버지에게 있다'고 말하는 것이다. 자기의 직업에 대한 불만도 아버지에 대한 것이다.

아버지가 제안하는 모든 계획을 그 아들은 거부한다. 그러나 그는 응석받이 어린애이며, 직업에서도 자립할 수 없다. 그는 마음속으로는 일하고 싶지 않고 놀고만 싶다. 그러나 그는 어머니와는 아직 어느 정도 협동할 마음이 남아 있다. 그렇다면 아버지와의 싸움이 그의 불면증을 어떻게 설명해 줄 것인가. 만약 그가 수면 부족이라면, 다음날 일하기 위한 준비가 잘 되어 있다고는 할 수 없다. 아버지는 아들이 일하기를 기다리지만, 그는 피곤해서 움직일 수가 없다. 물론 그는 '나는 일하고 싶지 않으며, 강제적으로 하고 싶지도 않다'고 말할 수 있었을 것이다. 그러나 어머니에게 신경을 써야 했으며, 가족의 재정 상태도 몹시 나빴다. 만약 그가 일할 것을 거부한다면 그의 가족은 그에 대한 희망을 포기할 것이며, 그를 돌봐주는 것도 거부할 것이다. 그에게는 알리바이가 필요하다. 그리고 그는 그것을 꼭 바라고 있지는 않는 불행 ― 불면 ― 에 의해 손에 넣을 수가 있었다.

처음에 그는 꿈을 꾸지 않았다고 말했지만, 나중에는 자주 꿈에 대한 기억을 이야기했다. 그는 누군가가 벽을 향해 공을 던지고 있는데, 그 공이 언제나 튀어 날아가 버리는 꿈을 꾸었다. 이것은 평범한 꿈처럼 보인다. 이 꿈과 그의 인생 스타일과의 사이에 어떤 관계가 보여질 것인가? 내가 그에게 "그러고 나서 어떻게 되었습니까? 공이 날아가 버렸을 때, 어떤 느낌을 받았습니까?" 하고 묻자, "공이 날아가 버리면 반드시 잠이 깨어납니다" 하고 대답했다. 이제야 그는 자기의 불면의 구조에 대해 모든 것을 열어 보여준 것이다. 그는 그 꿈을 자명종 시계로 사용한 것이다. 그는 누군가 그를 억누르고 있으며, 따라다니면서 그가 하기 싫어하는 일을 억지로 시키려 한다고 생각하고 있다. 그는 누군가가 공을 벽에 던지는 꿈을 꾼다. 그리고 언제나 이쯤 해서 꿈을 깬다.

그 결과 다음날은 영락없이 피곤해진다. 피곤할 때는 일할 수가 없다. 그의 아버지는 그가 일하도록 몹시 재촉한다. 그러므로 그는 이러한 방법을 동원해서 아버지를 물리쳤다. 만약 우리가 아버지에 대한 그의 투쟁에만 시선을 고정한다면, 그러한 무기를 생각해 낸 그는 머리가 매우 좋다고 생각할 것이다. 그렇지만 그의 인생 스타일은 그 자신에게나 타인에게 있어서나 그다지 만족스러운 것은 아니며, 우리는 그가 그것을 변화시킬 수 있도록 도와주지 않으면 안 된다. 내가 그의 꿈을 설명하라고 하자, 그는 꿈을 꾸지는 않지만, 아직도 밤중에 잠을 깨곤 한다고 말했다. 그는 이제 그의 꿈을 계속 꿀 용기가 없다. 왜냐하면, 그 꿈의 목적이 발견될지도 모른다는 사실을 알고 있기 때문이다. 그래도 그는 다음 날을 위해서 자신을 피로하게 만든다.

그에게 도움을 주기 위해서 우리가 할 수 있는 일은 무엇인가? 오로지 가능한 방법은 그와 아버지를 화해시키는 일일 것이다. 그의 모든 관심이 그의 아버지를 굴복시키는 대로 향하고 있는 한 치료는 진전되지 않을 것이다. 나는 언제나 그렇게 시작되어야만 하는 것처럼, 이 환자의 태도 속에 자신의 합리화가 있다는 사실을 인정하는 일부터 시작한다. 나는 이렇게 말한다. "당신의 아버지는 완전히 잘못되어 있는 것 같습니다. 아버지가 자기의 권위를 사용해서 언제나 당신을 자기의 생각대로 움직이게 하는 것은 전혀 현명한 처사가 아닙니다. 어쩌면 그는 병에 걸려 있어서 치료해야 할 필요가 있을지도 모릅니다. 그렇다고 당신이 무엇을 할 수 있을까요? 당신이 아버지를 변화시킬 수 있다고는 생각하지 않겠지요. 비가 내린다면, 당신은 그것에 대해 무엇을 할 수 있습니까? 우산을 갖고 가든가, 택시를 타겠지요. 비와 싸운다거나 비를 이기려고 한다는 것은 전혀 무익한 일입니다. 현재 당신은 비와 싸우는 일에 시간을 허비하고 있습니다. 당신은 그것만이 힘이라고 믿고 있으며, 자기가 이기고 있다고 믿고 있는 것 같은데, 실제로 당신의 승리라는 것은 누구보다도 당신 자신에게 가장 큰 피해를 주고 있는 것입니다."

나는 그에게 그의 모든 표현 — 일에 대한 불안·자살 의도·가출·불면 — 의 관련성을 내보여서, 그가 이런 모든 것으로 아버지를 벌하기 위해 자기 자신을 학대하고 있노라고 보여주었다. 나는 또 그에게 다음과 같은 충고를 해 준다. "오늘 밤 잠자리에 들 때, 내일 내가 피로해지기 위해서 자주 잠에서 깨어나고 싶다고 생각하십시오. 너무 피곤하다면 내일 일을 할 수는 없습니다. 그러면 당신의 아버지가 몹시 노여워한다고 생각하십시오." 나는 그에게 진실과 직면하게 해 주고 싶다. 그의 첫 번째 관심은 그의 아버지를 괴롭혀서 상처를 입히는 일이다. 이 싸움을 그치게 하는 데 성공하지 않는 한, 치료는 전혀 무익할 것이다. 그는 응석받이 어린애이다. 우리는 그것을 알고 있다. 이제 그도 그것을 스스로 알 수 있을 것이다.

이 상태는 이른바 오이디푸스 콤플렉스와 비슷하다. 이 청년은 아버지에게 상처를 입히는 일에 마음을 빼앗기고 있으며, 어머니에게 몹시 집착하고 있다. 그러나 그것은 성적인 것은 아니다. 그의 어머니는 그의 응석을 받아주었다. 그리고 아버지는 그에게 매정하다. 그는 잘못된 훈련과 자기의 지위에 관한 잘못된 해석으로 괴로워했다. 그의 문제에서는, 유전은 아무런 역할도 하고 있지 않다. 예컨대 그는 부족의 족장을 죽여서 먹어 버렸다는 야만인으로부터 그 본능을 이어받은 것은 아니다. 그는 그것을 스스로 자기의 경험 속에서 창출해 낸 것이다.

이러한 태도는 어떤 아이에게서나 새롭게 유발될 수 있다. 그의 어머니가 했던 것처럼 모든 어머니가 아이의 응석을 받아주기만 한다면, 그리고 그의 아버지가 그랬듯이 모든 아이의 아버지가 무턱대고 화를 내기만 한다면 그것으로 상황은 충분하다. 만약 그 아이가 아버지에게 반항하여 자기 앞에 놓인 문제를 해결하려고 자립적으로 노력하는데 실패한다면, 우리는 그가 앞서와 같은 그런 인생 스타일을 받아들이기가 아주 쉽다는 것을 이해할 수 있다.

제5장

꿈

Alfred Adler; The Man & His Work, Hertha Orgler

인간은 거의 누구나 꿈을 꾼다. 그러나 자기가 꾼 꿈을 이해하는 사람은 극히 드물다. 이런 상황은 마치 놀랄 만한 일인 것처럼 생각된다. 꿈에서는 인간 심리의 넓은 활동이 보인다. 인간은 항상 꿈에 관심을 가져 왔으며, 또 꿈이 무엇을 의미하는지도 모르면서 여기저기 헤매다녔다. 사람들은 자기가 꾼 꿈이 깊은 의미가 있다고 믿는다. 그들은 꿈이 기묘하며 중대하다고 느끼고 있다. 우리는 이러한 관심이 인류의 맨 처음 시기부터 표명됐다는 것을 알 수 있다.

그렇지만 아직도 인간은 꿈을 꿀 때, 자기가 무엇을 하고 있는지, 또 도대체 왜 꿈을 꾸는지는 알지 못한다. 내가 알고 있는 바로는, 포괄적이나 과학적이라고 할 수 있는 꿈 해석의 이론은 두 가지밖에 없다. 꿈을 이해하고 해석할 수 있다고 주장하고 있는 두 주류의 학파는 프로이트의 정신분석학파와 개인심리학파이다.

이들 두 개 학파 중에서 개인심리학만이 상식과 완전히 일치하는 설명을 한다고 주장할 수 있을 것이다. 꿈을 이해하려고 했던 옛날의 시도는 물론 과학적인 것은 아니었지만, 고찰해 볼 가치는 있다. 적어도 그것은 사람들이 꿈을 어떻게 보아 왔는지, 꿈에 대한 그들의 태도가 어떤 것이었는지를 명확히 해 준다. 꿈이라는 것은 인간 심리의 창조적 활동 중 일부이기 때문에, 사람들이 무엇을 기대해 왔는지를 꿈에서 알 수 있다면, 우리는 꿈의 목적을 이해하는 데 매우 가깝게 접근하게 될 것이다.

우리가 그 사실을 음미해 보면 곧 놀랄 만한 사실과 만나게 된다. 꿈은 무언가 미래에 관계된다는 논리가 언제나 당연한 사실로 여겨져 왔다. 사람들은 자주 꿈속에서, 어떤 지배적인 영령이라든가 신이라든가 조상이라든가 하는 것들이 그들의 심리 속에 붙어서 그들에게 영향을 준다고 느껴 왔다. 그들은 곤란한 일에 직면했을 때, 뭔가 해결책을 얻기 위해서 꿈을 이용했다. 꿈에 대한 고대의 서적들은 어떤 꿈을 꾼 사람의 미래에 그 꿈이 무엇을 의미하는가를 설명하고 제공한다. 고대인들은 그들의 꿈속에서 어떤 전조나 예언을 점쳤다. 그리스인들이나 이집트인들은 장래의 생활에 영향을 주는 신성한 꿈을 꾸게 해달라고 기원하여 신전에 제사를 지냈다. 그런 꿈은 치유력이 있으며, 육체적 혹은 정신적 장애를 제거할 수 있다고 여겨지고 있었다.

아메리카 인디언은 꿈을 불러내기 위해 단식이나 목욕을 하는 등 대단한 노력을 했으며, 그 꿈을 해석했던 것에 기초를 두고 행동하였다. 구약성서에도 꿈은 항상 무언가 미래의 사건을 계시하는 것으로 해석되어 있다. 오늘날에도 꿈에 일어났던 일이 그대로 실제 일어났다고 주장하는 사람들이 많이 있다. 그들은 자기들이 꿈속에서는 천리안을 가진 사람이며, 꿈이 미래에까지 이를 수 있어서 어떤 일이 일어날 것인지 예언할 수 있다고 믿는다.

과학적 견지에서 보면, 그러한 견해는 매우 하찮게 여겨질지도 모른다.

내가 처음 꿈의 문제를 해결하려고 시도했을 때부터 미래를 예언한다는 면에서 볼 때, 꿈을 꾸고 있는 사람은 잠이 깨어 있는 상태에서 자기의 모든 능력을 완전히 파악하고 있는 사람보다 훨씬 더 나쁜 상황에 있다는 사실을 명확하게 알 수 있었다. 꿈은 각성할 때의 사고보다 절대 지적이거나 예언적이지 않으며, 오히려 무질서하고 혼란스러운 것으로 생각했다.

그러나 우리는 어떤 이유에선지 꿈이 미래와 관련되어 있다는 인류의 전통에 주의를 기울이지 않으면 안 된다. 어쩌면 그것이 완전히 잘못되어 있는 것은 아니라는 사실을 알게 될지도 모른다. 우리가 꿈을 올바른 방법으로 관찰할 때, 이제까지 발견하지 못했던 문제의 열쇠가 발견될지도 모른다. 우리는 이미 사람들이 꿈에 대해서 그들의 모든 문제를 해결해 주는 것이라고 간주해 왔다는 것을 알 수 있다. 꿈을 꾸는 개인의 목적인 미래를 위한 인도의 길을 발견하는 것 즉, 자기의 모든 문제에 대한 해결책을 구하는 것이라고 결론을 내릴 수 있을지도 모른다.

그러나 꿈에 대한 예언자적 견해에 따른다는 의미는 아니다. 우리는 지금 그가 어떠한 해결을 원하고 있는지, 어디서 그것을 얻으려고 바라는지를 고찰해 보아야만 한다. 꿈에 의해 주어지는 어떤 해석도 상황 전체를 눈앞에 두고 있는 상식에 의한 사고로써 얻어진 해결보다 나은 것은 없다는 사실은 매우 명백하다. 실제로 꿈을 꾸는 일에 있어서, 어떤 사람은 자기의 모든 문제를 수면 속에서 해결하기를 바라고 있다 해도 과언이 아니다. 프로이트의 견해 속에는, 꿈에는 과학적으로 이해될 수 있는 의미가 내포되어 있다는 태도에서 그것을 취급하려는 참된 노력이 보인다. 그렇지만 프로이트의 해석은 몇 가지 점에서 꿈을 과학의 영역 밖에서 취급해 버렸다. 예를 들면,

프로이트는 심리의 움직임에는 낮과 밤 사이에 틈이 있다고 생각한다.

'의식'과 '무의식'은 서로 모순되는 것이라고 보고, 꿈에는 일상의 사고 법칙과 모순되는 독특한 그 자신의 법칙이 있다고 말한다. 그러한 모순이 보이는 곳에서는 언제나 심리의 비과학적인 태도가 결론적으로 나오지 않으면 안 된다. 원시적인 모든 민족이나 고대 철학자의 사고에서는, 이처럼 모든 관념을 강도强度의 대립 명제로 나누어 그것들을 서로 모순되는 것으로 취급하려는 자세가 발견된다. 대립 명제적 태도는 신경증 환자들에게서 매우 잘 나타나는 현상이다.

사람들은 흔히 상하·좌우·남녀·경중輕重·강약 등은 서로 반대되는 것이라고 믿는다. 과학적 견지에서 본다면, 그런 것들은 반대되는 것이 아니라 일종의 다양성인 것이다. 그것은 어떤 이상적인 허구를 향한 각각의 근사치에 따라 배열된 것이다. 마찬가지로 선악도, 정상과 이상도 대립하는 모순이 아니라, 하나의 변수인 것이다.

자고 있을 때와 깨어 있을 때를, 또 꿈의 사고와 낮의 사고를 대립하는 모순으로 취급하는 어떠한 이론도 비과학적임이 틀림없는 것이다. 본래 프로이트의 견해 중에서 또 하나의 난점은, 꿈이 성적인 배경을 갖고 있다는 견해이다. 이것도 또한 인간의 보통 노력이나 활동으로부터 꿈을 분리해 버렸다. 만약 그것이 사실이라면 꿈은 퍼스낼리티 전체가 아니라, 그 일부에 지나지 않는다는 의미가 있다.

프로이트 학파들은 스스로 꿈의 성적 해석이 불충분하다는 것을 인식하고, 프로이트는 꿈속에서 죽고 싶다는 무의식의 욕망 표현도 보인다고 시인했다. 아마 우리는 이것이 가능하다는 하나의 의미를 발견할 수 있을 것이다. 꿈이라는 것은, 이미 보아온 것처럼 모든 문제에 대한 안이한 해결책을 얻으려는 것이며, 꿈은 그 개인이 용기를 가질 일에 실패했다는 것을 명확하게 보여주는 것이다.

그렇지만 프로이트의 말은 지극히 은유적이며, 어떻게 퍼스낼리티 전체가 꿈속에서 반영되고 있는가를 발견하는 데 있어서 우리에게 조금의 정보도 제공해 주지 않는다. 반복해서 말하지만, 꿈의 인생은 낮 동안의 생활로부터 매우 멀리 떨어져 있는 것처럼 보인다. 프로이트의 시도 속에는 흥미 있고 가치 있는 힌트가 많이 주어져 있다. 예컨대 특히 유익한 점은, 중요한 부분이 꿈 그 자체가 아니라 잠재해 있는 꿈의 사상이라는 힌트이다. 개인심리학에서 우리는 어느 정도 비슷한 결론을 내렸다. 정신분석에서 소홀해져 버린 것은, 심리학이라는 과학에서 바로 제1의 필요조건 즉, 퍼스낼리티의 일관성과 개인의 모든 표현에서 보이는 동일성이라는 인식이다. 이 인식에 대한 결여는 '꿈의 목적은 무엇인가, 도대체 우리는 무엇 때문에 꿈을 꾸는가?'라고 하는 꿈 해석에 관한 결정적인 물음에 대한 프로이트파의 답변 속에서 볼 수 있다.

분석심리학자는 '사람의 채워지지 않은 욕망을 만족하게 하기 위해서'라고 대답한다. 그러나 이 견해로는 결코 모든 문제를 설명하지는 못할 것이다. 만약 꿈이 분명하지 않다거나, 그 개인이 꿈을 잊어버렸다거나, 이해할 수 없다는 경우라면, 어디에 만족이 있을 것인가? 인간은 모두 꿈을 꾸지만, 거의 모두가 꿈을 이해하지는 못한다. 우리는 꿈을 꿈으로써 어떤 쾌감을 얻을 수 있을까? 만약 꿈속에서 삶이 낮의 삶과 다르며, 꿈에 의해서 주어지는 만족이 그 자신의 삶 속에서 일어난다면, 우리는 꿈의 목적을 이해할 수 있을 것이다. 그러나 오늘날 우리는 퍼스낼리티의 일관성을 잊어버리고 있다. 꿈은 깨어 있는 사람에게 있어서 아무런 목적도 갖고 있지 않다. 과학적 견지에서 본다면 꿈을 꾸고 있는 사람과 깨어 있는 사람은 같은 인간인 것이며, 꿈의 목적은 이 한 사람의 일관된 퍼스낼리티에 적용할 수 있을 것이다.

어떤 유형의 인간에게 있어서는 꿈속에서의 욕구 충족을 위한 노력이 퍼스낼리티 전체에 관련을 맺고 있다는 것이 사실이다. 이 유형이란 응석받이 아이들, 즉 언제나 '나는 어떻게 하면 만족을 얻을 수 있을까? 인생은 나에게 무엇을 제공해 줄 것인가?' 하고 계속 질문을 던지고 있는 사람이다. 이러한 사람은 꿈속에서도 다른 모든 표현에서처럼 자신을 만족하게 해 줄 것을 구할 것이다. 그리고 실제로 우리가 주의 깊게 살펴볼 때 프로이트 이론은 응석받이 어린이 — 자기의 본능은 결코 외면되어서는 안 된다고 느끼며, 다른 사람들이 존재하는 것을 불공평한 것으로 생각하고 항상 '왜 주위 사람들을 사랑해야만 하는 걸까, 주위 사람은 나를 사랑하고 있는가?' 하고 묻고 있는 사람 — 에 관해서 일관된 심리학이라는 것을 알 수 있을 것이다.

정신분석학파에서는 응석받이 어린이라는 전제에서 출발하여 이러한 전제를 더욱 철저하고 상세하게 해명한다. 게다가 만일 우리가 꿈의 목적을 정말로 발견해 낸다면, 꿈을 잊어버린다든가, 꿈이 이해되지 않는다든가 하는 문제들이 어떠한 목적에 부합되는지를 이해하는 데 도움을 줄 것이다. 이것은 내가 약 25년 전에 꿈의 의미를 찾아내려고 시작했을 때, 내 앞을 가로막고 나를 몹시 고통스럽게 했던 문제였다. 꿈이 깨어 있을 때의 생활과 모순되는 것은 아니라는 것, 즉 꿈이 실제 삶의 다른 행위나 표현과 항상 같은 선상에 있는 것이라는 사실을 이해할 수 있었다. 만약 우리가 온종일 우월이라는 목표를 향해 노력하는 일에 몰두하고 있다면, 밤에도 똑같은 문제에 몰두할 것임이 틀림없다. 마치 꿈속에서 수행해야 할 과제가 있고, 또 꿈속에서도 우월을 향해 노력하지 않으면 안 되는 것처럼 꿈을 꾸고 있어야 할 것이다.

꿈은 인생 스타일의 산물임이 틀림없으며, 인생 스타일을 만들어 강화하는 데 도움이 되는 것이 틀림없다. 하나의 고찰이 꿈의 목적을 명확히 하는 데 도움을 준다. 우리는 꿈을 꾸지만, 아침이 되면 밤에 꾼 꿈을 곧잘 잊어버린다. 아무것도 떠오르지 않는다고 한다. 그렇지만 과연 그럴까? 전혀 아무것도 남지 않게 될까? 그러나 실제는 무언가가 남겨진다. 즉, 꿈이 불러일으킨 어떤 감정이 뒤에 남는 것이다. 영상은 하나도 남지 않고, 또 꾼 꿈을 이해하지 못한 채일지라도, 감정만은 잠을 깬 뒤까지 남는다. 꿈의 목적은 꿈이 불러일으키는 감정 속에 내재해 있음이 분명하다. 꿈은 감정을 북돋워 일으키기 위한 수단이나 도구에 지나지 않는다. 꿈의 목적은 그것 뒤에 남는 감정에 있다. 한 사람의 개인이 창출하는 감정은 언제나 그 사람의 인생 스타일과 일치함이 틀림없다.

꿈속의 생각과 낮 동안의 생각 사이의 차이점이 절대적인 것은 아니다. 그 둘 사이에는 고정된 경계 따위는 없다. 그 차이를 한마디로 말하면, 꿈속에서는 현실과의 모든 관계가 낮보다 배제되어 있다는 점이다. 그러나 현실과의 단절이 있다는 의미는 아니다. 우리는 잠을 자는 동안에도 여전히 현실과 접촉하고 있다. 만약 우리가 여러 가지 문제로 고민하고 있다면, 우리는 잠을 자면서도 고민하고 있다고 할 수 있다. 수면 중에도 침대에서 떨어지지 않도록 몸을 조정한다는 사실은, 아직도 현실과의 접촉이 행해지고 있다는 사실을 증명해 주는 것이다. 어머니는 바깥의 거리가 아무리 소란스러워도 잠을 잘 수는 있지만, 자기의 아이가 조금만 움직여도 잠에서 깨어난다.

우리는 수면 중에도 외부와 접촉을 계속한다. 그렇지만 수면 중에 감각에 의한 지각력이 존재하지 않는 것은 아니지만, 훨씬 감소하여 현실과의 접촉이 그만큼 적어진다. 꿈을 꾸고 있을 때, 우리는 혼자뿐이다. 사회의 모든 요구는 그 정도로 긴박한 것은 아니다. 꿈의 생각 속에서는, 주위의 상황을 그만큼 정직하게 고려해 넣도록 자극받지는 않는다. 잠은, 우리가 긴장에서 해방되어 여러 가지 문제가 잘 해결되리라고 확신하고 있을 때는 혼란스럽지 않다. 평온하고 조용한 잠을 어지럽히는 것은 꿈이다. 우리는 모든 문제의 해결에 대해 확신이 없을 때 또는 현실이 수면 중에도 무거운 짐으로 압박해 오기 시작할 때만 꿈을 꾸는 것이라고 결론지을 수 있다.

우리가 직면하고 있는 모든 어려움에 대항하여 해결점을 제시하는 것이 바로 꿈의 과제인 셈이다. 이제야 우리는, 우리의 심리가 수면 속에서 어떠한 방법으로 모든 문제에 맞서려고 하는지 이해할 수 있게 된다. 우리는 상황 전체와 맞서지 않기 때문에, 모든 문제는 더 쉬운 것으로 생각할 것이며, 제시된 해결책은 우리 자신에게 가능한 약간의 적응을 요구하게 될 것이다. 꿈의 목적은 인생 스타일을 지지하며, 거기에 적합한 감정을 요구하게 될 것이다.

그렇다면 인생 스타일은 왜 지지가 있어야 할까? 무엇이 그것을 공격할 수 있을까? 그것을 공격할 수 있는 것은 현실과 상식뿐이다. 그러므로 꿈의 목적은 상식의 요구에 대해서 인생 스타일을 지지하는 일이다. 이것은 우리에게 흥미 있는 통찰을 준다. 만약 어떤 사람이 상식적으로 해결하고 싶다고 생각하지 않는 문제에 직면하게 되면, 그는 자기의 꿈속에서 불러일으킨 감정에 의해서 자신의 태도를 확인할 수 있다.

언뜻 보기에 이 일은 우리가 깨어 있을 때의 생활과 모순되는 것처럼 보일지도 모른다. 그러나 아무런 모순도 없다. 우리는 깨어 있을 때와 아주 똑같은 방법으로 감정을 일어나게 할 수 있다. 만약 어떤 사람이 곤란한 일에 직면하게 되었을 때, 자기의 상식을 이용함으로써 거기에 대응하고 싶다고는 생각하지 않고, 자기의 오랜 인생 스타일 속에서 해결해 나가고 싶다면, 그는 자기의 인생 스타일을 정당화하고, 그것을 만족스러운 것으로 생각하게 하려면 무슨 일이라도 해낼 수 있을 것이다. 예를 들면 어떤 사람의 목표가 안이한 방법으로 돈을 버는 것이라면, 그것을 위해서 노력한다거나 일을 하지도 않고, 사람에게 공헌하는 일도 없이 돈을 자기의 손에 넣으려고만 할 것이다. 그 유일한 가능성으로 도박을 생각할 수 있을 것이다.

그는 많은 사람이 도박 때문에 돈을 잃은 비참한 일을 알고 있다. 그러나 그는 편안하게 살고 싶으며 안이한 방법으로 부자가 되고 싶다. 그는 어떻게 될 것인가? 그는 오로지 돈을 벌기 위해 무엇이든 이득이 될 수 있는 일을 생각하며 그것으로 머리속에 꽉 찰 것이다. 그는 돈을 벌고 차를 사며, 호화로운 생활을 하고 주위에 부자라고 알려지게 된다는 따위의 생각으로 머리가 꽉 차 있다.

그는 이런 일을 심리 속에 묘사함으로써 자신을 앞으로 밀고 나가기 위한 감정을 북돋워 일으킨다. 그는 상식에 등을 돌리고 도박을 시작한다. 이와 똑같은 일이 더 흔한 상황에서 일어난다. 우리가 일하고 있을 때, 누군가가 와서 자기가 보고 온 연극 이야기를 꺼내면 우리는 하던 일을 그만두고 극장에 가고 싶은 감정이 불러일으켜 진다.

어떤 사람이 연애하고 있다면, 그는 자기의 장래를 심리 속에 묘사한다. 그리고 만일 그가 진심으로 매혹을 느끼고 있다면, 장래를 행복하게 묘사한다. 때로 그가 비관적으로 느낀다면, 장래를 어둡게 묘사할 것이다. 그러나 어쨌든 그는 자기의 감정을 불러일으킬 것이다. 그리고 우리는 언제나 그가 일으킨 감정이 어떤 종류인가를 살펴봄으로써, 그가 어떤 사람인가를 파악할 수 있을 것이다. 그런데 만약 꿈을 꾸는 것이 감정에 불과한 것이라고 한다면 상식과는 어떤 관계에 놓일 것인가? 꿈을 꾼다는 것은 상식에 대항하는 것이다. 자기의 감정에 의해서 혼란스러워지는 것을 좋아하지 않는 사람들과 과학적인 방법으로 처리하는 것을 좋아하는 사람들은 그다지 자주 꿈을 꾸지 않는다든가, 아니면 전혀 꿈을 꾸지 않는다는 사실을 알 수 있을 것이다.

상식으로부터 멀리 떨어져 있는 사람은 자기의 문제를 정상적이고 유익한 수단으로 해결하지 않는다. 상식이란 것은 협동의 한 국면이다. 그리고 협동을 하도록 훈련을 잘 받지 않은 사람은 상식을 좋아하지 않는다. 그런 사람들은 매우 자주 꿈을 꾼다. 그들은 자기의 인생 스타일이 지배하고 정당화되는 것에 몰두하며, 현실에서 도전을 회피하고 싶다. 우리는 꿈이라는 것이, 개인의 인생 스타일과 그의 현재의 문제점들 사이에 인생 스타일에 아무런 요구도 하지 않고 다리를 놓으려는 시도라는 것으로 결론 내리지 않으면 안 된다.

인생 스타일은 꿈의 주인이다. 그것은 언제나 그 개인이 필요로 하는 감정을 불러일으킨다. 우리가 꿈에서 발견하는 것은 그 개인의 다른 모든 징후의 특성 속에서 발견하는 것과 같은 것이다. 우리는 꿈을 꾸든 꾸지 않든 간에 모든 문제에 같은 방법으로 접근한다.

그렇지만 꿈은 인생 스타일을 위해서 지지와 정당화를 제공하는 것이다. 만약 이것이 사실이라면, 우리는 꿈을 이해함으로써 새롭고 더욱 중요한 단계에 도달하게 된다. 우리는 꿈속에서 자기 자신을 달래고 있다. 모든 꿈은 자기도취이며, 자기 최면이다. 그 목적은 모두 우리가 그 상황에 직면할 준비를 할 수 있도록 분위기를 조성하는 데 있다.

우리는 꿈속에서 일상생활에서 보이는 것과 똑같은 퍼스낼리티를 보이지 않으면 안 된다. 그러나 우리는 그 사람이 낮에 이용하게 될 감정을 계속 준비하고 있는, 소위 '심리의 일터' 속에서 그를 보아야 한다. 만약 우리가 옳다면, 우리는 꿈의 구성 속에서나 그것이 채용하는 모든 수단에서조차도 자기기만을 볼 수 있을 것이다.

우리는 꿈에서 무엇을 발견할 수 있는가. 먼저 첫째로, 우리는 일정한 영상·사건의 선택을 발견한다. 어떤 사람이 자기의 과거를 회고해 볼 때, 그는 자기의 영상과 사건의 시화집을 만들어낸다. 우리는 그의 선택이 경향적이라는 것, 그가 자기의 기억 속에서 그의 개인적인 우월 목표를 지지하는 사건만을 뽑아낸다는 것을 발견했다. 그의 기억을 지배하고 있는 것은 그의 목표이다.

이와 같은 방법으로 우리는 꿈의 구성에도 현재의 문제에 직면했을 때, 우리의 인생 스타일에 합치하여 그것이 요구하는 것을 표현하는 사건만을 발탁해 낸다. 그 선택의 의미는 모든 어려움과 관련된 인생 스타일의 의미 이외에는 있을 수 없다. 꿈속에서, 인생 스타일은 그 자신의 길을 요구한다. 현실적으로 맞서는 역경들은 상식을 요구할 것이지만, 인생 스타일은 그의 길을 양보하려 하지 않는다.

꿈은 그 밖에 또 어떠한 수단을 이용할까? 이 점은 아주 오랜 옛날부터 계속 관찰됐으며, 현대에 이르러서는 프로이트가 특히 강조했던 것으로서, 꿈은 주로 은유와 상징으로 이루어진다고 본다. 어떤 심리학자가 말한 바와 같이 '우리는 꿈속에서는 시인'이다. 그러면 꿈은 왜 시나 은유 대신에 단순하고 직접적인 말을 이용하지 않는 것일까? 만약 우리가 은유나 상징을 빼고 명료하게 이야기한다면, 우리는 상식에서 도망쳐 나갈 수가 없다. 은유나 상징은 남용될 수 있다. 그것은 여러 가지 다른 의미를 연결 지을 수 있으며, 두 가지 일 ― 그중 한 가지는 꽤 잘못돼 있는 것 같은 ― 을 동시에 말할 수가 있다.

그에 대해서는 비논리적인 결론이 내려진다. 그것은 감정을 불러일으키기 위해서 사용된다. 그런 것은 역시 일상생활 속에서도 발견할 수 있다. 우리는 어떤 사람의 태도를 고치기 위해 "어린애 같아서는 안 됩니다." 하고 말하기도 하고 "왜 웁니까? 당신은 여자가 아닌데." 하고 말하기도 한다. 우리가 은유를 사용할 때는 언제나 뭔가 관련하지 않는 것, 즉 단지 감정에만 기초를 둔 무엇인가가 깃들여 있다. 남자아이에게 화가 난 성인 남자가 "그녀석은 벌레다. 그런 녀석은 밟아 없애 버려야 한다"고 말할지도 모른다. 그는 은유로 자기의 분노를 지지하기 쉽게 표현하는 것이다. 은유라고 하는 것은 멋진 화법이긴 하지만, 우리는 언제나 그것을 이용하여 자신을 스스로 기만할 수 있다.

호메로스가 그리스 군대를 마치 전장 속을 질주하는 사자와 같다고 묘사했을 때, 그는 우리에게 멋진 이미지를 준다. 그런데 우리는 처참하고 흙먼지에 찌든 병사들이 전장 속을 질주하는 모습을 그가 매우 정확하게 묘사했다고 생각할 수 있을까. 그는 우리에게 병사가 사자와 같다고 상상하도록 만들었다. 우리는 그들이 현실적으로는 사자가 아니었다는 사실을 알고 있다. 그러나 만약 시인이, 병사들이 주춤하는 모습이라든가, 그들의 무기가 얼마나 낡은 것인지 하는 것 등에 대해 그보다 훨씬 더 상세한 묘사를 했다면, 우리는 그다지 강한 인상은 받지 않았을 것이다. 은유라고 하는 것은 아름다움이나 상상이나 공상을 위해서 이용된다. 그렇지만 우리는 은유나 상징이 잘못된 인생 스타일을 가진 사람의 손에 의해서 이용될 때는 언제나 위험하다는 것을 강조하지 않으면 안 된다.

어느 학생이 시험을 치러야 하는 상황에 직면했다고 하자. 시험에 출제된 문제는 간단한 것이며, 그는 용기와 상식을 갖고 풀어나가야 한다. 그러나 도피하고 싶다는 것이 그의 인생 스타일이라면, 그는 전장에서 싸우고 있는 꿈을 꿀지도 모른다. 그는 간단한 문제를 고양된 은유의 모습으로 묘사해 내기 때문에, 그가 그것을 두려워하는 것도 이제는 훨씬 더 정당화된다. 어쩌면 그는 깊은 구덩이 앞에 서서, 거기에 떨어지지 않기 위해 도망치지 않으면 안 되는 꿈을 꿀지도 모른다. 그는 시험을 회피하고 거기에서 도망치는 데 도움이 될 감정을 만들어내지 않으면 안 된다. 꿈에서 그는 시험을 구덩이와 동일화시킴으로써 자기 자신을 기만한다. 여기서 우리는 꿈에서 자주 이용되는 또 하나의 방법을 발견할 수 있다. 그것은 어떤 문제를 취급하여 그것을 잘라내든지, 바짝 줄여서 결국에는 원래의 문제보다 훨씬 작은 일부분밖에 남지 않도록 만들어 버리는 것이다.

그리고 그 나머지는 은유로 표현되어, 마치 그것이 원래의 문제와 같은 것처럼 취급한다. 예를 들면 앞의 학생보다 용기가 있으며, 더 미래를 응시하고 있는 또 한 사람의 학생은 자기의 과제를 완성하고 시험을 치르고 싶다는 생각을 한다. 그러나 그래도 역시 그는 지지받기를 바라며, 자기 자신에게 다시 한번 확신을 두고 싶어한다. 그것은 그의 인생 스타일이 요구하는 것이다.

시험 전날 밤, 그는 자기가 산꼭대기에 서 있는 꿈을 꾼다. 그의 상황을 묘사하는 모습은 지극히 단순화되어 있다. 그의 인생 전체 속에서 아주 작은 일부만이 표시되어 있다. 그에게 있어서 그 문제는 심각한 것이다. 그러나 그는 많은 국면을 배제함으로써 또 성공한다는 자기의 예측에 자기를 집중시킴으로써 자기를 도와줄 감정을 일어나게 한다.

다음 날 아침, 그는 전보다 더욱 행복하며 신선하고 용기에 찬 기분으로 눈을 뜬다. 그는, 자기가 직면하지 않으면 안 되는 곤란한 일을 최소한도로 작은 것으로 만드는 데 성공했다. 그가 자기에게 다시 확신하게 하고 싶다는 사실에도 불구하고, 실제로 그는 자기 자신을 속이고 있었다. 그는 그 문제에 대해 상식적인 방법으로 대처하려고 몰두한 것은 아니며, 단지 확신이라는 기분을 유발하려 했다. 이처럼 감정을 유발한다는 것은 조금도 이상한 일이 아니다. 작은 시냇물을 뛰어넘으려 하는 사람은, 아마 뛰기 전에 셋을 셀 것이다. 셋을 헤아리는 것이 그렇게 중대한 일일까. 뛴다는 것과 셋을 헤아리는 것 사이에 필연적인 관련이 있는 것일까. 물론 관련 따위는 하나도 없다. 그러나 그는 자기의 기분을 북돋워서 자기의 모든 힘을 집중시키기 위해 셋을 헤아리는 것이다.

우리 인간은 자기의 마음속에 인생 스타일을 만들어서, 고정하고 강화하기 위한 모든 수단을 준비해 갖고 있으며, 더욱더 중요한 수단의 하나는 감정을 북돋우게 하는 능력이다. 사실 우리는 이 일에 밤낮으로 매달려 있지만, 그것이 좀 더 명료해지는 것은 아마 밤중일 것이다. 우리가 자기 자신의 꿈에 의해 자신을 달래는 경우의 예를 들어보자. 전쟁 중에 나는 신경중에 시달리는 병사들을 위한 병원의 원장직을 맡고 있었다. 전쟁에 나갈 준비를 할 수 없는 병사들을 보았을 때, 나는 그들에게 비교적 마음에 드는 일을 줌으로써 가능한 한 그들을 도와주려고 했다. 이리하여 그들에게서 심한 긴장감이 제거되어, 이 방법은 아주 여러 번 성공을 거두었다.

어느 날 한 병사가 나를 찾아왔는데, 그는 내가 본 사람 중에서도 가장 체격이 좋고 건장한 병사였다. 그는 매우 침울해 있었으므로, 나는 그를 진찰하면서 어떻게 하면 좋을지를 생각하게 되었다. 나는 물론 나를 찾아온 모든 병사를 집으로 돌려보내고 싶었다. 하지만 나의 추천은 상급 사관의 검열을 통과하지 않으면 안 되었기 때문에, 나의 자선 행위는 한정될 수밖에 없었다. 이 병사의 경우에는 결단을 쉽게 내릴 수가 없었다. 그러나 때가 왔다고 느꼈을 때, 나는 그에게 말했다. "자네는 신경증적이지만, 매우 튼튼하고 건강하네. 나는 자네가 전선에 나가지 않도록 비교적 재미있는 일을 자네에게 주겠네." 그러자 그 병사는 아무런 표정 없는 얼굴로 "나는 가난한 학생이기 때문에 학생들을 가르쳐서 나이 드신 부모님을 모시지 않으면 안 됩니다. 만약 내가 가르치지 않게되면 부모님은 돌아가시게 됩니다." 하고 대답했다.

나는 그에게 더 만족스러울 만 한 일, 즉 집에 돌려보내서 사무실에서 일하게 해야만 한다고 생각했다. 그러나 나는 내가 이런 추천을 하면 상급 사관이 화를 내며 그를 전선으로 보내 버리지는 않을까 하고 걱정했다. 결국, 나는 내가 정직할 수 있는 일만을 하자고 결심했다. 나는 그가 보초 역할밖에 적합하지 않다고 증명하려고 하였다. 그날 밤 집에 돌아와서 잠자리에 들었을 때, 나는 무서운 꿈을 꾸었다. 나는 꿈속에서 살인자인 내가 어둠 속에서 좁은 거리를 돌아다니며 누구를 죽였는지 생각해 내려 하고 있었다. 누구를 죽였는지는 생각이 나지 않았지만, 나는 '살인죄를 범했으니까 이제는 틀렸다. 나의 인생은 끝났다. 모든 것은 끝나 버렸다'고 느꼈다. 그리고 나는 꿈속에서 멈춰선 채로 식은땀을 흘리고 있었다.

잠에서 깨었을 때, 맨 처음으로 생각했던 것은 '나는 누구를 죽였을까?'라는 것이었다. 그러자 다음과 같은 생각이 떠올랐다. "내가 그 젊은 병사에게 사무실에서 일하도록 해주지 않으면, 그는 어쩌면 전선에 보내져서 전사할지도 모른다. 그렇게 된다면 나는 살인자가 되는 것이다"라고. 여기서 내가 나를 기만하기 위해서 어떻게 감정을 야기시켰는지 알 수 있을 것이다. 나는 살인범은 아니었다.

그리고 만약 그런 비극이 정말로 일어났다 해도, 나에게 죄가 있는 것은 아닐 것이다. 그러나 나의 인생 스타일은 위험한 일을 하도록 자신에게 허락하지 않는다. 나는 의사다. 나는 생명을 위험에 빠트리는 것이 아니라, 구해 내야만 한다. 내가 만약 나는 그에게 더 마음에 드는 일을 주겠다고 한다면, 상사는 아마 그를 전선에 보내게 되고 사태가 호전되지는 않을 것이라고 다시 한번 생각했다.

내가 그에게 도움을 줄 수 있는 유일한 길은 상식의 법칙에 따르는 것이며, 나의 인생 스타일에 구애되는 것은 결코 아닐 것이라는 데 생각이 미쳤다. 그래서 나는 그가 보초 업무에 적합하다는 증명서를 발급했다. 이 일의 결과는 상식에 따르는 것이 언제나 좋다는 사실을 확인시켜 주었다. 상사는 나의 추천장을 읽고 그것을 말소시켜 버렸다. 나는 '드디어 저 병사를 전선에 보내는가 보다. 나는 그에게 사무 업무를 주어야만 했다'고 생각했다. 그런데 뜻밖에도 상사는 '6개월간 사무직'이라고 썼다. 이 상사는 그 병사에게 좋은 일을 주도록 매수되어 있었다는 사실을 뒤늦게야 알았다. 그 청년은 그때까지 한 번도 다른 사람을 가르친 적도 없었으며, 그가 말한 것 모두가 하나도 진실이 아니었다. 그는 다만 내가 편한 일을 그에게 주어, 매수된 상사가 내 추천장에 서명할 수 있게 하려고 이야기를 꾸며댔던 것이다.

그날 이후, 나는 꿈을 꾸지 않는 게 오히려 낫겠다고 생각했다. 꿈이 우리를 속여서 어떤 일을 의도적으로 만들도록 기도되는 것은, 꿈이 좀처럼 이해되지 않는 것이라는 사실을 뒷받침해 준다. 만약 우리가 꿈을 이해하게 된다면, 꿈은 우리를 속일 수는 없을 것이다. 꿈은 역시 우리에게 감정이나 기분을 불러일으킬 수 없게 될 것이다.

우리는 상식적인 방법으로 나가도록 선택해야만 하며, 꿈이 제시한 길을 거부해야만 하는 것이 된다. 만약에 꿈이 이해되어 버리면, 꿈의 목적은 상실될 것이다. 꿈은 현재의 현실적 문제와 인생 스타일 사이에서 다리의 역할을 한다. 그러나 인생 스타일이 조금도 강화될 필요는 없다. 그것은 현실과 직접 접촉해야 한다. 꿈에는 많은 변주變奏가 있지만, 어떤 꿈이나 개인에게 직면한 독특한 상황을 고려해서 인생 스타일의 강화가 필요하다고 느껴지는 곳에서 나타나는 것이다.

그러므로 꿈의 해석은 항상 개인적이다. 상징이나 은유를 정식에 의해 해석하는 것은 불가능하다. 왜냐하면, 꿈은 각 개인의 독특한 인생 스타일에 의해서 그 개인 자신의 해석으로 만들어진 창조물이기 때문이다. 이제부터 전형적인 꿈의 형태를 몇 가지 간단하게 언급하겠다. 나는 여기서 자산子算 적인 해석을 하려는 것이 아 체계화된 이론이 아니라 경험에서 얻은 추정을 가르킨다. 니라,

오로지 꿈의 해석과 의미를 탐구하는 데 도움이 되도록 초점을 맞추었다. 많은 사람이 하늘을 나는 꿈을 꾼 경험이 있다. 이런 꿈을 이해하는 열쇠는 다른 경우와 마찬가지로 그 꿈이 불러일으킨 감정이다. 이러한 꿈은 떠다니는 듯한 기분과 용기를 잠을 깬 뒤까지 남겨 준다. 그것은 아래에서부터 위쪽으로 이끌어간다. 그것은 역경을 극복하고, 우월의 목표를 향해

노력하는 것이 쉽다고 묘사해 보여주는 것이다.

그러므로 이런 꿈은 우리에게 용기 있는 사람, 진취적이고 야심적인 사람, 잠자고 있을 때조차도 자기의 야심을 버리지 않는 사람을 추측하게 한다. 이런 꿈은 '나는 계속 앞으로 나가야 하는가, 그렇지 않은가?'라는 질문을 동반하고 있으며, 거기서 암시되는 대답은 '나의 전진에는 어떠한 장애도 없다'는 것이다. 또 사람들은 어딘가에서 나타나는 꿈을 꾸는 경우가 흔하다. 이것은 실로 주목해야 할 사실이다.

이것은 인간의 심리가 모든 곤란을 극복하기 위해 노력하기보다는 자기 보존이나 패배의 공포에 더 많이 몰두해 있다는 것을 보여준다. 이것은 우리의 교육적 전통이 아이들에게 경고하고 경계시키는 것으로 생각할 때 이해가 가능해진다. 아이들은 언제나 '의자에 앉아서는 안 된다. 말참견해서는 안 된다. 불에 가까이 가면 안 된다' 하는 주의를 듣는다. 아이들은 언제나 위험하다는 것들로 둘러싸여 있다.

물론 정말 위험한 것도 있다. 그렇지만 한 개인을 겁쟁이로 만드는 것은 이러한 위험과 대처하는 데 도움이 되는 것은 결코 아니다. 만약 어떤 사람이 움직일 수 없다거나 전차에 늦게 올라타는 꿈을 자주 꾼다면, 보통 그 의미는 '이 문제가 나에게 아무런 번거로움도 주지 않고 그냥 지나가 준다면 좋겠다. 나는 그 문제에 직면하지 않기 위해 길을 돌아서 가든지, 늦든지 해야 한다. 즉, 전차를 떠나가게 해야 한다'는 것이다. 많은 사람이 시험에 대한 꿈을 꾼다. 때로 사람들은 자기들이 꽤 나이를 먹고 나서 시험을 치르고 있는 모습을 보기도 하고 훨씬 옛날에 통과했던 과목의 시험을 다시 보아야만 하는 상황을 꿈에서 보고 놀란다. 어떤 사람에게 그 의미는 '당신은 눈앞의 문제에 직면할 준비를 할 수 없다'는 것이다.

다른 사람에게 있어서 그 의미는 '당신은 전에 이 시험에 통과했다. 현재 눈앞에 있는 시험도 통과할 것이다'라고 하는 것이 될 수 있다. 어떤 개인의 상징이 다른 사람의 상징과 일치하는 일은 결코 없다. 우리가 꿈에 있어서 고려하지 않으면 안 되는 것은, 꿈이 남긴 것과 인생 스타일 전체와의 일관된 관계이다.

32세 된 신경증 환자가 나에게 치료를 받으러 왔다. 그녀는 둘째 딸이며, 대개의 둘째 아이가 그렇듯이 매우 야심적이었다. 그녀는 언제나 첫째 딸이었다면 하고 생각하고 있었으며, 모든 문제를 완벽하게 해결하려 했다. 그녀는 신경쇠약이 되어 갔다. 그녀는 자기보다 연상인 기혼 남성과 연애를 하게 되었는데, 그 애인이 사업에 실패해 버렸다.

그와 결혼하는 것이 그녀의 소원이었지만, 그 남자는 이혼할 수 없었다. 어느 날, 그녀는 다음과 같은 꿈을 꾸었다. "그녀는 자기가 시골에 있는 동안 자기의 아파트를 빌려주기로 한 남자와 결혼했다. 그런데 그는 한 푼도 없는 빈털터리였다. 그는 정직하지도 않고 직업도 없었다. 그가 아파트값을 지급할 수 없었기 때문에, 그녀는 그를 나가게 할 수밖에 없었다." 이 꿈이 그녀의 현재 생활과 어느 정도 관계가 있다는 것은 쉽게 알 수 있다. 그녀는 그 당시 사업에 실패한 유부남과 과연 결혼해야 하는지 말아야 하는지 고심하고 있었다. 그녀의 애인은 가난하고, 그녀를 부양할 능력도 없었다. 특히 자기와 비교가 되었던 일은, 그가 지급할 돈도 없는 상태에서 그녀를 저녁 식사하러 데리고 갔다.

이 꿈의 목적은 그 결혼에 반대하는 감정을 북돋우는 것이었다. 그녀는 야심적인 여성이었으며, 가난한 남자와 결합하는 것을 바라지는 않았다. 그녀는 은유를 사용해서 자문한다. '그는 나의 아파트를 빌렸지만, 임대료를 지급할 수 없다. 그런 임차인을 나는 어떻게 하면 좋을까?' 그에 대한 대답은 '그는 나가야 한다'는 것이었다. 그러나 이 기혼 남성은 그녀의 임차인은 아니었으며, 그런 동일화는 올바른 것이 아니다. 즉, 가족을 부양할 수 없는 남편을 집세를 지급할 수 없는 임차인과 같다고 볼 수는 없다. 그렇지만 그녀는 자기의 문제를 해결하기 위해서 그리고 더 확실하게 자기의 인생 스타일을 따르기 위해 상식적인 방법으로 대처하는 것을 피하고 그것의 일부만을 선택해 낸 것이다.

동시에 그녀는 사랑과 결혼이라는 문제를 마치 '한 사람의 남자가 나의 아파트를 빌린다. 그가 집세를 지급할 수 없다면 그는 쫓겨나야만 한다'는 은유로 충분히 표현될 수 있는 것처럼 축소해 버렸다. 개인심리학적 치료의 기술이 항상 인생의 모든 문제에 대처할 때 개인의 용기를 증대시키려는 것이기 때문에, 치료가 진행됨에 따라 꿈이 변화하여 더욱 자신 있는 태도가 현저해진다는 것은 쉽게 이해할 수 있다. 어떤 우울증 환자가 치료를 받기 전에 마지막으로 꾸었던 꿈은 다음과 같은 것이었다. "나는 혼자 벤치에 앉아 있었습니다. 갑자기 심한 눈보라가 몰아쳤습니다. 나는 급히 집으로 들어가 남편에게로 갔기 때문에 다행히 거기에서 도망칠 수 있었습니다. 그리고 나는 남편이 신문광고란에서 적당한 일자리를 찾아낼 수 있도록 도와주었습니다."

그 환자는 그 꿈을 스스로 이해할 수 있었다. 그것은 남편과 화해하고 싶다는 감정을 분명하게 보여주고 있다. 처음에 그녀는 안락한 가정생활을 구축하는 데 실패한 남편의 무력함과 연약함에 불만을 느끼고 있었다. 그 꿈의 의미는 '혼자서 난관에 부딪히기보다는 남편 곁에 있는 편이 오히려 낫다'는 것이다. 그 꿈에서 그녀가 자기를 남편과 자기의 결혼으로 화해시키는 방법은, 염려해 주는 주위 사람들이 할 수 있을 법한 충고와 비슷하다. 그 꿈에는 혼자 있을 때의 위험이 지나치게 강조되고 있으며, 그녀는 용기와 독립과 협동하는 것에 아직도 마음의 준비가 되어 있지 않은 상태이다.

열 살 된 남자아이가 진료소에 왔던 일이 있다. 그 아이는 학교 선생으로부터 다른 아이들에게 심술궂게 행동하며, 품행이 단정하지 못하다고 꾸중을 들었다. 그 아이는 학교에서 다른 아이의 물건을 훔치고, 그 물건을 또 다른 아이의 책상 속에 넣어서 그 아이가 비난받도록 한 적도 있었다. 그런 행위는, 그 아이가 다른 아이들을 자기의 수준까지 끌어내릴 필요가 있다고 느꼈을 때만 가능한 일이다.

그는 그들에게 창피를 주지 않으면 안 되었다. 그 이유는, 그가 아닌 그들 쪽이 더 심술궂고 품행이 나쁘다는 것을 증명하기 위해서였을 것이다. 만약 그런 행동이 그의 고정된 품행이라면, 그것은 그가 가정에서 그렇게 훈련받았다는 사실과 그리고 그가 책임을 지우고 싶은 누군가가 가족 중에 있으리라 추측해 볼 수 있다.

그는 열 살 때, 길에서 임신한 부인에게 돌을 던져 문제를 일으킨 적도 있었다. 그가 열 살이었다면, 아마 임신하고 있다는 것이 어떤 것인지 알고 있었을 것이다. 그러므로 우리는 그가 임신이라는 것을 좋아하지 않았다는 사실을 추측할 수 있다. 그리고 여동생이나 남동생의 탄생에 대해 그가 기뻐하지 않았을 것이라는 가설을 생각해 봐야 한다. 학교 선생의 경고에 의하면, 그는 '주위의 흑사병'이라고 불리고 있었다. 그는 주위 친구들을 괴롭히고 그들의 별명을 지어 부르며 그들의 흉을 보고 다녔다. 그는 여자아이를 따라가서 때리기도 했다. 그 사실에서 우리는, 그가 경쟁하고 있는 사람은 다름 아닌 여동생이라는 것을 알게 된다. 나는 그가 두 형제 중에서 맏

아들이며, 네 살 아래인 여동생이 있다는 것을 알았다. 그의 어머니의 말에 따르면, 그 여동생을 사랑하고 있으며 언제나 동생에게 잘 대해 준다는 것이었다. 이 말은 도저히 믿어지지 않는 이야기였다. 그런 아이가 자기의 동생을 사랑할 리가 없기 때문이다.

우리의 의심은 나중에 가서 옳았다는 것을 알 수 있다. 어머니는 자신과 남편과의 관계를 매우 이상적이라고 주장했다. 이것은 그 아이에게는 커다란 불만의 하나였다. 확실히 부모는 그 아이의 잘못에 아무런 책임도 없다. 그 아이의 나쁜 행동은 그 자신의 나쁜 성질이나 운명에서, 혹은 어쩌면 누군가 먼 조상에게서 온 것임이 틀림없다. 우리는 자주 이런 이상적인 결혼생활을 하는 사람을 볼 수 있다.

그런데 그렇게 훌륭한 부모에게 어떻게 그런 나쁜 아이가 나올 수 있을까에 대해 의심스럽기까지 하다. 교사·심리학자·변호사·재판관들은 모두 이런 불운을 증언해 주는 경우가 많다. 부모의 '이상적'인 결혼생활은, 이런 소년에게는 매우 곤란한 것이 될 것이다. 만약 그가, 어머니가 아버지에게 헌신적인 모습을 본다면 그것이 그를 초조하게 만들지도 모른다. 그는 어머니 관심을 독점하고 싶고 다른 사람에게 조금이라도 애정을 보이는 것에 반발할지도 모른다.

만약 행복한 결혼이 아이에게 있어서 나쁜 것이며, 불행한 결혼은 더욱 나쁘다고 한다면, 도대체 우리는 어떻게 해야 한다는 것일까? 우리는 아이들에게 처음부터 협력하도록 교육해야 한다. 우리는, 아이가 한쪽 부모에게 기울어지지 않도록 해야만 한다. 우리가 분석한 이 아이는 응석받이 아이였다. 그는 어머니의 주의를 끌고 싶으며, 자기가 만족할 만큼 주의를 끌고 있지 않다고 느끼면 언제나 문제를 일으키는 방식으로 자신을 훈련하고 있었다. 여기에서도 우리는 이제까지 이야기해 온 것과 똑같은 사실을 확인하게 된다. 어머니는 그 아이를 스스로는 결코 벌을 주지 않는다.

그녀는 아버지가 돌아오기를 기다려서 그에게 혼을 내게 할 것이다. 아마 그녀는 자신을 약한 사람이라고 믿고 있을 가능성이 크다. 그녀는 남자만이 명령하고 지배할 수 있으며, 남자만이 벌을 줄 수 있는 힘이 있다고 느낄지도 모른다.

어쩌면 그녀는 자기의 아이가 자기에게 애착을 가져주기를 바라며, 그 아이를 잃을까 두려워할지도 모른다. 결국 그녀는 그 소년이 아버지에게 흥미를 갖고 협동하는 것이 이뤄지지 않도록 훈련하고 있는 셈이다. 그래서 아버지와 아들 사이에는 마찰이 일어날 수밖에 없게 된다. 내가 그 아버지에게 아내나 가족을 사랑하고 있느냐고 묻자, 그는 자기 아들 때문에 일을 마친 후 집에 돌아오는 것이 싫다고 말했다. 그는 자기 아들을 심하게 벌주고 때려주는 경우가 자주 있었다. 그런데 그 소년이 자기 아버지를 싫어하지는 않는다고 말했다. 그러나 이것 역시 진실이 아니다. 소년은 정신지체인은 아닐 것이기 때문이다. 소년은 자기의 감정을 매우 훌륭하게 숨기는 방법을 터득했기 때문이다. 그는 여동생을 사랑한다고 말하지만, 동생과 사이좋게 노는 경우가 없고, 자주 동생을 윽박지르고 발로 차기도 한다.

그는 식당의 침대겸용 소파에서 자는데, 동생은 부모 방의 아동용 침대에서 잔다. 그런데 만약 우리가 이 소년과 같은 입장에서 이 소년과 같은 기분을 가져본다면, 부모 방에 있다는 그 아동용 침대에 신경이 쓰일 것이다. 우리는 지금 이 소년의 마음을 통해서 생각하고 느껴 보도록 노력해 보자. 그는 어머니의 관심을 자신에게 집중시키고 싶다. 방에는 동생이 어머니의 가까이에서 잠을 잔다.

그는 어머니를 자기와 가깝게 만들기 위해서 싸우지 않으면 안 된다. 소년은 건강하다. 소년은 정상적으로 태어났으며, 7개월까지 모유로 자랐다. 그는 우유병이 처음으로 입에 물렸을 때 토했다. 그리고 그의 구토는 세 살까지 계속되었다. 아마 틀림없이 그는 위가 약했을 것이다. 그러나 지금은 잘 먹으며 영양 상태도 좋지만, 계속해서 위장에 관심을 두고 있다. 그는 위장이 자기의 약점이라고 생각하고 있었다.

우리는 지금 왜 그가 임신한 여성에게 돌을 던졌는지에 대해 전보다는 조금 더 이해할 수가 있다. 그는 음식에 대해서 몹시 까다롭다. 만약 식사가 마음에 들지 않으면, 어머니는 그에게 돈을 주어 밖에 나가서 그가 좋아하는 것을 사 먹도록 했다. 그런데도 그는 동네를 돌아다니면서 부모님이 자기에게 먹을 것을 충분히 주지 않는다고 말하곤 했다. 이것은 상습적인 그의 계략이다. 그것은 언제나 똑같다. 우월감을 탈취하려는 그의 방식은 누군가를 상처입히는 것이었다. 우리는 지금에야 비로소, 그가 진료소에 왔을 때 이야기해 주었던 꿈을 이해할 수 있는 단계에 도달했다. 꿈의 내용은 이러했다. "나는 서부의 카우보이였습니다. 그들은 나를 강제로 멕시코로 보냈습니다. 그리고 나는 미국으로 가는 길을 수단과 방법을 가리지 않고 찾아야만 했습니다. 어떤 멕시코인이 덤볐을 때, 나는 그의 위장 근처를 발로 찼습니다."

그 꿈의 감정은 '나는 적으로 완전히 포위되어 있다. 나는 싸우지 않으면 안 된다'는 것이다. 미국에서는, 카우보이는 보통 영웅시된다. 그는 여자아이를 따라다니기도 하며, 사람들의 배를 발로 차는 행동이 영웅적이라고 생각하고 있었다. 그의 인생에서 위장이 중요한 역할을 하는 것은 앞서 살펴본 바와 같다. 즉, 그는 위장을 최대의 약점으로 생각하고 있다. 그 자신도 위장이 약하다는 것 때문에 고민하였으며, 그의 아버지도 신경성 위장 장애가 있어서 언제나 그것을 염려하고 있었다. 이 가족에게 위장은 가장 중요한 위치를 차지한다고 해도 과언이 아니다. 이 소년의 목표는 다른 사람들의 최대 약점을 찌르는 일이었다.

그의 꿈도 그의 실제 행동도 매우 똑같은 인생 스타일을 보여준다. 즉, 그는 현실을 꿈속에서처럼 생활하고 있다. 그리고 만약 우리가 여기에서 그가 잠을 깨도록 할 수 없다면, 그는 계속 똑같은 방식으로 살아갈 것이다. 그는 아버지나 동생이나 작은 아이들, 특히 여자아이들과 투쟁할 뿐 아니라, 그의 이런 투쟁을 저지하려 하는 의사와도 싸우려 할 것이다. 그의 꿈은, 그가 전과 똑같은 길을 걸으며 계속 영웅으로서 군림하며 타인을 정복하도록 자기 자신을 자극하게 될 것이다. 그리고 그가 어떻게 자기 자신을 기만하는지 알지 못하는 한, 우리는 그를 도울 수도 치료할 수도 없다.

그의 꿈은 진료소에서 그에게 설명되었다. 그 꿈의 내용은 '그는 적의 나라에서 살고 있으며, 그를 벌주거나 야단치는 사람들은 멕시코인이다. 그래서 그들은 모두 적이다'라는 식이었다. 그가 진료소에 다시 왔을 때, 나는 소년에게 "지난날에 우리가 만난 후 어떤 일이 있었지?" 하고 물었다. 소년은 "나는 줄곧 나쁜 아이였습니다"라고 대답했다. 무슨 일을 했느냐고 묻자 "나는 여자아이를 몹시 혼내 주었습니다"하고 대답했다. 그런데 사실 이 말은 순수한 고백이 아니었다. 그것은 자만이며, 일종의 공격이다. 진료소는 사람들을 좋은 사람이 되도록 만들려는 곳인데, 그는 자기가 스스로 나쁜 아이였다고 주장했다.

그 말은 '무엇이 좋아진다는 것인가. 나는 당신의 위장을 발로 차버렸는데'하는 의미이다. 그러면 우리는 그를 어떻게 하면 좋을까? 그는 또 꿈을 꾸고 있다. 그는 아직 영웅으로서 연기하고 있다. 우리는 그가 그 역할에서 획득할 만족감을 감소시키지 않으면 안 된다. 이럴 때 우리는 그에게 이렇게 말한다. "네가 말하는 영웅은 여자아이를 혼내주는 것으로 생각하니? 그것은 나쁜 영웅주의의 모방이라고 생각하지 않니? 만약 네가 정말 영웅이 되려 한다면, 약한 여자아이는 도와주고 크고 힘이 센 여자아이를 혼내주어야 하지 않겠니? 애당초 여자아이를 따라다니며 혼내는 것은 크게 잘못된 것이란다."

이것은 치료의 한 부분이다. 우리는 그의 눈을 뜨게 해서 그가 인생 스타일을 계속 이끌어 나가지 못하도록 제지해야만 한다. "상대방의 수프에 침을 뱉는다상대가 좋아하는 것은 그렇지 않은 것으로 만든다는 뜻."이라고 하는 격언처럼 해야 한다. 그 이후부터 그는 자기의 이런 수프를 좋아하지 않게 될 것이다. 또 하나의 측면은 그가 협동하도록 ― 인생의 유익한 측면에서의 의의를 추구하도록 용기를 갖게 하는 일이다. 유익한 측면에 머무르는 것이 상처를 입는 것은 아닐까 하는 두려움을 주지 않는다면, 누구도 인생의 무익한 측면을 선택하지는 않을 것이다.

비서를 하는 24세의 미혼 여성이 사장의 거만스러운 태도 때문에 자기의 인생이 무참하게 되었다고 호소해 왔다. 그녀는 친구를 사귀지 못하며, 또 친구 관계를 계속 지속시킬 수 없다고 느끼고 있었다. 우리의 경험에 비추어 볼 때, 만약 어떤 사람이 친구를 사귀지 않으면, 그것은 그 사람이 타인을 지배하고 싶기 때문이라고 받아들인다. 그 사람은 사실 자신에게만 관심이 있는 것이며, 그 사람의 목표는 자기 자신의 우월을 드러내 보이는 일이다. 아마 그녀의 사장도 같은 종류의 사람일 것이다.

그들 두 사람은 모두 타인을 지배하고 싶어 한다. 그런 두 사람이 만나면 당연히 마찰이 일어날 수밖에 없다. 그녀는 일곱 형제 중 막내였으며, 가족의 귀염둥이였다. 그녀는 언제나 남자아이가 되고 싶었기 때문에 '톰'이라는 별명이 붙기도 했다. 이것은 그녀가 자기의 우월 목표를 개인적 지배와 동일시했던 것은 아닐까 하는 의혹을 품게 한다. 그녀는 남성적이라는 것은 주인이라는 것, 타인을 지배하는 것, 자기 자신은 지배되지 않으리라고 생각하고 있다. 그녀는 미인이었는데, 사람들이 자기를 좋아하는 이유가 자신의 예쁜 얼굴 때문이라고 생각하고 있었으며, 그 때문에 유혹받는다거나 상처 입는 것을 두려워하고 있었다. 미모의 여성은 대개 그렇지 않은 다른 사람에 비해 훨씬 수월하게 타인에게 강한 인상을 심어주며, 타인을 지배할 수 있다.

그녀는 이런 사실을 잘 이해하고 있었다. 그러나 그녀는 남자가 되고 싶었으며, 남성적인 행동으로 지배하고 싶어 했다. 그 결과 그녀는 예쁘다는 사실로는 만족할 수 없다. 그녀의 맨 처음 기억은 어떤 남자에게 협박을 당하는 것이었다. 그리고 그녀는 지금도 강도나 미친 사람에게 잡힐지도 모른다는 두려움을 느끼고 있다고 고백했다. 남성적이 되고 싶어 하는 소녀가 강도나 미친 사람을 두려워하는 것이 기묘하게 생각될지도 모른다. 그러나 그것은 사실 그다지 이상한 일은 아니다. 그녀의 목표를 지배하고 있는 것은 자기가 약하다는 감정이다. 그녀는 자기가 타인을 지배하여 종속시킬 수 있는 상황에 있고 싶은 것이며, 그 외의 다른 모든 상황은 배제해 버리고 싶은 것이다.

강도나 미친 사람을 통제하는 것이 불가능하므로 그녀는 그런 사람을 모두 말살해 버리고 싶어 한다. 그녀는 안이한 방법으로 남성적이기를 바라고 있으며, 실패했을 때는 자신을 위해서 참고로 해두어야 한다고 생각한다.

이렇게 여성적 역할에 대한 매우 폭넓은 불만감 — 나는 그것을 '남성적 항의'라고 부른다 — 에는 언제나 '나는 여성이라는 불리한 상황에 대해서 투쟁하고 있는 남성'이라는 긴장감이 동반된 것이다.

그녀의 꿈속에 이와 같은 감정이 나타나는지 살펴보기로 하자. 그녀는 자주 외톨이가 되는 꿈을 꾼다. 그녀는 귀여움을 받는 응석받이 아이였다. 그녀의 꿈의 의미는 '나는 보살핌을 받지 않으면 안 된다. 나를 외톨이로 놓아두는 것은 위험하다. 나쁜 사람이 나를 포위하고 나를 정복해 버릴지도 모른다'는 뜻이다.

또 그녀가 자주 꾸는 꿈은, 그녀가 지갑을 잃어버렸다는 내용이다. "정신을 차려야만 해. 나는 무언가를 잃을 위험성이 있는 거야" 하고 그녀는 말하는 것이다. 그녀는 결코 어떤 것도 잃어버리고 싶어 하지 않는다. 특히 타인을 지배하는 힘을 잃고 싶지 않다. 그러나 그녀는 생활 속의 한 가지 일, 즉 지갑을 잃어버리는 일을 골라서 그 전체를 대신하고 있다. 꿈이 감정을 창출해 냄으로써 어떻게 인생 스타일을 강화하는지 보여주는 또 하나의 예가 있다. 그녀는 지갑을 잃어버리지는 않지만, 그것을 잃어버렸다는 꿈을 꾼다. 그 결과 그 감정은 잠을 깬 후까지 남는다. 또 하나 더 긴 꿈은 그녀의 태도를 우리가 이해하는 데 도움을 준다. "나는 많은 사람이 있는 수영장에 갔습니다. 내가 거기에 있는 사람들의 머리 위에 서 있는데, 그 중 어떤 사람이 정신을 차렸습니다. 나는 밑에 있는 누군가가 나를 향해 소리 지르는 것을 느꼈고, 그리고 나는 아래로 떨어질 것 같은 불안한 위험성을 느꼈습니다."

만약 내가 조각가라면, 그녀를 마치 사람들의 머리를 자기의 발판으로 삼고 서 있는 모습으로 조각할 것이다. 이것이 그녀의 인생 스타일이다. 그런

상像이, 그녀가 불러일으키고 싶은 감정인 것이다. 그러나 그녀는 자기의 입장이 불안정하다는 것을 알고 있으며, 다른 사람들도 그녀의 위험을 깨달아야만 한다고 생각하고 있다. 다른 사람들은 그녀가 다른 사람의 머리 위에 계속 서 있을 수 있도록 보호하고 주의해야만 한다. 물속을 헤엄치고 있었던 것은 안전하지 못한 상황이다. 이것은 그녀의 생애 전체를 이야기하는 것이다.

그녀는 '여자아이가 아닌 남자아이가 되는 것'을 자기의 목표로 정했다. 대부분의 막내가 그렇듯이 매우 야심적이다. 그러나 그녀는 자기의 현실에 적응하기보다는 더욱 우월해지고 싶었고 그것을 내보이고 싶었다. 그래서 그녀는 언제나 패배의 공포에 쫓기고 있다. 만약 우리가 그녀를 도우려 한다면, 우리는 그녀를 여성적인 역할과 화해를 시켜서 남성에 대한 공포와 과대평가를 없애도록 하고, 회사의 동료들과 사이좋고 평등하게 느낄 수 있도록 길을 발견하게 해 주어야만 한다.

한 소녀가 13세 때 그녀의 동생이 사고로 죽었는데, 그녀 최초의 기억은 이것에 대한 것이었다. "내 동생이 아직 갓난아기로 걸음마를 배우기 시작했을 때, 의자를 붙들고 일어서려 했는데 의자가 동생 위로 쓰러졌습니다." 여기에도 사건이 나타나며, 그녀가 외부 세계의 위험에 깊은 인상을 받았다는 사실을 알 수 있다. 그녀의 꿈은 이런 내용이었다. "내가 제일 먼저 꾼 꿈은 너무나 이상한 것입니다. 나는 나에게는 보이지 않는 함정이 파여 있는 길을 따라 걷고 있었습니다. 그 곳을 걷다가 나는 함정에 빠져 버렸습니다. 그 함정은 물로 꽉 차 있었습니다. 그리고 내가 물의 촉감을 느꼈을 때, 나는 깜짝 놀라 뛰어올라 버렸지만, 심장은 몹시 강하게 두근거렸습니다."

우리는 이 꿈이, 그녀가 생각하는 만큼 이상하다고는 생각하지 않는다.

그러나 만약 그녀가 꿈에서 자기를 계속 경계하려 한다면, 그녀는 그것을 이상하다고 생각할 것이며, 그것을 이해할 수 없을 것이다. 그 꿈은 그녀에게 '정신을 차리시오, 주위에는 당신이 모르는 여러 가지 위험이 도사리고 있답니다' 하고 알려주고 있다.

그러나 이 꿈은 실제 우리에게 그 이상을 시사해 주고 있다. 만약 그녀에게 떨어질 위험이 있다면, 그녀는 다른 사람들보다 위에 있다고 생각하고 있음이 분명하다. 앞에서 든 예의 경우와 마찬가지로 그녀는 "나는 우월하다. 그러나 나는 언제나 떨어지지 않도록 정신을 차리고 있지 않으면 안 된다"고 말하고 있다.

특별한 예로서, 최초의 기억과 어떤 꿈에 똑같은 인생 스타일이 적용되고 있는가를 한번 살펴보자. 어떤 소녀가 이런 기억을 이야기해 주었다. "나는 아파트가 세워지는 것을 보는 일에 매우 관심이 있었던 때를 기억합니다." 이 말에서 우리는 그녀가 협동적이라고 추측할 수 있다. 한 소녀가 집을 짓는 일에 협력하리라고 기대할 수는 없지만, 다른 사람들의 일에 관여하고 싶다는 기분은 그녀가 관심이 있다는 사실로 미루어 짐작할 수 있다. "나는 작은 꼬마였습니다. 그리고 나는 굉장히 높은 창 옆에 서 있었습니다. 그리고 창문의 유리가 매우 투명하게 닦여져 있던 것을 어제의 일처럼 기억하고 있습니다."

만약 그녀가 창문이 높다는 것에 생각이 미쳤다면, 그녀는 마음속으로 높은 것과 낮은 것과의 대조를 생각했을 것임이 틀림없다. 그녀가 말하고 싶은 것은 '그 창은 높고, 나는 작았다'는 것이다. 그녀의 키가 작다고 듣긴 했지만, 놀랄 만한 정도는 아니었다. 그리고 그녀가 크기를 비교하는 데 어느 정도 관심을 끌게 됐던 것은 바로 이 일로 비롯된 것이다. 그녀가 이 일을 매우 정확하게 기억한다고 말하는 것은 일종의 자만이다. 그러면 이번에는 그녀의 꿈 이야기를 들어보자. "몇 명의 사람들이 나와 함께 차에 타고 있었습니다." 그녀는 우리가 생각했던 대로 협동적이다. 그녀는 다른 사람들과 함께 있는 것을 좋아했다. "우리는 드라이브를 하고 숲 앞에서 멈추었습니다. 그 사람들은 대부분 나보다 컸습니다." 여기에서도 그녀는 크기의 차이를 의식하고 있다.

"그러나 나는 간신히 엘리베이터를 탈 수 있도록 도착했습니다. 그리고 엘리베이터는 10피트 지하의 갱도로 내려갔습니다. 만약 밖으로 나간다면 독가스가 가득할 것이라고 우리는 생각했습니다."

그녀는 이제야 하나의 위험을 묘사해 보인다. 대개의 사람은 위험을 두려워한다. 모든 인간은 본래 그다지 용기가 많지는 않다. "우리가 밖으로 나왔을 때는 모두 안전했습니다." 여기에서는 낙관적인 견해가 보인다.

만약 어떤 개인이 협동적이라면, 그 사람은 언제나 용기백배한 낙천적인 성품이다. "우리는 거기에 잠시 있다가 다시 올라와서 재빨리 차가 있는 곳까지 뛰었습니다." 나는 이 소녀가 언제나 협동적이라고 확신할 수 있다. 그런데 그녀는 자기의 키가 더 크지 않으면 안 된다는 생각하고 있었다. 우리는 그녀의 꿈속에서 마치 그녀의 키가 크고 있는 것 같은 약간의 긴장을 발견할 수 있을 것이다. 그러나 그것은 그녀가 타인을 좋아하며 협동하여 무엇인가를 성취하는 일에 대해 가진 관심으로 서로 보충되고 있다.

제**6**장
가족의 영향

Alfred Adler; The Man & His Work, Hertha Orgler

갓난아기는 태어난 순간부터 자신을 어머니와 연결하려고 한다. 이것이 갓난아기의 여러 가지 운동의 목적이다. 갓난아기가 태어난 후 몇 개월 동안의 생활 속에서 어머니는 압도적으로 중요한 역할을 한다. 최초로 협동력이 발달하게 되는 것은 바로 이러한 생활 속에서이다. 어머니는 아기에게 있어서 다른 사람과 접촉하게 되는 최초의 상대이자, 또한 자기 자신 이외의 존재에 대해 처음으로 관심을 끌게 하는 사람이다. 즉, 어머니는 아기가 사회생활을 시작할 수 있도록 일종의 다리 역할을 하는 셈이다. 아기는 어머니나 그 누군가의 보호 없이는 전혀 살아갈 수가 없다.

이러한 관계는 매우 친밀하여 아기에게 커다란 영향을 미치게 된다. 그래서 아기가 어느 정도 성장한 다음에도 그 아기의 성격이 반드시 유전적이라고는 볼 수 없게 된다. 유전적으로 물려받은 성격들도 어머니에 의하여 선택되고 훈련되며, 교육되어서 다시 바뀌어 재형성된다. 여기에서 어머니 능력의 유무가 아이들의 모든 잠재 능력에 영향을 미치게 된다. 이 능력이라는 것은, 어머니가 아이와 협동할 수 있는 능력 혹은 아이들 스스로 어머니와 협력하게 하는 능력을 말한다. 이러한 능력은 반드시 어떤 규칙에 따라 획득되는 것은 아니다. 우리 주변에는 매일같이 새로운 여러 가지 상황이 일어난다.

어머니는 아이의 양육에 있어서 정확한 통찰력과 깊은 이해심으로 노력을 기울여야 한다. 그리고 아이에게 특별한 관심을 가지고 아이에게 애정을 느끼게 하며, 아이의 행복한 미래를 위하여 온갖 노력을 기울일 때만 비로소 어머니의 기량을 마음껏 발휘할 수 있다. 어머니가 행하게 되는 모든 활동 속에서 우리는 어머니의 태도를 엿볼 수 있다. 어머니가 아기를 안아주거나 외출할 때 데리고 나간다든가, 목욕을 시키거나 아기에게 말을 걸거나 젖을 먹일 때는, 어머니는 항상 아기를 자신과 교감할 기회를 얻게 된다. 만약 어머니가 자신에게 주어진 임무를 훌륭하게 수행해 내기 위하여 자신을 훈련하거나, 그런 일에 관심을 두는 일에 소홀해지게 되면 아기를 보살피는 일이 서툴게 되어 아이는 반발심을 느끼게 될지도 모른다.

예를 들어 어머니가 아기를 목욕시키는 방법을 전혀 모르고 있다면, 아마 아기는 목욕하는 일이 무척 불쾌한 것으로 생각하게 될 것이다. 그렇게 되면 아기는 어머니와 친밀하게 되는 것을 원하지 않으며 자꾸만 어머니를 피하려고 할 것이다. 어머니는 아기를 재우는 방법에서도 어머니의 역할이나 상냥한 목소리를 내는 데 능숙해야만 한다. 또한, 어머니는 아기와 함께 있는 시간이나 아기를 혼자 있게 하는 데에도 능숙해야 한다. 어머니는 아기의 모든 환경 ─ 신선한 공기·실내의 기온·영양·수면 시간·아기의 여러 습관이나 청결함 ─ 에 대해 세심하게 배려하지 않으면 안 된다. 이러한 모든 것이 아기가 어머니를 좋아하게 되거나 아니면 싫어하게 되거나 또는 협력을 하게 하거나 협력을 거부하게 하는 동기를 주고 있다.

어머니의 능력 속에 특별히 신비한 힘이 있을 수는 없다. 어머니의 모든 능력은 오랜 시간 동안의 관심과 훈련의 결과인 것이다. 어머니가 되기 위한 준비는 아주 어린 시절부터 시작되어야 한다. 그 최초의 표현은 어린 여자아이가 자기보다 작은 아이나 아기를 대하는 태도나 자신의 장래에 대한 관심 속에서 나타나게 된다. 소년과 소녀들에게 마치 그들의 장래에는 똑같은 일이 기다리고 있다는 식으로 교육해서는 안 된다. 훌륭한 어머니가 되기를 원하는 소녀는 어머니가 되기 위한 교육을 받지 않으면 안 되며, 어머니가 된다는 생각을 좋아하도록 하고, 어머니가 되는 것을 창조적인 활동으로 생각하도록 하며, 나중에 정말 어머니가 되었을 때 자신의 역할에 실망하지 않도록 미리 교육받아야만 한다.

불행한 것은 우리 사회에 있어서 어머니인 여성의 역할이 그다지 중요하지 않게 생각되고 있다는 것이다. 만약 소녀보다 소년이 더 존중되고 소년의 역할이 더 중요하다고 한다면, 소녀들은 자신의 장래의 역할을 좋아하지 않게 될 것은 자명한 일이다. 그 누구도 종속적인 위치에 만족할 수는 없을 것이다. 그런 환경에서의 소녀들이 나중에 성장하여 결혼하고 자신의 아이를 가져야 하는 처지에 놓이게 되면, 여러 방면에서 반발심을 나타내게 된다. 그녀들은 아기를 원하지 않고 어떤 준비도 갖추지 않으며, 그러한 일을 창조적이거나 흥미 있는 활동으로 느끼지도 않을 것이다. 아마 이것이 우리 사회의 가장 큰 문제점으로 생각된다. 하지만 이것에 대한 해결책은 지금으로서는 전혀 없는 상태이다. 이것은 인간 사회 전체와 모성애에 대한 여성의 태도에 관한 문제이다.

생활 속에서의 여성의 역할은 모든 분야에 있어서 과소 평가되고 그다지 중요하지 않은 일로 취급되고 있다. 소년들은 이미 그들이 어릴 때부터 집안일은 마치 하인들의 일이기라도 한 듯 무관심하게 생각하도록 키워지며, 어쩌다가 집안일을 거들기 위해 손가락 하나라도 움직이게 되면, 남자의 위엄이 추락하는 것처럼 말하는 것을 볼 수 있다. 가사는 이제껏 여성들이 스스로 기꺼운 마음으로 봉사해 온 일이 아니라 일종의 강요된 일로서, 여성들을 부담스럽게 생각하는 짐이 되어 버린 것이다. 만일 여성들이 가사에 정말 흥미를 느낄 수 있고 그것으로 인하여 주위 사람들의 생활을 밝게 하고 풍부하게 할 수 있는 일종의 예술처럼 생각할 수 있다면, 여성은 그것을 세상의 다른 일과 마찬가지로 보람이 있는 일로 생각할 수 있을 것이다.

그리고 가사가 남성이 하기에는 너무 보잘것없는 일이라고 한다면, 여성들은 자기 일에 반발심과 저항감을 느끼게 될 것이며, 이것은 애당초 명백한 사실이긴 하지만 ― 그리하여 여성이 남성과 평등하고 스스로 여러 분야에서 능력을 발휘할 기회를 동등하게 가질 권리가 있다는 것을 증명할 수 있게 되었다고 해서 그렇게 놀랄 일은 아닐 것이다. 여성은 이러한 여러 가지 능력들은 사회적인 감정에 의해서만 발달할 수 있다는 것은 사실이다. 그러나 사회적인 감정은 여러 가지 능력을 발전시킬 수 있는 외부의 어떤 제한이나 한계 같은 것을 수반하지 않고 올바른 방법으로 이끌어갈 수 있을 것이다.

여성의 역할이 과소 평가될 때는 결혼 생활의 균형이 깨어져 버린다. 아이들에게 관심을 두는 일이 그렇게 바람직하지 않은 일이라고 생각하는 여성, 인생의 출발점에 있는 아이들에게 좋은 영향을 끼칠 수 있는 기량이나 교훈·이해심·동정 등을 베풀 수 있는 일을 할 수 없다.

자신의 역할에 불만을 가진 여성은 그녀의 아이들과 바람직한 관계를 맺는 일에 소홀하게 된다. 그녀의 인생에서 목표는 아이들 인생의 목표와 같지 않다. 그런 여성은 흔히 자신의 우월을 증명하기 위해서만 노력한다. 그래서 이러한 그녀의 목적을 이루기 위해서는 아이들은 다만 귀찮고 부담스러운 존재밖에 되지 않는다. 인생에서 실패한 사람들의 경우를 보면 대부분 그들의 어머니가 그와 같은 경향을 띠고 있음을 발견할 수 있다. 즉, 어머니가 그 아이의 출발에 있어서 좋은 영향을 미치지 못했다. 만약 어머니들이 올바르게 이끌어 주지 못하거나 자신의 임무에 불만을 느껴서 아이들에게 충분한 관심을 나타내지 않는다면, 전 인류가 위험에 처하게 될지도 모른다.

그러나 그 실패의 책임을 어머니 탓으로 돌릴 수만은 없다. 거기에서 누군가의 잘못을 들먹일 필요는 없는 것이다. 어쩌면 어머니 자신이 협력하는 훈련을 받지 못했을지도 모른다. 그녀는 자신의 결혼 생활에서 압박감을 느끼거나 불행하다는 생각하고 있을지도 모른다. 그녀는 자신의 감정에 의해 혼란을 느끼고 괴로움을 받으며, 때로는 희망을 상실하고 절망적으로 되어버린다. 게다가 가정생활을 훌륭하게 발전시키는 데 방해가 되는 요인들이 많이 있다. 말하자면 만일 어머니가 늘 병으로 고통을 당하고 있다면, 아무리 아이와 협력하고자 하는 생각이 있다고 해도 자신의 불리한 처지를 생각하지 않을 수 없을 것이다. 그리고 어머니가 직업을 가지고 있는 경우에는 일을 마치고 집에 돌아왔을 때는 이미 너무 피곤해 지쳐 있을 것이다. 또한, 경제적으로 곤란을 겪고 있다면 아이에게 먹이는 것도, 입히는 것도, 따뜻한 실내 온도를 유지하는 일도 모두 힘들어지게 될 것이다. 더욱이 아이의 행동에 있어서 일일이 간섭하는 일은 결코 아이 자신의 체험이 될 수 없다. 아이에게는 자기 자신의 체험을 통하여 얻은 것만이 가치가 있는 것이다. 문제아의 경우를 보면 항상 아이와 어머니의 관계가 순조롭지 못한 것을 발견할 수 있다. 여기에서 개인심리학의 근본적 견해를 살펴볼 필요가 있다. 성격이 변화하는 뚜렷한 이유는 없으나 아이는 자신 나름의 목표를 위해 여러 가지 경험을 이용하고, 그 목표에 합당한 이유를 붙이게 된다. 예를 들어 어릴 때 영양 상태가 좋지 못했다고 해서 그 아이가 반드시 범죄자가 된다고는 할 수 없을 것이다. 우선은 그 아이가 어떤 생각을 가지고 성장해 왔는지 살펴볼 필요가 있다.

만약 어머니가 어머니로서 역할에 불만을 품고 있다면, 바로 그 어머니 자신이 곤란과 어려움을 조성하게 된다는 사실은 쉽게 이해할 수 있을 것이다.

우리는 모성애에 의한 행동이 무서운 힘을 발휘할 수 있다는 사실을 잘 알고 있다. 많은 조사 결과에서, 자신의 아이를 지키려고 하는 어머니의 의지는 다른 어떤 힘보다도 강하게 나타났음을 보여주고 있다. 동물 중에서 여우나 쥐도 모성애적 충동은 성충동이나 기아양육의 의무가 있는 아이를 남의 집 앞이나 길가 같은데 몰래 내다 버리는 일 충동보다 훨씬 강한 것으로 증명되었다. 그러므로 모든 충동 가운데 가장 우선시되는 것이 바로 이 모성애의 충동인 것이다. 이 충동의 근원이 성적인 것은 결코 아니다. 그것은 바로 협력이라는 목표에서 유래하고 있다.

어머니는 자신의 아이가 자기의 일부라고 느낀다. 자신의 아이를 통하여 생명 전체로 연결지을 수 있다. 자신이 삶과 죽음을 지배하는 것이라고 느끼게 된다. 모든 어머니의 마음속에는 ― 정도의 차이는 있으나 ― 자신의 아이를 통해 스스로 창조적인 일을 완수했다는 감정이 존재한다. 어머니는 신이나 할 수 있는 창조의 일을 하는 것이다. 무無에서 신비로운 생명체를 만들어내는 것이다.

어머니가 행하는 노력은 실제로 우월을 갈구하는 인간의 노력, 즉 신과 같이 되고자 하는 인간의 목표 일부분이다. 그것은 이러한 목표가 인류를 위해 다른 사람에 대한 관심과 심오한 사회적 감정을 어떻게 이용할 것인가 하는 가장 확실한 예를 제시해 주고 있다.

물론 어머니는 자신의 아이가 자기의 일부라는 생각으로, 아이를 자신의 개인적인 목표에 따르도록 강요하는 때도 있다. 어머니는 아이를 완전히 자신에 의존하도록 하여 아이가 항상 어머니에게 종속된 존재로 그의 전 생애를 지배하려고 할지도 모른다.

70세의 한 어머니를 예로 들어보자. 그 어머니는 50세 된 아들과 함께 살고 있었다. 그런데 어느 날, 두 사람이 동시에 폐렴에 걸리게 되었다. 어머니 쪽은 어떻게 겨우 목숨을 구할 수 있었으나 아들은 병원에서 사망했다. 아들이 죽었다는 말을 듣자, 어머니는 "나는 이미 그 아이를 안전하게 기를 수 없다는 사실을 알고 있었다"라고 말했다.

그 어머니는 자신에게 아들의 모든 인생에 대한 책임이 있다고 느낀 것이다. 그 어머니는 결코 아들을 사회의 한 구성원으로 인정하지 않았다. 어머니가 자신의 아이와 맺고 있는 관계를 발전시키려고 노력하지 않고, 또한 아이의 환경 속에서 다른 사람과 협력할 수 있는 요소를 불어넣지 못할 때, 어떠한 결과가 파생되리라는 것은 충분히 짐작할 수 있을 것이다. 어머니가 맺는 여러 관계는 결코 단순한 것이 아니다. 어머니와 아이의 관계조차 너무 강조되어서는 안 된다. 이것은 어머니를 위해서도 아이를 위해서도 필요한 일이다. 하나의 문제가 지나치게 강조되면 다른 문제들은 등한시하게 된다. 그리고 오로지 하나의 문제에만 집착하지 않는다든지, 거기에 그만큼 중요성을 부여하지 않을 수 있으면 더욱더 나은 해결책을 생각할 수 있을 것이다.

어머니는 자신의 아이들과 남편, 그리고 주위의 사회생활 전체와 관계를 맺고 있다. 이들 세 가지의 관계에 똑같은 주의를 기울여야 한다. 세 가지 모두 냉정하게, 그리고 상식적으로 맞서지 않으면 안 된다. 만일 어머니가 아이와의 관계만을 치중한다면, 아이를 응석받이에다가 쓸모없는 존재로 만드는 결과를 초래하게 된다. 그렇게 되면 아이는 다른 사람들과 협력하는 능력을 상실해 버리는 것이다.

일단 어머니가 아이를 그녀 자신과 연결하는 일에 성공한 다음에는, 아이에게서 남편에게로 관심을 돌려야 한다. 그런데 이것은 그녀 자신이 남편에게 관심이 없다면 거의 불가능한 일이다. 또한, 어머니는 아이의 관심을 아이의 사회생활에, 즉 가족 중 다른 아이나 친구·친척, 그리고 넓게는 인류를 향하게 해야한다.

이런 이유로 어머니의 책임은 대단히 막중한 것이다. 어머니는 아이에게 신뢰할 수 있는 동료가 있다는 최초의 경험을 갖도록 해야 한다. 그리고 어머니는 이 신뢰와 우정이 인간 사회 전체에 영향을 미칠 수 있도록 파급시킬 준비를 하여야만 하는 것이다. 만약 어머니가 아이의 관심을 자신에게만 향하도록 한다면, 나중에 그 아이의 관심을 다른 사람에게 돌리려고 할 때 아이는 그러한 모든 시도에 심한 반발심을 느끼게 된다. 그는 항상 어머니의 지지를 원하게 되고, 어머니의 관심을 얻는 데 있어서 경쟁자라고 생각되는 사람들에게 적대감을 가지게 될 것이다. 어머니가 아버지나 다른 형제들에게 조금이라도 관심을 나타내면, 그 아이는 무엇인가 빼앗긴 것처럼 느끼게 되고, '어머니는 나의 것이다. 다른 누구의 것이 되어서는 안 된다'라는 생각에 빠지게 된다.

오늘날의 심리학자들은 이러한 상태를 대부분 오해해 왔다. 오이디푸스 콤플렉스에 관한 프로이트의 이론에 의하면, 아이들은 자신의 어머니를 사랑하는 경향이 있고, 어머니와 결혼하고 싶어하며, 그래서 아버지를 미워하고, 나아가서는 죽이고 싶다는 생각을 하게 된다고 한다. 그러한 잘못된 생각은 아이가 발달하는 과정에 유의해 보면 결코 그렇게 말할 수 없을 것이다. 오이디푸스 콤플렉스란 어머니의 모든 의식을 독점하고, 다른 모든 사람을 배제하고자 하는 아이에게만 나타난다. 그와 같은 생각이 성적인 것만은 아니다. 그것은 어머니를 자신에게 복종시키게 하여 완전히 지배하고자 하는 존재 — 마치 하녀와 같은 — 로 느끼는 생각이다.

그것은 어머니에게 응석을 부리고 세상의 다른 사람들에게는 결코 동료의식을 갖지 않는 아이들의 경우에만 생긴다. 드문 예이긴 하지만, 항상 어머니와만 연결되어 온 소년은 사랑과 결혼이라는 문제에 직면하게 되어서도 자신의 어머니를 중심으로 결정하려는 경향이 있는데, 그와 같은 태도의 의미는 그가 자신의 어머니 이외의 그 누구와도 협력할 수 없다는 뜻이다. 다른 어떤 여성도 어머니와 같이 종속적일 수는 없다고 생각하는 것이다. 이와 같은 이유로 오이디푸스 콤플렉스란 항상 잘못된 훈련의 인위적인 산물이다. 그러므로 우리는 유전적인 근친상간적 본능, 혹은 그와 같은 비정상의 근원에 어떤 성적인 것과 관련이 있을 것으로 생각할 필요가 없을 것이다.

계속 어머니 품에서만 보호되어 온 아이가 더는 어머니 곁에 있을 수 없게 되면 반드시 문제가 생긴다. 예를 들어 그 아이가 학교엘 간다거나 공원에서 다른 아이들과 어울려 놀때도 그 아이의 유일한 목표는 어머니에게로 돌아가는 것이다. 어머니와 떨어져 있을 때 그는 언제나 반발할 것이다. 그는 언제나 어머니를 그 자신에게 묶어두고 싶어하며, 어머니의 생각을 독점하고 싶어하며, 어머니의 관심을 끌고 싶어한다. 그가 이용할 수 있는 방법은 대단히 많다. 그는 어머니에게 가엾고 약하게 보여 동정을 구할 수도 있다. 또한 어떤 잘못을 했을 때는 울거나 병이 나기도 하여 자신이 보살핌을 받을 필요가 있음을 보여주기도 한다.

반대로 그는 어머니의 주의를 끌기 위하여 어머니의 노여움을 유발하거나, 말을 하지 않거나, 어머니와 싸울 수도 있다. 문제아 중에는 응석받이 아이들에게서 볼 수 있는 여러 형태가 나타난다. 그들은 어머니의 주의를 끌기 위해 고심하고, 환경이 그들에게 요구하는 모든 것에 대해 저항하고 있다. 아이는 주의를 독점할 수 있는 가장 좋은 방법을 터득하게 된다. 응석받이 아이는 종종 혼자가 되는 것, 특히 어두운 곳에 혼자 있는 것을 무서워한다. 그러나 그들은 어둠을 무서워하지 않는다. 그것은 단지 부모를 가까이 데리고 오려는 방법이다. 어느 아이는 어두운 곳에서는 언제나 운다.

어느 날 밤, 그의 어머니가 그 울음소리를 듣고 아이에게로 달려가서 "왜 울고 있니?" 하고 묻자, 그는 "캄캄해서요"라고 대답했다. 그러나 어둠 그 자체가 원인이 아니다. 그가 어둠을 무서워하는 것은 어머니와 떨어져 있고 싶지 않다는 것을 의미하는 것에 불과하다. 이러한 아이가 어머니 품에서 벗어나 있을 때, 그는 자기의 모든 정서와 힘과 정신력을 총동원하여 어머니를 가까이 오게 하여 다시 어머니 품으로 돌아갈 수 있는 상황을 만든다. 그는 소란을 피우거나, 큰 소리로 부르거나, 또는 자지 않거나 시끄러운 소리를 내어 어머니를 가까이 오게 하려고 한다. 이런 공포증은 많은 교육자나 심리학자의 관심을 끌어오던 것 중의 하나이다.

개인심리학에서 볼 때, 우리는 공포증에 대한 여러 가지 원인에 관심이 있는 것이 아니라, 오히려 그 목적을 가리는 데 관심을 기울이고 있다. 모든 응석받이 아이는 무서움으로 시달리고 있다. 그들이 주의를 기울이려고 하는 것은 무서움이라는 수단에 의해서이고, 그들은 이 정서를 그들의 인생 스타일에 추가시켜 가는 것이다. 그들은 그것을 어머니와의 일정한 관계로 다시 한번 회복시키려는 목적을 위해 이용하는 것이다. 망설이는 아이들의 대부분은 응석받이 아이이며, 또는 귀여움을 독차지하고 싶어 하는 아이들이라고 할 수 있다.

때로 응석받이 아이들은 악몽에 시달리기도 하고 밤중에 소리를 지르기도 한다. 이것은 잘 알려진 증상인데, 깨어 있는 상태라고는 생각하기 어렵다. 그러나 그것은 잘못된 생각이다. 자는 것과 깨어 있는 것과는 서로 모순되는 것이 아니라, 같은 것의 변수일 뿐이다.

아이는 자는 동안에도 낮에서와 같은 방법을 취한다. 상황을 자기에게 유리하게 만들려는 그의 생각은 마음뿐만 아니라 몸 전체까지 영향을 준다. 그리고 약간의 훈련과 경험을 통하여 그는 자신의 목표를 달성하기 위한 가장 좋은 방법을 찾아낼 수 있다. 심지어 수면 중에도 자기의 목적에 적합한 생각이나 영상, 또는 기억이 그의 마음속에 떠오른다. 응석받이 아이는 몇몇 경험을 통해서 다시 한번 어머니와 깊은 관계를 맺기 위해서는 자신을 무서움에 떨게 하는 방법이 가장 효과적이라는 것을 발견한다. 그러한 응석받이 아이는 성인이 된 뒤에도 종종 악몽에 시달린다. 그가 꿈속에서 무서워하는 것은 주의를 끌기 위한 노력이었고, 그것은 이미 습관화되어 굳어진 것이다.

이러한 불안감을 이용하는 것은 응석받이 아이에게 있어서 극히 명백한 것이므로, 밤중에 성가시게 한 적이 없는 응석받이 아이가 있다면 우리는 매우 당황할 것이다. 이 밖에도 주의를 끌기 위한 방책은 매우 많다. 어느 아이는 요가 불편하다든지, 물이 먹고 싶다고 한다. 그리고 도둑이나 짐승이 무섭다는 아이도 있을 것이다. 어떤 아이는 어머니가 옆에 있지 않으면 잠이 오지 않는다고 할지도 모른다. 무서운 꿈을 꾸는 아이, 침대에서 떨어지는 아이, 오줌싸개 등 여러 가지 유형이 있다. 내가 치료한 응석받이 아이 중에 어떤 아이는 밤중에 전혀 문제를 일으키지 않았다. 그 아이의 어머니는, 그 아이는 악몽도 꾸지 않고 자다 깨는 적도 없이 잘 잔다고 하였다. 이것은 매우 놀랄 만한 일이었다. 아이는 어머니의 주의를 끌어 가까이 오게하기 위한 모든 방법을 제시해 보았지만, 그 여자아이는 아무런 반응도 보이지 않았다.

그러나 나는 결국에는 그 이유를 알아냈다. "이 아이는 누구와 함께 잡니까?" 하고 묻는 나의 질문에 아이의 어머니는 "나와 함께요"라고 대답하는 것이었다. 응석받이 아이에게 있어서 병은 종종 도피처가 된다. 왜냐하면 병이 나면 그 이전보다도 더 응석을 부릴 수 있기 때문이다. 흔히 있는 일로 그러한 아이는 병이 나은 후에도 문제아로 행동한다. 그를 문제아로 만든 계기는 병이다.

그러나 병이 회복된 후에도 그 아이는 아팠을 때 자신이 받던 대접을 고수하고자 하는 것이다. 그러나 병이 나은 지금에 와서 어머니는 그 아이의 응석을 그때만큼은 받아주지 않는다. 그래서 그 아이는 문제를 일으킴으로써 복수하는 것이다. 또 다른 경우로는, 다른 아이가 병 때문에 주목의 대상이 된다는 것을 깨달은 아이가 자기도 병이 나기를 바라거나, 심지어는 다른 아이의 병이 옮도록 그와 키스를 하기도 한다.

어느 여자아이는 4년간 입원을 해서 의사나 간호사들로부터 많은 보호를 받았다. 그 아이가 퇴원했을 때, 처음 얼마간은 부모에게 응석을 부렸지만 몇 주가 지나자 부모의 관심도 줄어갔다. 그녀는 자신이 원하는 바를 거부당할 때면 손가락을 입에 넣고 "나는 병원에 있었어요"라고 어물어물 말하곤 했다. 그녀는 다른 사람에게 자신이 아팠던 것을 상기시키거나, 자신이 병원에 있었을 때의 우대를 계속 유지하려고 했다. 우리는 자신의 병에 관해서나 자신이 받은 수술에 관해서 끊임없이 이야기하려고 하는 어른에게서도 그러한 동기를 발견할 수 있다. 한편, 부모에게 문제를 일으키던 아이가 병이 회복되고 나서 아무 문제도 일으키지 않는 일도 있다.

우리는 이상이 있던 신체의 부분이 아이에게 지나치게 큰 영향을 미치는 것을 보았는데, 그것만으로 아이의 성격이 나빠진다고는 할 수 없다. 그러므로 우리는 과연 아이의 병을 낫게 하는 그 자체가 아이의 성격을 변하게 하는 데 직접 관계가 있는 것인지 아닌지에 의문을 갖게 된다. 어느 가정의 둘째 아이가 거짓말을 하고 도둑질을 하며, 꾀를 부려 놀거나, 성격이 비뚤어지고, 해오던 일을 하지 않는다 하여 문제가 되었다. 그의 선생은 그 일을 어떻게 해야 할까를 생각한 끝에 그를 소년원에 보내야 한다고 주장하였다. 그때 그 소년이 발병했다. 그는 허리 부분에 이상이 생겨 6개월간 깁스를 한 채로 누워 있어야 했다. 6개월 후에 그의 병이 회복되었을 때, 그는 형제 중에 제일 착한 아이가 되었다.

그의 병이 그에게 그렇게 큰 영향을 줄 수 있었다는 것을 우리는 믿을 수가 없었다. 그러나 곧 그러한 변화가 이전 자신의 잘못을 깨달은 결과라는 것이 명백해졌다. 그는 부모가 자기의 동생만을 사랑하고, 자기는 언제나 경시됐다고 생각했었다. 그런데 병간호를 받으며 그는 자신이 관심의 대상이었고 모든 사람의 보살핌을 받았다는 것을 깨달았다. 그리고 그는 어느 정도의 이성이 있었으므로 자신이 무시되지 않았다는 것을 알게 되었다. 어머니는 아이가 종종 범하는 실수를 바로잡기 위해서는, 아이를 어머니의 품에서 떼어내어 보모나 보육원에 맡겨야 한다는 생각은 잘못된 것이다. 우리가 아이를 맡기려고 한다면, 우리는 반드시 어머니의 역할을 잘 해낼 수 있는 사람 — 어머니가 하듯이 아이가 그녀 자신의 관심을 끌게 하는 사람 — 을 생각할 것이다. 그것은 차라리 아이가 자신의 어머니를 훈련하는 편이 쉬울 것이다. 보육원에서 자란 아이는 대개는 타인의 관심이 빠져 있다. 그 이유는 그 아이와 다른 사람 사이에 인격적인 다리를 놓아줄 사람이 아무도 없었기 때문이다. 나는 어떤 기회에 그러한 아이들에 대해 실험을 하였다. 아이들에게 개인적으로 보살펴 줄 수 있는 보모나 언니를 만들어 주었다.

그리고 그러한 아이를 자신의 아이처럼 자상하게 보살펴 줄 가정에 보내기도 하였다. 신중하게 양자를 선택한 경우에는 언제나 커다란 효과를 가져다주었다. 그러한 아이들을 교육하기 위한 최고의 방법은 어머니나 아버지, 또는 가정생활을 되찾게 해주는 것이다. 만일의 경우, 아이를 부모에게서 떼어놓아야 할 때 해야 할 일은 부모의 역할을 충분히 할 수 있는 사람을 찾아내는 것이다. 어머니의 애정과 관심의 중요성은 고아·사생아, 원하지 않았던 아이나 결손 가정의 경우에 문제아가 많다는 사실로도 미루어 짐작할 수 있다.

계모의 역할은 매우 어려운 것으로, 우리는 아이들이 계모에게 적대감을 느끼고 심한 반항을 한다는 이야기를 자주 듣는다. 나는 이 문제를 결코 해결 불가능한 것으로 보지 않는다. 이 문제에 대해 아주 성공한 예도 보았다. 그러나 대부분 계모는 이러한 상황을 무조건 이해하지는 않는다. 어머니가 죽었을 경우는, 아마 아이들은 아버지에게 의지하게 될 것이고, 아버지는 또한 그들의 응석을 모두 받아줄 것이다. 그러나 이제 그들은 아버지의 관심을 계모에게 빼앗겨 버렸다고 생각하고 그녀를 공격할 것이다.

그녀도 역시 아이에게 저항해야만 한다고 생각하는 것이다. 그렇게 함으로써 아이는 정말로 불평의 이유를 갖는다. 그것은 그녀가 아이에게 도전한 것이고, 그는 또한 점점 더 반항해 간다. 그러나 아이의 싸움은 반드시 지는 싸움이다. 아이는 싸움으로 결코 이길 수도 없고 또한 동정을 받지도 못한다.

이러한 싸움에서는 언제나 가장 약한 사람이 이긴다. 아이가 거부하는 것이 바로 그 아이가 요구하는 것이다. 그러나 그것은 결코 싸움의 방법으로는 얻어질 수 없다. 협동과 사랑이라는 것은 결코 힘에 의해 쟁취될 수 없다는 것을 인식한다면, 이 세상의 수많은 긴장과 무익한 노력을 덜 수 있을 것이다.

가정생활에 있어서 아버지의 역할은 어머니의 역할만큼이나 중요하다. 아이와 아버지의 관계는 처음에는 그다지 친밀한 것 같지 않지만, 아이가 좀 성장한 후에는 지대한 영향을 준다. 어머니가 아이의 관심을 아버지에게까지 넓히는 데 실패한 경우에 생길 수 있는 위험은 앞서 기술한 바와 같다. 그 아이는 사회적 사고발달에 커다란 장애가 생기게 되는 것이다. 부모들의 결혼 생활이 불행할 경우 아이에게 미치는 영향은 지대하다.

어머니는 아버지를 가정으로 돌아오게 하는 것은 불가능하다고 생각할지도 모른다. 그럴 때 어머니는 아이를 완전히 자기 소유로 하고 싶어 할 것이다. 그들 각자는 어쩌면 아이를 두 사람의 싸움을 위한 도구로 사용할지도 모른다. 서로 그 아이를 끌어당기고 싶어 하거나, 평소보다 더 아이의 사랑을 받고 싶어 할지도 모른다. 아이가 부모 사이의 불화를 발견하면, 그들을 싸우게 해서 더욱 사랑을 받고자 노력한다. 그들은 서로 아이를 더욱 잘 다스리고, 더 많이 응석을 받아주고자 경쟁을 할 수도 있다. 그러한 가정환경 속에서 아이에게 협동을 가르친다는 것은 불가능하다. 아이가 사람들 사이에서 경험하는 최초의 협동은 부모의 협동이다.

그러므로 만일 부모의 협동이 없다면 아이 스스로 협동을 터득할 수 없다. 더욱이 아이들이 결혼에 관해서나 남녀 간의 협동에 관해 생각하게 될 때 그들 부모의 결혼이 바탕이 된다. 부모의 불행한 결혼 생활 속에서 태어난 아이는 그 첫인상을 바꾸지 않는 한 비관적인 결혼관을 가지고 성장한다. 그는 성인이 된 후에도 결혼이라는 것은 결국 아름답지 못한 것으로 생각할 것이다.

그는 이성을 피하든지, 아니면 그의 교제는 반드시 실패할 것이라고 확신한다. 그렇게 해서 부모의 결혼 생활이 아이에게 협동의 일면과 사회생활의 산물, 그리고 사회생활을 위한 준비가 되지 못하면 아이는 극히 심각한 핸디캡을 가지게 될 것이다.

결혼의 의미는 두 사람의 복리와 자녀들의 복리, 나아가서는 사회의 복리를 위해 협동한다는 것이다. 그리고 만일 이러한 것 중 어느 점에서 실패하더라도 그것은 인생이 요구하는 것과 일치하지는 않는다. 결혼이라는 것은 동반자를 만드는 것이므로 어느 한쪽이 우월하다고 생각해서는 안 된다. 이 점에 대해서 우리는 신중하게 생각할 필요가 있다. 권위를 이용해서도 안 된다.

만일 한쪽이 뛰어나서 다른 사람을 능가한다고 생각한다면, 그 결혼은 불행할 것이다. 만일 집안에서 아버지가 가족을 지배하고 화를 잘 낸다면, 남자아이들은 남성에 대해 매우 잘못된 생각을 가지게 될 것이다.

반면 여자아이들은 더욱 소심해질 것이다. 그리고 아이들은 장차 남성을 폭군이라고 생각하게 될 것이다. 그러한 여자아이에게 결혼은 일종의 복종이며, 노예제와 같은 것으로 생각할 것이다. 때로 그들은 남성에 대해 경계심을 가지고 자신을 지킬 것이다. 그와 반대로 집안에서 어머니가 지배적이고 가족에게 잔소리를 많이 한다면 상황은 역전된다. 여자아이들은 어머니를 닮아 잔소리가 많고 비판적으로 될 것이고, 반면 남자아이들은 언제나 방어적이고 비판을 두려워하며, 그들을 복종시키려는 계획을 경계할 것이다. 때로는 어머니만 폭군이 아니라 숙모까지도 남자아이들의 입장을 억압한다. 그는 집안에 틀어박혀 있고 사람들 앞에 나서길 꺼리며, 사회생활에서도 낙오되는 인간으로 자랄 것이다.

그는 여자들은 모두 잔소리가 많고 비판적이라고 생각하여, 그들을 무서워할 것이고 이성이라면 모두 꺼리고 싶을 것이다. 사람은 누구나 비판받는 것을 좋아하지 않는다. 만일 누군가가 비판을 피하는 것을 인생의 주된 관심사로 한다면, 그는 사회와 맺는 모든 관계 속에서 방해를 받을 것이다. 그는 모든 사건을 단지 '나는 정복자인가 아니면 피정복자인가?'라는 그 나름의 생각에 따라 판단한다. 다른 사람과의 관계를 승리나 패배를 가늠하는 기회로밖에 생각하지 않는 사람에게는 동료라는 존재가 전혀 불가능하게 되어 버린다.

아버지의 임무를 간단히 말한다면 다음과 같이 정의할 수 있을 것이다. 아버지는 자신의 부인과 아이들, 그리고 사회에 대하여 훌륭한 동료임을 스스로 증명하지 않으면 안 된다. 아버지는 인생에 있어서 중대한 세 가지 문제, 즉 직업·우정·사랑이라는 문제를 현명한 방법으로 대처하고, 가족을 돌보고 지키는 일에 있어서 아내와 동등한 위치에서 생각해야만 한다. 그는 바람직한 가정생활을 창조해 가는 데 있어서 여성의 역할이 더할 수 없이 중대함을 잊어서는 안 된다

아버지의 역할은 어머니를 끌어내리는 것이 아니라, 그녀와 힘을 합쳐 일을 해나가는 것이다. 특히 금전 문제에 있어서 강조되어야 할 것은, 비록 전 가족의 경제적인 문제가 아버지에 의해 해결되고 있다 하더라도 그것은 모든 가족이 함께 가지게 되는 공동의 부분이라고 느끼도록 해야 한다는 것이다. 아버지는 주는 사람이고, 나머지 다른 가족들은 받는 사람이라는 생각을 가져서는 안 된다.

결혼에 있어서 경제적인 문제가 아버지에 의하여 해결된다는 사실은, 한 가정에서 이루어지는 분업의 한 결과에 지나지 않는다. 대부분 아버지가 그들의 경제상의 지위를 가족 지배의 수단으로 사용하고 있는데, 가족 내에서는 지배자라는 의미가 존재해서는 안 되고, 어떤 경우에서도 불평등하다는 느낌을 주어서는 안 된다.

모든 아버지는 우리의 문화가 남성의 특권적인 지위를 과대하게 강조해 왔다는 사실과 그 결과 자신의 아내도 결혼할 당시에는 아마 어느 정도까지는 지배당하는 열등한 처지에 놓이는 것은 아닐까 하고 두려워하고 있었다는 사실에 주의를 돌려야 한다.

그는 자신의 아내가 여성이라는 이유만으로, 또는 자신과 같은 방법으로 가정을 유지하지 않는다고 해서 자기보다 열등한 존재로 생각해서는 안 된다. 반면에 아내가 가족의 생계를 위하여 돈을 버는 문제에도, 우리가 가정생활을 진정한 협동의 장으로 생각한다면 누가 돈을 버는가, 아니면 그 돈

이 누구의 것인가 하는 문제는 별로 중요하지 않다. 아이들에 대한 아버지의 영향은 매우 중요한 것으로서, 많은 아이가 그들의 전 생애를 통하여 아버지를 그들의 이상형으로 생각하거나, 반대로 최대의 적으로 간주할 정도이다. 벌, 특히 체벌은 아이들에게 항상 좋지 않은 영향을 미치게 된다. 온화한 분위기에서 이루어지지 않는 교육은 잘못된 교육이다. 가정에서 아이를 벌하는 역할이 아버지에게 주어지는 것은 매우 불행한 일이다.

이것이 불행한 일이라는 데에는 많은 이유가 있다. 첫째, 그것은 어머니의 관점에서, 여성은 정말 아이를 잘 교육할 수 없다는 사실을 스스로 인정하는 셈이다. 여성은 원래가 약한 존재로서 그녀를 도와주는 강한 상대가 필요하다는 사실을 은연중에 폭로해 버리는 것이다. 만약 어머니가 아이들에게 '아버지가 돌아오실 때까지 기다려라'라고 말한다면, 어머니는 아이에게 남성이 인생에 있어서 궁극적인 권위자, 즉 진정한 권력을 가진 존재라고 말하는 것과 같은 것이다.

둘째는, 아버지와 아이들의 관계를 방해하고, 아이들이 아버지를 좋은 친구라고 느끼는 대신에 그를 무섭게 생각하게 된다. 그리고 어떤 여성들은 어머니를 향한 아이들의 사랑을 잃게 되는 것을 두려워하여 아버지에게 대신 벌하도록 하는데, 그것은 훌륭한 해결방법이 되지 못한다. 어머니는 스스로 체벌의 집행자를 초빙했으므로, 그런다고 해서 어머니에 대한 아이들의 원망이 줄어들지는 않는다.

대부분 어머니가 아이들을 복종시키기 위한 수단으로 '아버지께 이른다'라는 말로 위협한다. 그런 환경하에서 성장한 아이는 과연 인생에 있어서 남성의 역할에 관해 어떤 생각을 가지게 될 것인가. 만일 아버지가 인생에서의 세 가지 중대한 문제를 유익한 방법으로 대면하고 있다면 그 아버지는 가족의 불가결한 요원, 즉 훌륭한 남편·훌륭한 아버지가 될 수 있을 것이다. 아버지는 다른 사람과 친근한 친구가 되어야만 한다. 만약 아버지가 좋은 친구가 될 수 있다면, 그는 자기 가족을 주변의 사회생활의 일부로 유지할 수 있을 것이다.

그는 다시는 군림하지 않고, 전통적인 생각에 사로잡히지 않게 될 것이다. 집 밖에서의 여러 환경이 가정 내에 영향을 미치게 되고, 그럼으로써 아버지는 아이들에게 사회적인 감정과 협력에로의 길을 제시할 수 있을 것이다. 그러나 만일의 경우, 남편과 아내가 다른 연인을 가지고 있다면 무척 위험하다. 아내가 사교적인 생활을 해야 한다거나, 타인으로 인해 가족이 뿔뿔이 흩어지는 일은 피해야 한다. 그렇다고 두 사람이 언제나 함께 있어야 한다거나, 혼자서 외출하면 안 된다는 말은 아니다.

그러나 두 사람이 같이 시간을 보내는 일이 어려워서는 안 된다. 그와 같은 문제는, 예컨대 남편이 친구들에게 자신의 아내를 소개하고 싶지 않다는 경우가 생기게 된다. 그와 같은 경우에는 남편의 사회생활 중심이 가정 밖에 있는 것이다. 아이들에게 가정이란 곳은 사회에 속하는 한 단위이고, 가정 이외에도 신뢰할 수 있는 사람이나 동료가 있다는 사실을 깨닫게 하는 일은 아이들의 성장에 있어서 매우 가치 있는 일이다.

아버지가 자신의 부모나 형제·자매와 사이좋게 지낸다는 것은 바람직한 협동의 훌륭한 예이다. 물론 그는 언젠가는 부모의 집을 떠나 독립해야만 한다. 그러나 그것은 그가 반드시 가까운 친척을 싫어하고 사이가 틀어져야 한다는 말이 아니다.

때로는 한 쌍의 남녀가 아직 그들 부모를 의존하고 있을 때 결혼하여 각자의 집안과의 관계를 긴장시키는 때도 있다. 그들이 '집'이라고 할 때는 부모의 집을 의미한다. 만약 그들이 결혼 후에도 부모가 가족의 중심이라고 생각한다면, 그들 자신의 진정한 가정생활은 창조될 수 없을 것이다. 여기에서 문제는 관계하는 모든 사람의 협동 능력에서 문제이다. 때로는 남편의 부모가 노파심에서 자식의 생활에 관해 모든 것을 알고 싶어서 새 가정에 분쟁을 일으키는 때도 있다.

그의 아내는 자신이 충분히 평가받지 못한다고 느끼고 시부모의 간섭에 화를 낼 것이다. 이것은 특히 남성이 부모의 의사를 무시하고 결혼한 경우에 종종 일어나는 상황이다. 그의 부모가 잘못되었을지도 모르고 또한 옳았을지도 모른다. 그들이 만족하지 못한 상태에서 아들은 결혼하기 전부터 그들의 의사를 거역했을지도 모른다. 그러나 일단 결혼한 다음에는 한 가지 방법밖에 없다. 즉, 그들은 자신들의 결혼을 인정받기 위하여 가능한 한 모든 일을 해야만 한다.

남편은 양쪽 가정의 차이를 인정해야만 하고, 그러한 어려움을 이해해야 하며, 그것들에 관해 지나치게 염려할 필요가 없다. 그는 부모의 반대를 그들의 오해에서 나온 잘못된 생각이라는 것과 자기 생각이 정당함을 이해시키도록 최선을 다해야 한다. 남편과 아내가 그들 부모의 그릇된 생각에 굴복할 필요는 없다. 그리고 아내는 시부모가 그들 자신의 행복이나 이익을 위해서가 아니라, 그녀의 행복이나 이익을 생각해 주는 것으로 생각하면 확실히 일은 더 쉽게 해결될 수 있다.

누구든지 아버지에게 가장 확실한 기대를 하게 되는 경우는 직업의 문제이다. 그는 직업을 갖기 위한 훈련을 받아야만 하고 자기 자신과 가족의 생계를 유지할 수 있어야만 한다. 이러한 문제에 있어서 그는 아내의 도움을, 그리고 나중에는 자녀의 도움을 받아야 할지도 모른다. 그러나 오늘날의 문화적인 여러 조건에서는 경제적인 책임은 주로 남성이 지고 있다. 이러한 문제의 해결이라는 것은 그가 자신의 일을 해야만 하고, 때로는 용기가 필요하다는 것과 자신의 직업을 바로 이해하고 그 이점이나 결점을 알아야만 한다는 것, 그리고 자신의 직업에 있어서 다른 사람과 협력할 수 있으며, 그들에게 올바른 생각을 하게 해야 한다는 것을 의미한다.

그 뿐만 아니라, 그는 자기 자신의 태도에 의하여 아이들이 직업의 문제에 직면하는 방법을 배울 수 있도록 도움을 주고 있는 것이다. 그러므로 그는 이 문제를 보다 잘 해결하기 위하여, 즉 전 인류에게 유익하고 인류의 복리에 공헌할 수 있는 일을 하기 위하여 무엇이 필요한지를 이해해야만 한다. 그렇다고 그가 자신의 일을 유익한 것이라고 생각하는 일이 크게 중요하다는 말은 아니다. 중요한 것은 정말 그 일이 유익해야만 한다는 것이다. 우리가 그의 말에 귀를 기울일 필요는 없다. 만일 그가 자신의 일을 이기적인 것이라고 생각한다면 그것은 실로 유감이다. 그러나 동시에 그가 하는 일이 우리들 모두의 복리에 공헌하는 것이라면 그리 해로울 것은 없다.

그런데 지금 우리가 직면하고 있는 것은 사람의 문제, 즉 결혼과 행복을 유익한 가정생활 속에서 창조해 내는 문제이다. 남편에 대해 주로 요구되는 것은 그가 자신의 반려자에게도 관심을 가져야 한다는 것이다. 어떤 사람이 다른 사람에게 관심이 있는지 어떤치를 아는 일은 그리 어렵지 않다. 만일 그가 관심이 있다면 그는 상대방과 같은 문제에 관심을 나타낼 것이고, 상대방의 행복을 스스로 자기 자신의 목표라고 생각할 것이다. 관심을 표시하는 일은 애정에 국한된 문제는 아니다. 여러 가지 의미의 애정이 존재할 수 있으므로, 우리는 그것들이 모든 문제에 적용되는 것이라고 간주할 수는 없다.

그는 자신의 부인에게 있어서 남편인 동시에 동료도 되어야만 한다. 그는 그녀의 인생이 좀 더 즐겁고 좀 더 풍요로울 수 있도록 노력해야 한다. 그는 그녀를 즐겁게 하는 일에 기쁨을 느껴야만 한다. 진정한 협력의 성립은 두 사람이 그들 공통의 행복을 각자의 행복보다 더 중요하게 생각할 때 이루어진다. 그들은 자기 자신보다도 상대방에게 더 많은 관심을 기울여야 한다. 그렇다고 남편이 아내에 대한 애정을 아이들이 보는 앞에서 과장되게 표현해야 한다는 것은 아니다. 부부의 애정은 아이들에 대한 애정과 비교될 만한 성질의 것이 아니다. 그 둘은 전혀 다른 문제이며, 어느 한쪽이 다른 쪽보다 중시되는 일은 있을 수 없다. 그러나 부모가 그들의 애정을 너무 눈에 띄게 표현한다면, 아이들은 때때로 자신들이 부모의 사랑을 받지 않고 있다고 느낄지도 모른다.

그러면 그들은 감정적으로 안정되지 못하고 뭔가 불안을 터뜨리고 싶다는 생각을 가지게 된다. 성적인 협동 관계에서는 더욱 진지하게 받아들여야만 한다. 성적 문제에 관해 설명하는 일에서도 신중한 태도로 임해야 한다. 아버지는 남자아이와 그리고 어머니는 여자아이와 접촉하게 될 때 그들은 각자 자신들의 관점에서 말하지 않도록 주의해야 하며, 아이가 알고 싶은 것만 가르쳐 준다든지, 아이들의 발달 단계에 맞추어 이해할 수 있는 부분만 설명하도록 해야 한다.

간혹 어떤 부모들은 아이들이 올바르게 이해할 수 있는 것보다 훨씬 많은 것을 설명하거나, 아이들이 아직 그것에 대해 준비가 되어 있지 못한 상태에서 흥미나 관심을 불러일으키는 경향이 있다.

그와 반대로 성적 문제가 왜소화되어 마치 그것이 무척 보잘것없는 문제로 취급되어 버리기도 한다. 이러한 풍조는 아이들에게 부정직하고 모든 성적 정보를 금기시했던 그 옛날의 방법보다 반드시 낫다고 할 수가 없다. 아이가 알고 싶어 하는 감정을 이해하고 아이 스스로 생각하고 있는 문제에 성실하게 대답하는 것이 가장 좋은 방법이다. 어른의 기준에서 반드시 알아야 한다고 생각하는 것을 아이에게 강요해서는 안 된다. 우리가 아이 스스로 그 문제를 해결할 수 있도록 도와주는 것이 바로 그 아이가 신뢰감을 느끼도록 해 주는 것임을 명심해야 한다. 그러한 태도를 보인다고 해서 커다란 잘못을 범하는 것은 아니다. 내 아이들이 또래 아이들로부터 성에 대한 잘못된또는 나쁜 설명을 듣게 되는 것은 아닐까 하는 부모의 염려는 그다지 정당한 것이 못 된다.

협동과 독립에 있어 올바른 교육을 받아온 아이는 친구들의 이야기에서 나쁜 영향을 받는 일이 결코 없다. 그리고 아이들은 이러한 문제에 있어서 흔히 어른들보다 훨씬 섬세하다. 그릇된 견해를 수용하도록 교육되지 않는 한 '길거리의 설명'이 아이를 상처 입히는 일은 없다. 오늘날의 사회에 있어서 남성은 사회생활의 경험을 얻기 위해, 그리고 여러 가지의 이점이나 결점을 가진 사회 체계, 또는 모국 및 세계 전반의 도덕적 관계의 체계를 알 수 있는 더 충분한 기회가 열려 있다. 아직은 남성의 활동 영역이 여성의 활동 영역보다 넓다. 그런 까닭으로 이러한 문제에 관해서는 아버지가 자신의 아내나 아이들의 조언자라는 역할을 담당하게 되는 것이다.

자신이 더욱 풍부한 경험을 가졌다는 사실에 자만할 필요도 없고, 또한 그것을 이용해서도 안 된다. 그는 가족을 위한 가정교사가 아니다. 그는 동등한 입장으로 가족에게 충고하고 조언을 해야 한다. 그리고 모든 저항감을 사전에 막아야 한다. 그 결과, 상대방이 그의 말을 인정하게 되면 그는 만족감을 느끼게 될 것이다. 만일 그의 아내가 거부 반응을 보일 때 그것은 그녀가 협력을 위한 올바른 교육을 받지 못한 결과이므로, 남편은 무조건 자신의 견해를 강요하거나 권위를 이용할 것이 아니라, 그러한 저항감을 소멸시킬 방법을 찾아야만 한다. 싸우는 것만이 최선의 방법은 아니다.

금전 문제에서도 지나치게 강조를 하거나 늘 화제의 중심이 되어서는 안 된다. 돈을 벌지 않는 아내로서는 보통 남편들이 생각하는 것보다도 훨씬 민감하게 반응하며, 스스로 자신의 낭비벽이 심하다는 생각하는 상태에서 그러한 비난을 듣게 되면 더욱 깊은 상처를 받게 된다. 재정 문제는 상호 협동적인 방법으로 그 가족의 재정 능력의 범위 내에서 해결되어야 한다. 아내나 아이가 그의 아버지에게 능력 이상의 무리한 요구를 하면 할수록, 그는 그들에게 냉정하게 결심을 이해시켜야 한다. 그리고 부모나 남편에게 의존하고 있다거나, 부당한 취급을 받고 있다는 느낌을 갖지 않도록 비용에 관해서는 처음부터 확실히 해두지 않으면 안 된다.

아버지는 아이들의 미래를 단지 돈에 의해서만 보장할 수 있는 문제라고 생각해서는 안 된다. 언젠가 어떤 미국인이 쓴 흥미로운 책자를 본 적이 있는데, 그 책에는 무척 가난한 집에서 태어난 어느 부자가 어떠한 방법으로 그의 자손들이 몇 대에 걸쳐 빈곤과 속박의 괴로움을 당하지 않도록 노력했는가를 적고 있었다. 그는 변호사를 찾아가서 어떻게 하면 그렇게 할 수 있느냐고 물었다. 변호사는 몇 대 정도를 생각하느냐고 물었다. 그래서 그는 10대 정도면 되겠다고 대답했다. 그러자 변호사는 말했다. "아마도 가능할 것 같군요. 그런데 당신은 10대손이 되는, 당신의 순수한 피가 흐르는 사람이 500명 이상이나 되는 것을 알고 있습니까? 그 500명 이상의 사람들은 당신의 피를 물려받았다고 할 수 있습니다. 그러한 가족이 모두 반드시 당신의 자손이라고 할 수 있을까요?"

여기서 우리는 자신의 자손들을 위한 일은 무엇이나 사회 전체를 위한 일이 된다는 사실의 한 예를 볼 수 있을 것이다. 우리는 동료 인간과의 관계에서 도망칠 수는 없다. 가족 중에 특별히 권위를 가진 사람이 없다면 진정한 협동이 존재하고 있음이 분명하다. 부모는 자녀의 교육에 관한 모든 문제에 있어서 함께 노력하고 협력해야만 한다. 아버지도 어머니도 자식들 사이에서 편애를 갖지 않는 것은 지극히 중요한 일이다. 편애의 위험성은 아무리 극적으로 표현한다 하더라도 부족할 것이다. 어린 시절에 존재하는 거의 모든 패배감은 자신보다 다른 사람이 더 사랑받고 있다는 감정에서 출발한다. 때때로 이러한 감정은 전혀 엉뚱한 경우도 있다.

그러나 진정한 의미에 있어서 애정의 균등함이 이루어지는 곳에서는 이러한 감정이 커갈 수 없을 것이다. 남자아이가 여자아이보다 더 존중되는 경우에는 여자아이가 열등감을 느끼게 되는 일을 피할 수 없다. 아이들은 매우 민감하고 순수한 감정이 있으므로, 일단 자기보다 다른 아이가 더 사랑받는다는 생각을 가지게 되면 그것으로 인해 인생 전체가 달라질 수도 있다. 가끔 한 아이가 다른 아이들보다 빨리, 그리고 더욱 어른스러운 사고를 하는 경우를 볼 수 있다. 그렇게 되면 그 아이를 특별히 편애하지 않는 일은 어려울 것이다. 부모는 그와 같은 편애를 가지지 않도록 충분한 노력을 기울여 현명하게 행동하지 않으면 안 된다. 그리고 더욱 똑똑한 아이가 다른 아이들보다 두드러지지 않도록 해서 다른 아이의 마음에 상처를 입히거나 정서적으로 불안하게 만들지 말아야 한다. 그렇지 않으면 아이들은 자신의 여러 가지 능력에 의혹을 품게 되어 협동하는 능력도 방해를 받게 된다.

아이가 편애를 생각하는 것만으로도 부모는 충분히 그 아이의 마음속에 그늘을 만드는 결과를 초래하는 것이므로, 부모는 항상 세심한 배려를 해야 한다. 그런데 이제 우리는 가족의 협동만큼이나 중요한 역할, 즉 아이들 사이의 협동을 논하는 단계에 이르렀다. 아이들이 서로 평등하다고 느끼지 않는다면, 인류는 사회적 관심에서 결코 충분한 준비가 된 것이 아니라고 할 수 있다. 남자아이와 여자아이가 서로 평등하다고 느끼지 않는 한, 양성의 관계는 가장 큰 곤란을 계속 만들어 갈 것이다. 대부분 사람은 '똑같은 가정에서 자란 아이들이 종종 매우 다르게 되는 것은 무슨 이유일까?' 하고 의아해한다.

어떤 학자는 그것을 유전의 결과로 설명하려고 했다. 그러나 그것은 잘못된 논리임을 알게 되었다. 아이의 성장을 나무의 성장과 비교해 보면, 즉 한 무리의 나무가 함께 성장해 갈 때 각각의 나무는 전혀 다른 상황 속에 있을 것이다. 만일 한 그루가 더 많은 태양을 받고, 더 좋은 양분을 땅에서 혜택을 받아 다른 나무보다 빨리 자란다면 그 성장은 다른 모든 나무의 성장에 영향을 줄 것이다. 그 나무는 다른 나무 위에 그림자를 드리우고, 그 뿌리는 넓게 퍼져 다른 나무의 영양을 흡수해 버릴 것이다. 그 결과 다른 나무는 위축하여 발육 불량이 되어 버릴 것이다. 한 사람만이 두드러지는 가족도 바로 이와 같다고 말할 수 있다. 우리는 가족이라는 테두리 안에서 아버지나 어머니 중 한 사람이 지배적인 지위를 가져야만 한다고 말해 왔다.

종종 있는 일로서, 만일 아버지가 성공한 사람으로서 매우 재능있는 사람일 경우, 그 아이들은 아버지의 업적에 결코 어깨를 나란히 할 수 없다고 느낀다. 그들은 기세가 꺾여 자란다. 인생에 대한 그들의 관심은 저해되어 버린다. 유명인의 자녀가 때로 부모나 사회에 대해 낙담하는 사람이 되는 것은 이러한 이유 때문이다. 아이들로서는 그들의 아버지나 어머니를 추월할 수 있을 듯한 길이 하나도 보이지 않는 것이다. 그 때문에 만일 아버지가 자신의 직업에 있어서 매우 성공했다면, 그는 자신의 성공을 가정에서 결코 자랑삼아 보여서는 안 된다. 그렇지 않으면 아이들의 발육을 방해하게 되어 버릴 것이다.

이상과 같은 문제는 아이들 사이에도 적용된다. 만일 한 아이가 특별하게 잘 자랐다고 하면 대개 그 아이가 가장 주목되어 소중하게 대접받는다. 그 것은 그 아이에게 있어서는 쾌적한 상황이다. 그러나 다른 아이들은 적대감을 느끼고 반발할 것이다. 어떤 인간이라도 자신이 남보다 낮은 지위에 놓이면 화내지도 않고 초조한 느낌도 없이 견딜 수는 없다. 그와 같이 눈에 띄는 아이는 다른 모든 아이를 업신여긴다. 그리고 다른 아이들은 정신적 굶주림에 괴로워하면서 자란다고 해도 과언이 아니다. 그들은 우월을 요구하는 노력을 멈추지 않을 것이다. 왜냐하면, 이 노력은 결코 멈출 수 없기 때문이다. 그러나 그들의 노력은 비현실적으로 혹은 사회적으로 유익하지 않은 방향을 향해 갈지도 모른다.

개인심리학은 아이들이 탄생 순위에 의해 받는 이익이나 불이익을 탐구하는 것에 의해 매우 넓은 연구 영역을 개척해 왔다. 이것에 관한 고찰을 단순화하기 위해 부모가 잘 협동하여 아이에 대한 사랑의 분배에 최선을 다하고 있다고 상상해 보자. 그래도 역시 각 아이의 가족 내의 위치는 커다란 차이를 초래하고 아이들 각자는 극히 다른 상황 속에서 자라가는 것이다. 한 가정 안에 있는 두 아이에 있어서도 상황은 절대 같지 않다는 것을 우리는 재차 강조해야만 한다. 그래서 아이는 각자 자기 자신의 독특한 상황에 자신이 적응시키려고 하는 시도의 결과를 자신의 인생 스타일 속에서 나타내게 되는 것이다.

모든 맏이는 잠깐 독자獨子의 상황을 경험하고, 그리고 나서 둘째 아이의 탄생과 함께 돌연 새로운 상황에 적응하도록 강요된다. 맏이는 일반적으로 많은 주위와 보호와 애정을 받는다. 그리고 가족의 중심인 것에 익숙해져 있다. 그런데 돌연 아무런 준비도 없이 이러한 자신의 지위가 빼앗겼음을 깨닫게 된다. 또 한 명의 아이가 태어나서 맏이는 이제 특별한 대우를 받지 못한다. 아이는 이제 아버지나 어머니의 주의를 자기의 경쟁자와 함께 나누어 가져야만 한다. 이 변화는 항상 커다란 인상을 남기므로, 종종 문제아·신경증 환자·범죄자·알코올 중독자·도착증 환자에 있어서 그들의 문제가 그와 같은 상황 속에서 시작했음을 인정하게 된다. 맏이였던 그들은 경쟁자가 생김을 마음에 깊이 새겼던 사람들이었고, 빼앗겼다는 그들의 감정이 그들의 인생 스타일 전체를 형성해 버렸다.

다른 아이들도 똑같은 방법으로 자기의 위치를 잃을지도 모른다. 그러나 그들은 아마 그것을 맏이만큼 강하게 느끼지는 않는다. 그들은 이미 다른 아이와 협동한다는 경험이 있다. 그들은 자신만이 배려와 주의를 받는 유일한 대상이라고 생각한 적은 없었다. 맏이에게 있어서 그것은 완전한 변화이다. 둘째가 태어났을 때 만일 맏이가 무시당했다면, 그 아이가 그 상황을 마음 편하게 수용하기를 기대할 수 없다. 동생을 원수로 생각했다고 해도 맏이에게 책임이 있다고는 할 수 없다. 물론 만일 부모가 그들의 애정에 관해 맏이에게 확신하여 맏이가 자신의 입장이 확실한 것이라고 믿고 있다면, 그리고 만일 유달리 맏이가 동생에 대해 준비가 되어 있고, 그 아이를 보살피는 데 협동하도록 훈련받고 있다면, 그 위기는 나쁜 영향을 남기는 것 없이 지나갈 것이다.

그러나 일반적으로 맏이는 그에 대해 준비되어 있지 않다. 실제는 새로운 아기가 맏이로부터 주의도, 사랑도, 배려도 빼앗아 버린다. 맏이는 어머니를 자기 쪽으로 끌어들이려 하고, 어떻게 하면 주의를 되돌아오게 할까를 생각하기 시작한다. 이렇게 해서 때로 어머니는 서로 자기가 어머니를 독점하려고 하는 두 아이 사이에 놓이게 된다. 대개 맏이 쪽이 힘을 쓰거나 새로운 거짓말을 생각해 낸다. 우리는 이러한 상황 속에서 맏이가 무엇을 할지 추측할 수 있다. 그 아이는 만일 우리가 그와 같은 입장에서 그와 같은 목표를 추구하고 있다고 하면 틀림없이 우리 또한 할 수 있을 만한 일을 할 것이다.

우리는 어머니를 걱정시키고 어머니와 싸우고, 또 어머니가 도저히 보아 넘길 수 없는 성격을 몸에 익혀 갈 것이다. 바로 맏이도 그와 같은 짓을 할 것이다. 그리고 마지막에 어머니는 더는 인내할 수 없게까지 되어 버릴 것이다. 그 아이는 모든 가능한 수단을 가지고 가장 거친 방법으로 싸울 것이다. 어머니는 그 아이가 일으키는 말썽에 견딜 수 없게 된다. 그리고 그 아이는 이제는 정말 사랑받지 않는다는 것이 어떤 것인지를 경험하기 시작한다. 그 아이는 어머니의 사랑을 받으려고 싸우고 있지만, 결과적으로 그것을 잃게 된다. 자신이 떼어졌다고 느끼고 있던 아이는 자기 자신의 행동이 초래한 결과로서 이제는 정말 떨어지게 되는 것이다. 그래서 그는 자신이 옳았다고 느낀다. '이미 알고 있었던 거야'라고 느끼게 되는 것이다. 다른 사람들은 틀리고, 자기는 옳다는 것이다. 그것은 마치 함정에 빠진 것이고, 발버둥을 치면 칠수록 상황이 나빠지는 것과 똑같다. 자신의 처지에 관한 자기의 생각이 옳다는 것은 그동안 쭉 확인됐다. 모든 것에 있어서 자신이 옳다고 말하고 있을 때 어떻게 싸움을 포기할 수 있을까?

그와 같은 싸움의 모든 경우에서 우리는 각자의 개인적 사정을 잘 조사해야만 한다. 만일 어머니가 윽박지른다면 아이의 화는 높아져서 거칠고 비판적인 아이가 될 것이다. 아이가 어머니에게 반항할 때는 종종 아버지가 아이의 편을 든다. 그러면 그 아이는 아버지의 관심을 끌게 되고, 아버지의 주의와 애정을 받으려고 한다. 아이는 종종 아버지 쪽을 더 좋아하고 아버지에게 기운다. 아이가 아버지 쪽에 기울 때는 언제나 그것이 두 번째 국면임은 확실하다.

아이는 처음은 어머니와 연결되어 있지만, 이제는 어머니에 대한 애정을 잃어버리고 거기서 그 사랑을 어머니에 대한 비난의 방책으로서 아버지 쪽으로 향했다. 아이가 아버지 쪽을 선택한다면, 그 아이가 최근에 비극을 맛본 것임을 알 수 있다. 그 아이는 자신이 무시당하고 있다고 느끼고, 자신이 고려되지 않는다고 느낀 것이다. 그 아이는 그것을 잊을 수 없고 자기의 인생 스타일 전체에 이러한 감정을 쌓아가는 것이다. 그와 같은 싸움은 오랫동안 계속될 것이고, 때로는 한평생 계속되기도 한다. 그러한 아이는 싸우고 저항하기 위한 훈련을 할 것이고, 모든 상황에서 계속 싸운다.

예를 들어 그 아이가 관심을 끌 수 있는 사람이 주변에 아무도 없으면, 그 아이는 절망적으로 되어 애정을 받는 것은 결코 불가능한 일이라고 생각해 버린다. 그렇게 되면 신경질적으로 변해 말이 없고, 남과 함께 어울릴 수 없는 성격을 보이게 된다. 그 아이는 고립되게 된다. 그와 같은 아이의 모든 행동이나 표현은 그가 주목의 대상이었던 과거로 향하게 된다. 이러한 까닭에 맏이는 일반적으로 안달복달하는 방법으로 예전의 관심을 끌게 된다. 그들은 옛날 일을 되돌아보며 이야기하고 싶어 한다. 그들은 과거를 찬미하고 장래에 대해서는 비관적이다. 때로 자신의 권력과 자기가 지배하던 '작은 왕국'을 잃은 아이는 보통 다른 아이들보다도 힘과 권위의 중요성에 관해 이해가 깊다.

그들은 어른이 되었을 때 권위적인 행사에 참여하기를 좋아하고 규칙이나 법의 중요함을 과장한다. 만사는 규칙에 맞추어 이루어져야 하고 어떠한 규칙도 변할 것은 없다. 권력이라는 것은 항상 그것을 가진 자격 있는 사람 안에 유지되어야 할 것이다.

우리는 유년기의 이러한 영향이 강한 보수주의 경향을 초래하는 것임을 이해할 수 있다. 만일 이러한 사람이 좋은 위치를 확보하게 되면, 항상 남이 그의 지위를 빼앗고, 그를 끌어내리려고 하는 의도로 배후에서 따라오지는 않을까 하고 끊임없이 걱정하게 된다.

맏이의 입장이라는 것은 이와 같은 특별한 문제를 일으키기도 하지만, 한 편 그것을 유리한 쪽으로 바꿀 수도 있다. 맏이는 동생이 태어나면 그를 사랑하라고 강요받지만, 사실 자신이 해를 입을 것은 없다. 맏이 중에는 다른 사람을 보살피고 도우려 하는 자세를 몸에 익히고 있는 아이도 있다. 그들은 자신의 부모를 닮도록 교육받아 왔다. 그들은 종종 연하의 아이들에 대해서 아버지의 역할을 연출하고 그들의 시중을 들며, 그들을 가르치고 그들의 복리에 책임을 느끼게 된다.

때때로 그들은 조직에 도움이 되는 위대한 능력을 발휘하기도 한다. 이것은 매우 바람직한 상황이다. 그러나 그것이 다른 사람을 보살피려고 하는 것조차 지나치게 과장되고, 그를 의존적인 사람으로 만들거나 남을 지배하고 싶은 욕망으로 바뀌는 때도 있다. 그러나 내가 접한 바에 의하면, 미국이나 유럽에서 문제아의 비율이 가장 높은 것은 맏이이고 그다음이 막내였다. 이들 두 극단적인 지위가 극단적인 문제를 만들어낸다는 것은 매우 흥미로운 일이다. 우리의 교육학적 방법으로는 아직 맏이의 여러 가지 문제를 해결하지 못하고 있다.

둘째 아이는 전혀 다른 처지에 있다. 그것은 다른 아이와는 비교도 할 수 없는 상황이다. 둘째 아이는 태어날 때부터 혼자만 주목받지 못한다.

맏이보다 덜 협동해야 하는 상황에 놓인다. 그 아이는 자신의 환경에서 만일 맏이가 그에게 도전하거나 밀어내지만 않는다면 매우 좋은 상황이라 할 수 있다. 그의 입장에서 가장 중요한 사실은 그것과는 다른 어떤 것이다. 둘째 아이는 자기 나이보다 훨씬 조숙한 어린 시절을 보낸다. 나이나 발달 정도에도 먼저 태어난 아이가 항상 앞서게 되므로, 둘째는 분발해서 따라가야 한다는 부담을 가지게 된다.

전형적인 둘째 아이는 곧 알아볼 수 있다. 그는 마치 경주라도 하듯이 늘 누군가 자기 앞에서 두세 발 정도 앞서가고 있으므로 성급하게 따라가지 않으면 안 되는 것처럼 행동한다. 그는 항상 활기에 넘쳐 있다. 그는 끊임없이 맏이를 추월하고 정복하기 위해 자신을 훈련한다. 성서에는 수많은 훌륭한 심리학적 고찰이 나타나 있는데, 야곱의 이야기에는 전형적인 둘째의 모습이 묘사되어 있다. 그는 에서Esau의 지위를 빼앗아 맏이가 되기 위하여 에서와 싸우고 에서보다 우수한 사람이 되려고 노력한다. 둘째는 자신이 둘째라는 느낌에 초조해하고 다른 사람을 따라잡아 추월하려고 애를 쓴다. 그리고 가끔은 성공하기도 한다. 둘째는 흔히 맏이보다도 재능이 있고 더 큰 성공을 한다.

이러한 발달에 유전적인 요소가 관계하고 있다고는 볼 수 없다.

만약 그가 맏이보다 더 빨리 발달한다면, 그것은 그가 맹렬하게 노력한 결과이다. 그는 성장하여 가족에게서 독립할 때까지도 가끔 자신이 선도자라는 사실을 이용한다. 결국, 그는 자신보다 유리한 상황에 놓여 있다고 생각되는 사람과 비교하여 그 사람을 앞서기 위해 노력하는 것이다. 이러한 특징은 겉으로 드러나는 생활 속에서만 볼 수 있는 것은 아니다. 그러한 것들은 그 사람의 퍼스낼리티의 모든 표현에서 발견할 수 있고, 또한 그가 꾸게 되는 꿈속에서도 쉽게 볼 수 있다. 예를 들어 맏이는 흔히 떨어지는 꿈을 꾸게 된다.

맏이는 분명 정상에 있으나 이 우월성을 언제까지 유지할 수 있는지는 확실하지 않다. 그에 반하여 둘째는 흔히 경주에 참여하는 꿈을 꾼다. 그는 전차 뒤를 따라가거나 자동차 경기를 하는 꿈을 꾼다. 우리는 때때로 이처럼 꿈속에서 서두르고 있다는 사실만으로도 그 사람이 둘째라는 사실을 추측해 낼 수 있다. 그러나 물론 항상 이런 식으로 고정된 법칙이라고 말할 수 없다. 맏이처럼 행동하는 것은 실제의 맏이뿐만이 아니다. 실제로 중요한 것은 상황에 있어서 단순히 탄생의 순서가 아님은 분명하다. 대가족에 있어서는 훨씬 나중의 아이가 때때로 맏이의 상황에 있는 일이 있다.

가령 두 명의 아이가 계속 태어나고, 그보다 훨씬 나중에 셋째 아이가 태어나고, 그 뒤에 또 두 명의 아이가 계속 태어나는 일도 있을 것이다. 이 경우의 셋째 아이는 맏이의 모든 특징을 나타낼지도 모른다. 이와 같은 이치는 둘째 아이도 적용될 수 있다. 전형적인 둘째 유형이 4, 5명의 아이가 태어난 후에 나타날지도 모른다. 터울이 가까운 두 명의 아이가 함께 성장하여 다른 아이와 떨어져 있는 경우에, 이러한 두 명의 아이는 맏이와 둘째의 여러 특성을 보이게 될 것이다. 때로는 맏이가 경주에서 지는 일이 있다.

그렇게 되면 맏이 쪽이 문제가 되는 것을 알 수 있다. 어느 때는 맏이가 자신의 지위를 지키고 동생을 밀어낸다. 그렇게 되면 이번에는 둘째가 문제를 일으킨다. 맏이가 남자이고, 둘째가 여자인 경우는 맏이에게 있어서 매우 어려운 상황이다. 그것은 맏이가 여자에게 질 위기에 직면하기 때문이다. 그리고 그 일은 아마 맏이에게 중대한 불명예를 느끼게 할 것이다. 남자아이와 여자아이 사이의 긴장은 두 사람의 남자 혹은 여자 사이의 긴장보다 훨씬 크다.

이 투쟁에 있어서 여자 쪽이 편애 되는 듯이 생각되는 이유는 여자 쪽이 16세가 되기까지는 신체적으로도 정신적으로도 남자보다 빨리 성장하기 때문이다. 그러한 경우 남자아이는 싸움을 포기해 버리는 무력한 자가 되고 기가 꺾여 버린다. 그는 이기기 위한 속임수나 야비한 방법을 찾는다. 가령 그는 자랑하기도 하고 거짓말을 하기도 한다. 그 같은 경우에는 거의 틀림없이 여자 쪽이 이기게 된다. 남자아이는 모든 상황에서 다른 길을 모색하게 되고, 여자아이는 여러 문제를 놀라울 정도로 현명하게 해결해 나가는 것을 볼 수 있다. 그와 같은 여러 가지 어려움은 피할 수 있다. 그러나 장애가 생기기 전에 위험을 인식하여 수단을 마련해 놓지 않으면 안 된다.

나쁜 결과를 피할 수 있는 길은 평등하고 협동적인 구성원으로 이루어진 한 단위로서의 가정이라는 울타리뿐이다. 다시 말해서 아이들이 경쟁자 의식 없이 적이 존재한다고 생각하거나, 싸움에 시간을 소비할 이유가 없는 가정에 있어서이다. 모든 다른 아이들에게는 후속자가 있고, 그래서 낮은 지위로 떨어지게 된다.

그러나 막내는 결코 낮은 지위로 떨어지는 일은 없다. 막내에게는 후속자는 없지만 많은 선도자가 있다. 막내는 항상 가족의 귀염둥이고 아마 가장 사랑받는 존재일 것이다. 막내는 사랑받는 아이로서의 여러 가지 곤란에 직면한다. 그러나 막내는 항상 여러모로 자극을 받고 있으며, 경쟁의 기회를 많이 얻게 되므로, 종종 평범하지 않게 발달하고 다른 아이들보다도 빨리 달리며, 그들을 모두 추월하는 때도 있다.

인간의 역사 속에서 막내의 입장은 변하지 않는다. 인류 최고의 이야기에는 막내가 어떤 식으로 해서 형제들을 이기고 있는가 하는 내용이 나온다. 성서를 보면, 정복자는 항상 막내이다. 요셉은 막내로 자랐다. 베냐민은 요셉보다 17년 후에 태어났지만, 요셉의 발달에 아무런 역할도 하지 않았다. 요셉의 인생 스타일은 전형적인 막내의 인생 스타일이다. 그는 언제라도 ― 꿈속에서까지 ― 자신의 우월을 주장하고 있다. 다른 사람은 모두 그의 앞에서 머리를 숙이지 않으면 안 된다. 다른 사람은 모두 그의 앞에서는 그 존재가 희미해진다. 그의 형들은 그의 꿈을 매우 잘 이해한다. 그것은 그들에게 있어서 어려운 일이 아니었다.

왜냐하면, 그들은 요셉과 함께 있었고, 그들의 태도는 실로 분명했었기 때문이다. 요셉이 자신의 꿈속에서 불러일으켰던 감정을 그들도 또한 느꼈다. 그들은 그를 무서워하고 배제하고 싶어 했다. 그렇지만 요셉은 최후의 사람이었기 때문에 최초의 자가 되었다. 나중에 그는 전 가족의 큰 기둥이 되었다. 막내는 종종 전 가족을 지탱할 기둥이 되지만, 그것은 우연한 일은 아니다. 그것은 항상 계속 말해져 왔고, 막내의 힘에 관한 이야기도 많이 있다. 실제로 막내는 매우 유리한 상황에 있다.

결국, 아버지나 어머니나 형들에게 도움을 받아 자신의 야심이나 노력을 크게 자극하고 배후에서 그를 공격하기도 하고 그의 주의를 집중시키게 하기도 한다. 그럼에도 불구하고 이미 보아온 대로 문제아 중에서 두 번째로 많은 비율을 차지하는 것이 막내이다. 그 이유는 일반적으로 가족 전체가 막내를 사랑하는 방법에 있다. 사랑받는 아이는 결코 자립할 수 없다. 그 아이는 자신의 노력으로 성공할 수 있다는 용기를 잃어버린다. 막내는 항상 야심적이다. 그러나 아이들 중에서 가장 야심적인 아이는 게으른 아이다.

게으름이라는 것은 낙담과 결부된 야심의 표시이다.

야심이 지나치게 높으면, 그것을 실현할 희망이 전혀 보이지 않기 때문이다. 간혹 막내는 무엇이든지 하나의 야심이라고 하는 것을 인정하려고 하지 않는데, 그 이유는 막내가 모든 일에 있어서 뛰어나고 싶다고 생각하기 때문이다. 그것은 또 막내가 어떠한 열등감으로 고민하는가 하는 것에서도 쉽게 이해할 수 있을 것이다. 막내의 주변에 있는 사람은 모두 연상이고, 힘도 세고 경험도 훨씬 풍부하기 때문이다.

한편 외동은 독특한 문제를 안고 있다. 그 아이는 경쟁심을 갖고는 있지만, 그것은 형제나 자매를 향한 것이 아니다.

그 아이의 경쟁심은 아버지를 향한다. 외동은 어머니에 의해서 사랑받고 어머니는 그 아이를 잃는 것을 두려워하여, 자신의 곁에 항상 머무르게 하고 싶어 한다. 아이는 소위 '모친 콤플렉스'를 몸에 익히게 되고, 어머니의 앞치마 끈에 매달려 아버지를 배제하고 싶다고 생각하게 된다. 만일 부모가 협동하여 어린이가 부모 양쪽에 관심을 두도록 교육하면 피할 수 있는 문제이다. 그러나 대개 아버지는 자녀보다도 어머니 쪽으로 마음을 기울이고 있다. 맏이는 종종 외동과 닮았다. 맏이는 아버지를 정복하기를 원하며, 자기보다 연상의 사람을 좋아한다.

외동은 종종 자신의 뒤에 남동생이나 여동생이 생기지는 않을까 하고 매우 두려워한다. 가족의 친구들은 '남동생이나 여동생이 있어야 한다'라고 말한다. 그리고 막내는 그러한 예측을 무척 싫어한다. 막내는 항상 주목의 대상으로 있고 싶어 한다. 그 아이는 그것이야말로 자신의 권리라고 느끼고 있으며, 만일 자신의 뜻이 위협받게 되면 그것은 매우 큰 부정이라고 느끼는 것이다. 나중에 그 아이가 이미 주목의 대상에서 벗어나게 되면 많은 곤란을 느끼게 된다. 그 아이의 발달에 있어서 또 하나 위험한 점은 그 아이가 부정적인 환경 속에 태어나는 경우이다.

만일 부모가 육체적인 이유로 더는 아이를 가질 수 없다면, 부모는 외동의 여러 문제를 해결하기 위하여 몰두할 수밖에 없다. 그러나 종종 이러한 외동은 좀 더 많은 아이를 기대할 수 있는 가정에서 발견되기도 한다. 부모는 두려움으로 상당히 비관적이다. 그들은 한 명 이상의 아이를 가졌을 때는 경제적인 문제를 해결할 수 없다고 느끼고 있다. 집안의 분위기는 불안으로 가득 차 있고 아이는 매우 괴로워한다. 만일 아이들의 터울이 너무 길때, 아이들은 각각 외동의 특징을 몇 가지씩 갖게 될 것이다. 그러한 상황은 그다지 바람직한 것은 아니다.

나는 자주 "몇 년 간격이 가장 좋다고 생각하십니까?" "아이들의 터울은 짧은 편이 좋습니까, 그렇지 않으면 긴 편이 좋습니까?"라는 질문을 받는다. 나의 경험으로 말하면, 3년 정도가 가장 좋은 간격이라고 말하고 싶다. 아이는 세 살이 되면 동생이 태어나도 협동할 수 있다. 이미 그 아이는 가족 중의 한 명 이상 아이가 있는 것을 알고 이해할 만큼의 지력을 갖게 된다. 그러나 그 아이가 한 살 반 정도나 두 살이라면, 그를 이해시킬 수가 없다. 그 아이는 아직 부모가 말하는 것을 모른다.

여자아이뿐인 가정에서 혼자만이 남자인 아들의 장래에는 어려움이 많다. 그는 완전히 여성적인 환경 속에 있다. 아버지는 대개 집에 없다. 그는 다만 어머니와 누나들인 여성의 심부름을 하게 된다. 그는 집안에서 자신만 다른 사람이라고 느껴 소외되어 자란다. 이것은 특히 여성들이 하나가 되어서 그를 공격할 때에 그렇다. 그녀들은 모두 그를 교육하지 않으면 안 된다고 생각하거나, 그가 자만할 자격이 없다는 생각을 심어주고 싶다. 여기에는 상당한 적대감이나 경쟁자 의식이 존재한다. 만일 그의 서열이 중간에 위치한다면 그는 최악의 처지에 놓여 있는 것이다. 왜냐하면, 양쪽에서 공격이 이루어지기 때문이다.

만일 그가 맏이라면, 그는 매우 예리한 경쟁자인 여동생에 의해서 쫓길 위험성이 있다. 만일 그가 막내라면 귀염둥이가 된다. 여자들 속에 있는 단 한 명의 남자아이일 경우에는 아무도 그다지 좋아하지 않는 타입이다. 그러나 그가 다른 아이들과 접할 수 있는 사회생활이 있다면 문제는 한결 쉽게 해결될 수 있다. 그렇지 않으면 그는 여자아이들에게 둘러싸여 여자처럼 행동하게 될지도 모른다. 여성적인 환경이라는 것은 양쪽 성이 합쳐진 환경과는 전혀 다른 것이다.

가령 한 아파트에 거주하는 사람들을 취미에 의해서 구분해 보자. 여성이 사는 아파트는 아마 좀 더 아담하고 단정하게 되어 있을 것이고, 색깔도 주의 깊게 선정되어 구석구석까지 잘 조화를 이룰 것이다. 만일 남성이나 청년이 사는 아파트는 여성의 아파트만큼 깨끗하게는 되어 있지 않을 것이고, 좀 더 황량하고 소란스러울 것이며, 가구도 자주 손상될 것이다. 그런 상황에서 여성들 틈에 끼어 혼자서 자라난 남자아이는 여성적인 취미나 인생관을 가지고 자라기 쉽다.

그와 반대로 어떤 남자아이는 그러한 분위기에 대해서 강하게 저항하고 자신이 남성인 것을 매우 자만할지도 모른다. 그렇게 되면 그는 여성에게 지배되지 않기 위해서 항상 조심하게 될 것이다. 그는 자신이 여성과는 다르다는 우월성을 주장해야만 한다고 느낄 것이다. 거기에는 긴장이 뒤따르게 될 것이다. 그의 발달은 극단적으로 달리게 될 것이다. 그는 매우 강한 자가 되든지, 아니면 매우 약한 자가 될 것이다. 그것은 연구와 치료가 필요한 상황이다. 이러한 상황은 매일 접하게 되는 것은 아니다. 우리는 그것에 대해 말하기 전에 더 많은 경우를 조사해야만 한다.

비슷한 방법으로 남자들 틈에 끼인 한 명의 여자아이는 매우 여성적이거나, 매우 남성적인 자질이 있음을 발견하는 일은 어렵지 않다. 그러한 여자아이는 종종 일생을 불안정하고 무력하게 보내는 일이 있다. 내가 어른을 치료할 때, 나는 그들의 유아기에 존재했던 여러 가지 인상이 성장하면서 계속 남아 있고 영원히 계속되는 것임을 발견했다. 그리고 특히 가족 내의 위치는 인생 스타일에서 지우기 어려운 인상을 남기는 것이다.

모든 발달의 장애는 가족 내의 경쟁자 의식과 협동의 결여 때문에 형성된다. 우리가 주위의 사회생활을 둘러보고, 왜 경쟁자 의식과 경쟁이 가장 분명한 국면을 이루고 있는가를 자문해 보면 ― 그것은 실로 우리 사회에 있어서만이 아니라 우리들의 세계 전체가 그렇지만 ― 사람들은 어디에서나 모든 사람을 제치고 다른 사람들보다 우수한 자가 되려는 목표를 추구하고 있다는 것을 인정할 수밖에 없다. 이 목표는 유아기 초기 훈련의 결과이며, 자신을 가족 전체 속에서 평등한 구성원의 한 사람이라고 느낄 수 없었던 아이들의 경쟁심의 결과인 것이다. 우리는 아이들이 협력하도록 훈련하는 것으로 이러한 장애를 제거할 수가 있다.

제7장
학교의 영향

Alfred Adler; The Man & His Work, Hertha Orgler

학교란 가정의 범위가 좀 더 넓게 확장된 곳이다. 만일 부모가 자녀의 훈련을 전담하고 인생의 제반 문제를 해결하는 데 자녀들을 충분히 적응시킬 수만 있다면, 학교 교육은 필요 없을 것이다. 다른 문화권을 보면, 종종 자녀는 거의 완전히 가정에서 훈련을 받는다. 직인職人은 자기 자녀들을 자신의 손재주로 교육하고 그의 부친으로부터 배워 온, 그리고 실제 경험을 통해 익힌 기술을 자녀에게 가르친다.

그러나 오늘날 우리들의 문화는 한층 더 복잡한 것을 우리에게 요구하고 있다. 그래서 부모의 일을 가볍게 해 주기 위하여, 그리고 그들이 시작한 것을 계속 시키기 위하여 학교가 필요하게 되었다. 사회생활은 그 구성원에게 우리가 가정에서 받을 수 있는 것보다 더욱 고도의 교육을 요구하고 있다. 미국의 학교는 유럽 학교의 발달 과정에서 일어난 모든 국면을 경험하지는 않았지만, 그럼에도 불구하고 권위주의적 전통의 유물이 많이 눈에 띈다. 유럽의 교육사를 보면, 초창기에는 교육이라고 할 만한 것을 받았던 사람은 왕자와 귀족뿐이었다. 가치가 부여되어 있었던 사회의 구성원은 오직 그들뿐이었고, 다른 사람들은 자기에게 부과된 일을 하는 것만이 요구되고 있었으며, 그 이상의 희망 따위는 가질 수 없었다. 훗날 사회 분야는 넓혀져 갔다. 그래서 교육은 종교 시설로 계승되고 선택된 몇몇 사람들이 종교·예술·학문·직업 훈련의 영역에서 훈련을 받을 수 있게 되었다.

산업 기술이 발달하기 시작하자, 이러한 형태의 교육으로는 부족함을 많이 느끼게 되었다. 좀 더 폭넓은 교육을 추구하고자 하는 노력이 계속되었다. 당시의 마을 학교 교장 중에는 구두 집 주인이나 재봉틀 집 주인이 많았다. 그들은 막대기를 손에 들고 가르쳤지만, 교육 효과는 대단히 빈약한 것이었다. 종교 학교와 대학만이 예술이나 학문을 가르쳤고, 때로는 황제들조차 읽고 쓰는 것을 하지 못했다. 점차로 노동자들에게도 읽고 쓰고 덧셈·뺄셈하는 것이 필요하게 되고, 그리하여 우리가 알고 있는 공립 학교라는 것이 설립되게 되었다.

그러나 이들 학교는 항상 정부의 이념에 따라 설립되었다. 당시의 정부는 상류 계급의 이익을 위하여 훈련을 받고 군대를 만들기 위한 순종적인 신하를 만드는 데 학교 설립의 목적을 두고 있었다. 물론 학교의 교과도 이 목적에 입각한 것이었다. 나 자신도 오스트리아에서 이러한 상태가 일부 남아 있었던 시대를 기억할 수 있다. 결국, 하층 계급을 위한 교육이라고 하는 것이 그들을 순종적인 인간으로 만들며, 그들 신분에 어울리는 일에 적합하게 만들기 위함에 그 목적을 두고 있었다. 그러나 이런 식의 교육이 시대에 부적합하다는 인식이 더욱더 명백해져 갔다. 자유 의지가 커지고 노동 계급이 강해지면서 좀 더 높은 요구를 하게 되었다. 공립 학교는 이러한 요구에 적응할 수밖에 없었다. 그리고 드디어는 어린이들이 스스로 사고할 수 있도록 가르침을 받아야 하며, 문학이나 예술이나 모든 과학 분야와 접할 기회가 주어지고, 인간의 모든 문화를 배우고 거기에 공헌하도록 육성되어야만 한다는 교육 이념이 싹트게 되었다. 우리는 이제 단지 돈을 벌기 위하여 산업 조직의 하부 구성원으로서 어떤 지위를 차지하기 위해 자녀들을 교육하려 하지는 않는다. 우리는 이웃과 친구가 될 수 있는 사람을 원하고 있다. 우리는 문화라고 하는 공동의 작업을 통하여 평등하게 자립할, 책임 있는 협동자를 필요로 하고 있다.

학교의 개혁을 제창하는 자들은 모두 그들이 알고 있든 알고 있지 않든 간에 사회생활 속에서 협동의 정도를 증대시키는 방법을 연구하고 있다. 이것이 인격 교육 필요성의 배후에 있는 목적이다. 그리고 만일 우리가 그것을 이 점에 비추어 이해한다면, 분명히 정당한 요구일 것이다. 그러나 교육의 목표와 기술은 전체로서는 아직 충분히 이해되고 있지는 못하다.

어린이들을 단지 돈을 벌기 위함뿐만 아니라, 인류에게 있어서 진정으로 일할 수 있도록 훈련을 시킬 수 있는 교사를 육성하지 않으면 안 된다. 그들은 이 일의 중요성을 느껴야 하며, 그것을 성취하도록 훈련을 받아야만 한다.

인격 교육은 아직 시행 단계에 있다. 그러나 법정은 우리의 그러한 고찰로부터 제외되어 있다 ― 지금까지도 그곳에서는 조직화한 인격 교육을 위한 제도적인 시도는 이루어지고 있지 않다. 그러나 학교조차도 그다지 만족할 만한 결과를 만들지 못한다. 그 이유는 가정생활에서 실패해 버린 어린이들이 학교에 오고 있지만, 그들이 모든 수업이나 훈계를 받고 있음에도 불구하고 그들의 결정적인 잘못은 감소되어 가지 않고 있다는 사실이다. 그러므로 학교란 단지 자녀들의 발달을 이해하도록 교사들을 훈련하는 이외에는 아무런 역할도 남아 있지 않다고 할 수 있다.

이것은 나의 연구에 있어서 커다란 부분을 차지해 왔다. 그리고 나는 빈에 있는 학교 대부분은 다른 지역의 학교보다 수준이 높다고 믿고 있다. 물론 다른 곳에도 어린이들의 상태를 진찰하고 충고해 주는 정신과 의사들이 있기는 하지만, 그 충고를 실행에 옮기는 방법에 있어서 교사가 동의하고 이해해 주지 않는다면 아무런 도움이 되지 않을 것이다. 정신과 의사는 어린이를 일주일에 한 번이나 두 번 ─ 간혹 하루에 한 번씩 ─ 진찰할지도 모르지만, 그는 환경이나 가족이나 학교 자체로부터 받는 수많은 영향을 실제로는 알지 못한다.

그 의사는 그 어린이가 좀 더 좋은 영양을 섭취해야만 한다든가, 갑상선치료를 받아야만 한다든가 하는 사항을 진찰 기록부에 써넣을지도 모른다. 그는 간혹 교사에게 어린이의 개인적 치료를 위하여 힌트를 줄지도 모른다. 그러나 대개의 교사는 처방의 목적을 알지 못하고, 실수하지 않을 충분한 경험을 쌓고 있지도 않다.

교사는 자신이 어린이의 성격을 이해하고 있지 않은 한 아무것도 할 수 없다. 따라서 정신과 의사와 교사와의 면밀한 협력이 필요한 것이다. 교사는 정신과 의사가 알고 있는 모든 것을 알고 있어야 한다. 그것은 그 어린이의 문제를 토론한 후에 교사 혼자의 힘으로도 그 이상의 도움 없이 진행해 나갈 수 있도록 하기 위해서이다. 만일 무언가 예기치 못했던 일이 일어난다면 교사는 스스로가 취해야 할 행동을 알고 있지 않으면 안 된다만일 정신과 의사가 그 자리에 있었다면 조언해 주었을 그 내용대로. 가장 실제적인 방법은 우리가 빈에 설립한 고문 회의와 같은 것으로 생각한다.

어린이가 처음으로 학교에 갈 때, 그는 사회생활에 있어서 새로운 시험에 직면하는 것이며, 이 시험은 그가 발달하는 과정에서 저지르는 어떠한 잘못도 명백히 밝혀 줄 것이다.

이제 그는 지금까지 보다도 넓은 영역에서 협동해 나가지 않으면 안 된다. 그리고 만일 그가 가정에서 지나치게 귀여움을 받아 왔다고 한다면, 그는 아마 그가 보호받은 생활에서 벗어나 다른 어린이와 똑같이 취급받고 생활하기를 원하지 않을 것이다. 이와 같은 식으로 응석받이 어린이의 경우에는 학교에서의 출발 첫날에 사회 감정의 한계가 보이는 것이다. 그 어린이는 아마도 울며불며 집으로 바래다 달라고 조를 것이다. 그 어린이는 학교에서의 공부나 교사 따위에는 관심을 기울이지 않을 것이다. 그는 또한 친구의 말에도 귀를 기울이지 않을 것이다. 왜냐하면, 그는 항상 자기의 일만 생각하고 있기 때문이다. 만약 그가 자신에게만 계속해서 관심을 기울인다면, 학교에서의 모든 활동은 뒤처질 수밖에 없다는 사실을 쉽게 느낄 수 있을 것이다.

문제아 부모들은 종종 우리에게, 자기 자녀는 집에서는 아무런 문제를 일으키지 않는데, 학교에 있을 때만 문제가 발생한다고 말한다. 우리는 그 어린이가 집에서는 특별히 좋은 상황 속에 있다는 것을 추측할 수 있다. 거기에서는 아무런 시험도 그에게 부과되지 않고, 발달상 다른 어린이들과의 차이점도 드러나지 않는다. 그러나 학교에서는 더이상 어리광을 피우지 못하며, 그는 그러한 상황을 패배라고 느끼는 것이다.

어떤 어린이가 학교에 가기 시작한 첫날부터 교사가 말하는 모든 것을 조소했다. 그 어린이는 어떠한 교과에도 전혀 관심을 나타내지 않고, 주위 사람들로부터 두뇌 발달이 늦은 아이로 취급되고 있었다. 나는 그 아이를 진찰했을 때 "너는 왜 항상 학교의 모든 일을 비웃고만 있니? 모두가 의아하게 생각하고 있단다" 하고 물었다. 그러자 그는 "학교라고 하는 곳은 부모님이 조작한 놀림터예요. 부모님은 나를 바보로 만들기 위하여 학교에 억지로 보내는 거예요"라고 대답했다. 그는 집에서 너무나 놀림을 받고 자랐기 때문에, 새로운 상황은 모두 그에 대한 놀림이라고 확신하고 있었다. 얼마 후, 나는 그에게 그가 자신의 존엄을 지키기 위한 필요성을 지나치게 강조하고 있다는 사실과, 누구나 다 그를 바보로 만들려고 하고 있지는 않다는 것을 이해시킬 수 있었다. 그 결과, 그는 교과에 흥미를 가질 수 있었고 좋은 방향으로 성장해 나갈 수 있었다.

자녀들이 직면해 있는 곤란함을 간파하고 부모의 잘못을 바로잡아 주는 것이 바로 학교 교사의 과제인 것이다. 교사들은 간혹 학교라고 하는 더 넓은 사회생활을 위한 준비가 이미 갖추어진 어린이들을 발견하곤 한다. 이 어린이들은 가정에서 이미 다른 사람들에게 관심을 두도록 훈련받아 온 것이다. 하지만 아직 준비되어 있지 않은 어린이도 있다. 어떤 사람이 어느 문제에 대하여 아직 준비되어 있지 않을 때는, 그 사람은 언제나 망설이거나 꽁무니를 빼거나 한다. 무언가 뒤처져 있는 어린이는 ─ 분명 정신지체인은 아닌 ─ 모두 사회생활에 대한 적응이라고 하는 문제를 앞에 두고 망설이고 있는 모습을 발견할 수 있다. 그리고 교사는 그 어린이가 새로운 생활에 직면하는 것을 돕기 위한 최선의 상황에 놓여 있는 사람이다.

그런데 그때 그는 어떠한 식으로 도와야만 할 것인가? 교사는 바로 어머니가 해야만 할 일, 즉 그 자녀를 자기 자신과 결합하고 타인에게 관심을 두게 해야 한다. 그 어린이가 갖는 외적 관심이야말로 그 어린이의 장래의 모든 적응이 걸려 있는 것이다.

그 어린이는 엄하게 하는 것이나 벌하는 것에 의해서는 결코 외부에 관심을 두게 되지는 않는다. 어린이가 학교에 와서 자기 선생님이나 친구들과 교제하는 것이 어렵다고 생각될 때, 해서는 안 될 것 중 가장 우선시되는 것은 그 아이를 비판하거나 힐책하는 일이다. 이러한 방식은, 그가 '학교를 싫어하는 것은 정당한 것이구나'라고 분명하게 인식하도록 만들어 줄 뿐이다. 솔직히 말해서 만일 내가 학교에서 항상 야단을 맞거나 비난받고 있는 어린이라고 하면, 나는 나의 관심을 선생님으로부터 될 수 있는 한 멀리 떨어지게 하려 할 것이다. 나는 학교 따위를 피하여 무언가 새로운 상황에 들어갈 방법을 모색할 것이다.

그리하여 이러한 어린이들은 주로 위장 결석을 하거나 품행이 좋지 못한 학생이 되거나, 바보처럼 보이거나, 다루기가 어려운 아이가 되거나 하는 것이다. 그러나 그들은 사실 바보가 아니다. 그들은 종종 학교에 출석하지 않기 위한 구실을 거짓으로 꾸미거나, 부모님으로부터의 편지를 위조하는 대단히 천재적인 능력도 발휘한다. 하지만 학교 밖에서 그들은 그들보다도 앞서서 위장 결석을 하는 다른 어린이들을 발견한다. 그들은 이러한 친구들로부터 학교에서보다도 훨씬 많은 인정을 받는다.

그리하여 그들이 관심을 두게 되는 그룹, 그들이 스스로 가치 있는 존재라고 느끼는 곳은 학교의 교실이 아닌 문제아들의 집단이 되는 것이다. 우리는 이러한 상황 속에서 전체 중 일부로서 교실 속으로 받아들여지지 못한 어린이들이 어떻게 하여 범죄자로서의 경력을 향하여 자신들을 훈련하기 시작하는가를 이해할 수 있다.

교사가 어린이들의 관심을 끌려고 한다면, 그는 이전에 어린이들의 관심이 어떠한 것이었는가를 이해하고, 그 어린이가 자기가 가진 관심사뿐만 아니라, 다른 관심사를 가지고서도 성공할 수 있다는 것을 그 어린이에게 확신시키는 데 노력해야 할 것이다. 만일 어린이가 한 가지 점에서 확신하게 하면, 다른 점에도 관심을 두도록 자극을 주기가 아주 수월하다. 그러므로 우리는 처음부터 그 어린이가 외부 세계를 어떻게 보고 있는가, 어느 감각 기관이 그의 주의를 가장 많이 끌고 있는가, 그리고 어떤 기관이 가장 활발히 훈련받아 왔는가를 발견해 내야 한다. 어떤 어린이는 보는 것에 가장 흥미를 느끼고, 어떤 어린이는 듣는 것에, 어떤 어린이는 움직이는 것에 가장 흥미를 갖는다.

시각형의 어린이들은 눈을 사용해야만 되는 교과, 예컨대 지리나 미술에 흥미를 갖도록 하기가 쉽다. 그러한 어린이에게 교사가 아무리 열심히 강의해도 그들은 귀를 기울이려고 하지 않는다. 왜냐하면, 그들은 청각적 주의에 그다지 길들어 있지 않기 때문이다.

만일 이러한 어린이에게 눈을 사용하여 배울 기회가 주어지지 않는다면, 발달이 늦은 아이로 전락해 버리는 것이다. 그들은 아무 능력도 재능도 없는 아이라고 취급되거나 혹은 유전 탓이라고 여겨지거나 한다. 나는 여기에서 어린이의 교육이 전문화되어야만 한다는 식의 내용을 제창하고 있는 것은 아니다. 내가 말하고자 하는 것은, 크게 발달하여 온 흥미는 다른 것에 관한 관심도 가질 수 있도록 어린이를 격려하는 데 사용되어야 한다는 것이다. 현대에 와서는 모든 교과가 어린이들의 모든 감각을 총동원시키는 방식으로 교육하는 학교가 있다. 예를 들면 모형 만들기나 그림 그리는 연습이 수업 시간마다 병행해서 행해지고 있다. 교과를 가르치는 최고의 방법은 일상생활 전체와 관련지어서 가르치는 것이다. 그것에 의해 어린이들은 가르침을 받는 목적과 자신들이 배우고 있는 것의 실제적 가치를 이해할 수 있기 때문이다.

'어린이들에게 모든 교과를 가르치는 쪽이 좋은가, 아니면 스스로 사고할 수 있도록 교과를 병행해서 가르치는 쪽이 좋은가?'라는 문제가 종종 제기된다. 그러나 나는 이 두 가지 문제가 날카롭게 대립만 되는 것이 아니라, 양쪽의 방법을 조화롭게 결부시킬 수 있을 것으로 생각한다. 말하자면 수학을 가르칠 때 집을 짓는 것과 관련지어서 어느 정도의 목재가 필요한가, 몇 사람이 거기에 살게 되는가 하는 것 등을 스스로 생각하게 해 주는 것이 대단히 유익한 공부가 될 것이다. 교재에 따라서는 그처럼 병행해서 가르치는 것이 쉬울 때도 있겠고, 생활의 어느 한 부분을 다른 부분과 결부시키는 것을 무척 흥미로워하는 학생도 종종 눈에 보일 것이다.

예를 들면 어떤 교사는 어린이와 함께 산책하면서 어린이들이 무엇에 가장 흥미를 갖고 있는가를 발견할 수 있을 것이다. 그 교사는 어린이들에게 식물의 구조·식물의 진화와 용도, 기후의 영향, 어느 한 나라의 물리적 특정, 인류의 역사나 인생의 거의 모든 국면에 대해서 동시에 가르칠 수 있을 것이다.

물론 우리는 그 교사가 자신이 가르치고 있는 어린이들에게 진심으로 관심이 있다는 것을 전제로 해야 한다. 그러나 만일 이러한 전제가 불가능하다면 어린이의 교육에는 아무런 희망도 없는 것이다.

오늘날에는 어린이들이 처음으로 학교에 입학할 때에, 그들은 일반적으로 협동을 위해서라기보다도 경쟁을 위하여 더 잘 준비되어 있음을 알 수 있다. 더구나 경쟁을 위한 훈련은 그들의 학창 시절을 통하여 계속되고 있다. 이것은 어린이들에게 있어서 하나의 수난이다.

그리고 차라리 그 어린이가 선두에 서서 다른 어린이를 때려눕히게 되었다고 해도, 뒤처져서 노력하는 것을 포기해 버리는 것보다는 오히려 해가 적을지도 모른다. 그러나 그 어느 쪽 경우에도, 그가 주로 관심이 있는 것은 자기일 뿐이다. 타인을 위하여 공헌하고 타인에게 도움이 되는 것은 그의 관심 밖의 일이며, 오로지 자신을 위해서 할 수 있는 것을 확보하는 것만이 그의 목적이 되는 것이다.

가족이라고 하는 것이 각 구성원 전체가 평등한, 전체 중 일부와 같은 단위이어야만 하듯이, 학교의 학급도 역시 그러한 것이어야만 한다. 어린이들이 이러한 식으로 훈련을 받는다면, 어린이들은 서로에게 진심으로 관심이 있고 서로 협동하는 것을 즐거워할 것이다. 나는 어린이들이 친구의 관심과 협동으로 그 태도가 완전히 뒤바뀌어 문제아가 된 많은 경우를 보아왔다. 그중에서 특히 기억에 남는 한 어린이의 예를 들어보겠다.

그 아이는 자신에게 모든 사람이 적대감을 느끼는 가정에서 자란 어린이로서, 학교에서도 역시 사람들이 자신을 적대시할 것으로 예측하였다. 학교에서의 그의 성적은 무척 나빴다. 그리고 이 사실을 전해 들은 부모는 집에서 그 아이를 호되게 꾸짖었다.

이러한 상황은 너무나 자주 일어나는 일로서 어린이가 나쁜 성적을 받으면 그는 학교에서 야단을 맞고, 그것을 집에 갖고 돌아가면 또 야단을 맞는다. 그와 같은 경험은 한 번만으로도 어린이를 실망하게 하기에 충분한 데도 벌을 두 번씩이나 반복하는 것은 어린이에게 있어서는 너무나 가혹한 일이다. 그러한 어린이가 계속해서 나쁜 성적을 받고 학급에서 문제아로 남는다고 해도 결코 이상한 일은 아니다.

그러나 이 어린이는 결국 자기의 상황을 이해해 주는 교사를 만나게 되었다. 이 교사는 다른 어린이들에게 이 어린이가 왜 모든 사람이 자기의 적이라고 믿게 되었는가를 설명해 주었다. 이 교사는 모두가 그의 친구라는 것을 그에게 확신시키기 위하여 다른 어린이들의 협력을 구했다. 그리고 얼마 후, 이 어린이의 모든 행동과 학업의 진전은 믿을 수 없을 정도로 개선되어 갔다.

때로 어떤 사람들은 이러한 경우에 어린이들을 정말로 서로 이해하고 도울 수 있도록 훈련할 수 있는가를 의심한다. 그러나 나의 경험에 의하면, 어린이들은 종종 어른들보다도 훌륭히 이해한다. 어느 날, 한 어머니가 두 아이 - 두 살짜리 여자아이와 세 살짜리 남자아이 - 를 데리고 왔다. 그런데 여자아이가 테이블 위로 기어 올라갔다. 그 어머니는 기절할 듯이 깜짝 놀라고 너무나 걱정한 나머지, 그 자리에서 꼼짝도 못 한 채 그저 "내려와라, 내려와라!" 하고 큰소리로 외칠 뿐이었다. 그 여자아이는 어머니의 외침소리를 전혀 개의치 않았다. 그때 그 여자아이의 오빠가 "거기에 그대로 있어라!" 하고 말했다. 그러자 그 여자아이는 곧 테이블에서 내려왔다.

그것은 오빠 쪽이 어머니보다도 그 여자아이를 더 잘 이해하고 있었으므로, 그 상황에서 어떻게 해야 좋을지를 알고 있었다. 학급의 통일과 협동을 촉진하기 위하여 자주 제기되는 안건은 자치에 어린이들이 맡긴다고 하는 것이다. 그러나 그러한 시도는 신중하게 이루어지지 않으면 안 된다. 즉, 교사의 지도로 어린이들이 정확하게 준비가 갖추어져 있다고 하는 확인하에서 이루어져야만 하는 것이다.

그렇지 않으면 어린이들은 자치라고 하는 것에 대해 그다지 진지하게 생각하지 않고, 그것을 일종의 게임으로 간주해 버리게 되는 경우가 종종 발생하게 된다. 그 결과 그들은 교사보다도 훨씬 엄격하고 가혹하게 되거나, 아니면 그들의 집회를 개인적 이익을 얻기 위해서라든가 싸움을 공개하기 위해서, 또 서로를 비방하기 위해서라든가 우월한 입장을 획득하기 위해서 이용하게 될 것이다. 처음에는 교사가 유심히 지켜보며 충고해 주는 것이 반드시 필요하다. 만일 우리가 어린이의 정신적 발달에 있어서 현재의 수준·성격·사회적 행동을 밝혀내려고 한다면, 일정한 형태의 시험을 피할 수는 없다. 사실 때로는 지능 테스트와 같은 시험이 어린이에게 있어서 구세주가 되는 때도 있다.

예를 들면 어떤 소년이 학교에서의 성적이 나빠서, 교사는 그를 좀 더 낮은 수준의 학급에 편성시키려 했다고 하자. 그래서 그에게 지능 테스트를 시행해 본 결과, 그는 사실은 상급반으로 진급할 수 있는 정도의 지능을 갖고 있다는 것을 알게 되었다. 그러나 우리는 어린이의 장래에 있어서 성장의 한계를 결코 예언할 수 없다는 것을 인식하고 있지 않으면 안 된다. 지능지수라고 하는 것은 어린이가 직면하고 있는 여러 가지의 곤란한 상황을 이해하고, 그러한 상황들을 극복하는 방향을 발견하기 위한 목적으로만 사용돼야 한다.

나 자신의 경험에서 볼 때, 지능지수란 만일 올바른 방법을 발견해 내기만 한다면 반드시 변할 수 있는 것이라고 ― 지적장애의 정도만 아니라면 ― 생각한다. 나는 어린이들이 지능 테스트를 즐겨 사용하고, 그것에 익숙해져서 이미 형식을 알아차리고 이러한 형식의 테스트에 경험을 쌓는 것이 허락되면, 그들의 지능지수는 훨씬 좋아질 수 있다고 확신하고 있다. 지능지수는 어린이의 장래의 가능성을 운명이나 유전으로 정해진, 고정적인 한계와 같이 간주하여서는 안 될 것이다.

또한, 어린이 자신에게도, 어린이의 부모에게도 그 어린이의 지능지수를 알려서는 안 된다. 그들은 테스트의 목적을 알고 있지 않으며, 테스트가 마치 최후의 심판인 것처럼 생각할지도 모른다. 교육에 있어서 가장 곤란한 일이 발생할 때는, 어린이가 어느 한계에 부딪힐 때가 아니라, 그 어린이가 자신의 한계점을 스스로 제한시켜 버릴 때이다. 만일 어린이가 자신의 지능 지수를 알게 된다면, 그 어린이는 절망감에 휩싸이고 자신에게 있어서, 성공이란 꿈도 꾸지 못할 일이라고 굳게 믿어 버릴지도 모른다. 우리는 교육을 통하여 어린이들의 용기와 관심을 확대해 줌으로써 그 어린이가 스스로 자신의 인생을 해석하고, 자기 자신의 역량에 부과된 한계점들을 제거하는 데 전념할 수 있도록 도와야 할 것이다.

성적에 대해서도 이와 마찬가지로 말할 수 있다. 교사는 어린이에게 나쁜 성적이 나왔을 때 그것이 어린이에게 더욱 열심히 노력하도록 자극을 주어야 한다는 것이라 믿고 있다. 그러나 만일 그 어린이의 가정이 엄격한 교육 방침을 내세우고 있다면, 그 아이는 자신의 성적표를 집에 갖고 가기를 두려워할 것이다. 그는 집에 돌아가는 것을 꺼리거나 성적표를 위조할지도 모른다. 때로는 그러한 상황에서 자살하는 어린이도 있다. 그 때문에 교사들은 항상 이 일로 인해 나중에 어떤 일이 일어날 수 있는가를 생각지 않으면 안 된다. 교사들은 어린이의 가정생활에 대하여, 또한 어린이에 대한 그 영향에 대하여 책임은 없지만, 그것을 항상 염두에 두지 않으면 안 된다.

만일 부모가 대단한 야심가라면 자녀가 나쁜 성적을 갖고 오면 사태가 매우 떠들썩해질 것이며, 어린이는 크게 비난을 받을 것이다. 만일 교사가 조금만 더 관대했더라면, 그 어린이는 용기를 얻고 더욱 열심히 공부하여 성공했을지도 모른다. 만일 어떤 어린이가 항상 나쁜 성적을 받아서 누구나가 그 어린이를 반에서 가장 성적이 나쁜 아이라 간주하면, 그 아이 자신도 그것을 믿게 되고, 그것은 앞으로도 변치 않는 사실로 믿게 될지도 모른다.

그러나 반에서 성적이 가장 나쁜 학생도 얼마든지 좋은 성적을 올릴 수 있다. 그리고 학교에서 뒤처진 어린이가 용기나 흥미를 되찾게 되어 위대한 업적을 달성하게 된 예는 역사 속에서 얼마든지 찾아볼 수 있다.

어린이들 자신이 성적표의 도움 없이도 서로 현재의 능력에 대하여 상당히 정확한 판단을 내리고 있다는 사실을 알게 되면 대단히 흥미롭게 여길 것이다. 그들은 누가 수학이나 국어나 미술이나 운동 경기를 가장 잘 하는지 알고 있으며, 자기들 스스로에 대해서는 매우 올바르게 평가할 수 있다. 그들이 가장 쉽게 범하는 잘못은 자신이 이 이상으로는 결코 잘 할 수 없다고 생각해 버리는 것이다. 그들은 자기들보다 앞선 자들을 보고 결코 그들을 따라잡을 수 없다고 믿어 버린다. 한 어린이가 이러한 의견을 아주 고집스럽게 갖고 있으면, 그 어린이는 이것을 먼 훗날 인생의 갖가지 상황 속까지 갖고 가게 된다.

어른이 되어서조차도 그는 자신의 처지를 타인과 비교하며, 그 시점에서 항상 자신은 타인과 비교해 뒤처져 있는 사람이라고 판단 내려 버린다. 대다수 어린이는 그들이 출석하는 학급에서 많건 적건 똑같은 처지에 놓여 있다. 그들은 반드시 최상위권이든지, 중간 그룹이든지, 최하위권에 놓이게 된다. 우리는 이러한 사실에 대해 그들이 태어나면서부터 이러한 재능을 부여받고 있음을 나타내 주고 있는 것으로 생각해서는 안 된다. 그것은 다만 어린이들이 자기 자신에 대하여 정해 버린 한계, 그들의 낙천주의의 정도, 그들의 활동 영역을 나타내 주고 있을 뿐이다. 학급의 최하위권에 있던 어린이가 갑자기 돌변하여 놀랄 만한 진보를 나타내기 시작하는 예는 우리 주위에서 얼마든지 찾아볼 수 있다. 어린이들은 이러한 자기 한정 속에 내포된 착오를 이해해야만 하고, 교사도 어린이들도, 보통의 지능을 가진 어린이의 진보가 유전에 관련이 있을 수 있다고 하는 따위의 편견을 믿어서는 안 될 것이다.

　교육에 있어서 범해지고 있는 모든 과실 중 가장 나쁜 것은, 발달에는 유전적인 한계가 있다고 하는 확신이다. 그것은 교사들이 자신들의 잘못에 대해 행하는 일종의 변명이며, 자신들의 노력을 경감시키기 위한 기회를 그들 자신에게 부여하는 것이다. 그들은 그렇게 함으로써 어린이들에 대한 자신들의 책임을 면할 수 있다고 생각한다.

　책임을 회피하려고 하는 노력에 대해서는 어떠한 것이라도 반대하지 않으면 안 된다. 만일 교육자가 진실로 성격이나 지성의 발달 전체가 유전에 의한다고 하는 사고방식을 갖고 있다면, 그가 자기 일을 통하여 어린이에게 무언가를 줄 수 있다고 어떻게 생각할 수 있겠는가. 나는 도저히 이해가 가질 않는다. 만일 교사가 자신의 태도나 노력이 어린이들에게 영향을 미친다는 사실을 이해하고 있다면, 설혹 유전이라는 것을 생각하고 있다 하더라도 그에 대한 책임을 벗어날 수는 없을 것이다.

　내가 여기에서 말하고 있는 것이 육체적인 유전을 의미하는 것은 아니다. 신체 기관 결함이 유전된다고 하는 사실에서는 의심할 여지가 없다. 그와 같은 유전의 결함이 정신 발달에 중대한 영향을 미친다는 것은 개인심리학에 있어서만 이해받을 수 있는 영역이라고 나는 믿고 있다. 어린이는 마음속으로 자신의 여러 기관의 기능의 정도를 경험한다. 그리고 어린이는 자신의 무능력함에 관한 스스로 판단에 따라 자신의 발달에 일정한 한계를 부여한다. 정신에 영향을 미치는 것은 결함 그 자체가 아니라, 자신의 결함에 대한 태도와 그 후 훈련의 여하에 달려 있다. 그러므로 만일 어린이가 어떤 기관적 무능으로 인해 괴로워하고 있다면, 그가 지능이나 성격에 있어서 일정한 한계가 있다고 결론을 내릴 만한 어떤 근거도 그에게 절대로 돌려주지 말아야 할 것이다. 우리는 앞에서, 그와 똑같은 기관적 결함이 노력이나 성공의 자극제로서 혹은 발달을 방해하는 장애 요인으로서도 작용할 수 있다는 것을 보았다.

내가 맨 처음에 이 결론을 제기했을 때, 사람들은 나의 이러한 의견을 비과학적이고 사실과는 맞지 않으며, 자기 자신의 사적인 신념을 억지 주장하고 있는 것이라고 비난했다. 그러나 내가 나의 결론을 정리한 것은 나의 경험에 의한 것이며, 그 결론을 뒷받침할 만한 증거는 착실히 쌓여 왔다. 오늘날에는 많은 정신과 의사나 심리학자가 똑같은 견해에 달하게 되었으며, 성격의 유전적 요소를 믿고 있는 것은 미신이라고까지 생각하게 되었다. 그것은 몇 천 년 동안 존재해 온 미신이다. 인간이 자신의 책임을 회피하고자 하고 인간의 행동에 관해 공상적인 견해를 갖고 있었던 곳에서는, 성격의 특징은 유전된 것이라고 하는 이론이 어디든지 나타날 수밖에 없었다.

그것의 가장 단순한 형태는, 어린이는 태어났을 때 이미 선과 악이 정해져 있다고 하는 신앙이다. 이것은 물론 상식에 어긋나는 사고방식이며, 책임을 회피하고자 하는 대단히 맹신적인 편견만이 그런 사고를 잔존시킬 수 있다. 선이라든가 악은 다른 성격의 표현과 똑같이 사회적 문맥 속에서만 그 의미가 있는 것이며, 그것은 사회 환경 속에서 훈련의 결과이며, '타인의 복리에 도움을 준다'라든가, '타인의 복리에 반한다'라고 하는 판단을 포함하고 있다. 물론 어린이가 태어나기 전에는 이러한 의미에서의 사회 환경을 전혀 접하고 있지 않았다. 어린이는 이미 어느 쪽인가로 뻗어 나갈 무한한 가능성을 갖고 태어난다. 어린이가 어느 쪽의 길을 선택하는가는 그 어린이가 자신의 환경과 자신의 신체로부터 받은 인상과 감각에, 그리고 그 자신이 이러한 인상이나 감각으로부터 만들어 내는 해석에 달린 것이다. 그것은 특히 그가 받는 교육에 좌우되는 것이다.

지적 능력의 유전에 대해서도 똑같은 결론을 내릴 수 있다그 증거는 아마 그다지 명백하지는 않겠지만, 지적 능력의 발달에 이바지하는 최대의 인자는 관심이다. 그리고 우리는 이미 관심이 어떻게 하여 유전에 의해서가 아니고 좌절감과 패배의 공포로 방해받고 있는가를 명확히 보아왔다. 뇌의 구조가 어느 정도까지는 유전된다고 하는 것은 의심할 여지가 없는 진실이다. 그러나 뇌는 정신의 도구이지 기원은 아니다. 그리고 어떠한 결함이 오늘날 우리들의 지식수준으로 치료될 수 없을 정도로 극심한 것이 아니라면, 뇌는 그 결함을 보상하도록 훈련될 수 있다. 고도의 능력 배후에 숨어 있는 모든 것은, 특별한 유전이 아닌 오랫동안의 관심과 훈련이다.

한 세대 이상에 걸쳐서 재능이 풍부한 사람들을 배출해 냄으로써 사회에 많은 공헌을 한 일가족의 경우라도, 그들에게 무언가 유전적 영향이 작용하고 있었다고 단정 내릴 필요는 없다. 오히려 우리는 가족 구성원 중의 한 사람의 성공이 다른 가족들에게 자극이 되고, 그 가족의 전통이 어린이들에게 흥미를 불러일으켜서 훈련과 연습으로 자신을 단련시키는 것을 가능하게 한 것으로 생각해야만 할 것이다.

그러므로 예컨대 위대한 화학자 리비히가 약국을 경영하고 있었다는 사실로 미루어 생각해도 그의 화학적 재능이 유전된 것이라는 식의 사고는 잘못된 것이라고 할 수 있다.

그의 환경이 자신의 흥미를 추구하는 것을 가능하게 했다는 것, 그리고 다른 어린이들이 화학에 대해 아무것도 이해하고 있지 못했을 나이에 그는 이 학문에 이미 대단히 친숙해 있었다고 하는 사실을 아는 것만으로도 충분한 근거가 된다. 모차르트의 부모는 음악에 대단한 흥미를 갖고 있었다.

하지만 모차르트의 재능이 유전된 것은 아니다. 그의 부모는 그가 음악에 관심을 가져 주기를 희망하고, 모든 방법을 총동원하여 그를 격려해 주었다. 그의 모든 환경은 그가 태어났을 때부터 완전히 음악적이었다.

뛰어난 사람들 가운데는 보통 이처럼 빠른 시기부터 훈련을 시작했다는 사실이 공통으로 보인다. 그들은 너무나 어렸을 때부터 피아노를 치거나 다른 가족을 위하여 글을 쓰기도 했다. 그들의 관심은 오랫동안 계속된 것이었다. 그들의 훈련은 자발적인 것이며, 폭넓은 것이었다. 그들은 계속해서 용기를 가질 수 있었으며, 망설이거나 뒤처지거나 하지 않았다. 어떠한 교사라도, 만일 스스로가 '발달에는 정해진 한계가 있다'라고 믿고 있다면, 어린이가 자기 자신의 발달에 이미 정해진 한계를 제거하도록 돕는 일을 성공시킬 수 없다. 만일 교사가 어린이에게 '너는 수학에 재능이 없다'라고 말할 수 있다면 자신의 입장을 가볍게 변호할 수 있을지는 모르지만, 그것은 어린이의 용기를 꺾는 일밖에는 되지 않는다.

나 자신이 그와 같은 경험을 한 적이 있었다. 나는 몇 년 동안 학급에서 수학의 열등생이었기 때문에 수학의 재능 따위는 전혀 갖고 있지 못하다고 확신하고 있었다. 어느 날 정말 다행스럽게도 나 자신도 놀란 일이지만, 나는 선생님조차 전혀 손을 대지 못했던 문제를 풀 수 있었다. 이 성공이 수학에 대한 나의 태도 전체를 완전히 뒤바꾸어 놓았다. 이전까지는 이 과목에 전혀 관심을 기울이지 않았었던 내가 그 일을 계기로 그 과목에 흥미를 갖게 되고 내 능력을 신장시키기 위하여 모든 기회를 이용했다. 그 결과, 나는 학급에서 수학을 잘 하는 사람 중의 하나가 되었다. 이 경험은 나에게 특별한 재능이라든가, 태어나면서부터의 능력이라든가 하는 논리의 잘못을 이해시키는 데 커다란 도움이 되었다고 생각한다.

인원수가 많은 학급 안에서조차 우리는 어린이들 사이에 있는 어떤 차이점을 구분할 수 있다. 그리고 만일 우리는 그들을 전혀 구별할 수 없는 집단이라 보지 않고 그들의 성격을 이해할 수 있다면, 우리는 그들을 훨씬 더 훌륭하게 다룰 수 있을 것이다. 그러나 대단위의 학급은 확실히 불리한 점이 있다. 어떤 어린이들의 문제는 가려진 채로 남아 있게 되며, 그들을 올바르게 대하는 것은 더욱 어려워지기 때문이다.

교사는 자신의 학생들 모두를 친숙하게 알고 있어야만 한다. 그렇지 않으면 흥이나 협동을 유발할 수 없을 것이다. 한 사람의 교사가 똑같은 어린이들을 수년간 담당하는 것이 어린이들에게 있어서 크나큰 도움이 된다. 교사가 6개월 간격으로 바뀌는 학교도 있다. 그런 상황에서는 어떠한 교사라도 어린이들과 함께 생활하거나, 그들의 문제를 이해하고 그들의 발달을 향상시킬 기회를 가질 수 없다. 교사가 똑같은 어린이들과 3, 4년 동안 함께 있으면 어린이들의 인생 스타일 속에 있는 잘못을 발견해 내고 그것을 고쳐 주는 것도 훨씬 쉽게 이루어질 수 있을 것이다. 그리고 학급을 통해 협동하는 사회적 단위를 창출해 내는 것도 좀 더 쉽게 이루어질 것이다. 어린이에게 있어서 학급이라는 단위가 없는 경우에는 전혀 유익이 되지 않는다. 그 어린이는 보통 자신이 책임을 다할 수 없는 지나친 기대를 무거운 짐으로 짊어지게 된다. 상급반으로 어린이를 올려보낼 때는 그 어린이가 동급생보다도 나이가 많거나 학급의 다른 어린이들보다도 지능이 빨리 발달한 경우에만 고려해야 할 것이다.

만일 그 학급이 정돈된 상태라면 — 이미 권하고 있었던 것처럼 마땅히 그래야만 되겠지만 — 구성원 중 한 사람의 성공은 다른 사람들에게 이점이 된다. 한 학급에 뛰어난 어린이가 있으면 학급 전체의 진보가 가속화된다. 그리고 그러한 자극을 제거해 버리는 것은 다른 구성원에게도 공정한 일이 아니다. 나는 오히려 보통 사람들 이상으로 발달이 빠른 학생에게는 다른 활동이나 관심 — 예컨대 그림을 그리는 일 — 이 보통의 과제에 첨가하여 주어져야 한다고 주장하고 싶다. 이러한 활동에서도 그가 성공한다면, 그것은 또 다른 어린이들의 관심 폭을 넓혀주고, 그들을 전진시키는 데 용기를 불어넣어 주는 활력소가 될 것이다.

어린이들이 유급하게 되면 더욱 불행을 겪게 된다. 유급한 어린이들이 일반적으로 학교에서도 가정에서도 문제아가 된다고 하는 사실은 모든 교사도 동의하는 점이다. 그러나 반드시 그러한 것은 아니다. 극히 소수의 학생은 유급되어도 전혀 아무런 문제도 일으키지 않는다. 그러나 유급한 어린이들의 대부분은 언제까지나 뒤처진 채로 남아 있으며, 또 다른 문제를 일으킨다. 그들은 다른 친구들로부터 따돌림을 당하고 자신들의 능력에 대해 비관적인 견해를 갖게 된다. 이것은 무척 어려운 문제이다. 그리고 현재 우리들의 학교생활 속에서는 어린이들을 유급시키지 않도록 한다는 것이 그리 쉽지 않다.

어떤 선생님들은 뒤처진 어린이들이 유급되지 않도록 방학 등을 이용하여 어린이들을 교육해서 그들의 인생 스타일의 잘못을 인식시키는 데 성공한 예도 있다. 한 번 잘못이 인식되자, 어린이들은 다음 학기부터는 점차 진보하여 모든 면에서 순조로이 해나갔다. 이것이 실제로 뒤처진 어린이들에게 도움이 될 수 있는 유일한 방법이다. 결국, 우리는 어린이가 자기 자신의 능력 평가에 있어서 범한 잘못을 인식시켜 줌으로써, 그것으로부터 그 어린이를 해방하고 자기 자신의 노력으로 진보하는 것을 가능하게 할 수 있다.

어린이들이 지능 성장이 빠른 학생과 느린 학생으로 나뉘고, 별도의 학급으로 분류되는 곳에서는 어디에서나 하나의 뚜렷한 공통점을 발견할 수 있었다. 물론 나의 경험은 주로 유럽에서 이루어진 것이며, 이와 똑같은 일이 미국에서도 관찰될 수 있는지에 관해서는 장담하지 못하겠다. 그 공통점은 뒤처진 지적장애의 어린이들이나 빈곤한 가정 출신의 어린이들이 열등 학급으로 반드시 들어가게 되는 것이다. 반면, 진보한 학급에는 주로 부모가 부자인 어린이들이 흔히 눈에 띄었다. 이 사실은 충분히 이해할 수 있는 것으로 생각한다. 가난한 가정에서는 어린이들에 대한 교육의 뒷받침이 그다지 잘 이루어지고 있지 못하다. 부모가 생계의 어려움에 직면하고 있으므로 자녀들의 교육적 준비를 배려하는 데 많은 시간을 쏟을 수가 없으며, 어떤 가정에서는 부모가 충분한 교육을 받지 못했으므로 어린이들을 실제로 도울 수 없는 때도 있다.

그러나 나의 견해로는 교과의 준비가 충분히 되어 있지 않은 학생이라고 해서 열등학급에 넣어서는 안 된다고 생각한다. 잘 훈련된 교사라면 준비상의 부족을 정정해 나갈 방법을 알고 있을 것이며, 어린이들은 준비가 더욱 잘 되어 있는 친구들과의 교제를 통해 얻는 것이 더 많을 것이다. 그들이 열등학급에 들어가게 된다면, 그들은 대부분 그 이유를 너무나 잘 눈치채고 있다. 그리고 우등 학급의 어린이들도 그런 사실을 잘 알고 있어서, 결국에는 다른 사람을 얕보게 된다. 이것은 과신과 개인적 우월을 추구하는 의지만을 크게 배양시켜 주는 역할밖에는 되지 않는다.

원칙적으로 말해서 남녀 공학은 분명 크게 지지할 만한 가치가 있다. 그것은 소년이나 소녀가 더 좋은 방향으로 서로를 알고 이성과 협동하는 것을 배우기 위한 훌륭한 수단이 된다. 그러나 남녀 공학이 모든 문제를 전부 해결해 주리라고 믿고 있는 사람들은 크나큰 착오를 범하고 있다. 남녀 공학은 그 나름의 독자적인 문제를 안고 있다. 그리고 이 특별한 문제가 인식되어 하나의 문제로서 취급되지 않으면, 이성간 거리는 남녀 공학의 경우가 그렇지 않은 경우보다도 훨씬 커진다. 그러한 난이점 중의 하나로서, 예컨대 16세까지는 소년보다도 소녀 쪽이 훨씬 성장이 빠르다고 하는 사실이다.

만일 소년들이 이 사실을 이해하고 있지 않는다면, 그들 스스로 자존심을 유지하는 것은 무척 어려워진다. 그들은 자신들이 소녀들보다 열등하다고 생각하며 낙담하게 된다. 그들은 훨씬 나중이 되어서도 이 패배감을 기억하고 있으므로 이성과의 경쟁을 두려워하게 된다. 남녀 공학에 대해 찬성의 의견을 갖고 있고, 그로 인해 야기되는 문제를 이해하고 있는 교사는 이 제도를 통해 많은 것을 달성할 수 있지만, 만일 교사가 그것을 전체적으로 시인하지 않고, 거기에 관심이 없다면 분명히 실패할 것이다. 또 한 가지 어려움은, 만일 어린이들이 올바르게 훈련을 받고 감독을 받고 있지 않다면, 성적인 여러 문제가 반드시 발생할 것이다. 학교에서의 성교육이라는 문제는 대단히 복잡하다. 교실은 성교육에 있어서 적합한 장소는 아니다.

교사가 학급 전체를 상대로 성에 대해 강의한다면, 각각의 어린이들이 교사가 말하는 것을 올바르게 이해했는지를 알 수 없다. 이러한 방식으로는 어린이들에게 성에 대한 흥미만 불러일으킬 뿐이며, 어린이들이 학습 준비가 되어 있는지 어떤지, 또한 어린이들이 그 흥미를 그들의 인생 스타일에 어떻게 적응시켜 나갈 것인가 하는 것도 알 수 없다. 물론 만일 어떤 어린이가 성에 대해 더욱 자세히 알고자 하여 자기 혼자서 질문해 오는 경우가 있다면, 교사는 그 어린이에게 진실하고 분명한 답변을 해주어야만 한다. 그때야말로 어린이가 정말로 무엇을 알고 싶은가를 판단하고 올바른 해결의 길로 인도해 줄 기회이다. 그러나 학급에서 항상 성 문제가 거론되고 있다는 것은 그다지 유익한 일은 되지 못한다.

어떤 어린이는 반드시 오해하게 될 것이며, 성은 그다지 중요하지 않은 것처럼 취급하게 될 것이다. 이것은 실로 위험한 일이라고 할 수 있다. 어린이를 이해하기 위한 훈련을 받은 사람이라면 누구라도 어린이의 여러 유형이나 여러 가지 인생 스타일을 쉽게 구별할 수 있다. 어린이가 협동할 수 있는 정도는 그 아이의 자세로 보거나 듣거나 하는 태도로, 다른 친구들에게 갖는 거리감으로, 친구들을 만들어 가는 난이도로 주의력이나 집중력으로 알아낼 수 있다. 만일 한 어린이가 숙제해 오는 것을 잊어버리거나, 교과서를 잃어버리거나 한다면, 그 아이는 그 교과에 흥미가 없다는 것임을 추측할 수 있다.

우리는 왜 그 아이에게 있어서 학교가 싫은 것인지 그 이유를 밝혀내지 않으면 안 된다. 만일 그 아이가 다른 아이들과의 놀이에 가담하지 않는다면, 우리는 그 아이의 소외감과 자기 본위의 흥미를 발견할 수 있을 것이다. 만일 그 아이가 공부하는 데 있어서 항상 남의 도움이 필요하다면, 그 아이에게는 독립심이 없고, 타인에 의해 보호받고자 하는 원망이 있다는 것을 알 수 있다. 어떤 어린이들은 칭찬을 받거나 상을 받을 때만 열심히 공부한다. 귀여움을 지나치게 받고 자란 대부분 어린이는 선생님의 주의를 끌 수 있을 동안에는 학습 성적이 크게 향상된다. 그러나 만일 이러한 특별한 배려받는 처지를 잃게 되면, 문제는 다시 시작된다. 그들은 '관중'이 없으면 진보하지 못한다 즉, 그들을 응시하는 사람이 없으면 그들의 흥미도 함께 사라진다.

그러한 어린이에게 있어서는, 수학은 종종 대단한 도전이며 곤란한 문제가 된다. 사소한 법칙이나 문장을 암기하도록 요구될 때에, 그들은 훌륭히 그 일을 해낸다. 그러나 문제를 혼자의 힘으로 풀어야 하는 순간부터 그들은 어찌할 바를 몰라 당황한다. 이것은 우리 눈에 작은 실패처럼 보일지 모르나, 사실 우리의 공동생활에 있어서 최대의 위험은 언제나 타인의 지지나 주목을 요구하고 있는 듯한 어린이들이다. 만일 어린이들의 이러한 태도가 어른이 되어서까지 그대로 지속한다면, 그들은 계속 타인의 지지를 필요로 하거나 타인의 지지를 계속 강요하거나 하게 될 것이다. 그는 어떤 문제에 직면할 때마다 그것을 자기 대신 해결해 줄 타인의 사고대로 응답할 것이다. 그는 평생 타인의 유익을 위해 공헌하지 못하고, 가능한 한 언제나 이웃에게 부담을 지우면서 일생을 보낼 것이다.

또한, 자신이 생각한 바대로 자신에게 관심이 집중되지 않으면 주목받고자 희망하는 유형의 어린이들이 있는데, 이들은 장난하거나 학급 전체를 방해하거나 다른 어린이들을 못살게 굴거나 하여 자신이 원하는 상황을 실현하려고 한다. 비난이나 벌로는 그를 변화시킬 수 없고 오히려 반항을 가속할 뿐이다. 그는 무시당하는 것보다 오히려 야단맞는 쪽을 더 좋아한다. 그의 행동의 결과로서 부과되는 고통은 자신의 쾌락을 위하여 지급해야만 하는 대가에 지나지 않는다. 대부분 어린이에게 있어서 벌을 가하는 것은 그들의 인생 스타일을 계속 이어가기 위한 하나의 도전밖에는 되지 않는다.

그들은 그것을 누가 가장 오랫동안 거기에 견디어낼 수 있는가를 시험하는 시합이나 게임으로밖에는 여기지 않는다. 그리고 그들은 언제나 승리한다. 왜냐하면, 그 결과는 그들의 손안에 들어 있기 때문이다. 그러한 이유로 자기의 부모나 교사들과 투쟁하고 있는 어린이들은 벌을 받을 때 우는 대신 비웃을 수 있도록 자신을 훈련한다. 게으른 어린이는 그 게으름이 부모나 교사에 대한 직접적인 공격이 아닌 한, 대부분은 항상 패배를 두려워하고 있는 야심적인 성격의 소유자인 경우가 많다. 성공이란 모든 사람에게 있어서 각각 다른 의미로 이해되고 있는 말이다.

그리고 때에 따라서 어린이가 패배라고 하는 것을 어떠한 것으로 인식하고 있는가를 발견하는 것은 대단히 놀라운 일이다. 모든 다른 사람들보다 앞서 있지 못하면, 자기가 패배했다고 생각하는 사람은 우리 주변에 많이 있다. 설령 자신이 성공하고 있더라도 누군가가 더욱 성공하게 되면 그런 사람들은 또한 그것도 패배라고 생각한다. 게으른 어린이는 진정한 패배감 따위는 절대 느끼지 않는다. 왜냐하면, 그 아이는 결코 테스트에 직면하지 않기 때문이다. 그러한 아이는 자신의 눈앞에 닥친 문제를 없애 버림으로써 자신과 타인과의 경쟁을 지연시키고 있다.

다른 사람들은 대개, 그 아이가 그토록 게으르지만 않으면 문제를 잘 해결할 수 있을 거라고 확신하고 있다. 그 아이는 '하고자 하는 마음만 있으면 무엇이든지 할 수 있다'라고 하는 '행복한 나라' 속으로 도피한다. 자신이 실패했을 때는 언제나 실패의 중대함을 감소시키며 자존심을 유지할 수가 있다. 그 아이는 자기 스스로 "게으름 때문이지 결코 능력이 없기 때문은 아니다"라고 말하고 있다.

교사는 게으른 학생들에게 종종 다음과 같이 말한다. "너는 조금만 더 열심히 공부하면 학급에서 1등을 할 수도 있는데"라고. 만일 그 학생이 아무것도 하지 않음으로써 그와 같은 관심을 얻을 수 있다면, 공부를 열심히 함으로써 그와 같은 관심을 잃게 되는 위험을 왜 몸소 짊어지려 하겠는가. 만일 그 아이가 게으름을 벗어던진다면, 숨겨진 재능이라는 평판도 이제는 끝장이 나버릴 것이다.

게으른 아이에게 있어서 또 한 가지의 개인적인 이점은, 그 아이가 최소한

의 공부를 하고 있으면 그로 인해 대단한 칭찬을 받게 된다는 것이다. 주위 사람 모두가 그 아이의 활동 속에서 개선의 여지를 파악하고 그 아이에게 좀 더 자극을 주려고 노력할 것이다.

부지런한 아이가 똑같은 정도로 노력을 할 경우는 결코 칭찬받지 못할 상황을 게으른 어린이는 이런 식으로 다른 사람의 기대를 이용하며 살아가고 있다. 이러한 어린이도 역시 어린 시절부터 줄곧 모든 일이 타인의 노력으로 자신의 차지가 될 것을 기대하도록 자신을 훈련해 온 응석받이다. 또 하나의 다른 유형의 어린이 — 어디에서나 볼 수 있고, 또 쉽게 눈에 띄는 유형이지만 — 는 친구들의 선두에 서는 어린이다. 인간은 사실 지도자가 필요하지만, 정말 필요한 것은 다른 모든 사람의 복리를 위하여 선두에 서는 사람들이다.

하지만 그러한 지도자는 그리 흔하지 않다. 선두에 서는 어린이들은 대개 자신이 다른 아이들을 지배하고 복종시킬 수 있는 상황에 흥미가 있을 뿐이며, 이러한 조건에서만 그 그룹에 가담하려고 하는 아이들이다. 그러므로 그와 같은 유형의 아이는 앞길이 유망하다고만은 할 수 없다.

시간이 흐르면 반드시 여러 가지 곤란한 일이 생기기 마련이다. 그리고 이러한 두 유형의 지도자가 사회관계 — 결혼이나 사업 — 속에서 서로 만나게 되는 것은 비극적이지 않으면 희극적으로 될 것이다. 그 어느 쪽도 상대를 정복시키고 자기 자신의 우월감을 확립시킬 기회를 엿보고 있다. 때때로 가족 중의 어른들은, 지나치게 귀여움을 받고 자라난 자녀가 가정의 우두머리가 되고, 그들 위에 전제군주처럼 군림하려고 하는 모습을 보고 즐거워하는 때도 있다. 그뿐만 아니라 그 아이가 그러한 자세를 계속 취해 주기를 촉구한다. 그러나 교사는, 그러한 것이 사회생활을 하는 데 있어서 결코 유익한 성격이 되지 못한다는 것을 금방 이해할 수 있다.

어린이들은 항상 너무나 가지각색이므로 그들을 한꺼번에 일정한 틀 안에 집어넣어 버리거나 그들의 다양한 성향의 단편들을 잘라내 버린다는 것은 절대 불가능한 일이다. 그러나 분명히 우리는 그들을 패배나 곤란으로 이끄는 여러 요소를 예방해 주어야만 한다. 이러한 요소들을 유아기에 바로잡거나 방지하는 것은 비교적 쉽게 이루어질 수 있다. 만일 그것이 시정되지 않은 채 성인이 된다면, 생활 속에서의 사회적 결과는 심각하고도 많은 장애를 가져다줄 것이다. 어린 시절의 잘못과 성인이 된 후 실패 사이의 선은 일직선으로 연결될 수 있다.

협동하는 것을 배우지 않았던 어린이는 성장한 후에 신경질적인 사람이나 알코올 중독자·범죄자·자살자 등이 된다. 불안신경증 환자는 어두움을 잘 알지 못하는 사람이나 새로운 상황을 무척 두려워했던 사람이다. 우울증 환자는 자주 우는 아기였다. 현재 우리들의 사회 형편으로는 모든 부모에게 연락을 취하여 그들이 자녀들에게 잘못을 범하지 않도록 도울 수 있는 형편이 되지 못한다.

충고를 가장 필요로 하는 부모들은 그 충고를 받으러 찾아오는 일 따위는 절대로 하지 않는 부모들이다. 하지만 우리는 모든 교사와는 연락을 취할 수 있고, 그들을 통해 모든 어린이와 접촉할 수 있다는 희망을 품고 있다. 그와 같이하여 우리는 이미 저질러져 버린 잘못을 바로잡고 어린이들을 자립심이 강하고 용기에 가득 찬, 협동적인 생활에 익숙하도록 훈련할 수 있다. 이러한 작업이야말로 인류 미래의 복리를 위한 최대의 희망이 살아 숨 쉬는 것이라고 나는 생각한다.

약 15년 전에 내가 개인심리학에 의한 고문 회의를 설립했던 것은 바로 이런 목적에서였다. 이 회의는 빈이나 유럽의 다른 많은 도시에서 대단히 가치 있는 것이라는 인정을 받았다. 높은 이상과 심대한 희망을 품는다는 것은 대단히 바람직하다. 그러나 방법이 발견되지 않으면, 그들의 이상은 모두 무가치한 것으로 전락해 버린다. 과거 15년의 경험을 되돌아보면, 이들 고문 회의가 완전히 성공을 거두었다는 것, 그리고 유아기의 여러 문제를 연구하여 어린이들을 책임 있는 이웃이 되도록 교육하기 위한 최선의 수단을 제공해 주었던 것이라는 사실이 증명되었다.

당연하지만 고문 회의는 개인심리학에 기초를 두고 있을 때 가장 훌륭히 성공할 수 있다고 나는 확신하고 있다. 그러나 나는 이 회의가 다른 학파 심리학자들의 협력을 전혀 필요로 하지 않는다고는 주장하고 싶지 않다. 사실 나는 고문 회의가 심리학의 각기 다른 학파와 연결을 맺고, 또 각 학파로부터 얻은 결과를 비교 연구함으로써 설립돼야만 한다고 항상 제창해 왔다. 고문 회의의 방법은 교사·부모·어린이들의 곤란함에 대해 경험을 쌓고, 잘 훈련된 심리학자가 학교의 교사들과 일체가 되어 그들 속에서 일어난 문제들을 놓고 함께 토의하는 것이다. 한 심리학자가 학교를 방문할 때는 교사 중 어느 한 사람이 한 어린이의 예와 그 어린이가 일으킨 문제를 설명한다. 그 어린이는 게으름을 피우는 아이일지도 모르며, 싸움하거나 꾀병으로 결석을 하거나 남의 물건을 훔치거나 공부가 뒤떨어져 있는 아이일지도 모른다.

심리학자는 자신의 경험을 전달하며 토의를 진행한다. 그리고 토의 도중 그 어린이의 가정생활·성격·발달 등이 거론된다. 문제가 최초로 발생했을 때의 상황이 묘사되고, 교사들과 심리학자는 그 문제가 일어난 이유가 무엇인가를 탐구하여 어떠한 식으로 그 문제를 해결해 나갈 것인가를 토의한다. 그들은 경험을 쌓은 사람들이므로, 잠시 후면 똑같은 결론에 도달할 것이다. 심리학자가 학교를 방문하는 날에는, 어머니와 자녀가 함께 출석한다. 교사들과 심리학자는 그 어머니에게 어떻게 이야기하면 가장 바람직할 것인가, 어떠한 식으로 그 어머니에게 영향을 줄 수 있겠는가, 그 어린이가 실패한 원인을 어머니에게 어떻게 제시할 수 있는가를 결정한 후에 어머니를 그 자리에 출석하게 한다.

어머니는 자기의 자녀에 대해서 더욱 많은 정보를 제공할 수 있다. 그리고 어머니와 심리학자와의 토론이 시작되는데, 그 과정에서 심리학자는 그 어린이에게 도움을 주기 위하여 무엇이 필요한가를 제안한다. 어머니들은 대개 이러한 상담의 기회가 주어지는 것에 대해 크게 기뻐하며 적극적으로 협력해 준다. 만일 어머니가 저항한다면, 심리학자나 교사들이 그와 비슷한 예를 토론하고 결론을 끄집어낼 수 있다. 그리고 그 어머니는 그것을 자신의 자녀에게 적용할 수 있다. 그리고 어린이가 토론 장소로 들어오고, 심리학자가 그 어린이에게 이야기를 걸게 되는데, 그때 심리학자는 그 어린이 자신의 잘못에 대해 직접 이야기하는 것이 아니고, 그 어린이가 처해 있는 상황에 관해 이야기한다.

심리학자는 그 어린이가 건전하게 발달하는 것을 방해했던 여러 요소에 대한 의견이나 판단을, 그리고 그 어린이가 무시당하고 있었으며 다른 어린이들은 소중히 여겨지고 있었다고 하는 확신 등을 갖고 있지는 않은가를 찾아낸다. 심리학자는 어린이를 비난하지 않으며, 부드러움과 편한 대화를 시도하고 진행한다. 그것은 그 어린이에게 무언가 다른 견해를 가져다줄 것이다. 만일 심리학자가 그 어린이의 실제적인 잘못에 대해 언급하는 경우에라도, 그는 그것을 가정하는 예를 들어 이야기해 주며, 어린이의 의견을 끌어내려고 노력할 것이다. 이러한 방법에 많은 경험을 쌓지 못한 사람은 누구나 어린이가 이해해 가는 모습, 그리고 어린이의 태도 전체가 그토록 빨리 변모하는 모습을 보고 무척이나 놀랄 것이다.

이러한 식으로 내가 훈련한 교사들은 모두 그 일을 하며, 대단히 흐뭇하게 느끼고 있으며, 어떠한 상황에서도 그것을 포기하려 하지 않는다. 그것은 그들이 학교에서 교육하기에 훨씬 쉽게 만들어 주며, 그들의 모든 노력을 성공으로 이끌어 주기 때문이다. 그들 중 누구도 이 일을 부담스러운 짐이라고 느끼지 않는다. 왜냐하면 몇 년 동안 그들의 고민거리가 되어 왔던 곤란한 문제들을 그들은 종종 30분이나 그 이하의 시간만을 할애하여 제거시킬 수 있었기 때문이다.

협동 정신이 학교 전체에 고양되고, 어느 정도 시간이 흐르면 이윽고 심각한 문제는 사라지며, 단지 사소한 잘못만이 취급되는 것이다. 바로 교사들 자신이 참 심리학자이다. 그들은 퍼스낼리티의 통일과 그 모든 표현의 일관성을 이해하는 것을 배우게 된다. 그리고 일상 생활의 과정 속에서 무언가 새로운 문제가 발생했을 때, 그들은 그것을 스스로 해결할 수 있다. 사실 모든 교사들이 이러한 훈련을 받아서 심리학자 따위는 필요 없게 되는 것이 바로 우리들의 희망인 것이다.

그렇게 되면, 예컨대 학급 안에 게으른 어린이가 있는 경우에 교사는 학급의 어린이들에게 게으름을 토론하도록 제안하게 될 것이다. 교사는 '게으름은 무엇으로부터 기인하는가?' '그 목적은 무엇인가?' '게으른 어린이에게는 왜 변화가 없는 것인가?' '변해야만 되는 것은 무엇인가?'라는 질문을 함으로써 토론을 이끌어 나갈 수 있을 것이다. 어린이들은 서로 이야기를 주고받으며 어느 결론에 도달할 것이다. 게으른 어린이는 자신이 이 토론의 원천이라고는 생각하지 못하지만, 그 문제는 바로 자기 자신의 문제라고 생각한다. 그래서 토론에 흥미를 갖고 거기에서부터 많은 것을 배울 수 있을 것이다. 만일 그 어린이가 공격을 받는다면, 그 어린이는 아무것도 배우지 못할 것이다. 그러나 그 어린이가 다른 친구들의 토론에 귀를 기울일 수만 있다면, 그 어린이는 무언가를 깊이 생각할 것이며, 그로 인해 자신의 고집을 바꿀지도 모른다.

어린이들과 함께 생활하고 함께 공부하고 함께 일하는 교사만큼 어린이의 마음을 잘 알고 있는 사람은 없다. 교사는 대단히 많은 유형의 어린이들을 접하게 된다. 만일 교사가 숙련된 사람이라면, 한 사람 한 사람의 어린이들과 좋은 관계를 맺어 나갈 것이다. 어린이가 가정생활 속에서 저지른 실수가 그대로 계속되든지, 아니면 고쳐지는지는 바로 교사에게 달려 있다. 교사라고 하는 직분은 어머니와 똑같이 인류의 장래를 책임질 사람이며, 교사가 갖는 중차대한 역할은 두말할 나위도 없는 것이다.

Alfred Adler; The Man & His Work, Hertha Orgler

　사춘기에 관해 저술된 책은 이루 헤아릴 수 없을 정도로 많다. 그리고 그 대부분은 사춘기가 마치 개인의 성격 전체를 변화시킬 수 있는 위기인 양 그것을 서술하고 있다. 사춘기에는 많은 위험이 있지만, 그것이 성격을 변화시킨다고 생각하는 것은 잘못된 것이다. 사춘기는 성장하고 있는 어린이에게 단지 새로운 상황과 새로운 시련을 주는 것이다. 그 어린이는 스스로 인생의 최전선에 다가서고 있다고 느낄 것이다. 인생의 일부로 지금까지 은폐되어 있었던 잘못이 갑자기 눈앞에 드러난 것일지도 모른다. 그러나 잘못은 바로 거기에 있었던 것이며, 만일 아동기에 훈련을 잘 쌓았더라면 그것들을 능히 발견해 낼 수 있었을지도 모른다. 이제 그들이 사춘기에 이르러서는 그 문제들이 크게 드러나고 더는 간과할 수 없게 되었다.

　대개의 모든 어린이에게 있어서 사춘기는 특히 어떤 한 가지를 의미한다. 그것은 자신이 이미 어린아이가 아니라는 것을 증명하고자 하는 몸짓이다. 우리는 아마 그런 것을 당연한 것으로 수긍할지도 모른다. 만일 우리가 그렇게 할 수만 있다면 그 상황으로부터 많은 긴장이 해소될 것이다. 하지만 만일 그 어린이가 그것을 증명하지 않으면 안 되겠다고 느끼고 있다면, 너무나 당연한 일이지만 자기가 주장하고자 하는 점을 치나 치게 강조하게 될 것이다. 사춘기의 표현 중에서 가장 커다란 부분을 차지하는 것은 독립하고자 하는 희망과 어른과 동등한 대우를 받고 자신이 성인임을 나타내 보이려고 하는 간절한 소망의 발현이다.

이들의 표현 방향은 어린이가 '어른'으로 변화되는 의미에 부합된다. 만일 '어른'이라는 것이 제약을 받는 것으로부터의 자유라는 의미를 지닌다면, 어린이는 모든 제약에 대해 투쟁을 벌일 것이다. 많은 어린이는 이 시기에 담배를 피우거나, 욕설하거나, 밤늦게까지 귀가하지 않거나 말썽을 피우기 시작한다. 어떤 어린이들은 부모에 대해 지금까지는 생각할 수조차 없었던 반항을 하기도 한다. 그러면 부모들은 그처럼 순종적이었던 아이가 갑자기 돌변한 이유도 모르는 채 그저 당혹스러워한다. 그러나 그것은 정말로 태도가 변한 것이 아니다.

이제까지 겉보기에는 순종적이었던 그 어린이는 사실 전부터 부모에게 반항하고 있었던 것이며, 다만 지금까지는 그러한 자신의 적대감을 선언할 용기가 없었을 뿐이다. 즉, 이제는 자신이 좀 더 많은 자유와 힘을 갖고 있다고 생각하는 것이다. 항상 아버지에게 호되게 꾸중을 들어 왔던 어떤 소년은, 겉보기에는 너무나 조용하고 순종적이었지만, 사춘기가 되어 자신이 아주 강해졌다고 느끼는 순간, 아버지를 향해 도전하여 아버지에게 상처를 입히고 가출을 해 버렸다.

대개, 어린이는 사춘기에 좀 더 많은 자유와 독립을 부여받는다. 이제는 더는 부모가 자기를 돌보아 주거나 보호할 권리 따위는 없다고 느낀다. 그래서 만일 부모들이 자신들에 대한 감독을 계속하려 할 경우, 어린이는 부모의 지배를 피하려고 더욱 강경한 노력을 할 것이다. 부모들이 자기 자녀가 아직 어린이임을 증명하려 하면 할수록, 어린이는 그 반대의 증명을 하기 위하여 더욱 심한 투쟁을 벌일 것이다. 이러한 투쟁에서부터 적대적 태도가 발생한다. 그렇게 되면 '사춘기의 반대주의'의 전형적인 모습이 드러나게 된다.

사춘기를 엄밀하게 한정할 수는 없지만, 일반적으로 말해서 14세부터 20세 정도까지를 의미한다. 그러나 때로는 10세나 11세에 이미 사춘기에 접어드는 어린이도 있다. 이 시기에는 신체의 각 기관이 빠르게 성장 발달하고, 때로는 각 기능의 조정이 쉽게 이루어지지 않는 때도 있다. 어린이들은 키가 커지고 손발도 커진다. 자칫하면 그들은 전보다 훨씬 비활동적으로 되며, 모든 일에 서툴어질지도 모른다. 그들은 조정하는 훈련을 할 필요가 있다. 하지만 그 과정에서 그들이 조소당하거나 비판을 당하거나 하면 그들은 자신이 다른 사람보다 열등하다고 믿어 버리게 된다. 어린이의 행동이 비웃음을 당하게 되면 그 어린이는 실제로 무슨 일에서나 자신감을 잃고 서툴게 된다.

내분비샘도 어린이의 발달에 공헌한다. 사춘기가 되면 내분비샘도 신체의 기능을 증대시킨다. 물론 그것이 완전한 변화는 아니다. 내분비샘은 출생 이전의 시기에도 활동하고 있었던 것이지만, 사춘기에 접어들면서 분비 활동이 더욱 활발해져서 성의 제2차적 징후가 좀 더 현저하게 나타나게 되는 것이다. 소년의 경우는, 수염이 자라고 변성기를 맞이한다. 소녀는 유방이 부풀어 오르고 보다 분명하게 여성적인 외모를 갖추게 된다. 이것들은 또한 사춘기의 소년·소녀들이 오해하기 쉬운 사실이기도 하다.

때로는 어른으로 사는 생활에 준비를 잘 하지 못한 어린이는 직업·사회 생활, 사랑과 결혼이라는 문제가 다가오게 되면 심한 두려움을 갖는다. 그러한 아이는 자신이 어른의 문제에 직면할 능력이 없다고 생각하여 좌절과 실망에 빠진다. 그러한 아이는 사회에 대해서 자신감을 느끼지 못하고 소극적인 사고방식을 갖게 되며, 자신을 고립시켜 집 안에만 틀어박혀 있으려 한다. 직업에서는 자신에게 적합한 일을 발견하지도 못하고, 무엇을 해도 실패해 버릴 것이라고 굳게 믿어 버린다. 사랑과 결혼에 관해서는 이성에 대하여 부끄러워하고, 이성과 만나는 것을 두려워한다. 누군가 말을 걸어오면 얼굴이 빨갛게 달아올라 아무 말도 하지 못한다.

날마다 점점 깊은 절망감에 빠진다. 결국에는 인생의 모든 문제에 대해 자기 자신의 마음을 굳게 닫아 버리고, 드디어는 아무도 그 아이를 이해할 수 없게 되어 버린다. 그는 다른 사람을 똑바로 바라보지도 못하며, 그들에게 이야기를 걸지도 못하고 제대로 그들의 이야기를 경청하지도 못한다. 일도 하지 않고 공부도 하지 않는다. 그러고는 항상 공상에 잠겨 있고, 단지 성적 흥미라는 환상만 남겨져 있을 뿐이다. 이것은 조현병과 같은 일종의 광기로 보기도 하지만, 그런 현상을 단순한 광기로 간주하는 것은 잘못이다. 그러한 아이에게 용기를 주고, 그가 올바른 길에 서 있지 않다는 것을 깨닫게 해주고, 더 나은 길을 제시해 주는 것이 올바른 사춘기의 교육 방법이다. 하지만 그것은 결코 쉬운 일이 아니다. 왜냐하면, 그의 생활 전체의 리듬과 훈련이 수정되지 않으면 안 되기 때문이다. 그리고 과거·현재·미래의 의미가 개인적인 지성의 빛에 의해서가 아닌, 과학적인 빛에 의해 조명되지 않으면 안 되기 때문이다.

사춘기의 모든 위험은 인생의 3대 문제 — 직업·결혼·교제 — 를 향한 올바른 훈련과 준비가 부족했던 데 그 원인이 있다. 만일 어린이들이 미래를 두려워하고 있다면, 그들이 최소한의 노력을 기울여 미래에 대응한다는 것은 너무나 당연한 일이다. 그런데 이러한 안이한 방법은 아무런 유익도 주지 않는 길이다. 그러한 어린이는 명령받고 권고받고 비판을 받으면 받을수록 자신이 깊은 늪의 바로 앞에 서 있다는 불안감을 더욱더 강하게 느끼게 된다.

그러한 아이는 강요를 하면 할수록 점점 더 약해져 풀이 죽게 된다. 우리가 그 아이에게 용기를 북돋워 주지 않는다면 그 아이를 도우려는 모든 노력은 쓸모없게 되어 버리며, 그에게 더욱 큰 상처만 입히게 될 것이다. 비판적이며 큰 두려움에 떨고 있는 이런 시기에 그 스스로 더욱 노력해 나갈 수 있다고는 전혀 기대할 수 없다.

이 시기에는 그저 어린이인 채로 남아 있고 싶은 아이들도 있다. 그들은 자기보다 나이가 어린 아이들과 놀거나, 마치 영원히 어린아이로 남을 것처럼 언행을 취하기도 한다. 그러나 대부분 아이는 기묘한 방법을 취하여 어른과 같은 행동을 하려고 한다. 그들이 진정으로 용기를 갖고 있지 않을 때는 '우스꽝스러운 어른'을 연출해 보이기도 한다. 즉, 그들은 돈을 흥청망청 쓰거나, 욕설을 퍼붓거나, 연애 사건을 일으키거나 하여 어른의 행위를 모방하려 한다.

소년의 경우, 인생의 전반적인 문제를 훈련하기 위한 자기 나름의 방법을 발견하지 못한 채 일정한 활동을 계속해야만 되는 생활 속에서 때때로 범죄의 길을 걷기 시작한다. 이러한 것은 만일 그가 이전에 범한 범죄가 발각되지 않았던 경우에, 또는 그가 발각되지 않고 무사히 해 나갈 수 있을 만큼 자기의 머리가 좋다고 과신하는 경우에 특히 일어나기 쉬운 현상이다.

범죄는 인생의 여러 문제 ― 특히 생계의 부담 ― 로부터 도피하기 위한 안이한 수단이다. 14세부터 20세까지의 사이에서 범죄의 수가 증대하는 현상이 생기는 것은 그러한 사실과 관계가 있다. 이것은 결코 새로운 상황은 아니다. 그것은 좀 더 심각한 심적 부담이 유년기의 패턴 속에 이미 자리 잡고 있었다는 사실을 뚜렷하게 나타내 주는 것이다.

만일 그 활동의 정도가 조금 낮다면 안이한 도피의 수단은 신경증이다. 그리고 많은 어린이가 실제로 기능 질환이나 신경 질환에 시달리기 시작하는 것도 이 시기부터이다. 신경증의 증후는 항상 우월감에 차 있으며, 인생의 모든 문제를 해결하기를 거부하려는 자기 자신의 태도를 정당화시키는 것이다. 신경증의 증후는 사회적인 방법으로 해결할 만한 준비가 되지 않은 채 사회적 문제에 직면하게 되었을 때 나타나는 현상이다. 신경증은 곤란하고도 크나큰 긴장을 초래한다. 사춘기에는 육체적인 조건이 그와 같은 긴장에 대해 특히 민감하게 반응하고 모든 기관이 자극을 받아 신경조직 전체가 영향을 받는다.

여러 기관에 대한 이러한 자극도 역시 망설임이나 실패의 구실로써 이용될 수 있다. 그러한 경우에 처해 있는 사람은 그 고통 때문에 다른 사람 앞에서도 자기 일에 대해서 책임을 다하지 못한다는 변명을 하게 된다. 이렇게 하여 결국 신경증의 구조는 완성되는 것이다. 신경증 환자는 모두 자신이 선한 의도가 있다고 자부한다.

그는 사회 감정이 필요하다는 것도 인생의 여러 문제에 직면할 필요가 있다는 것도 너무나 잘 알고 있다. 그러나 자기의 경우만은 이 보편적 요구에 있어서 예외라고 주장한다. 그의 변명은 두말할 필요도 없이 신경증이다. 그것은 그의 태도 전체가 말해 주고 있다. "나는 나의 모든 문제를 스스로 해결하고 싶지만, 불행하게도 나는 지금 방해받고 있다"라고 그는 주장한다. 이 점에 있어서 그는 범죄자와는 다르다.

범죄자는 종종 자신이 악한 의도가 있다고 공언하기를 꺼리지 않으며, 그의 사회 감정은 은폐되고 억압받고 있다. 좋은 의도를 갖고는 있지만, 그 행위는 좋은 의도와는 정반대로 원한을 품고 있고, 자기중심적이며 주변 사람들의 협동을 방해라고 말하는 신경증 환자와 자신의 적의를 적극적으로 표현하고는 있지만, 자신의 사회 감정의 잔재를 억압하려고 애쓰는 범죄자 중, 어느 쪽이 인간의 복리에 더욱 커다란 장애를 가져다줄 것인가를 결정하기란 매우 어려운 일이다.

사춘기에 저지르는 대부분의 잘못은 어린 시절에 지나치게 귀여움을 받고 자라난 데 그 원인이 있다. 무엇이든 부모에게 요구만 하면 다 자기 손에 들어올 수 있었던 어린이들에게 있어서, 무거운 책임을 짊어져야 할 어른의 시기가 다가오고 있다는 사실은 어린이에게 있어서 특별한 긴장을 초래할 것은 당연한 사실이다.

그들은 더욱 어리광을 부리고 싶지만, 점점 성장함에 따라서 자신은 이미 주목받을 만한 상대가 아니라는 것을 깨닫게 된다. 그들은 인생이 자기를 배반하고 기만했다고 생각하며, 그로 인해 인생을 비관한다. 그들은 인간적인 따뜻한 분위기 속에서 성장해 왔기 때문에 외부 세계의 공기는 가혹하고 차가운 것이라고 느끼게 된다. 이 시기에는 상황이 완전히 거꾸로 진행되는 현상을 많이 볼 수 있다.

지금까지 많은 기대를 받아왔던 어린이들이 공부나 일에 있어서 점점 뒤떨어지기 시작하고, 지금까지는 그다지 재능이 있다고 생각되지 않았던 어린이들이 오히려 전혀 예기치 못했던 능력을 발휘하기도 한다. 이것은 그때까지의 교육에 모순이 있었기 때문은 아니다. 앞날이 대단히 유망했던 어린이는 아마 무거운 부담이 되고 있었던, 기대에 부응해야만 한다는 사실에 대해 이때부터 두려움을 느끼기 시작하기 때문일 것이다. 그 아이는 도움을 받거나 칭찬을 듣거나 상을 받는 동안에는 전진할 수가 있었지만, 독립하여 노력하지 않으면 안 되게 되었을 때가 다가오자 용기를 한꺼번에 잃어버리게 된 것이다.

한편, 다른 아이들은 새로운 자유에 의해 자극을 받는다. 그들은 바로 눈앞에 나타난 자신들의 야심을 성취할 수 있는 길을 환히 내다보고 있다. 그들은 새로운 사고와 새로운 기획을 풍성하게 갖고 있다. 그들의 창조적인 생활은 더욱 강화되고, 우리 인류의 역사 속에 나타난 모든 면에 대해 더욱 신선한 흥미를 갖게 되며, 더욱 열성을 기울이게 된다. 즉, 그들은 자신이 용기를 잃지 않았던 어린이들이며, 독립한다는 것이 그들에게 있어서 곤란함이나 패배의 위험성을 의미하는 것이 아니라고 생각한다. 오히려 이 시기는, 그들이 업적을 세워서 타인에게 공헌하기 위한 좀 더 커다란 기회를 의미하는 것임을 수긍한다.

전에 자기가 경시되고 무시당했었다고 느꼈던 어린이들은 친구들과 더욱 넓은 관계를 갖게 된 지금에 이르러 자기의 참가치를 평가받을 수 있다는 희망을 품고 있을 것이다. 그들 중 많은 사람은 평가받고 싶다는 이 갈망에 완전히 매료되고 있다. 만일 소년이 단지 상과 칭찬만을 추구하고 있다면 그것은 그에게 있어서 너무나 위험한 일이지만, 소녀들은 종종 너무 자신이 없는 나머지 다른 사람들에게 칭찬받는 것만이 자기들의 가치를 증명하는 유일한 길이라고 생각한다. 그와 같은 소녀들은 그녀들에게 아첨하는 방법을 이미 터득해 놓은 남자들에게 너무나 간단하게 잠식당해 버린다. 나는 종종 집에서 정당한 평가를 받지 못하고 있다고 느끼는 소녀들이 성관계를 갖기 시작하는 경우를 보아 왔는데, 그녀들이 그러한 행동을 하는 이유는 어른이 되었다는 것을 증명하기 위해서라기보다는 이러한 방법을 통하여 자기 자신이 이제는 평가하고, 주목받는 대상이 될 수 있는 지위를 획득할 수 있다고 생각하기 때문이다.

하나의 예를 들어보자. 집안이 매우 가난한 15세의 어느 소녀가 있었다. 그녀에게는 오빠가 있었는데, 그녀가 어렸을 때부터 오빠는 줄곧 병을 앓고 있었다. 그리하여 어머니는 그 오빠에게 많은 정성을 쏟을 수밖에 없었다. 그리고 그녀가 태어났을 때도 어머니는 딸을 충분히 돌볼 수 없는 형편이었다. 게다가 그녀가 아주 어렸을 때, 아버지도 심한 병에 걸려 있었다. 그리고 아버지의 병 때문에 그 소녀는 어머니의 보살핌을 받을 기회를 전혀 가질 수가 없었다.

그러한 이유에서 이 소녀는 보살핌을 받는다는 것이 어떠한 것인가에 대해 깊이 생각하고, 또 그것을 이해할 수 있었다. 그녀는 항상 누군가로부터 보살핌을 받고자 하는 소망이 간절했지만, 그것을 집에서 찾을 수는 없었다. 그즈음 여동생이 태어났다. 이 시기에 아버지는 건강을 되찾았고, 어머니는 다시 자유로워져서 아기에게 온 힘을 기울였다. 그 결과는 우리가 지금 고찰하고 있는 소녀는 애정도 호의도 받지 못했던 것은 오로지 자기뿐이라고 생각하기 시작했다. 그녀는 노력파였으며, 집에서는 착한 딸이었고, 학교에서는 1등을 하는 우등생이었다.

그녀는 성적이 우수했으므로 공부를 계속해야 한다는 권유를 받고 어느 고등학교에 진학했는데, 그 새로운 학교에서는 그녀를 아는 선생님이 아무도 없었다. 그녀는 처음에 그 학교의 교육 방법을 이해할 수 없었다. 그리하여 성적은 떨어지기 시작하고, 그녀의 선생님은 그녀를 비난하고, 그럴수록 그녀는 더욱더 자신감을 잃게 되었다. 그녀는 하루빨리 인정받기 위해서 너무나 초조해 있었다. 그녀가 집에서도 학교에서도 평가받을 수 없게 되어 버렸을 때, 과연 그녀에게는 무엇이 남겨져 있었겠는가. 그녀는 자신을 평가해 줄 만한 남성을 찾았다. 그리고 성적인 체험을 한 후에, 그녀는 가출하여 어느 남자와 14일간 동거했다. 가족은 너무나 걱정했고 그녀를 찾아내려고 무진 애를 썼다.

그 결과 어떤 일이 일어났는지는 예측할 수 있을 것이다. 얼마 정도의 시간이 흐르자, 그녀는 지금까지는 그녀 자체가 평가받았던 것이 아니라는 것을 깨닫고 그렇게 되어 버린 것을 후회하기 시작했다. 그녀가 다음으로 생각했던 것은 자살이었다. 그녀는 "걱정하지 마세요. 나는 독약을 마셨습니다. 나는 너무나 행복합니다"라고 쓴 유언장을 집으로 보냈다. 그러나 그녀는 실제로는 독약을 마시지 않았다. 물론 우리는 그 이유를 이해할 수 있다. 그녀는 자기의 그러한 행동을 통하여 부모의 동정을 받을 수 있다고 생각했다. 그녀는 자살하지 않고, 어머니가 찾아와서 그녀를 발견해 내서 집으로 데려가 주기를 바라고 있었다.

만일 이 소녀가 우리가 알고 있는 바를 미리 알고만 있었더라면, 즉 그녀의 모든 노력이 그녀를 평가하고 있었다는 사실을 알고 있었더라면 이러한 문제들은 절대로 일어나지 않았을 것이다.

만일 그 고등학교의 교사가 이러한 상황을 이해하고 있었다면, 교사도 이러한 문제가 일어나는 것을 예방할 수 있었을 것이다. 원래 그녀는 언제나 우등생이었으며, 대단히 민감하여 좀 더 주의 깊게 다루어야 한다는 사실을 그 교사가 미리 알고 있기만 했어도 그녀는 자신의 처지에 그처럼 낙담하게 되지는 않았을 것이다.

이번 경우는 조금 다른 예인데, 양쪽 모두 약한 성격을 가진 부모로부터 한 여자 아기가 태어났다. 어머니는 남자 아기를 원하고 있었기 때문에 여자 아기가 태어난 것에 대해 무척 실망했다. 그녀는 여성의 역할을 낮게 평가하고 있었다. 그래서 그 딸은 어머니의 그러한 생각을 피부로 느낄 수밖에 없었다. 그녀는 어머니가 아버지에게 "저 아이는 조금도 매력이 없어요. 이다음에 커서도 아무도 저 아이를 좋아하지 않을 거예요"라든가, "저 아이가 크면 어찌하면 좋을까요?"라고 하는 말을 수없이 들으며 자랐다. 이러한 차디찬 분위기 속에서 10년이나 자란 그녀는 어머니의 친구인 어느 부인에게서 온 편지를 발견했는데, 그 내용은 자기 어머니가 딸을 낳은 것에 대해 위로하는 내용으로, 아직 젊으니까 또 남자 아기를 낳을 수 있다고 씌어 있었다.

이 소녀가 얼마나 충격을 받았을지는 충분히 상상할 수 있을 것이다. 수개월 후 그녀는 시골에 있는 아저씨를 방문했다. 그녀는 거기에 있는 동안에 시골의 한 소년과 만나고 그와 친구가 되었다. 그 후 소년은 그녀로부터 떠나갔지만, 그녀의 남성 편력은 계속됐다. 내가 그녀를 만났을 때, 그녀 주위에 너무나 많은 남자가 있었다.

그러나 그녀는 어떤 상황에서도 자신이 진심으로 평가받고 있다고 느끼지 못했다. 그녀가 나를 찾아온 이유는, 그녀가 이제는 불안신경증에 시달리게 되어 혼자서는 외출도 할 수 없게 되었기 때문이었다. 그녀는 자신이 평가받기 위해서라면 어떤 방법이든지 한 가지의 방법에 만족하지 않고 또 다른 방법을 계속 시도해 보았다.

그녀는 자신의 고통이나 번민을 통하여 가족을 괴롭히기 시작했다. 그 누구도 그녀가 허락하지 않는 한 가족은 아무것도 할 수 없게 되었다. 그녀는 울부짖거나 자살한다고 외치고 위협하며 가족들 위에 폭군처럼 군림했다. 내가 그녀에게 그녀 자신의 처지를 이해시키고, 그녀가 사춘기에 느꼈던 자신이 제대로 평가받지 못하고 있다는 감정에서 벗어나는 하나의 길을 발견해 내야 할 필요성이 지나치게 강조됐었다고 하는 점을 이해시키는 일은 대단히 어려운 작업이었다.

소년도 소녀도 사춘기에는 종종 성관계를 과대평가하고 과장한다. 그들은 자신이 어른임을 증명하고 싶은데, 종종 그 정도가 지나치다. 예를 들면 만일 어떤 소녀가 그녀의 어머니와 사이가 좋지 않아서 항상 자신이 억압받고 있다고 느끼고 있으면, 그녀는 종종 반항의 표시로써 그녀가 만나는 어떤 남자와도 성관계를 맺어버린다. 그녀는 어머니가 그 사실을 알든지 모르든지 개의치 않는다. 그녀는 단지 어머니에게 걱정을 끼칠 수만 있다면 정말 행복하겠다고까지 생각한다. 그러한 이유에서 나는, 소녀가 어머니와의 심한 말다툼 끝에 — 아버지와의 말다툼도 마찬가지겠지만 — 거리로 뛰쳐나와 그녀가 발견하는 맨 처음 남자와 관계를 맺어 버린 사례를 자주 상담했다.

이러한 경우는 언제나 착한 아이라고 여겨지고 있던 아이들이며, 가정 교육도 잘 받아왔고, 그러한 행위를 했으리라고는 도저히 상상도 할 수 없는 소녀들이었다. 우리는 사실 그 소녀들에게만 책임을 지울 수 없다는 것을 알 수 있다. 그녀들은 잘못된 주의를 받아온 것뿐이다. 자신들이 열등한 상태에 놓여 있다고 느끼고 있었기 때문에, 그녀들에게는 이러한 방법만이 좀 더 강한 태도를 보이는 유일한 방법이었다. 지나치게 귀여움을 받고 자라난 많은 소녀는 여성의 역할에 자신이 순응하는 것이 무척 어렵다고 생각한다. 아직 우리의 문화적 상황 속에서는 항상 남성 쪽이 여성보다도 우월하다는 편견이 있다.

그 결과 소녀들은 자기가 여성이라는 것을 싫어하게 된다. 그리하여 그녀들은 내가 '남성적 항의masculine protest'라고 부르는 행위를 나타내게 된다.

남성적 항의는 다양한 행동으로써 표현된다. 어떤 때는 단지 남성을 혐오하고 피하는 행동으로 나타나고, 어떤 때는 남성을 좋아하기는 하지만, 함께 있으면 부끄러워하고, 남성에게 이야기를 걸지도 못한다. 그래서 남성이 참석한 모임에는 참가하는 것조차 꺼리며, 대개 성적 문제에 직면하게 되면 매우 당황하여 안절부절못한다. 그런데 그런 여자들은 좀 더 나이가 들어 결혼하게 되면 열심히 자기주장을 내세우게 될지 모르지만, 그전에는 전혀 이성에게 접근하려 들지도 않고 친구가 되려고도 하지 않는다.

때때로 우리는 사춘기에 접어든 소녀들이 여성적 역할에 대한 혐오감을 더욱 적극적인 방법으로 표현하는 것을 볼 수 있다. 소녀들은 이전보다도 더욱 남자처럼 행동한다. 그녀들은 소년들의 흉내를 내려고 하며, 담배를 피운다든가, 술을 마신다든가, 욕설을 퍼붓는다든가, 불량 조직에 가담한다든가, 성적 자유를 과시한다든가 하는 식으로 소년들의 악행을 흉내 내기도 한다.

그녀들은 자기들이 유별난 행동을 해야 남자들이 자기들에게 흥미를 나타내 보일 것으로 생각한다. 여성의 역할에 대한 혐오감이 더욱 깊어지면, 동성애나 성도착 및 매춘 현상을 나타낼 수도 있다.

모든 매춘부는 그녀들의 인생 초기부터 아무도 자기를 좋아하지 않았다는 확신하고 있다. 그녀들은 다른 사람보다 낮은 역할을 짊어지기 위하여 태어났으며, 어떠한 남성으로부터도 진정한 사랑이나 관심을 얻을 수 없다고 믿고 있다. 우리는 그녀들이 이러한 상태에서 어떤 식으로 자신을 내팽개쳐 버리며, 어째서 자신들의 성적 역할을 비하하고 그것을 돈벌이의 수단으로밖에 보지 않게 되는가를 이해할 수 있다. 여성적 역할에 대한 이러한 혐오감은 사춘기에 갑자기 나타나는 것은 아니다. 우리는 항상 이러한 유형의 모든 여자는 유아기 초기부터 자기가 여성임을 싫어하고 있었다는 사실을 발견할 수 있다. 그러나 그녀는 다만 어린 시절에는 이 혐오감을 표현할 필요도 기회도 없었다.

'남성적 항의'로 괴로움을 겪고 있는 것은 비단 소녀들뿐만이 아니라, 소년들에게 있어서도 종종 나타난다. 남성의 중요성을 과대평가하는 모든 어린이는 남자다움을 하나의 이상으로 보고, 자신이 그것을 달성하는가 달성하지 못하는가에 의해 자신이 평가받는다고 믿고 있다. 이렇게 해서 우리의 문화 속에서 강조되고 있는 남자다움은 소녀들뿐만 아니라, 소년들에게 있어서도 마찬가지로 힘들게 한다.

특히 그들이 자신들의 성적 역할에 대해 완전히 확신이 있지 않았을 때 더욱 그러하다. 어린이들은 언젠가는 그들의 성이 바뀔 수 있다는 기대를 어른이 될 때까지 어느 정도 믿으며 성장한다. 그래서 사실 어린이가 두 살 정도가 될 때부터는 자신이 남자인지 여자인지를 분명하게 알고 있어야만 한다는 사실은 무척 중요한 것이다.

특히 여자처럼 생긴 남자아이는 종종 곤란한 경우가 생기게 된다. 다른 사람이 그의 성을 착각하는 수도 있고 가족의 친구들조차 그에게 "너는 정말 여자였더라면 좋았을 걸" 하는 말을 종종 듣게 된다. 그와 같은 어린이는 자라나면서 자신의 모습에 대해 비관하며, 사랑과 결혼의 문제를 단지 자신에게는 너무나 가혹한 시련이라고 생각하게 된다. 자신이 성적 역할을 잘 감당해 낼 수 있다고 확신하지 못하는 소년은 흔히 사춘기에 소녀들의 흉내를 내고 여자다워지려 하며, 응석받이 소녀들의 행동을 모방하여 교태를 부리거나 감상주의에 빠지기가 쉽다.

남성에 대해 어떠한 태도를 보이게 되는가 하는 준비도 인생의 초기 단계인 4, 5세가 될 때까지의 사이에 이미 그 뿌리가 형성된다.

어린이의 성충동은 태어나서 채 몇 주일이 되지 않은 시기에도 명백하게 보인다. 그러나 그것을 적절하게 표현해도 좋은 나이가 되기까지는, 그것을 자극하는 그 어떤 행위도 허용되어서는 안 된다. 그것이 너무 일찍 자극을 받지만 않으면 그 발현은 자연스러운 것이 되며, 어떠한 놀라움을 일으키지도 않는다. 예를 들면 출생 후 1년이 지난 아기가 자기의 성기에 흥미를 나타냈다고 하더라도 결코 놀라거나 두려워할 필요는 없다. 부모는 그 아이와 협동하여 아이가 자기 자신보다도 주위 사람에게 관심이 있도록 영향을 주어야만 할 것이다.

만일 자기만족을 추구하는 아이의 시도가 멈춰지지 않을 때는 좀 특별한 경우로 보아야 한다. 그런 경우에는 그 아이가 스스로 어떠한 의도가 있다는 것이 확실시되는 것이다. 즉, 그 아이는 성충동의 희생자가 아니고, 자기 자신의 목적을 위하여 그것을 사용하고 있다. 일반적으로 말하여 어린아이들의 목적은 주의를 집중시키고자 하는 데 행위의 모든 목적이 있다. 그들은 자기의 부모가 두려워하거나 놀라거나 하는 것을 느끼고 있으며, 부모의 감정을 이용하는 방법을 잘 알고 있다. 만일 그들의 행위가 주의를 끌고자 하는 목적에 그다지 도움이 되지 않는다는 것을 깨닫게 되면, 그들은 그러한 습관을 포기해 버릴 것이다.

나는 앞에서 어린이들이 육체적으로 자극을 받아서는 안 된다는 것을 서술했다. 부모들은 종종 자기 자녀들에게 대단한 애정을 나타내고, 어린이들도 마찬가지로 부모들에게 애정을 표현한다. 자녀들의 애정을 확대하기 위해 부모들은 항상 자녀들을 끌어안거나, 그들에게 입을 맞추거나 한다. 그들은 이것이 올바른 방법이 아니라는 것으로 알고 있다. 실제로 부모들은 어린이들의 애정을 그러한 식으로 자극해서는 안 된다. 또한, 어린이들은 정신적으로도 자극을 받아서는 안 된다. 어린이들은 ― 어른들도 가끔 자신의 어린 시절을 회상하다가 있게 되는 일이지만 ― 종종 우연히 아버지의 책갈피 속에 끼어 있는 선정적인 사진을 보았을 때, 혹은 그들이 본 어떤 영화로 인해 자극받은 감정에 대해 나에게 이야기하는 경우가 있다. 어린 시절에는 그러한 책이나 사진이나 영화는 보지 않는 편이 좋다. 우리가 어린이들에게 자극을 주는 것을 피할 수만 있다면, 곤란한 문제는 전혀 일어나지 않을 것이다.

이미 언급한 사항이지만 또 한 가지 다른 형태의 자극은 어린이들에게 전혀 불필요하고 부적합한 성性 정보를 주는 배려이다. 대부분 어른은 성 정보를 제공하는 것에 너무나 열성적인 것처럼 보인다. 그리고 어떤 아이도 성에 대해 무지한 채로 성장하는 것에 지나친 불안감을 느끼고 있는 것 같다. 그들이 자기 자신의 과거나 타인들의 어린 시절을 돌이켜보면, 그들이 걱정하는 그러한 파국은 전혀 쓸데없는 기우라는 것을 알 수 있을 것이다. 성에 대한 것은 어린이 자신이 자연스럽게 호기심을 갖게 되고, 그에 대한 정보를 알고자 하게 될 때까지 기다리는 편이 훨씬 더 낫다. 부모가 자기 자녀에게 관심을 두고 있다면, 설령 아이가 말로 표현하지 않더라도 어린이의 호기심을 이해할 수 있을 것이다. 만일 어린이가 부모를 자신의 친구처럼 느끼고 있다면 자진하여 질문해올 것이고, 그에 대한 부모의 답변을 어린이가 이해할 수 있고 그 정보를 스스로 익히는 방법으로 제공해야만 할 것이다.

또한, 부모는 서로의 애정 표현을 자식들 앞에서 나타내는 일은 피하는 것이 좋다. 가능한 한 어린이들은 부모들과 같은 방에서 재워서는 안 된다. 하물며 같은 침대에서 재워서는 더욱 안 될 것이다. 그리고 또한 여자아이와 남자아이를 같은 방에서 재우는 것도 결코 바람직한 것이 못 된다. 부모는 자녀들의 성장에 항상 세심한 주의를 쏟아야 하며, 자녀들을 기만해서도 안 된다. 만일 부모가 자녀들의 성격이나 개성을 잘 알고 있지 못하다면, 자녀들이 어떤 곳에서 어떠한 식으로 영향을 받고 있는지 알 수가 없을 것이다.

흔히 사춘기라고 하는 시기는 대단히 특별하고도 기묘한 시기라고 보편적으로 생각한다. 일반적으로 인간의 발육 과정의 각 시기에는 특별히 강조된 개별적인 의미가 부여되고 있고, 모든 사람은 그것을 마치 당연한 변화인 양 받아들인다.

예를 들면 대부분 사람은 갱년기에 대해서 그러한 태도를 보인다. 그러나 이들 인생의 각 국면은 결국은 변화가 아닌 똑같은 생명의 연속에 지나지 않는 것이며, 그 시기의 현상은 아무런 결정적인 중요성도 내포하고 있지 않은 것이다. 무엇보다 중요한 것은 각 개인이 그러한 국면을 맞이하면서 무엇을 기대하는가, 어떠한 의미를 부여하는가, 그 상황에 직면하기 위해 어떠한 방법으로 스스로를 훈련했는가 하는 점이다.

사람들은 종종 사춘기의 출현에 놀라워하고, 마치 유령이라도 본 것처럼 법석을 떤다. 만일 어른들이 어떤 상태를 올바르게만 이해한다면, 어른들은 어린이들이 사춘기의 여러 사실에 의해 전혀 자극받지 않는다는 것을 알 수 있을 것이다.

물론 사회적 조건들이 그들의 인생 스타일에 새로운 적응을 요구하는 한도 내에서는 별개의 문제이다. 하지만 그들은 종종 사춘기는 만사의 끝이며, 그들의 가치도 존엄성도 잃어버린 것이라고 단정 지어 버린다. 그들은 자신들에게는 이미 협동하거나 공헌할 만한 아무런 권리도 없고, 이미 아무도 그들을 원하지 않는다고 생각한다. 사춘기의 모든 어려움이 생겨나는 것은 바로 그와 같은 사고방식에서 연유하는 것이다.

만일 어린이가 자기 자신을 사회의 평등한 구성원이라고 느끼고, 타인에게 공헌한다고 하는 자신의 과제를 이해하도록 훈련을 받아왔고, 특히 이성을 평등한 동료로서 생각하도록 훈련을 받아왔다면, 사춘기는 성인으로서의 인생의 여러 문제에 대해 스스로 창조적이고 자립적인 해결을 하기 시작하는 하나의 단계에 불과하다는 것을 알게 될 것이다. 만일 그 아이가 자신은 보통 사람보다도 생각이 낮은 수준에 있다고 느끼거나, 자신의 환경에 관한 그릇된 견해로 고통을 받는다면, 그것은 사춘기에 주어지는 자유에 대처할 충분한 준비가 그 아이에게 갖춰져 있지 않다는 사실을 증명해 주는 것이다.

만일 언제나 누군가가 그 아이 곁에 붙어 있으면서 모든 상황에 대처하도록 그를 보살펴 준다면, 그 아이는 혹시 그것을 성취할 수 있을지도 모른다. 그러나 만일 그 아이 혼자서 모든 일을 하도록 내버려 둔다면, 그는 분명히 실패할 것이다. 그러한 어린이는 예속된 상황에는 적합해도, 자유가 부여된 사춘기 시기에는 어찌할 바를 몰라 그저 당황할 것이다.

제 **9** 장
범죄와 예방

Alfred Adler; The Man & His Work, Hertha Orgler

　개인심리학에 의해 모든 다양한 유형의 인간을 이해하기 시작하면, 인간이라는 것이 결국 서로 터무니없이 다른 것은 아니다. 우리는 범죄자에 있어서도 문제아·신경증 환자·정신병 환자·자살자·알콜 중독자·성도착자에게 있어서 볼 수 있는 것과 같은 실패를 보는 것이다. 그들은 인생의 여러 문제에 대한 접근에 있어서 실패하고 있고, 한 가지 주목할 만한 명백한 사실은 그들은 모두 같은 방식으로 실패하고 있다는 것이다.

　그들은 한결같이 사회적 관심이라는 점에서 실패하고 있다. 그들은 동료들에게 관심을 갖고 있지 않다. 그런데 이 점에 있어서도 우리는 그들이 마치 다른 사람들과 완전히 다른 모순된 존재인 것처럼 간주할 수는 없다.

　범죄자를 이해하기 위해서는, 그들이 실제로는 우리들과 비슷한 사람들이라는 인식이 전제된다. 우리는 누구나 여러 가지 곤란을 극복하기를 원한다. 또한 자신이 강하며, 다른 사람에 비해 더 낫다고 생각하고, 완전하다고 느낌으로써 장래의 목표에 도달하려고 노력한다.

존 듀이 교수는 이러한 경향을 지극히 정당한 노력이라고 지적하고 있다. 다른 사람들은 그것을 자기 보존을 위한 노력이라고 말하고 있다. 그런데 우리들이 그것을 무엇이라고 명명해도, 인간의 내부에는 항상 이 선에 부합되는 커다란 활동 ─ 열등의 지위에서 우월의 지위로, 패배에서 승리로, 하부에서 상부로 오르려 하는 노력 ─ 이 발견될 것이다. 그것은 유아기 초기에서부터 시작하여 인생의 종말을 맞게 될 때까지 계속된다.

인생이라는 것은 이 지구상에서 여러 가지 장애를 넘고 수많은 곤란을 극복하며 살아나가는 것을 의미한다. 그런 까닭에 우리들이 범죄자 사이에서 확실히 일치되는 경향을 발견한다고 해도 놀라서는 안 된다. 모든 범죄자는 그의 행동이나 태도에 있어서 우월하기 위해, 여러 가지 문제와 곤란을 해결하고 극복하기 위한 노력을 나타내고 있는 것이다. 그가 다른 사람과 구별되는 점은 이러한 방식으로의 노력에서 기인되는 것은 아니다. 오히려 그것은 그의 노력이 얻은 방향인 것이다. 그리고 그것이 그런 방향을 취한 것은, 그가 사회생활의 여러 욕구를 이해하지 못했기 때문에, 그리고 인류에게 공헌할 마음을 쓰지 못하고 있기 때문이라는 사실을 이해하게 되면 우리는 그의 행동을 충분히 이해할 수 있을 것이다. 나는 이 점을 매우 강조하고 싶다. 왜냐하면 범죄자들에 대해 흔히 그런 식으로 생각하지 않는 사람들이 많이 있기 때문이다.

그들은 범죄자를 인류의 예외자 ─ 전혀 보통 사람과 같지 않은 사람이라고 생각한다. 예를 들면 어느 학자는, 범죄자는 모두 정신박약자라고 주장한다. 또 어떤 사람들은 유전적인 면을 상당히 강조한다. 즉, 범죄자라는 것은 태어나면서부터 악인惡人이어서 범죄자가 될 수밖에 없다고 믿고 있다. 특히 어떤 사람들은 범죄는 어떤 환경에 의해서도 바뀌지 않는 고정된 것이라고 주장한다. 한 번 범죄자는 언제까지나 범죄자가 된다는 것이다. 그러나 이런 부정적인 의견들에 대해 근래에 와서는 많은 다른 반증이 거론된다. 그런데 만일 우리들이 이런 의견을 수용한다면, 범죄 문제에 관심가져야 할 필요조차 없다는 사실을 인식해야 한다. 인류는 우리들이 사는 이 시대에 인간의 이런 재난을 없애 버리고 싶어한다.

우리는 역사를 통해 볼 때 범죄라는 것이 항상 재난이었다는 것을 알고 있다. 그래서 우리는 현재 이것에 대해 하고 싶은 것이며, '그것은 모두 유전 탓이다. 그에 대해선 아무런 방법도 없다'고 하는 식으로 이 문제를 보류하는 데 결코 찬성할 수 없는 것이다. 환경 속에도 유전 속에도 강제라는 것은 별로 없다. 같은 가정과 같은 환경을 가진 아이들이 각기 다른 식으로 성장한다. 때로는 흠잡을 데 없는 가정에서 갑자기 범죄자가 튀어나온다. 또 경우에 따라서는 형무소나 소년원에 갔다 온 경험이 있음직한 상당히 나쁜 환경의 가정에서 태어나도 성격이나 행동이 올바른 아이를 볼 수 있다. 또는 어떤 범죄자가 나중에 죄를 뉘우치고 새 사람이 되어 잘 산다는 이야기도 있다.

그리고 범죄심리학자들은, 어떤 강도가 30세쯤 되어 마음을 잡고 선량한 시민이 되는 이유를 설명하는 데 곤혹을 치러 왔다. 만일 범죄가 태어나면서부터의 결함이었거나, 환경에 의해 바꿀 수도 없이 고정되어진 것이라면, 이런 사실은 정말 이해하기가 어려워진다. 그러나 한편 우리들의 견해에서 생각하면 그것은 충분히 납득할 수 있다. 아마 그 사람은 전보다 훨씬 마음에 드는 상황에 처해 있을 것이고, 그에 대해서 전만큼 무리하게 요구하지도 않을 것이며, 그의 인생 스타일에 있어서 차이가 두드러지게 겉으로 나타나 있지 않을 것이다. 아니면, 그는 자기가 갖고 싶어했던 것을 이미 손에 넣어 버렸을지도 모른다. 혹은 점점 나이를 먹고 살이 쪄서 범죄 같은 것에는 적합하지 않게 되었을지도 모른다. 또는 몸이 굳어져서 이제 그 전만큼 잘 기어오를 수도 없게 되어 강도라는 일 자체가 그에게 이미 너무 힘든 일이 되어 버렸을지도 모른다. 이야기가 더 비약되기 전에, 나는 범죄자는 무조건 미친 사람이라는 생각을 배제하고 싶다. 죄를 짓는 정신병 환자도 있다. 그러나 그들의 범죄는 전혀 종류가 다르다. 우리는 그들에게 책임이 있다고는 생각하지 않는다. 그들의 범죄는 그들을 이해하는 데 완전히 실패한 결과이고, 그들에 대한 훈련 방법이 잘못된 결과이다.

마찬가지로 정신박약자의 범죄도 제외시켜야 한다. 사실 그들은 도구가 된 것에 불과하다. 진짜 범죄자는 범죄를 계획하는 사람들이다. 그들은 멋진 건수가 있다고 하는 허상을 그려 보이며, 정신박약자의 공상이나 야심을 부추긴다. 그리고 그들 자신은 배후에 숨어서 그들의 희생자들이 죄를 짓게 하여 벌을 받는 위험에 빠뜨리는 것이다. 오랜 경험을 쌓은 범죄자에 의해 순진한 젊은이들이 이용되는 경우도 이와 같다고 말할 수 있다. 범죄를 계획하는 것은 경험을 쌓은 범죄자이고, 어린이들은 그 실행자가 되도록 속이는 것이다.

그런데 앞에서 언급했듯이 모든 범죄자가 ─ 그리고 다른 모든 인간이 ─ 승리를 얻으려고, 또 높은 지위에 도달하려고 노력하고 있는 점에 대해 고찰해 보자. 이 목표들은 각양각색으로 다양하다. 그리고 우리는 범죄자의 목표라고 하는 것이 항상 개인적인 면에서 우월하고자 하는 것임을 발견한다. 그는 결코 협동적이 아니다. 사회는 그 사회의 구성원을 필요로 하고 있고, 우리는 또 모두를 서로 필요로 하고 있으며, 공통적으로 유익한 것을 위해서 협동하는 능력을 필요로 하고 있다. 범죄자의 목표는 사회에 대하여 얼만큼 유익할 것인가 하는 생각을 포함하지 않는다.

그리고 이것이야말로 모든 범죄적 경력의 실로 중대한 국면이다. 이 일이 어떻게 해서 발생한 것인가에 대해서는 뒤에서 논하기로 한다. 여기서 나는 만일 우리들이 범죄자를 이해하려고 생각한다면, 찾아내야 하는 주안점을 협동에 대한 그의 실패 정도·성격 등을 찾아내는 데 두어야 한다고 밝혀두고 싶다. 범죄자들은 협동하는 능력에 있어서 가지각색이다. 어떤 사람들은 다른 사람보다 그 실패도가 낮다. 예를 들면 어떤 사람들은 스스로를 사소한 범죄에 한정해 두고 그 한계를 넘지 않으며, 어떤 사람들은 커다란 범죄를 좋아한다. 또 어떤 사람들은 경험자이고, 어떤 사람들은 추종자이다. 범죄자의 다양한 경력을 이해하기 위해서 우리는 더욱더 개개인의 인생 스타일을 연구해야 한다.

각 개인에 있어서 전형적인 인생 스타일은 유년기 초기에 형성된다. 우리는 이 주된 특징을 이미 4 ~ 5세 단계에서 발견할 수 있다. 그렇기 때문에 그것을 바꾸는 것은 쉽지 않다. 그것은 그 사람 자신의 성격으로 굳어졌으므로, 우리가 그것을 변화시키는 것은 개인이 인생 스타일을 형성하는 과정에서 그가 범한 잘못을 이해함으로써만 가능하다. 그렇기 때문에 우리는 어째서 대부분의 범죄자가 몇 번 죄를 지어 굴욕을 받고 사회에서 제공해 줄 수 있는 모든 이득을 전부 빼앗겨도 여전히 개선하지 않은 채 같은 범죄를 되풀이하는 일이 일어나는 것인가를 이해할 수 있다. 그들을 범죄에 빠지도록 강요한 것은 경제적 곤란만은 아니다.

흔히 어수선한 시대에 사람들이 심적 부담을 좀 더 많이 지고 있을 때는 범죄가 한층 더 늘어난다고 하는데, 그 말은 확실히 사실이다. 통계에 의하면, 때에 따라서 범죄의 수는 곡물값의 상승에 따라서도 증대한다. 그러나 물론 이것은 경제 상태가 범죄를 야기시킨다는 표시는 아니다. 그것은 오히려 많은 사람들이 스스로의 행동에 있어서 제한받고 있다는 표시이다. 그러한 상황에서는 그들의 협동 능력에 한계를 갖게되며, 이러한 한계에 도달하면 그들은 이미 다른 사람에게 공헌할 수 없게 된다. 그들은 협동의 마지막 잔재를 잃고 범죄에 끌리게 된다. 다른 여러 가지 경우에서도 발견되는 사실로서, 좋은 상황에서는 반드시 범죄자로 볼 수는 없지만, 자신들이 어떤 사태에 대해서 잘 준비할 수 없는 문제가 발생하면 그들 또한 범죄를 저지를 수 있을 것이라고 말하는 사람들이 실제로 많이 있다. 중요한 것은 개인의 인생 스타일이고 여러 문제와 부딪치는 방법인 것이다.

개인심리학에 있어서의 이 모든 경험들을 거친 후에, 우리는 마침내 하나의 단순한 점을 밝힐 수 있다. 그것은 범죄자는 보통 타인에게 흥미를 느끼고 있지 않다는 점이다. 그는 어느 정도까지밖에는 협동할 수 없다. 이 선을 넘어 버리면, 그는 범죄에 직면하게 된다. 이처럼 한계를 넘어 버리는 일은 그에게 있어서 직면한 문제가 매우 심각할 때 발생한다. 평범한 사람들이 직면해야 하는 인생의 여러 문제에서 범죄자가 이해할 수 없는 여러 문제를 고찰하는 것은 흥미로운 일이다. 즉, 우리들의 인생에는 사회 문제 이외에는 아무런 문제가 없다고 생각된다. 그리고 이 문제들이 해결될 수 있는 것은, 우리들이 다른 사람에게 관심을 가질 때뿐이다.

개인심리학은 인생의 여러 문제를 세 가지 주요 영역으로 나누고 있다. 제1의 문제는 동료에 대한 관계의 문제, 동료관계comradeship의 문제를 들 수 있다. 범죄자들도 때로는 친구를 가질 수 있는데, 그것은 동류同類일 때뿐이다. 그들은 지하 조직을 형성할 수 있고, 서로간의 충성심을 나타낼 수도 있다. 그러나 우리는 여기서 바로 그들이 그들의 활동 영역을 어떻게 줄여 버렸는가를 볼 수 있다. 그들은 보통 사람들과는 친구가 될 수 없다. 그들은 자신들을 일단의 도망자로 보는 것이며, 다른 사람들과 함께 편안히 잘 지내는 방법을 알지 못한다.

인생의 여러 문제 중 제2의 문제는 모든 직업과 관계되는 문제를 포함한다. "범죄자들의 대부분은 만일 그들의 직업 문제에 대해서 질문을 받으면 이렇게 대답할 것이다." "당신네들은 노동이라는 두려운 상태를 모르는 것입니다"라고. 그들은 일을 두려운 것이라고 생각한다. 그들은 다른 사람들처럼 직업에 몰두하려고 하지 않는다. 유익한 직업이라는 것은 다른 사람들을 향한 관심과 다른 사람들의 복리에 공헌하고 있는 것이라야 한다. 그런데 범죄자들에게서는 특히 그러한 사고 방식을 찾아볼 수 없다. 앞서 말한 바와 같이 이 협동 정신의 결여는 인생의 매우 이른 시기에 나타나는 것이며, 그렇기 때문에 대개의 범죄자는 직업 문제에 직면할 준비가 되어 있지 않다.

대부분의 범죄자는 훈련되지 않고 숙련되지 않은 노동자이다. 그들의 경력을 더듬어 올라가 보면, 학교 시절이나 그 훨씬 이전에 이미 그들의 흥미를 잃어버리게 한 요인이 거기에 있었던 것을 알 수 있다. 그들은 협동한다는 것을 배운 적이 없는 것이다. 협동한다고 하는 것은 배우고 훈련받아야만 하는 것인데, 범죄자들은 협동이라는 것에 대해서 잘 훈련되어 있지 않았던 것이다. 그렇기 때문에 그들이 직업 문제에서 실패했다고 해서 그들에게만 책임을 돌릴 수는 없다. 그것은 마치 지리학을 공부한 적이 없는 사람에게 지리 시험을 치르게 하는 것과 같은 것이다. 그들은 틀린 답을 쓰든지, 아니면 전혀 답을 쓰지 않든지 할 것이다.

제3의 문제는 사랑에 관한 문제를 포함하고 있다. 좋은 애정생활도 다른 사람에 대한 관심과 협동을 요구한다. 소년원에 보내지는 범죄자들의 반수가 입소할 때에 성병에 걸려 있다고 하는 사실이 관찰되는 것은 주목할 만한 일이다. 이것은 그들이 애정 문제로부터 값싼 도피를 해왔다는 것을 가리키는 것이다. 그들은 상대방을 단순히 하나의 소유물로서 간주하고 있으며, 돈이면 사랑도 살 수 있다고 생각하고 있는 것을 볼 수 있다. 이런 사람들에 있어서 성생활은 정복과 획득이라는 문제 밖에 하등 다른 생각은 없다. 사랑의 대상은 인생의 동반자로서가 아니라, 하나의 소유물에 지나지 않는다.

대부분의 범죄자들은 이렇게 말한다. "만일 자신이 갖고 싶은 것 모두가 어차피 주어질 수 없는 것이라면 인생 같은 것은 무슨 쓸모가 있는 것인가" 라고. 우리는 이제 범죄자의 취급에 대해서 어디에서부터 시작해야 하는지 이해할 수 있다. 우리는 그들이 협동적이 되도록 훈련시키지 않으면 안 된다. 그들을 소년원에 밀어넣는 것만으로는 아무것도 이루어지지 않는 것이다. 그들을 방치해 두는 것은 사회로서도 매우 위험한 일이다. 사회는 범죄자로부터 보호되어야만 한다. 그러나 물론 그것만이 전부는 아니다. 우리는 또 '그들은 사회생활을 할 만한 준비가 되어 있지 않다. 그들을 어떻게 개선시킬 수 있는가'에 대해 생각해야 한다.

모든 문제에 있어서 이렇게 협동이라는 것이 빠져 있는 것은 결코 작은 결함이라고 볼 수 없다. 우리는 일상의 모든 순간에서 협동을 필요로 하고 있다. 그리고 협동 능력은 생각하는 견해, 말하는 법, 듣는 법에 자연스럽게 나타난다. 나의 견해로는, 범죄자들은 생각, 말하는 법, 듣는 법에 있어서 보통 사람들과 매우 다르다. 그들은 별도의 언어를 가지고 있으며, 그들의 지성이 이 차이에 의해서 방해받고 있다는 것을 알 수 있다. 우리는 이야기할 때 모든 사람이 우리들을 이해해 줄 것을 믿어 의심하지 않는다. 이해라고 하는 것 자체가 하나의 사회적 요인이다.

우리는 여러 가지 말에 공통된 보편적인 해석을 한다. 우리는 다른 누구라도 이해할 수 있는 동일한 방법으로 이해하는 데 길들여져 있다. 그러나 범죄자의 경우는 다르다. 그들은 개인적인 논리·개인적인 지성을 갖고 있다. 우리는 이러한 사실을 그들이 자신들의 범죄를 설명하는 방식을 통해 관찰할 수 있다. 그들은 물론 바보도 정신박약자도 아니다. 만일 우리들이 허구적인 개인적 우월이라는 그들의 목표를 인정한다면, 대개 그들은 올바른 결론을 이끌어낸다. 범죄자는 '나는 멋진 바지를 가지고 있는 남자를 보았다. 나는 가지고 있지 않았다. 그렇기 때문에 나는 그를 죽이지 않으면 안 되었다'고 말할 것이다. 그런데 만일 우리들이 그에게는 욕망이 무엇보다도 중요한 것이며, 또 그가 올바른 방법으로 생계를 유지할 수 있는 방법이 전혀 없다는 사실을 인정한다면, 그의 결론은 충분히 상식적인 것이다. 그러나 그것은 상식적인 일이 아니다.

헝가리에서 어떤 살인 사건에 대한 재판이 있었다. 많은 부인들이 독약으로 여러 사람을 죽이는 죄를 범했다. 그들 중의 한 명이 투옥되었을 때 그녀는 "내 아들은 병에 걸려 있어서 밥만 축내는 밥벌레였다. 나는 그애에게 독약을 먹이지 않으면 안 되었다"고 진술했다. 협동이라는 것을 배제했을 때, 과연 그녀가 할 일은 무엇이 남겨져 있었을까. 그녀는 머리가 비상했다. 그러나 그녀는 보통과는 다른 견해, 다른 통각 체계를 가지고 있었던 것이다. 그렇다면 우리는, 범죄자들이 갖고 싶은 것을 보았을 때 그것을 손쉬운 방법으로 손에 넣고 싶다고 생각할 경우, 그들이 어떤 식으로 이 적대적인 사회로부터 그것들을 빼앗으려는 결심을 하게 되는 것인가를 이해할 수 있다.

그들은 세계에 대한 잘못된 견해, 그들 자신의 중요성과 다른 사람의 중요성에 관한 잘못된 평가에 홀려 있는 것이다. 그런데 이것은 그들에게 협동이 결여되어 있다는 사실에 있어서 가장 주목할 만한 문제점은 결코 아니다. 사실 범죄자는 모두 겁쟁이들이다. 그들은 자신이 일을 해결하는 데 필요한 만큼 강하지는 않다고 느끼고 있는 문제를 회피하고 있는 것이다. 우리는 그들이 겁이 많다는 사실을 그들의 범죄와는 별도로 볼 수 있다. 즉, 그들이 인생에 직면하는 방법을 통해서 볼 수 있다. 우리들은 또 그들이 겁이 많다는 사실을, 그들이 범하는 범죄 속에서도 볼 수 있다. 그들은 자신을 비밀이나 고립으로써만 지키려 하고, 누군가에게 불의의 습격을 해서 그 사람이 자신을 방어하기 전에 먼저 무기를 이용해 습격한다. 범죄자들은 자신의 행동을 용기 있는 자의 행동이라고 생각하고 있다.

그러나 사실 범죄라는 것은 겁쟁이가 저지르는 영웅주의에 대한 흉내에 불과하다. 그들은 개인적 우월이라는 허구의 목표를 향하여 노력하고 있는 것이며, 자신을 영웅이라고 믿고 싶어한다. 그렇지만 그런 의지 또한 잘못 받아들인 커다란 착오이다. 우리는 그들이 겁쟁이라는 것을 알고 있다. 그리고 만약 우리들이 그 사실을 알고 있다는 것을 그들이 알게 된다면, 그것은 그들에게 있어서는 커다란 충격이 될 것이다. 그들은 자신들이 경찰을 따돌렸다고 생각하거나 '결코 발견되지는 않는다'고 장담하지만, 그것은 그들의 허영심과 자만을 부풀린 것 뿐이다. 불행하게도 모든 범죄자들의 경력을 주의 깊게 살펴보면, 그들이 세상에 알려지지 않은 범죄를 범한 적이 있다는 사실이 밝혀진다고 나는 생각한다. 그리고 이 사실은 대단히 곤란한 일이다. 그들은 붙잡혔을 때는 '이번에는 내가 충분히 잘 해치우지 못했지만, 다음에는 동료를 빼돌리겠다'라고 생각한다.

그리고 만일 그들의 일이 뜻대로 이루어졌다면, 자신의 목표를 달성했다고 느낀다. 스스로 우월감을 느끼고, 동료들로부터 칭찬받고 높이 평가받는다. 우리는 물론 그러한 용기로써 범죄자를 평가하지 않는다. 그러면 우리는 그들의 협동 능력을 언제 어디서 배양해야 하는 것일까? 그것은 가정이나 학교나 소년원에서 할 수 있는 것이다. 경우에 따라서 우리는 책임을 부모에게 지워야 한다. 어머니는 자녀를 자기와 협동하도록 끌고가는 데 있어서 충분히 능숙하지 않았을지도 모른다. 그녀는 너무나 완벽했기 때문에, 누구도 그녀를 도와줄 수 없었을지도 모른다. 아니면 그 자신이 협동이라는 것을 하기에 불가능했을지도 모른다.

불행하게 깨어져 버린 결혼에 있어서, 우리는 협동 정신이 올바로 미치지 않았다는 것을 쉽게 이해할 수 있다. 어린이의 최초의 인연은 어머니와의 인연이다. 그리고 어쩌면 어머니는 어린이의 사회적 관심이 넓어져서 아버지나 다른 어른이나 친구들이 아이의 관심 영역에 포함되는 것을 바라지 않았을지도 모른다. 혹은 또 어린이 자신이 가족의 우두머리라고 느꼈는지도 모른다. 맏이일 경우 3, 4세 무렵에는 동생이 태어남으로 인해 변화된 상황의 역전에 괴로워하고 자신이 내버려졌다고 생각하여, 어머니와도 동생과도 협동하기를 거부해 왔을지도 모른다.

이것들은 모두 고려되어야 할 요인이다. 그리고 범죄자의 생애를 더듬어 보면, 거의 모든 문제가 어린 시절 가정생활의 경험 속에서 시작되었던 것이라는 것을 발견할 수 있다. 중요한 것은 환경 그 자체가 아니라, 그 아이의 입장을 이해해 주고, 그 아이의 곁에서 그것을 설명해 준 사람이 아무도 없었다는 사실이다. 가족 중에서 어느 한 아이가 특별히 두드러진 재능이 있거나 하면, 그것은 다른 아이들에게 있어서는 항상 불만의 요인이 된다. 그러한 아이는 거의 모든 사람들의 이목을 집중시키기 때문에 다른 아이들은 용기가 꺾여서 자신들은 아무 쓸모없는 사람이라고 느끼고 만다. 그들은 협동하려고도 하지 않는다.

왜냐하면 그들은 경쟁하고 싶다고 생각하지만, 충분한 자신감을 갖고 있지 못하기 때문이다. 이런 식으로 자신의 존재를 비하시켜서 자기 자신의 여러 능력을 훌륭하게 활용할 수 있는 방법을 배우지 못한 아이들의 불행한 결과를 우리는 자주 볼 수 있다. 이러한 사람들 사이에서 범죄자나 신경증 환자나 자살자를 흔히 볼 수 있다. 협동 정신이 결여되어 있는 아이가 학교에 다니기 시작하면, 우리는 입학 첫날부터 그 아이의 행동에서 그러한 기미를 발견할 수 있다. 그런 아이는 다른 아이들과 친구가 될 수 없다. 그 아이는 선생님을 좋아하지 않으며, 수업 시간에 주의를 기울이지도 않고 듣지도 않는다. 이해심을 갖고 다루지 않으면 그 아이는 새로운 좌절로 괴로워한다.

그리고 용기를 가지며 협동하는 것을 배우는 대신, 비난받고 야단을 맞는다. 그런 아이가 수업받기를 더욱더 거부하는 것은 당연한 일이다. 그 아이가 계속해서 공격받고 있다면, 그 아이는 학교생활에 흥미를 가질 수 없다. 범죄자의 경력을 살펴보면, 그 사람이 13세 때 겨우 4학년이었고, 바보스럽다고 비난받고 있었다는 사실이 발견된다. 그 이후의 그의 생애 전체가 자주 이런 식으로 위험하게 폭로되는 것이다. 그는 다른 사람에 대한 관심을 점점 더 잃어가며, 그의 목표는 점점 무익한 측면으로만 향하게 된다.

빈곤도 인생에 관해서 잘못된 해석을 할 기회가 될 수 있다. 빈곤한 가정의 아이는 집 밖에서 사회적인 편견과 맞부딪칠지도 모른다. 그 가정은 많은 것을 빼앗기고 있는 사실을 괴로워하고 많은 시련이나 슬픔을 겪는다. 그 아이 자신도 부모님을 돕기 위해 어렸을 때부터 돈을 벌지 않으면 안 되었을지도 모른다. 세월이 흘러, 그 아이는 안락한 생활을 누리며, 갖고 싶은 것은 무엇이라도 살 수 있는 듯한 부자들과 만나게 되면서 그들이 자신보다도 안락하게 생활할 권리 같은 것은 없는 것이라고 느낀다. 빈곤과 사치라는 매우 두드러지는 극단의 현상이 많이 나타나는 대도시에 범죄자의 숫자가 훨씬 많은 이유를 이해하기는 그리 어렵지 않다.

시샘과 질투 속에서는 어떠한 유익한 목표도 생기지 않는다. 오히려 이런 상황 속에 있는 아이는 쉽게 오해하며, 우월에 이르는 길은 그것을 위해서 일하는 것이 아니라, 돈을 쉽게 손에 넣는 것이라는 식으로 생각하기 쉽다.

열등감은 또한 기관의 장애로 인해 발생할 수도 있다. 이것은 내가 발견한 것 중의 하나인데, 이 점에 대해서 나는 신경병학 및 정신병학에 있어서 유전학설에의 길을 준비한 것에 대하여 약간의 책임이 있다. 나는 신체 기관 열등과 그들의 정신적 보상에 대한 책을 썼던 초기에 이미 그러한 위험성을 알아차리고 있었다.

비난받아야 하는 것은 어린이가 아니라, 우리들의 교육 방법이다. 만일 우리들이 올바른 방법을 사용했다면, 기관에 결함이 있는 아이도 자신에 대해서나 타인에 대해서 흥미를 갖게 되었을 것이다.

불완전한 기관을 가지고 있는 아이 곁에 누군가가 항상 타인에게 관심을 갖으라고 강요한다면, 그 아이는 더욱 자기 자신밖에 흥미를 가지지 않게 된다. 우리 주변에는 내분비 장애로 괴로워하고 있는 사람이 많은데, 내분비선의 정상 기능이 어떠한 것이어야 하는가를 단 한 마디로 딱 잘라서 말하기는 힘들다. 내분비선의 기능은 상당히 복잡하지만, 그렇다고 해서 성격상 반드시 유해하다고 말할 수는 없다. 그렇기 때문에 이 요인은 제외되어야 한다. 우리들이 어린이를 타인에게 관심을 갖는 바람직한 사람으로 만들기 위한 올바른 방법을 발견하기 위해서는 특히 그렇다고 할 수 있다.

범죄자 가운데 고아의 비율이 상당히 높다. 나는 아이들 사이에 협동 정신을 확립할 수 없다는 것은 우리 문화에 있어서의 수치라고 생각한다. 또한 많은 사생아가 있다. 태어나는 것을 바라지 않았던 아이들은, 아무도 자기들을 원하지 않는다는 생각이 들면 범죄 행위를 하고 만다. 범죄자들 중에는 또 못생긴 사람이 많이 있다. 그리고 이 사실은 유전의 중요성의 증거로서 사용되어 왔다. 그런데 우리는 못생긴 아이라는 사실이 어떤 느낌의 것일까를 생각해 보는 것이 좋다. 못생긴 아이는 매우 불리하다. 그 아이는 매력적인 모습을 내보이지도 못하며, 또한 사회적 편견을 받는 혼혈아일는지도 모른다. 못생겼다는 사실은 그 아이의 전 생애에 있어서 무거운 짐이 된다. 그 아이는 우리들이 모두 갈망하는 것 — 어린 시절의 매력과 신선함 — 을 가지고 있지 않다. 그런데 이 아이들도 모두 올바르게 다루어진다면, 사회적인 관심을 발달시킬 수 있을 것이다.

범죄자 중에서 뛰어나게 잘생긴 남자들도 — 소년을 포함한 — 많이 볼수 있다. 그런데 일반적으로 범죄자의 생김새를, 예컨대 기형적인 손이라든가, 언청이라든가 하는 나쁜 유전적 특정을 지니고 태어난 희생자라고 간주한다면, 잘생긴 범죄자들에 대해서는 어떻게 설명해야 좋을 것인가. 실제로 그들도 사회적 관심을 발달시키는 것이 어려운 상황 속에서 성장한 것이다. 즉, 그들은 응석받이로 자란 아이들이었다.

범죄자는 두 가지 유형으로 나눌 수 있다. 하나의 유형은, 이 세계에 우정과 사랑이 있다는 것을 알지 못하고, 그것을 한 번도 경험한 적이 없는 사람들이다. 그러한 범죄자는 다른 사람들에 대해 적대적인 태도를 취한다. 그들의 눈은 적의에 차 있고 모든 사람을 적으로 보며, 감사의 마음이란 전혀 발견할 수가 없다.

또 하나의 유형은 응석받이로 자란 아이다. 우리는 범죄자가 불평을 늘어놓으면서 "내가 범행을 거듭 해 온 이유는, 어머니가 나를 너무 제멋대로 하게 내버려두었기 때문이다"라고 주장하는 것을 들을 수 있다. 이 점에 대해서는 나중에 좀 더 상세하게 서술하기로 하겠다. 여기서는 다만 범죄자들은 여러 가지 방법에서 협동이라는 것을 훈련받았던 적도, 교육받았던 적도 없었던 것이라는 점만을 강조해 둔다.

부모들은 자녀를 훌륭한 사람으로 키우고 싶다고 바라고 있었을지 모르지만, 그들은 그 방법을 알지 못했던 것이다. 만일 그들이 강압적으로 억압된 교육을 지향했다면, 자녀들이 성공할 확률은 희박하다. 만일 그들이 자녀들을 너무나 제멋대로 하게 내버려두고 항상 무대 중심에 세워지는 것과 같이 추켜세웠다면, 그 아이는 자기 자신만이 존재할 뿐이라는 사실로 인해, 동료로부터 좋은 평판을 받기에 적합한 어떤 긍정적인 노력을 하지 않고, 오로지 자기 자신만을 중요한 인물로 생각하도록 길들여지는 것이다. 그렇기 때문에 그런 아이는 노력한다는 능력을 잃어버리게 된다. 그들은 항상 사람들에게 주목받고 싶어하고 언제나 무언가를 기대하고 있다. 만일 그들이 간단한 방법으로 만족을 얻을 수 없으면, 그들은 환경을 비난한다.

그러면 여기에서 위의 사실과 관련된 몇 가지 경우를 예로 들어보자. 첫 번째 예는 세르든 및 에레아노아 T. 구루크의 《500가지 범죄 경력》속에 그려진 '비정한 존'의 경우이다. 이 소년은 자신의 범죄 경력의 시작을 다음과 같이 설명하고 있다.

나는 무엇이든 내가 하고 싶은 대로 해야지 하고 생각한 적은 없다. 15 ~ 6세 때에 나는 정말 다른 아이들과 비슷한 아이였었다. 나는 운동을 좋아했었고, 운동부에 가입했었다. 나는 도서관에서 책을 빌려 읽었으며, 집에도 일찍 귀가했다. 그리고 그 외에도 다른 여러 가지 유익한 행동도 했다. 그런데 부모님은 나를 학교에서 빼내어 나에게 일을 시키고 매주 50센트를 제외한 나머지 돈을 빼앗아 갔다.

그는 부모를 비난하고 있는 것이다. 만일 우리들이 그와 부모와의 관계에 대해 질문할 수 있다면, 그리고 그의 가족들의 상황 전체를 볼 수 있다면 그가 정말로 어떤 경험을 했는가를 발견할 수 있을 것이다. 현시점에서 그의 부모는 협동적이지 않았다는 확인으로서만 그를 이해해 두어야만 한다.

나는 거의 1년간 일했다. 그리고 나는 어떤 소녀와 사귀기 시작했는데, 그녀는 즐겁게 시간을 보내는 것을 좋아했었다.

우리는 이런 일을 자주 범죄자의 경력 속에서 발견한다. 그들은 즐겁게 놀고 싶어 하는 소녀에게 애착을 느낀다. 여기서 내가 앞에서 언급했던 것을 상기해 주었으면 한다 ― 이것은 하나의 문제이고 협동의 정도를 테스트해 볼 수 있는 척도가 된다. 그는 즐겁게 놀고 싶어 하는 소녀와 사귀고 있었으며, 1주일에 50센트밖에 가지고 있지 못했다. 물론 우리는 이것을 애정 문제의 진정한 방법이라고 볼 수 없다. 이런 사정 아래서는 '그녀가 즐겁게 지내고 싶다고 한다면, 그녀는 나를 위한 사람이 아니다'라고 풀이해야 한다. 이것은 인생에 있어서 무엇이 중요한 것인가에 관한 그릇된 평가의 문제이다.

그 무렵에는 1주일에 50센트라는 돈을 가지고서는 소녀를 즐겁게 해줄 수가 없었다. 부모는 나에게 그 이상은 주려고 하지를 않았다. 나는 슬펐다. 그리고 어떻게 하면 돈을 마련할 수 있을까를 생각했다.

내면의 소리는 말할 것이다. '아마 네가 다른 일을 찾으면 좀 더 벌 수 있을 거야'라고. 그런데 그는 안이한 방법을 찾고 싶어한다. 그리고 그가 소녀를 탐한다고 해도, 그것은 자기 자신의 즐거움 때문이지 그 이상의 아무 의미도 없다.

어느 날 내가 알고 있었던 남자가 다가왔다.

알지 못하는 사람이 다가왔을 때, 그것은 그에게 있어서 또 하나의 테스트이다. 협동할 수 있는 소년은 결코 유혹되지는 않는다. 그러나 이 소년은 유혹당할 수 있는 길을 걷고 있었다.

그는 '아주 적당한' 즉 솜씨 좋은 도둑으로서, 머리가 비상하고 유능한 도둑이 나에게 다가와 "몫을 나누어 주되 야비한 일은 시키지 않는다"고 말하는 남자였다. 우리는 그 도시에서 많은 건수를 실수 없이 잘 해치웠고, 붙잡히지도 않았다. 그래서 그 후 나는 그런 생활을 계속해 왔다.

그의 부모는 자기 집을 소유하고 있다. 아버지는 어떤 공장에서 직공으로 일하고 있고, 가족은 빠듯한 수입으로 간신히 생계를 유지해 나가고 있다. 이 소년은 삼남매 중의 한 명이며, 그의 비행이 저질러지기까지는 가족 중의 누구도 죄를 지은 적이 없었다. 나는 유전설을 주장하는 과학자가 이 경우를 어떻게 설명할까 들어보고 싶다. 그 소년은 15세 때 최초로 이성 경험을 가졌던 사실을 인정하고 있다.

어떤 사람들은 분명히 그가 성욕 과잉이라고 말할 것임에 틀림없다. 그런데 이 소년은 여자에게는 아무런 흥미도 없으며, 단지 쾌락을 즐기고 있을 뿐이다. 어떤 사람이라도 자신을 성욕 과잉인 사람으로 만들 수 있다. 거기에는 아무런 어려움도 없다. 그는 성적인 영웅이 되고 싶은 것이다. 그는 16세 때 친구와 함께 강도·가택 침입·절도 혐의로 체포되기도 했다. 그 밖의 다른 여러 가지 비행들이 그 뒤에 계속되어 우리들이 서술한 것을 확증하고 있다.

그는 외관으로의 정복자가 되어, 소녀들의 주의를 끌고 돈으로 매수하며, 그녀들을 손에 넣고 싶다고 생각한다. 그는 챙이 넓은 모자를 쓰고 빨간 손수건을 가슴에 꽂고 권총이 붙은 벨트를 매고 있다. 그는 서부의 무법자인 양 거리를 활보하며, 사람들을 위협하고 영웅 흉내를 내고 싶어한다. 그는 기어코 자신이 '아주 큰일'을 이루어냈다고 자랑스러워한다. 그는 소유권 같은 것은 전혀 신경쓰지 않는다. 그는 인생은 결코 살 만한 가치가 없는 것이라고 생각한다. 인류 전체에 대해서는 오로지 모멸감밖에 느끼지 않는다.

이 모든 의식적인 생각들은, 사실은 무의식적이다. 그는 그 생각들을 이해하지 못하고 있고, 그 생각들이 상호 관련 속에서 무엇을 의미하고 있는가를 알지 못하고 있다. 그는 인생을 무거운 짐이라고 느끼고 있는데, 왜 그의 용기가 꺾여 버렸는지는 이해하지 못하고 있다.

나는 사람을 믿어서는 안 된다는 것을 배웠다. 사람들은 도둑들이 서로 신뢰하고 있는 줄 알지만 그렇지가 않다. 나는 언젠가 어느 동료를 믿었지만, 그는 나를 배신했다.

만일 내가 가지고 싶은 만큼의 돈을 갖고 있었다면, 나는 다른 사람들과 마찬가지로 정직해졌을 것이다. 일하지 않고 하고 싶은 것을 할 수 있을 정도로 충분히 돈을 가지고 있을 때는 일에 대해서는 생각조차 하지 않았다. 나는 일 같은 것은 진절머리나고, 또 결코 일할 생각도 없다.

우리는 이 얘기의 끝부분은 다음과 같이 해석할 수 있다. '내 범죄에 책임 있었다는 것은 잘못된 판단이다. 나는 나의 여러 가지 욕구들을 억압하도록 강요당했다. 그렇기 때문에 나는 지금 범죄자가 된 것이다'라고. 우리는 이 말을 의미 심장하게 생각해 볼 필요가 있다.

나는 죄를 짓기 위해서 죄를 지은 적은 한번도 없다. 물론 내가 하는 모든 행동들을 완벽하게 해치웠고, 도망친다는 행위 속에는 일종의 스릴이 있었다.

그는 그것을 영웅적 행위라고 믿고 있고, 그것이 겁쟁이 같은 행위임을 결코 깨닫지 못하는 것이다.

이전에 한 번 붙잡혔던 것은, 1만 4천 달러 가치가 있는 보석을 가지고 있었는데, 그녀의 집에 가서 그녀와 만난다는 것밖에는 아무 생각도 떠오르지 않았다. 그래서 그녀의 집에 갈 수 있을 만큼의 현금으로 바꾸다가 거기서 체포되었다.

이런 사람들은 대개 여자에게 돈을 쥐어주고 안이한 승리를 손에 넣는다. 그들은 그것만이 진정한 승리라고 굳게 믿고 있는 것이다.

일당들은 감옥 안에 학교를 설치해 두고 있다. 나는 가능한 한 교육을 받을 예정이다. 그러나 나 자신을 개선하기 위해서라기보다도 나 자신을 좀 더 위험한 사람으로 만들기 위해서이다.

이것은 인류에 대한 매우 심각한 태도의 표현이다. 그들은 거듭 말한다.

만일 나에게 아들이 있었다면, 목을 졸라 죽일 것이다. 왜냐하면 이 세상에 인간을 혼자 내보낸다는 것에 내가 책임을 지고 싶기 때문이다.

그런데 이러한 사람을 우리는 어떻게 해서 개선시킬 수 있을 것인가. 그것은 그의 협동 능력을 개선하고, 그의 인생 평가가 어디에서부터 잘못되어 왔는가를 가르쳐 주는 이외의 다른 방법은 없다. 우리는 그의 어린 시절에 있어서의 오해까지 거슬러 올라갈 때만이 그를 설득할 수 있다. 그런데 위의 소년의 이야기는 내가 중요하다고 믿고 있는 여러 가지 점에서는 극히 불투명하다. 나는 그를 그 정도로까지 인류의 적으로 만들어 버린 어떤 요인이 그의 어린 시절에 발생했다고 본다. 나의 견해로 상상해 본다면, 나는 그가 장남이었고, 대개의 장남이 그렇듯이 어린 시절에 무척이나 응석을 부리며 자랐을 것이라고 생각한다.

나중에 동생이 태어났을 때, 그는 자신이 왕좌에서 끌려 내려졌다고 느꼈을 것이다. 만일 나의 추정이 옳다면, 그러한 작은 일이 협동 정신의 발달을 방해한다는 것을 분명히 알 수 있다. 그 소년은 특히 그가 들어간 실업학교에서 난폭한 취급을 받았으며, 그 결과 사회에 대한 강렬한 혐오감을 가지고 학교를 떠났다고 말하고 있다.

그리고 그의 범죄는 시작된 것이었다. 나는 이 점에 대해서 다음과 같이 말하고 싶다. 심리학자의 견지에서 본다면, 감옥에서의 거친 취급은 모두 도발인 것이다. 그것은 힘의 시련이다. 그와 마찬가지로 범죄자들이 끊임없이 '이 범죄의 물결을 멈추지 않으면 안 된다'고 하는 말을 들을 때, 그들은 그것을 도발이라고 받아들인다. 그들은 영웅이 되고 싶어 하는 것이며, 그들이 즉각 준비할 수 있는 것을 기뻐한다.

그것을 일종의 스포츠로 받아들인다. 즉, 그들은 사회가 그들에게 도전하고 있다고 느낌으로써 점점 비뚤어지게 되는 것이다. 어떤 남자가 전 세계와 '싸우고' 있다고 생각하고 있을 경우, 그에게 싸움을 거는 것만큼 '기운'을 북돋아 주는 것이 있을까. 문제아의 교육에 있어서도 마치 누가 더 강한지, 누가 더 오랫동안 견딜 수 있는지 보자고 하는 듯이 팽팽한 신경전을 벌인다. 그들에게 도전하는 것은 가장 어리석은 행위이다. 그들은 범죄자들과 마찬가지로 자신이 강하다는 생각에 빠져 있으며, 만일 자신들이 머리만 잘 쓴다면 충분히 빠져나올 수 있다는 자신감이 있는 것이다. 소년원 등에서는 범죄자들이 자주 도전받는 일이 있는데, 이것은 대단히 나쁜 상황이다.

그런데 여기서 교수형에 처해진 한 살인범의 일기를 소개하겠다. 그는 두 사람을 잔혹한 방법으로 살해했는데, 범행 전에 자신의 계획을 써두었다. 이것은 그 범죄자의 마음에 어떤 종류의 의도가 떠올랐던가를 알 수 있는 기회를 주는 것이다. 어떤 사람이라도 미리 계획하지 않고는 범행을 저지를 수 없다. 그리고 그 계획 속에는 항상 그 행위에 대한 정당화가 들어 있다. 나는 모든 범죄자의 계획된 기록 속에서 범죄가 극히 간단 명료하게 서술되어져 있는 예를 하나도 볼 수 없었다. 또한 범죄자가 자기 자신을 정당화하려고 하지 않은 예도 발견한 적이 없다.

우리는 여기에서 사회 감정의 중요성을 볼 수 있다. 범죄자야말로 자기 자신과 사회 감정을 화합시키려고 하지 않으면 안 된다. 동시에 그는 범행을 저지르기 전에 자신의 사회 감정을 죽이고, 사회적 관심의 벽을 빠져나가려고 스스로 각오하지 않으면 안 된다.

그러한 이유에서 도스토예프스키의 소설에 나오는 라스콜리코프는 2개월간이나 침대에 누워서 범행을 실행에 옮겨야 하는지의 여부를 생각한다. 그는 '나는 나폴레옹인가, 그렇지 않으면 한 마리의 벼룩인가?'라는 생각으로 자기 자신을 몰아세운다. 범죄자들은 그러한 생각으로 자기 자신을 속여 스스로 박차를 가한다.

실제로 모든 범죄자들은 자신이 인생의 유익한 측에 속해 있지 않다는 사실을 알고 있으며, 또 어떻게 해야 유익한 측이 되는가를 알고 있다. 그렇지만 그는 겁이 많은 까닭에 그것을 거부한다. 그리고 그가 겁이 많은 이유는 유익한 힘이 없기 때문이다. 그것은 협동을 필요로 하는 문제이며, 그는 협동이라는 것을 훈련받은 적이 없다. 범죄자들은 나중에서야 자신들의 무거운 짐에서 해방되고 싶어한다. 우리들이 이미 보아왔듯이, 그들은 자기 자신을 정당화하려 하며, 사정을 참작해 달라고 호소한다. 자기는 환자이며, 게으름뱅이였다고 말한다. 다음 기록은 그의 일기에서 뽑은 내용이다.

나는 우리 집 사람들에게 인정받지 못했다. 추하고그는 코에 병이 있었다 혐오스러운 문제 때문이다. 나는 비참하다. 그래서 거의 파멸당한 듯하다. 나를 만류하는 것은 아무것도 없다. 나는 이렇게 버림받은 상태로 내팽개쳐질 것인가. 그리고 또 나는 위가 나쁘다. 위는 내 뜻대로 설득되지 않는다.

그는 다른 사람들이 동정할 만한 사정을 창조해 낸다.

나는 교수대에서 죽게 될 거라고 예언되었는데, '굶어죽는 것과 교수대에서 죽는 것이 어떻게 다른 것인가?' 하는 생각이 떠올랐다.

위의 경우는 다음과 같은 일과 관련되어 있다. 어떤 아이의 어머니가 그 아이에게 "언젠가 너는 꼭 내 목을 조르게 될 것이다" 하고 예언했다. 그런데 그 아이가 17세가 되었을 때, 그는 자기의 숙모를 목졸라 죽였다. 이처럼 예언과 도전은 같은 방법으로 작용하는 것이다.

나는 어떤 결과가 될까 하고 신경쓰고 있지는 않다. 어차피 죽지 않으면 안 되는 것이다. 나는 아무것도 아니다. 아무도 나와는 관계 없다. 내가 좋아하는 소녀는 나를 피하고 있다.

그는 이 소녀를 유혹하려 했지만, 그는 멋있는 옷도 입지 않았고 돈도 없었다. 그는 그 소녀를 하나의 소유물로 간주했다. 이것이 사랑과 결혼이라는 문제에 대한 그의 해결이었다.

모두 똑같은 것이다. 나는 구원를 손에 넣었는가, 파멸을 손에 넣었는가.

이런 사람들은 모두 극심한 모순과 대립을 즐기는 사람이라고 할 수 있다. 그들은 마치 어린아이들과 같다. '모든 것'이 아니면 '아무것도'라는 생각이다. 굶어죽든지, 교수형에 처해지든지, '구원이든지 파멸'이든지라고 생각하는 것이다.

만사는 목요일을 위해서 계획되고 있다. '이용하기 좋은 사람'은 선택됐다. 나는 기회를 기다릴 뿐이다. 그 기회가 찾아왔을 때는 아무나 할 수 없는 일을 과감히 해치우는 것이다.

그는 자기 자신에 대해 영웅인 체한다. '그것은 대단한 일이다. 아무나 할 수 있는 일이 아니다'라고. 그는 칼을 이용해서 불시에 어떤 남자를 살해했던 것이다. 정말 그런 일은 아무나 할 수 없다.

양을 사육하는 것이 곧 양을 몰아내는 것과 같이, 위胃가 사람을 최악의 범죄로 몰아세운다. 아마 내일을 보지 못하게 될 것이지만, 그런 것은 아무래도 좋다. 허기로 괴로움을 당하는 것은 최악의 상태이다. 나는 불치의 병에 걸려 불행해져 있다. 내가 재판대에 오르면, 나의 고민도 마지막이 된다. 사람은 자신이 저지른 죄에 대한 대가를 치러야만 하는데, 굶어죽는 것보다는 차라리 그것이 나은 방법이다. 만일 내가 굶어죽어 버리면, 아무도 나의 범죄 같은 것을 알지 못할 것이다.

그런데 얼마만큼의 사람들이 법정에 모일 것인가? 그리고 어쩌면 나를 불쌍하게 생각하는 사람도 있을지도 모른다……. 나는 내가 계획한 일을 실행할 작정이다. 그러나 오늘밤 내가 무서워하는 만큼 두려움을 느껴본 사람은 아마 없을 것이다.

이렇게 보면 그는 결국 자기가 생각하고 있는 대로 영웅은 아니다. 반대 심문을 받았을 때, 그는 이렇게 말했다. "나는 급소를 찌른 것이 아닌데, 살인을 했습니다. 물론 나는 교수형에 처해지겠지요⋯⋯. 그런데 그 남자는 너무도 멋있는 옷을 입고 있었습니다. 나는 그런 옷을 입을 수 없다는 것을 알고 있었던 것입니다." 그는 이미 허기 때문이라고는 말하지 않는다. 지금에 와서는 의복이 고정 관념이 되었다는 것이다. 그는 "나 자신도 무슨 짓을 하고 있는지 알지 못했습니다" 하고 호소했다.

이런 일은 흔히 볼 수 있는 일이다. 범죄자들은 자주 범행 전에 술을 마신다. 마치 그것으로 책임이 없어지기라도 하는 것처럼 이 모든 행동들은 사회적 관심이라는 벽을 빠져나가기 위해서, 그들이 얼마나 열심히 애쓰지 않으면 안 되는지를 시사해 주는 것이다. 범죄자의 경력에 대한 모든 서술 속에서 내가 지금까지 밝혀온 모든 사실들이 증명되고 있다고 믿어진다. 여기서 우리는 '그렇다면 어떻게 하면 좋은가?'라는 문제에 직면하게 된다.

만일 내가 옳다면, 그리고 범죄자의 경력을 통해 볼 때 항상 사회적 관심이 결여되어 있고 협동이라는 훈련을 받은 적이 없는 개인에게서 허구적이고 개인적인 우월을 추구하려는 노력이 발견되었다고 하면, 과연 우리는 어떻게 하면 좋을 것인가? 우리는 신경증 환자의 경우와 같이 범죄자의 경우에도 협동에 대해 설득하는 것에 성공하지 않는 한, 절대로 아무런 진전도 볼 수 없다. 이 점은 아무리 강조해도 지나치지 않는다. 우리가 만약 범죄자의 관심을 인류의 복리로 돌려지도록 설득할 수 있다면, 만약 그의 관심을 다른 사람들을 위한 것으로 돌려놓을 수 있다면, 만약 그를 협동적인 사람으로 훈련할 수 있다면, 만약 인생의 여러 문제를 긍정적인 수단으로 해결할 수 있는 길에 그를 세울 수 있다면, 우리 모두는 안심할 수 있을 것이다.

그러나 만일 우리가 이 일에 실패한다면, 우리는 아무것도 할 수가 없다. 이 일은 생각보다 그리 간단하지는 않다. 그를 위해서 일을 쉽게 해 주는 것으로도, 또 일을 어렵게 하는 것으로도 그를 설득하기는 불가능하다. 그가 잘못되어 있는 것을 지적해 주거나, 그를 논의함으로써도 그를 설득할 수는 없다. 그의 마음은 이미 굳어져 있는 것이다. 그는 세상을 오랫동안 고정된 자기 식대로 보아왔던 것이다. 만일 우리가 그의 마음을 돌리고 싶다면, 우리는 그의 인생 스타일을 찾아내지 않으면 안 된다. 우리는 그의 잘못이 처음 어디서부터 시작되었는지, 어떤 사정이 그런 일을 일어나게 했는지를 찾아내야 한다.

그의 성격의 주된 특징은 5 ~ 6세 때 이미 결정되어 있었던 것이다. 즉, 이미 그때까지 그는 자기 자신이나 세계에 관한 그의 평가에 있어서 그의 범죄 경력에 나타나 있었던 것과 같은 잘못을 범하고 있었던 것이다. 우리들이 이해하고 시정해 주지 않으면 안 될 것은 이 원초적인 잘못에 있다. 우리는 그의 태도가 최초로 전개되었던 때를 찾아야 한다. 나중에 그는 그가 경험하는 모든 상황을 자기 행위를 정당화하기 위해서 왜곡한다. 그리고 만일 자신의 여러 경험이 자기 의도에 꼭 맞지 않으면, 그에 대해 여러 모로 생각하고 그것이 좀 더 받아들이기 쉬운 논리가 될 때까지 지혜를 짜낸다.

만일 어떤 사람이 '다른 사람들은 나를 괴롭히고 바보로 취급을 했다'는 생각을 갖고 있다면, 그 사람은 그것을 확증하는 증거를 찾기 위해 노력할 것이다. 그 사람은 그런 증거를 찾고 있는 것이며, 반대 증거에는 마음이 미치지 못한다. 범죄자는 자기 자신과 자신의 의견에만 흥미를 갖고 있다. 범죄자는 자기의 독자적인 견해와 청취법을 갖고 있고, 자기 자신의 인생 해석과 일치되지 않는 일에는 전혀 주의를 기울이지 않는다는 것이 자주 발견된다. 그렇기 때문에 우리는 그의 모든 해석이나 독자적인 견해에 따른 모든 표면상의 행위에만 집중하고 그의 인생 스타일이 처음 시작된 방식을 발견하지 못하는 한 그를 변화시킬 수 없다.

이것은 체벌이 왜 쓸모없는가 하는 이유 중의 하나이다. 체벌은 범죄자에게 사회가 적대적이며, 사회와 협동하는 것이 불리한 것이라는 확증을 준다. 아마 그에게는 그와 관련된 어떤 일이 학교에서 그에게 일어났을 것이다. 그는 협동하도록 훈련받고 있지 않았다. 그래서 그는 성적이 나빴고 행실이 나빴을 것이다. 그는 비난을 받고 벌을 받았다. 그 일은 과연 그로 하여금 협동에 대해 용기를 갖도록 했을 것인가. 그는 상황이 점점 절망적이라고 느꼈을 것이다.

그는 주위 사람들이 그에게 적대적이라고 느낀다. 비난받거나 벌을 받을 일밖에 기대할 수 없는 장소를 과연 그 누가 좋아하게 될 것인가? 그 아이는 남아 있던 얼마 안 되는 자신감마저 잃어버리고 만다. 그는 학교 공부에도 선생님에게도 급우에게도 흥미를 상실하고 만다. 그는 꾀를 부려서 학교를 빠지기 시작하고 눈에 띄지 않는 장소에 숨는다. 이런 장소에서 그는 같은 경험을 하고 똑같은 길을 걸어온 다른 소년들과 만나게 된다. 그들은 그의 행동을 이해하고 비난 같은 것을 하지 않는다. 오히려 그들은 그를 부추기고 그의 야심을 기회로 삼아서 모든 사람을 이길 수 있다는 희망을 ― 인생의 무익한 측면에서 ― 준다.

그는 물론 인생에 있어서 사회적인 요구에 흥미를 느끼고 있지 않으므로, 그들을 자기 친구라고 생각하며 다른 사람들은 자신의 적이라고 간주한다. 그의 동료들은 그를 좋아하고, 그는 그들 사이에 있으면 매우 기분이 좋다. 이런 방법으로 수천 명의 아이들이 범죄적인 지하 조직에 가입하게 된다. 그리고 만일 나중에 우리가 그들을 같은 방법으로 다룬다면, 그들은 우리가 그들의 적이고 범죄자만이 그들의 친구라고 하는 새로운 증거를 발견해 내는 셈이 된다.

그런 아이가 인생의 여러 문제에 대해 완전히 절망적이지 않으면 안 될 이유는 전혀 없으리라. 우리는 그가 희망을 잃어버리는 것을 결코 내버려두어서는 안 된다. 만일 그런 아이들이 자신감과 용기를 가질 수 있도록 학교를 편성한다면 아주 쉽게 그것을 방지할 수 있을 것이다. 이 제안에 대해서는 뒤에 가서 좀 더 충분히 논할 예정이다. 지금은 다만 어떤 경우에 범죄자가 체벌이라는 것을 그가 항상 생각해 오던 식으로 사회가 자신을 적대하고 있다는 증거로서 해석하는가를 살펴보고자 한다.

체벌이 소용 없다는 데는 또 다른 이유가 있다. 많은 범죄자들은 자기들의 생활에 만족하고 있지 않다. 그들 중에는 인생의 어느 순간에 자살하려고까지 생각한 사람도 있다. 체벌은 그들을 두렵게 만들지 못한다. 그들은 체벌 같은 것을 아프다고 생각하지 않는다.

그들은 경찰을 빼돌리고 싶다는 희망에 취해 있다. 이것은 그들이 도전이라고 생각하는 것에 대한 일종의 응답이다. 간호하는 사람이 거칠었다거나, 그들이 심하게 다루어지거나 하면, 그들은 저항할 마음이 생기는 것이다. 이것은 그들이 경찰보다 머리가 좋다는 자신들의 확신을 증대시킨다. 그들은 만사를 이런 식으로만 해석한다.

그들은 사회와의 접촉을 일종의 영속적인 투쟁으로 간주하고 그 안에서 승리를 얻으려 한다. 만일 우리가 그들과 똑같은 견해로 받아들인다면, 그들이 바라던 대로 이루어지게 된다. 이런 의미에서는 전기 의자조차도 하나의 도전으로 받아들여질 수 있다. 범죄자는 승산이 없어도 자신의 행동을 계속해서 해낼 수 있는 사람으로 생각하고 있으며, 벌금이 높으면 높을수록 자기 자신의 고도의 꾀를 보여주고 싶다는 욕망도 더욱 커진다. 많은 범죄자들이 자신의 범죄를 이런 식으로밖에 생각하고 있지 않은 사실을 증명하는 것은 그리 어렵지 않다. 전기 의자에서의 형벌을 선고받은 범죄자는 자신에게 남겨진 시간을 오로지 '어떤 식으로 했더라면 발각되지 않았을까?' '안경을 남겨 두고오지만 않았더라면 좋았을걸' 하는 생각으로 보내는 경우가 많다.

범죄자에 대한 유일한 치료법은 그가 어린 시절에 어떤 식으로 협동을 방해 받았는가 하는 이유를 찾아내는 일이다. 이 점에 있어서 개인심리학은 우리에게 암흑에 싸여 있던 영역을 열어 보여주었다. 우리는 이제 훨씬 뚜렷하게 볼 수 있다. 어린아이의 정신은 5세 경까지가 하나의 단위가 된다. 즉, 그 아이의 정신을 이루는 여러 요인이 성격이라는 하나의 조화를 이루어내는 것이다. 유전과 환경은 그 아이의 발달에 어느 정도 영향을 주기는 하지만, 우리가 보다 큰 관심을 갖는 것은 그 아이가 선천적으로 갖추었거나, 후천적으로 겪은 여러 경험을 통해 그것을 그 아이가 어떻게 극복하는가, 어떻게 이용하는가, 그것을 사용해서 무엇을 이루는가 하는 문제이다.

유전된 능력이 있다든가, 없다든가에 대해서 우리는 전혀 모르기 때문에, 우리가 이 점을 이해한다는 것은 더더욱 필요한 일이다. 다만 좀 더 깊이 생각해야 할 점은 그 아이의 상황의 여러 가능성과 그 아이가 그 가능성들을 어느 정도까지 충분히 활용했는가 하는 것이다. 모든 범죄자에게 있어서 참작해야 할 사정이라는 것은, 그들이 한정된 정도의 협동 정신은 가지고 있지만, 사회생활의 여러 가지 욕구에 비하면 충분한 것은 아니라는 사실과, 그에 대한 최초의 책임은 어머니에게 있다는 사실이다.

 어머니는 아이가 관심의 영역을 어떻게 해서 넓혀 가는지, 자신에 대한 관심이 다른 사람들에의 관심까지 어떻게 확산되어 가는가를 이해해야 한다. 어머니는 아이가 전 인류와 자신의 미래 생활 전체에 관심을 가질 수 있도록 훈련시켜야 한다. 그런데 어쩌면 어머니는 아이가 다른 사람에게 관심을 갖는 것을 좋아하지 않을지도 모른다. 어쩌면 어머니는 자신의 결혼 생활이 행복하지 않을지도 모르고, 부모는 의견이 서로 맞지 않을지도 모르며, 이혼을 생각하고 있다거나 서로 미워하고 있을지도 모른다. 그렇기 때문에 어쩌면 어머니는 아이를 자신의 곁에 두고 싶다고 생각하여, 아이를 응석받이로 키움으로써 그런 경향이 점점 더해 가도록 하고 결코 자신으로부터 독립시키지 않으려고 할지도 모른다. 그러한 상황 속에서 협동 정신의 발달이 얼마만큼 방해받는가는 두말할 필요도 없을 것이다.

 사회적 관심의 발달에 있어서는 다른 아이들에 대한 관심도 매우 중요하다. 자녀 중에서 만일 한 아이가 어머니의 마음에 들었다고 한다면, 다른 아이들은 그 아이를 배척하려 한다거나, 자기들의 흥미 있는 놀이에 동참시켜 주지 않는 경향이 크다. 이 상황이 오해되면, 그것은 범죄의 출발점이 될 수 있다. 자녀 중에 뛰어난 재능을 가진 아이가 있으면, 그 다음 아이는 대개 문제아가 된다. 예를 들면 둘째 아이가 사교적이고 매력적인 것에서 맏이는 애정을 빼앗겨 버렸다고 느낀다. 그런 아이가 오해를 해서 자기가 무시당하고 있다고 느끼는 것은 쉬운 일이다. 그는 자신의 비난이 옳다는 것을 증명할 증거를 찾으려 한다.

그의 행위는 점점 나빠지고, 더욱더 심하게 다루어진다. 그래서 그는 자신이 방해가 되고 무시되고 있다는 믿음에 대한 확증을 찾아내는 것이다. 그는 자신이 무언가를 빼앗기고 있다고 느끼고 있으므로 도둑질을 하기 시작한다. 그리고 붙잡혀서 벌을 받게 되면, 자기가 사랑받지 못하고 있으며, 다른 사람들은 모두 적이라는 더 한층 확실한 증거를 찾아냈다고 생각하는 것이다. 부모가 친척이나 이웃 사람들에 대해 항상 비판하거나 악감정이나 편견을 나타내거나 하면 아이의 사회적 관심의 발달도 방해된다.

그런 경우 아이가 인간에 대한 비뚤어진 견해를 갖고 성장했어도 이상하지는 않을 것이며, 아이들이 커서 부모에게 반항하게 되었다 해도 놀랄 일은 아닐 것이다. 사회적 관심이 방해받는 시점에서는 모두 이기적인 태도만이 남는다. 아이는 '어째서 다른 사람을 위해 무엇인가 해야 하는가' 하고 느끼게 된다.

그리고 그 아이는 이런 사고 방식으로는 인생의 여러 문제를 해결할 수 없으므로, 망설이며 도피하고 싶어하며 쉽게 빠져나갈 길을 모색할 수밖에 없게 된다. 그 아이는 노력하는 것은 너무 어렵다고 생각하며, 다른 사람에게 상처를 입혀도 무감각하게 된다. 그것은 투쟁이다. 그리고 투쟁에 있어서는 모든 것이 공평하게 되는 것이다. 그러면 이제 어떻게 해서 범죄자의 길을 걷게 되는가를 살펴볼 수 있는 몇 가지 예를 들어보자.

어느 가정의 차남이 문제아였다. 우리가 관찰할 수 있었던 바로는, 그는 매우 건강하고 유전적인 장애 같은 것은 아무것도 없었다. 장남은 부모의 마음에 들었고, 차남은 항상 경주에 나가서 앞에 달리는 사람을 따라잡으려고 하는 것처럼 만사에 형을 이기려고 애쓰고 있었다. 그의 사회적 관심이 발달되지 않는 것은 당연했다. 그는 어머니에게 너무 의지하고 있었고, 어머니에게서 얻을 수 있는 모든 것을 손에 넣고 싶어했다.

그는 형을 치열한 경쟁자로 생각했다. 그의 형은 학교에서 반의 수석이었으며, 자기 자신은 꼴찌였다. 그의 지배욕은 매우 분명하게 나타났다. 그는 집에서 나이든 가정부에게 명령하여 부엌 안을 행진시키고 군대처럼 훈련시켰던 것이다. 그 가정부는 그를 좋아해서, 그가 20세가 되었어도 그를 장군으로 행세하게 해 주었다. 그는 항상 자기가 해야 할 일에 대해서 걱정하고 너무 지나치게 과대한 기대를 걸고 있었다. 그러나 그는 언제나 결코 아무것도 끝까지 해내지 못했다.

그가 잘못했을 때는 언제나 그 행위 때문에 비난받고 비판당하기는 하지만, 어머니에게서 돈을 받을 수 있었다. 그는 급작스레 결혼하여 자기의 모든 곤란함을 증대시켰다. 결혼은 사실 그가 형보다 먼저 결혼하고 싶다는 승부욕의 발상이었고, 그는 이것을 위대한 승리라고 생각하고 있었다. 이것은 그의 자기 평가가 매우 낮다는 것을 단적으로 보여주는 것이다. 그는 결혼에 대한 마음의 준비 같은 것이 전혀 되어 있지 않았다. 그래서 그는 아내와 항상 싸움을 하고 있었다. 어머니가 이전만큼 그를 도와줄 수 없게 되었을 때, 그는 몇 대나 되는 피아노를 주문하고 값을 지급하지도 않고 그것을 전부 팔아 버렸다. 이 때문에 그는 형사 입건되었다.

이 사례에서 우리는 그의 범죄 경력의 근원을 유아기에 찾아볼 수 있다. 그는 커다란 나무 그늘에 있는 작은 나무처럼 형의 그늘 밑에서 자랐다. 그는 뛰어난 형과 비교해서 자신이 무시되고 있다는 인상을 가졌던 것이다.

또 하나의 예는 12세 소녀의 경우이다.

그녀는 대단히 야심적이며, 부모에 의해 응석받이로 자라고 있었다. 그녀에게는 동생이 하나 있었는데, 그녀는 그 동생을 매우 질투하고 있어서 그녀의 적대감은 집에서도 학교에서도 두드러졌다. 그녀는 항상 동생 쪽이 잘못을 저지르며, 사랑이나 돈을 더 받고 있다는 근거를 찾아내려 애쓰고 있었다.

어느 날, 그녀는 급우의 주머니에서 돈을 훔치다가 발각되어 벌을 받았다. 다행히 나는 그녀에게 그 상황 전체를 이해시킬 수가 있었고, 그녀 자신과 동생은 경쟁할 필요가 없음을 납득시켜 그녀를 해방시켜 줄 수가 있었다. 그리고 나는 그녀의 가족에게 그 상황을 설명해 주었고, 부모는 그 두 사람의 경쟁을 그만두게 하기 위해 동생 쪽을 더 사랑하고 있다는 인상을 주지 않을 방법을 연구했다.

이것은 20년 전의 일이다. 이 소녀는 지금은 매우 정직한 여성이 되어 있고, 결혼해서 자녀를 두고 있으며, 그 때 이후 그녀의 인생에 있어서 두 번 다시 커다란 잘못을 저지른 적은 없었다. 우리는 아이들의 발달에 있어서 특히 위태롭게 될 수 있는 여러 상황에 대해서 고찰해 왔는데, 나는 여기서 그것을 간단히 상기해 두고 싶다. 우리가 그 상황들을 강조해야 하는 이유는 ― 만일 개인심리학의 소견이 옳다면 ― 범죄자가 사물을 보는 견해에 미칠 영향을 이해해야만 그를 협동적인 사람이 되도록 도와줄 수 있기 때문이다.

특별한 어려움을 가진 아이들의 세 가지 주요한 유형이 있다.

첫째는 불완전한 기관을 가진 아이들로서, 그들은 자연에 의해 자신들이 태어나면서부터 권리를 빼앗겼다고 느끼고, 다른 사람에 대한 관심을 가지도록 특별히 훈련받지 않는 한 지나치리 만큼 자기 자신에게만 관심을 갖게 되는 경향이 있다. 그들은 다른 사람을 지배할 기회를 노린다. 그러한 어떤 소년은, 자기가 구애한 소녀에게 거절당하자 모욕받았다고 느껴 자기보다 나이가 어린 소년과 공모하여 그 소녀를 살해한 예가 있다.

둘째는 응석받이로 자란 아이들이다. 그들은 커서도 자기들을 응석받이로 키운 부모에게 매달려 있다. 그들은 세상의 다른 것에 흥미를 넓힐 수가 없다.

셋째는 무시당한 아이들이다. 사실 어떤 이라도 여기에서 완전히 무시 당하는 일은 없다고 할 수 이다. 우리가 무시당한 아이들이라고 부를 수 있는 아이들은 고아·사생아·원하지 않았던 아이·미움받는 아이·기형아 등을 포함시킬 수 있다. 특히 범죄자 사이에 두 가지 주요한 유형 ― 못생겨서 무시당한 사람과 잘생기고 응석받이로 자란 사람 ― 이 발견된다는 것은 쉽게 이해할 수 있는 일이다.

나는 나 자신이 접촉한 범죄자들 가운데서, 또 책이나 신문에서 읽은 범죄의 서술에서 범죄적 성격의 구조를 발견하려고 해왔는데, 언제나 개인심리학이라고 하는 열쇠가 그 상황들을 이해시켜 주었다. 안톤 폰 포이엘바하의 오래 된 저서 속에 인용된 몇 가지 예를 들어보겠다.

(1) 타인의 도움을 받아 자기 아버지를 살해한 코란트 K의 경우 ― 아버지는 그 소년을 무시했고 잔혹하게 다루었으며, 가족 전체를 학대했다. 어

느 날 그 소년은 아버지를 밀어 버렸는데, 아버지는 그를 법정으로 끌고 갔다. 재판관은 "너에게는 성질이 나쁘고 싸움을 좋아하는 아버지가 있다. 어쩔 도리가 없구나" 하고 말했다. 우리는 재판관 자신이 소년에게 어떻게 구실을 주었는지 알 수 있을 것이다. 가족은 그들의 분쟁을 어떻게든 해결하려고 했지만 소용 없었다. 그들은 난처한 상황에 직면하여 절망하고 있었다. 아버지는 평판이 나쁜 여자를 집에 데리고 와서 함께 살며, 자식을 집에서 쫓아냈다. 소년은 어떤 날품팔이 노동자와 서로 알고 지냈는데, 이 남자는 암탉의 달걀을 도려내는 일에 매력을 느끼고 있었다.

그 노동자는 소년에게 아버지를 살해하도록 유도했다. 그는 어머니를 위해서 주저하고 있었지만 사정은 점점 더 나빠지고 있었다. 오랫동안 생각한 끝에 아들은 동의했고, 그 노동자의 도움을 얻어 아버지를 살해했다. 여기에서 우리는 그 아들이 어떠한 까닭으로 그의 사회적 관심을 아버지에게조차 넓힐 수 없었는가를 볼 수 있다. 그는 어머니와는 아직 깊은 관계를 맺고 있었으며, 그녀의 말을 깊이 신뢰하고 있었다. 그는 자신의 남은 사회 감정을 잃어버리기 전에 참작될 만한 사정이 암시될 필요가 있었다. 그가 그 범죄를 저지르는 데 몰두할 수 있었던 것은, 단지 잔혹함에 정열을 가지고 있었던 그 날품팔이 노동자의 지지를 얻을 수 있었기 때문이었다.

(2) '유명한 독살자'라고 불리는 마가렛 즈반치히의 예 ― 그녀는 양육원에서 자란 아이로 기형아였다. 그렇기 때문에 개인심리학자가 말한 바와 같이, 그녀는 허영심이 강했고, 사람들의 주목을 끄는 데 열중했다. 그녀는 비굴할 정도로 예의범절이 깍듯했다. 그녀는 자신을 거의 절망으로 이끌어 간 많은 모험 끝에 세 번씩이나 다른 여자들을 독살하려고 시도했다. 그녀들의 남편을 차지하기 위해 저지른 일이었다. 그녀는 남자를 빼앗겼다고 느

껐던 것이며, 그 밖에 달리 보복할 방법을 생각할 수 없었다. 그녀는 임신한 척 속이고 그 남자들을 자기 쪽으로 이끌기 위해 자살을 시도했다. 그녀는 자신의 자서전 속에서 실제로 많은 범죄자들이 자서전 쓰는 것을 좋아한다 이렇게 말하고 있다

"나는 무언가 나쁜 짓을 했을 때는 언제나 '아무도 내 행동을 불쌍하게 생각해 주지 않는다. 내가 다른 사람들에게 폐를 끼치는 일을 했다고 해서 왜 마음에 두고 걱정해야 하는가'하고 생각했다."

이 말 속에서, 우리는 어떤 이유 때문에 그녀가 범죄를 계획해 자신을 몰아세우고 참작될 만한 상황을 준비해 가는가를 볼 수 있다. 내가 협동이나 다른 사람에의 관심을 강조할 때, 대부분의 사람들은 "그렇지만 다른 사람들은 나에게 아무런 흥미도 갖고 있지 않지 않느냐"라고 반박한다. 나는 그에 대해 항상 다음과 같이 대답한다. "누군가가 시작하지 않으면 안 된다. 다른 사람들이 비협동적이라고 해도 그것은 당신의 문제는 아니다. 다른 사람이 협동적인지 아닌지 따위에 당신이 마음을 쓸 필요 없이 당신이 먼저 시작해야 한다."

(3) N. L.의 경우 ― 그는 장남이고 자유롭게 자라났으며, 한쪽 다리가 불편하고 동생에 대해 아버지 노릇을 해왔다. 우리는 이 유대를 우월의 목표로서 ― 이 때까지는 유익한 측면으로 받아왔던 ― 인정할 수 없다. 그렇기는 하지만 그것은 일종의 자랑이며, 과시하고 싶다는 욕구였을 것이다. 나중에 그는 어머니를 집에서 쫓아내 걸식을 시켰는데, 그 때 그는 "나가, 이 짐승!" 하고 소리쳤다. 우리는 이 소년을 불쌍하게 여긴다. 그는 자기 어머니에게조차 관심이 없다. 만일 우리가 그를 어렸을 때부터 알고 있었다면, 그가 어떤 식으로 범죄를 일으킬수 있는 성격으로 변해갔나를 알아낼 수 있

었을 것이다.

그는 오랫동안 일을 하지 않았다. 그러기 때문에 그에게는 돈이 없었다. 그리고 성병에 걸려 있었다. 어느 날, 그는 일자리를 찾으러 갔다가 잘 되지 않자 집으로 돌아오는 도중에 동생을 살해했다. 동생의 얼마 안 되는 수입을 자기 것으로 하기 위해서였다. 우리는 여기에서 그의 협동의 한계를 볼 수 있다. '일자리가 없다, 돈이 없다. 성병' ― 이것은 최악의 상태이다. 한 개인에게 있어서 더 이상 앞으로 나아갈 수 없다고 느껴지는 한계가 인간에게는 많이 있다.

(4) 어려서 고아가 된 어느 아이가 양부모에게 맡겨졌는데, 그 어머니는 믿을 수 없을 정도로 그 아이를 응석받이로 키웠다. 그는 거만한 아이가 되었다. 그는 점점 나쁜 성질을 갖게 되었는데, 누구에게나 자신의 인상을 깊이 남게 하고, 언제나 사람들 눈에 띄고 싶어했다. 그의 양부모는 무조건 그를 부추겼고, 그가 하는 행동을 사랑했다. 그는 거짓말쟁이가 되고 사기꾼이 되어, 어디든지 가능한 장소에서 돈을 벌었다.

그의 양부모는 중류층에 속해 있었다. 그는 귀족 흉내를 내어 부모의 돈을 모두 낭비해 버리고, 그들을 집에서 쫓아냈다. 잘못된 교육 방법과 응석받이로 키운 것이, 그를 성실하고 정직한 일과는 거리가 먼 사람으로 만들어 버렸다. 그는 자신의 인생을 마치 거짓말과 속임수로써만 승리가 가능한 것으로 생각했다. 그런 인생 스타일은 결국 모든 사람을 적으로 만들어 버렸다.

그의 양모는 자기 자신의 아이나 남편보다는 그 아이 쪽을 더 사랑했다. 그로 인해 그는 모든 것을 차지할 권리가 있는 것으로 착각했는데, 그의 낮은 자기 평가는 보통 수단으로는 성공할 수 없다고 생각한다.

우리는 앞서, 어떤 아이도 깊은 좌절감과 협동해도 소용 없다는 것과 깊은 열등감으로 인해 괴로워해야 할 이유는 없다는 것을 지적했다. 어느 누구도 인생의 여러 문제에 직면해서 패배할 필요는 없다. 범죄자는 단지 잘못된 수단을 고른 것이다. 우리는 그들이 그런 수단을 어디서 무엇 때문에 선택했나를 알아내야 하고, 그들이 다른 사람에게 흥미를 느끼고 협동할 용기를 갖도록 훈련시켜야 한다. 만일 범죄라는 것이 모든 면에서 용기 있는 행위가 아니라, 비겁한 행위라는 것이 그들에게 충분히 인식된다면, 범죄자들이 최대의 강점으로 이용하는 자기 정당화라는 것을 없애 주고, 그 결과 어떤 아이라도 장래 범죄자가 될 소지를 훈련하는 일 따위는 없어진다고 나는 믿고 있다.

모든 범죄자의 경우에 있어서, 어린 시절의 잘못된 인생 방식과 협동 능력의 결여를 나타내는 경향을 볼 수 있다. 이 협동하는 능력이야말로 훈련받아야만 하는 것이라고 나는 말하고 싶다. 그것이 유전적인 것이라는 사실에 대해선 의심할 바 없다. 협동을 위한 잠재력이라는 것이 있으며, 이 잠재력은 태어나면서부터의 잠재력으로 간주되어야 한다. 그런데 그것은 모든 인간에게 공통되어 있는 것이며, 그것을 발달시키기 위해서 훈련받고 연습하지 않으면 안 된다. 이 밖에 범죄에 관한 다른 모든 견해는 내게는 불필요하게 생각 된다. 협동하는 것에 대해 훈련을 받아도 여전히 범죄자가 되는 사람들을 우리가 만들어낼 수 있다면, 물론 이야기는 다르다.

그러나 나는 그런 사람과 만난 적이 없으며, 그런 사람과 만난 적이 있는 사람의 얘기를 들은 적도 없다. 범죄에 대한 올바른 예방은 올바른 협동의 훈련일 것이다. 이것을 인정할 수 없는 한 범죄라는 불행은 피할 수가 없다.

협동이라는 것은 지리를 가르치는 것과 같이 '가르칠' 수 있는 것이다. 왜냐하면 그것은 진리이기 때문이며, 우리는 항상 진리를 가르칠 수 있기 때문이다. 아이든 어른이든 지리 시험을 칠 때, 충분한 지식의 준비가 되어 있지 않으면 실패한다. 마찬가지로 아이든 어른이든 협동에 대한 지식이 필요한 상황에서 시험칠 때 준비가 되어 있지 않으면 실패한다. 우리의 인생 문제는 모두 협동에 대한 지식을 필요로 하는 것이다.

우리는 범죄 문제에 관한 우리의 과학적 연구의 귀착점에 도달했다. 인류는 몇 천 년, 몇 만 년이라는 세월을 지나온 현재까지도 이 문제를 해결할 올바른 방법을 찾아내지 못하고 있다. 지금까지 적용되어 온 여러 수단은 모두 도움이 되지 못했던 것처럼 보인다. 왜냐하면 많은 불상사가 아직까지 우리들 사이에 내재해 있기 때문이다. 우리의 연구는 그에 대한 이유를 알려준다. 즉, 지금까지는 범죄자의 인생 스타일을 바꾸어 그릇된 인생 방식의 진전을 막기 위한 올바른 방도를 취할 수가 없었던 것이다. 이것을 소홀히 하면 어떠한 수단도 유효할 수 없다.

이제 우리는 결론을 내릴 수 있다. 우리는 범죄자도 인류에 있어서 예외자가 아니라는 것을 발견했다. 범죄자는 다른 사람과 똑같은 인간이며, 그의 행동은 인간적인 측면에서 충분히 이해가 가능한 변종이다. 이것은 상당히 중요한 결론이다. 만일 우리가 범죄라는 것이 그 자체로 독립된 것이 아니라 잠재한 인생 스타일이 나타나는 것이라고 이해하고, 이런 태도가 왜 일어났는가를 이해할 수 있다면, 그때 우리는 해결 불가능한 문제를 눈앞에 두고 있는 것이 아니라 범죄 예방에 대한 확신을 가지고 연구를 시작할 수 있는 것이다.

우리가 발견한 대로 범죄자는 오랫동안 비협동적인 사고와 행동으로 자신을 훈련해 온 것이며, 이 협동에 대한 결여의 원인은 어린 시절의 초기인 5, 6세까지의 시기로 거슬러 올라간다. 이 무렵에 다른 사람에 대한 관심의 발달이 방해받은 것이다. 우리는 이 방해가 그의 어머니·아버지·친구와 주위의 사회적 편견, 그리고 환경의 여러 가지 곤란에 어떻게 관련되는가를 서술해 왔다. 우리는 대부분의 범죄자나 모든 종류의 실패자 사이의 공통분모가 협동의 결여 — 다른 사람이나 인류의 복리에 대한 관심의 결여라는 것을 발견했다.

그렇기 때문에 아이들을 위해 바람직한 것은 이 협동 능력을 훈련하고 가르치는 일이다. 좋은 결과를 낳기 위해서는 다른 방법은 없다. 모두가 이 단 하나의 인자, 즉 협동하는 능력에 달려 있다. 범죄자들은 다른 실패한 사람들과 어떤 면에 있어서는 다르다고 할 수 있다. 범죄자는 오랫동안 지속되어 온 협동에 반대하는 의식적인 훈련에 의해서, 인생의 통상적인 과정에 있어서 성공을 쟁취하려는 희망을 잃어버린 것이다. 그런데 아직 범죄자는 일정한 정도의 활동력을 유지하고 있고, 이 남은 활동력을 인생의 무익한 측면에 투입하는 것이다. 그는 무익한 측면에서는 충분히 활동하며, 어떤 점에서 자신과 같은 유형의 다른 범죄자들과는 잘 협동할 수 있다.

이 점에서 범죄자들은 신경증 환자나 자살자나 알코올 중독자와는 구별된다. 그러나 그의 활동 영역은 상당히 한정되어 있다. 때로는 범죄의 가능성밖에 남아 있지 않다. 더구나 범죄의 모든 영역도 아니고 단 한 종류의 범죄가 남아 있어, 그는 그것을 되풀이하여 계속 저지르는 것뿐이다. 그의 활동 영역은 그 정도일 뿐이며, 그는 이른바 '좁은 마구간' 안에 감금당하여 있는 것이다. 이런 사정 아래서 우리는 그가 얼마나 진정한 용기가 결여된 사람인가를 볼 수 있다. 그런 사람에게는 용기가 없을 수밖에 없다. 왜냐하면 용기라는 것은 협동할 수 있는 능력의 일부에 불과하기 때문이다.

범죄자는 언제나 자기의 생각이나 감정을 자기 범죄를 수행하기 위해 준비하고 있다. 즉, 그는 자기에게 남은 마지막 사회적 관심을 누르려고 낮 동안은 계략을 짜고 밤에는 꿈을 꾼다. 그는 항상 발뺌을 위한 정당화나 참작받을 만한 사정이나 범죄자가 될 수밖에 없이 '강요당하는' 이유를 찾고 있다. 그러나 사회 감정의 벽을 무너뜨리는 것은 쉬운 일이 아니다. 그 벽은 커다란 저항을 가리킨다. 만일 그가 범죄를 저지르려 한다면, 이 방해자를 배제하는 방법을 — 아마 자기의 잘못을 잘 생각해 보든지 혹은 술에 취해서 — 발견해야 한다.

이 일은 우리로 하여금 어째서 그가 끊임없이 자기의 행위를 뒷받침해 주는 상황을 해석하고 있는가를 이해하게 해 주며, 또 왜 그와 논의해서는 아무것도 달성되지 않는가를 이해하는 데 도움을 준다.

그는 세계를 자기의 독자적인 눈으로 보고 있어서 평생이라도 논의할 준비가 되어 있다. 그의 태도가 어떻게 해서 몸에 익었는가를 발견해 낼 수 없다면 그것을 바꿀 가망은 없다. 그러나 우리에게는 그들이 겨눌 수 없는 이점이 하나 있다. 그것은 다른 사람에 대한 관심이다. 그리고 그것은 우리로 하여금 그를 도울 진정한 방법을 찾아내도록 해 줄 것이다.

범죄자는 자기가 곤경에 처해 있는데 협동적인 방법으로는 그 곤란함에 직면할 만한 용기를 가지지 못하여 안이한 해결을 추구할때, 곧 범죄를 계획하고 준비한다. 예를 들면 그가 돈을 구해야 할 필요성에 처했을 때 범죄의 우려가 커진다. 다른 모든 사람과 마찬가지로, 그도 안전과 우월이라는 목표를 추구하고 있다. 그는 여러 가지 곤란을 해결하고 여러 장애를 극복하기를 바라고 있다.

그러나 그의 노력은 사회의 테두리 밖에 있다. 그의 목표는 공상적인 개인의 우월이라는 목표이고 더구나 그는 그것을 자신이 경찰과 법률과 사회 조직의 정복자라고 느끼는 것으로써 달성하려고 한다. 법률을 어기고 발각되지 않도록 도망다니거나 아무에게도 발각되지 않을 정도로 기민하게 행동하는 것은 자기 자신에게 필요한 일종의 게임 같은 것이다. 이를테면 그는 독극물을 사용한다는 것을 위대한 개인적인 승리라고 믿고, 자기 자신을 기만하고 도취될 것이다. 대개의 경우, 처음 붙잡히기 전에 몇 번인가는 성공한다. 그래서 자신이 발각되었을 때는 '조금만 더 잘 했으면 도망칠 수 있었을 텐데'라고 생각할 뿐이다.

이 모든 상황 속에서 우리는 그의 열등감을 엿볼 수 있다. 그는 노동의 여러 조건으로부터, 그리고 다른 사람과 계속 교류해야 할 인생의 여러 문제로부터 도망치려 하고 있다. 그는 자신이 평범한 방법으로는 성공할 수 없다고 느낀다. 협동에서 도망치려고 하는 그의 훈련 자체가 그의 여러 곤란함을 증대시킨다. 많은 범죄자는 대개 미숙련 노동자이다. 그는 안이한 우월감을 발달시킴으로써 자신의 결손감을 은폐하려 한다.

그는 자신이 얼마나 용감하고 얼마나 특출한 사람인가 하고 생각한다. 그런데 인생의 최전선으로부터의 도망자를 영웅이라고 부를 수 있을까. 범죄자는 실제로 자기의 인생을 꿈 속에서 보내고 있는 것에 불과하다. 그는 현실을 알지 못하며, 현실을 아는 것에 대해 저항한다. 그렇지 않으면 그는 자신이 하고 있는 일을 포기하지 않을 수 없게 될 것이다. 그렇기 때문에 그는 이렇게 생각하게 된다. '나는 발각되지 않고 범죄를 저지를 수 있기 때문에 누구보다도 머리가 좋다'고.

우리는 앞에서 범죄적 패턴의 근원을 밝혀냈다. 즉, 어째서 범죄자들이 인생 초기에 과중한 짐을 지게 된 아이들이나, 또는 응석받이로 자라나 거만해진 아이들 중에서 많이 나오는가를 밝혀 왔다. 신체적인 장애가 있어서 고민하는 아이들의 관심을 다른 사람에게로 돌리기 위해서는 특별한 주의를 필요로 한다. 그렇지 않으면 그들은 자기 자신의 일밖에 흥미를 가지지 않게 되고, 올바른 방법으로 발달할 수 없게 되어 버린다. 무시당하거나 필요 없게 되었거나 평가받지 못했거나 사람들의 미움을 받고 있는 아이들도 범죄자가 되기 쉬운 상황에 처해 있다. 그들은 다른 사람과의 협동이라는 것을 경험한 적이 없고, 사랑과 관심과 협동으로 문제를 해결하는 것이 가능한 것이라는 사실을 배운 적이 없다.

응석받이로 자란 아이들은 자기 자신의 노력으로 물건을 손에 넣을 수 있다는 것을 배운 적이 없다. 그들은 자신들이 무엇인가를 갖고 싶어하면, 그 욕구를 세상이 즉각 만족시켜 줄 것이라고 기대하고 있다. 그리고 그들은 자기가 갖고 싶은 것 모두가 주어지지 않으면 불공평하게 다루어진다고 느끼고 협동하기를 거부한다. 모든 범죄자들의 경력을 살펴보면 이런 종류의 개인사個人史가 발견될 것이다. 그들은 협동하도록 훈련되어 있지 않으며, 아직 그것을 할 수 없다. 그래서 여러 가지 문제에 직면하면 항상 그 문제들에 어떻게 대처해야 하는가를 알지 못한다. 그렇기 때문에 우리는, 우리가 무엇을 가르쳐야 하는가를 정확하게 알고 있다. 즉, 우리는 그들에게 협동이라는 것에 대해 훈련시켜야 한다.

우리는 그에 대한 지식을 가지고 있고, 지금까지 충분한 경험을 축적해 왔다. 나는 개인심리학이 모든 범죄자를 변화시킬 방법을 우리에게 가르쳐 준다고 확신한다. 그런데 모든 범죄자를 받아들여 그의 인생 스타일이 변화되도록 훈련시킨다는 것이 얼마만큼 가능한 일일까? 불행하게도 우리 사회에 있어서는, 많은 사람들의 협동 능력은 그들의 여러 곤란이 일정한 정도를 넘으면 소모되어 버린다. 그래서 불황일 때는 범죄자의 수가 비례적으로 증대되는 것을 볼 수 있다. 만일 우리가 이런 방법으로 범죄를 없앨 수 있다고 확신한다면, 우리는 인류의 대부분을 치료해야 할 것이다. 게다가 모든 범죄자혹은 잠재적 범죄자들을 친구로 만드는 것을 직접적인 목표로 삼는 일이 현실적으로 가능한 일이라고는 결코 확신할 수 없다.

그러나 우리들이 할 수 있는 일은 많이 있다. 우리는 모든 범죄자를 변화시킬 수는 없다 해도, 그들과 맞서는 것에 충분히 강하지 않은 사람들의 무거운 짐을 얼마 정도는 덜어줄 수 있다. 예를 들어 사회는 일하고 싶어 하는 사람에게는 누구에게라도 일을 할 수 있도록 터전을 마련해 주어야 한다. 이것은 그들로 하여금 마지막 남은 협동 능력을 잃어버리는 일이 없도록 인류가 사회생활의 여러 가지 요구를 낮추는 유일한 방법일 것이다. 이것이 행해진다면 범죄자의 수는 확실히 감소될 것이라는 사실은 의심할 여지가 없다. 오늘날의 시대가 우리의 경제적인 여러 조건에 있어서의 이러한 구제를 해 줄 수 있는지 어떤지는 알 수 없지만, 우리가 이 변화를 위해 노력해야 하는 것만은 자명한 사실이다.

또한 우리는 아이들의 장래의 직업을 위해 좀 더 좋은 교육을 시켜야 한다. 그것은 그들이 인생의 여러 문제에 슬기롭게 직면하여 보다 커다란 영역에서 활동할 수 있도록 하기 위해서이다. 우리는 이 방향에서 어느 정도까지는 이미 실천하고 있으며, 이 시점에서 더더욱 우리의 노력을 증대시킨다면 훨씬 바람직한 성과를 이룰 수 있을 것이다. 모든 범죄자에게 개인적인 치료를 행할 수 있다고는 생각지 않지만, 집단 치료에 의해서도 큰 공헌을 이룰 수 있을 것이다. 예컨대 우리가 여기서 생각해 온 것과 같은 사회적인 여러 문제에 대해서 많은 범죄자들과 마땅히 논의해야 한다고 생각한다. 우리는 그들에게 질문하고 그들로 하여금 대답하게 해야 한다.

우리는 그들의 마음을 일깨우고 그들을 오랜 꿈에서 깨어나게 해야 한다. 우리는 세계에 관한 그들의 독단적인 해석 및 자신의 여러 능력에 대한 과소 평가에 취해 있는 상황에서 그들을 해방시켜야 한다. 우리는 그들에게 자기 자신에 대한 한계를 두지 않도록 가르치고, 그들이 직면하지 않으면 안 될 여러 상황이나 문제에 대한 그들의 공포감을 감소시켜 주어야 한다. 나는 그러한 집단 치료에서 커다란 결실이 맺어지리라고 확신하고 있다.

우리는 또 우리의 사회생활에 있어서 범죄자나 가난한 사람들에 대해 도전적으로 작용할 소지가 있는 모든 것은 피해야 한다. 빈부의 차가 극심하면 가난한 사람들은 초조해하고 많은 부담을 받게 된다. 그렇기 때문에 과시하는 것도 신중하게 하지 않으면 안 된다. 예를 들면 몇 천만 원의 돈을 가지고 있는 사람이라도 그 사실을 항상 과시할 필요는 없다. 우리는 경험을 통해서 뒤떨어져 있는 아이나 문제아의 치료에 있어서, 그들의 힘을 시험하려고 하는 것은 무익하다는 것을 알았다.

그들이 그런 태도를 고집하는 것은, 자기가 환경과 싸우고 있는 것이라고 믿고 있기 때문이다. 범죄자도 이와 마찬가지로 말할 수 있다. 사실 경찰관이나 재판관, 그리고 인류가 만드는 법률에서조차 끊임없이 범죄자들에게 도전하고 그들을 분개시키는 것을 볼 수 있다. 협박 같은 것은 전혀 무익한 것이다. 엄하게 하거나 부드럽게 대하는 것으로는 범죄자를 변화시킬 수 없다. 그가 변화되는 것은 자기 자신의 상황을 보다 긍정적으로 이해했을 때뿐이다. 물론 우리는 인간적이어야 한다. 우리는 범죄자들을 형벌이라는 것으로 위협할 수 있다고 생각해서는 안 된다.

앞에서 고찰해 본 바와 같이, 형벌은 그들에게 일종의 게임에 있어서의 흥분 정도로 생각될 뿐이며, 범죄자들은 전기 의자에서 고문당할 때조차도 그들이 체포당해야 했던 실수만을 생각하고 있다. 범죄자들을 색출하려는 노력이 조금만 더 이루어진다면, 그것은 대단히 유익한 도움이 될 것이다. 내 생각으로는 적어도 범죄자의 40퍼센트 내지는 좀 더 많은 비율이 발각되는 것을 모면하고 있다. 이 사실은 항상 범죄자의 그릇된 생각의 배후에 있다. 거의 모든 범죄자가 범행을 저지르고, 발각되지 않은 경우를 경험하고 있다고 해도 과언이 아닐 것이다.

이 점에 대해서는 이미 사회적 개선이 이루어져 왔고, 우리는 올바른 방향으로 나아가고 있다. 또 범죄자들이 감옥에 있을 때나 출옥 후에도 경멸을 받거나 외면당하지 않아야 된다는 사실도 중요하다. 보호관찰관의 수가 늘어나는 것은 바람직한 일이다. 그리고 보호관찰관 자신이 사회의 여러 문제 및 협동의 중요성에 대해 인식하고 있어야 한다. 이런 방법으로 우리는 상당히 많은 성과를 거둘 수 있을 것이다. 그렇기는 하지만 그래도 역시 우리가 바라는 만큼은 범죄자의 수를 줄일 수 없을 것이다.

다행스럽게도 우리는 별도의 수단을 가지고 있고, 그것은 대단히 실천적이고 매우 성공할 가능성이 높은 방법이다. 만일 우리가 아이들에게 진지한 협동 능력을 몸에 익히게 할 수 있고, 그들의 사회적 관심을 신장시켜 줄 수 있다면, 범죄자의 수는 현격히 감소하여 그 결과는 가까운 장래에 엄청난 숫자가 될 것이다. 그렇게 되면 아이들은 꾐에 빠지거나 유혹당하는 일도 없어질 것이다. 또 그들이 인생에 있어서 직면하는 문제나 곤란이 어떠한 것이든 간에 다른 사람에 대한 그들의 관심이 완전히 파괴되는 일도 없을 것이며, 그들의 협동 능력과 인생의 여러 문제들을 충분히 해결할 수 있는 능력이 훨씬 높이 향상될 것이다.

범죄자의 대다수는 그들의 범죄 행동을 매우 일찍부터 시작한다. 일반적으로 범죄 행동이 시작되는 시기는 사춘기이며, 15세부터 28세까지 사이에 범죄의 빈도가 가장 높다. 그렇기 때문에 우리들의 성공의 결과도 매우 빨리 볼 수 있게 될 것이다. 그것뿐이 아니다. 만일 아이들에게 올바른 교육이 이루어지지 않는다면, 그들의 행동은 분명히 가정생활 전체에 영향을 미칠 것이다. 적극적이고 낙천적이고 자유롭고 생동적인 아이들은 그들의 부모에게 있어서도 도움이 되고 위안이 된다. 협동 정신은 순식간에 전 세계에 널리 퍼질 것이며, 인류의 사회적인 환경은 훨씬 더 높은 수준으로까지 발전할 것이다. 그래서 우리는 아이들에게 영향을 줌과 동시에 부모나 교사들에게도 영향을 주게 될 것이다.

이제 남아 있는 유일한 문제는 어떻게 해서 가장 좋은 해결점을 찾아내는가, 아이들이 성인이 되어 인생의 여러 문제에 슬기롭게 맞설 수 있도록 성장시켜 가기 위해서 과연 어떤 방법을 찾아내야 하는가이다. 우리는 모든 부모를 훈련할 수 있을지도 모른다. 그러나 그렇게 할 수는 없다. 이 제안은 우리들에게 희망적인 기대를 주지는 않는다. 부모들을 훈련시키는 것은 어려우며, 훈련을 가장 필요로 하는 부모는 우리가 만난 적조차 없는 사람들이다.

우리들의 노력은 그들에게 닿지 않는다. 그래서 우리는 다른 길을 모색하지 않으면 안 된다. 우리는 모든 아이를 붙잡아 가두어 놓고 보호관찰 아래에 둠으로써 항시 감시할 수 있을 것인가. 이 제안은 앞서의 제안보다 더욱 바람직한 제안이라고는 생각되지 않는다. 그러나 실천 가능하고 현실적인 해결을 약속하는 한 가지 방법이 있다. 우리는 교사들을 사회적 진보에 도움이 되는 사람으로 훈련시킬 수가 있다. 교사들을 훈련하여 아이들이 가정에서 범하는 과실을 시정하고, 다른 사람에 대한 그들의 관심을 넓혀줄 수 있다.

이것은 매우 자연스러운 학교의 발전상이다. 아이들이 장래의 모든 과제에 대처할 수 있도록 가정에서 그들을 충분하게 잘 기를 수 없기 때문에, 인류는 가정의 연장된 기구로서 학교라는 것을 설립해 왔다. 이것을 인류가 보다 사회적이고 보다 협동적이며, 인간의 복리에 보다 많은 관심을 갖게 하는 데 학교를 이용할 만하지 않을까. 우리의 활동은 다음과 같은 생각에 의거하고 있다. 현재의 우리 문화에 있어서 우리가 누리고 있는 모든 이점은 문화에 공헌해 온 사람들의 노력에 의해 가능하게 된 것이다. 만일 모든 개인들이 비협동적으로 다른 사람에게 관심을 가지지 않고 인류 전체에 대해 아무 공헌도 하지 않는다면, 그들의 전 생애는 무익한 것으로 점차 소멸해 버려 나중에는 아무런 발자취도 남겨지지 않을 것이다. 그런데 그들의 정신은 계속 살아 있고 영원하다.

만일 우리가 이것을 아이들의 교육의 기초로 삼는다면, 그들은 자연스럽게 협동적인 일을 좋아하도록 훈련받을 것이다. 그렇게 한다면 그들은 어떠한 곤경에 빠져도 기가 꺾이지 않고, 죄악의 사태와 맞닥뜨려도 이겨낼 수 있을 정도로 충분히 강한 사람이 될 것이며, 인류 공통의 복리를 위해서 공헌할 수 있게 성장할 것으로 확신한다.

제 *10* 장
직업

Alfred Adler; The Man & His Work, Hertha Orgler

인간이 맺고 있는 세 가지 인연은 인생의 세 가지 문제를 제기하는 데 있어서 이 문제들은 어느 것도 분리되어서는 안 되는 것이며, 어느 하나라도 각각 다른 두 가지와 반드시 맞물려지게 되어 있다. 제1의 인연으로 직업이라는 문제를 제기한다. 우리는 지구라는 행성의 표면에 살고 있으며, 이 행성에는 여러 가지 자원과 기름진 대지·여러 가지 광물·알맞은 기후·적당한 공기가 주어져 있다. 이 여러 조건이 우리에게 부과하는 문제의 올바른 해답을 찾아내는 일이 언제나 인류의 과제였다.

그리고 오늘날에도 역시 우리는 만족할 만한 답을 찾아냈다고 말할 수 없다. 인류는 모든 시대에 있어서 이 문제에 대한 해결을 어느 정도까지는 달성해 왔다고 하지만, 그에 만족하지 않고 계속해서 개선이나 달성을 추구하며 노력하는 일이 늘 요구됐다. 우리 앞에 놓인 이 문제를 해결하기 위한 가장 좋은 방법은 선결적 문제를 해결하는 데서 얻을 수 있다. 인간이 맺고 있는 제2의 인연은 우리가 인류에 속하는 동시에 다른 동류同類의 사람과 교제 속에 살고 있다는 사실이다. 만일 인간이 오직 혼자서 이 지상에 살고 있었다고 한다면, 우리 인간의 태도는 전혀 달라졌을 것이다. 우리는 늘 다른 사람을 고려하여 자신을 다른 사람에게 적합하도록 훈련하며, 다른 사람들에게 관심을 두지 않을 수 없도록 살아왔다. 이 문제는 우정·사회감정·협동으로 해결하는 것이 가장 좋다. 이 문제의 해결과 함께 우리는 최초의 해결을 향해 무난히 접근할 수 있다.

우리가 분업이라는 위대한 발견을 이룰 수 있었던 것은, 오직 인간이 협동하는 것을 배웠기 때문이다. 그 발견은 인간의 복리를 위한 주된 지주이다. 만일 각 개인이 아무런 협동도 하지 못하고, 또 과거의 협동으로부터 얻어진 많은 성과도 주어지지 않은 채 독자적으로 지상에서 살아가지 않으면 안 된다고 한다면, 인간의 생명을 도저히 유지할 수 없을 것이다. 분업으로 인해 우리는 여러 종류의 훈련의 산물인 각종 성과를 사용할 수 있고 많은 다른 능력을 조직화할 수 있으며, 그 결과 모든 인간이 공통된 복리에 공헌하고 상부상조의 협동 정신으로서 사회 구성원 모두가 발전하기 위한 기회를 증대시키게 되는 것이다. 우리가 이룰 수 있는 모든 것을 완수했다고 자만해서는 안 되며, 또 분업이 사회를 위해 기적적인 발달을 이미 이루어 놓았다고 자만해서도 안 된다. 그러나 직업문제를 해결하기 위한 모든 시도는 이러한 인간의 분업과 우리들의 일로 인해 다른 사람의 유익을 위해서도 공헌할 수 있는 협동적 노력이라는 틀 속에서 이루어져야 한다.

어떤 사람들은 이 직업이라는 문제에서 도피하여, 일도 하지 않고 인간의 공통된 관심사에서 벗어난 일에만 몰두하려고 한다. 그렇지만 만약 그들이 직업문제를 회피하는 경우, 실제로는 언제나 동료로부터의 지지를 요구하고 있는 것이라는 것을 알 수 있다. 그들은 스스로는 아무런 공헌도 하지 않고, 여러 가지 방법으로 다른 사람의 노동을 희생물로 해서 살아가고 있는 것이 될 것이다. 이것은 응석받이로 자란 아이의 인생 스타일과 같은 것이며, 어떤 문제에 직면하면 언제나 자기 대신에 자기 친구의 노력으로 그것이 해결되기를 바라는 비겁한 태도로 변할 것이다. 인류의 협동을 정체시키고, 인생의 여러 문제에 대한 해결에 종사하고 활동하고 있는 사람들에게 불공정한 무거운 짐을 떠맡기는 것은 주로 응석받이로 자란 사람들이다.

인간의 제3의 인연은 인간이 남녀 양성 중의 한쪽이며, 결코 그 밖의 다른 성이 될 수 없다는 점이다. 인류가 존속하는 데 대한 그 사람의 역할은 이성에의 접근과 성적 역할의 성취에 의존하고 있다. 양성 사이의 이 관계도 문제를 제기한다. 그리고 그것 또한 다른 두 가지 문제와 분리되어서는 해결될 수 없는 문제이다. 사랑과 결혼이라는 문제를 성공적으로 해결하기 위해서는 분업으로 공헌하는 직업으로 사람들과 사이좋고 친밀한 접촉이 함께 필요하다. 이미 보아온 것처럼, 이 문제에 대한 현대에서의 최고의 해결 — 사회와 분업에서 여러 가지 요구에 가장 적합한 해결 — 은 일부일처제이다.

이 문제에 대한 대답의 방식으로 그 사람의 협동 정도를 알 수 있다. 이 세 가지 문제는 결코 분리되어 해결되지는 않는다. 그들은 모두 서로 다른 각도에서 해결할 방법을 제시한다. 한 가지 문제의 해결은 또 다른 문제를 해결하는 데 도움이 된다. 실제로 인류는 모두 같은 상황과 같은 문제 — 인간이 자기의 독특한 환경 속에서 생명을 유지하고 이어갈 필요성 — 에 있어서의 다른 국면이라고 말할 수 있다.

여기서 우리는 인류의 생명에 공헌하는 여성이 어머니라는 역할로 인해 인간의 분업에 있어서 다른 어떠한 사람에게도 뒤지지 않는 높은 지위를 차지하고 있다는 점을 강조해 두고 싶다. 만약 그녀의 임무가 아이들의 관심을 넓히고 협동에 관해 그들을 훈련하는 것이라면, 그녀의 일은 그것으로 충분히 보답할 수 없을 만큼 가치 있는 일이다. 오랫동안 어머니의 역할은 과소 평가됐고, 그다지 매력적이지 않은 일로서, 혹은 평가할 수 없는 역할로서 간주하고 있다. 어머니의 역할을 자신의 주된 일로 삼는 여성은 대개 경제적으로 의존해야 할 상태에 놓여 있다. 그러나 실제로 한 가족의 성공은 어머니의 역할과 아버지의 역할이 어우러지는 조화에 달려 있다. 어머니가 가정을 혼자 도맡아 이끌어가고 있지도 않고 독립적으로 일하는 것도 아니지만, 어머니로서의 그녀의 역할은 방패의 역할만큼이나 중대하다.

어머니는 자녀의 직업에 관한 관심에 있어서 최초로 영향을 주는 사람이다. 인생의 최초 4, 5년 동안의 상황이나 훈련은 그 아이가 성인이 되어 생활하는 데 있어서 주된 활동 영역에 결정적인 영향을 미친다. 취업 지도의 요청을 받는 일이 있으면, 나는 항상 그 사람이 어떤 식으로 생활을 시작했는가, 사회생활의 처음 수년 동안 무엇에 흥미를 느끼고 있었는가에 관해 묻는다. 이 시기에 그 사람의 기억은, 그가 무엇에 가장 지속해서 자신을 훈련해 왔는가를 확실하게 가르쳐 준다. 즉, 그 기억들은 그 사람의 정신의 근원에 있는 통각 체계를 밝혀주는 것이다.

훈련을 위한 다음 단계는 학교에 의해 이루어진다. 그래서 학교는 아이들의 장래 직업과 그들의 보고 만지고 듣는 여러 가지 능력이나 기능을 훈련하는 데 보다 많은 주의를 기울이고 있다. 그런 훈련은 특별한 여러 교과서를 가르치는 것만큼 중요하다. 물론 우리는 여러 교과서를 가르치는 것도 직업을 위한 아이들의 발달에 있어서 대단히 중요하다는 것을 잊어서는 안 된다. 사람들이 성인이 되어 학교에서 배운 라틴어나 프랑스어를 잊어버리기는 하지만 역시 이 과목들을 가르치는 일은 인류의 발전에 기여한다. 이 모든 과목을 배우는 것은 정신의 모든 기능을 훈련하기 위한 훌륭한 기회라는 것을 우리는 과거의 공통된 경험을 통해 이미 알고 있다. 공예나 수예 등에 집중적으로 주의를 기울인 근대적인 학교도 있었는데, 그런 방법에 따라서도 아이들의 경험을 증대시키고 그의 자신감을 높여줄 수 있다.

만약 아이가 장래 종사하고 싶은 직업을 어린 시절부터 알고 있다면, 아이의 성장은 좀 더 수월한 것이 된다. 아이들에게 장래 무엇이 되고 싶은가를 물으면 대개의 아이는 쉽게 답변한다. 그러나 그들의 대답은 신중하게 생각된 것은 아니다. 비행사나 기관사가 되고 싶다고 할 때도 그들은 자기가 왜 그런 직업을 선택하고 있는가를 정확히 알지 못한다. 그들 마음의 밑바닥에 있는 동기를 인식하고 그들이 노력하고 있는 방법을 보고, 무엇이 그들을 독촉하고 있는 것인가, 무엇이 그들의 우월의 목표가 되는가, 어떻게 해서 그것을 구체화할 수 있다고 생각하는가를 찾아내는 것이 바로 우리의 과제이다. 그들이 주는 대답은 그들에게 있어서 우월한 것을 대표하는 단지 한 종류의 직업을 우리에게 가르쳐 주고 있는 것일 뿐이다. 우리는 이 직업에서 그들이 자기의 목표를 어떻게 달성하려 하는가를 발견할 수 있다.

12, 3세 정도의 아이는 자기가 종사할 직업에 대해 이미 좀 더 많은 것을 알아야 한다. 그래서 나는 이 나이의 아이가 장래 무엇이 되고 싶은가를 모르겠다고 말할 때는 매우 유감스럽게 생각한다. 현재는 야심이 부족한 것같이 보이는 아이라도 실제로 전혀 흥미가 없는 것은 아니다. 그 아이는 너무나 야심만만하여, 자신의 야심이 무엇인가를 말할 만큼의 용기가 없는 것인지도 모른다. 그럴 때 우리는 그 아이의 주된 관심이나 흥미를 찾아내기 위해 힘써야 한다. 어떤 아이들은 16세가 되어 고등학교를 졸업해도 장래의

직업에 대해서 아직 결정하지 못하고 있다.

어떤 아이들은 매우 우수한 학생인데도 그들의 생활이 어떤 식으로 계속되어 가는 것인가에 대해서 아무것도 생각하지 못하고 있다. 그래서 이런 아이들은 매우 야심적이기는 하지만, 사실은 협동적이지 못한 것으로 간주한다. 그들은 사회의 분업 안에 그들의 자리가 없다고 느껴 자신들의 야심을 성취할 구체적인 방법을 찾아내는 데 애를 먹고 있다. 그러므로 되도록 빠른 시기에 아이들에게 장래의 직업관을 묻고 인식시키는 것은 매우 유익한 일이다. 그래서 나는 학교에서 이 질문을 하도록 권유하는 것인데, 그것은 아이들에게 장래 직업에 대해 생각할 기회를 주어 그 문제를 잊거나 대답을 회피하지 못하도록 하기 위해서이다.

나는 또한 그들에게 왜 그러한 직업을 선택하고 싶은가를 묻는데, 그 대답에서 매우 계시적인 설명을 들을 수 있다. 아이가 어떤 직업을 선택하려 하는가 하는 데서 그 아이의 인생 스타일 전체를 관찰할 수 있다. 그 아이의 대답은 우리에게 자기 인생의 주된 방향이나 무엇을 가장 가치 있는 것으로 여기고 있는가를 시사해 주는 것이다. 우리는 그 아이가 직업을 선택하는 것으로 그 아이의 전부를 평가해서는 안 된다. 왜냐하면, 우리 자신도 어느 직업이 좀 더 귀하고 어느 직업이 좀 더 천하다고 말할 자격이 없기 때문이다. 만일 그 아이가 정말로 자기 일에 심혈을 기울이고 다른 사람에 대한 공헌에 몰두한다면, 그는 다른 어떤 사람과도 동등하게 유익한 수준에 있는 것이다. 그의 유일한 과제는 자기 자신을 훈련하고 지탱하려 하며, 자신의 관심을 분업의 테두리 안에 두는 것이다.

그런데 어떤 직업이라도 선택할 수 있음에도 불구하고, 결코 그것에 만족하지 않는 사람들이 있다. 그들이 원하고 있는 것은 직업이 아니라, 우월의 안이한 보장이다. 그들은 인생의 여러 가지 곤란한 문제에 직면하기 싫어한다. 왜냐하면, 그들은 애당초 자신들에게 문제가 부과된 인생이라는 자체를 불공평하다고 느끼고 있기 때문이다. 이런 사람들은 대개 다른 사람들에 의해 보호받고 싶은 응석받이로 자란 아이들의 경우이다. 대부분 어린이는 4 ~ 5세까지 몸에 익혀온 방향에 흥미를 느끼고 있어서 그때의 흥미를 유지하려 하는데, 경제적인 이유라든가 부모의 압력에 의해 흥미가 없는 다른 직업에 종사하게 되어 버렸다고 느껴왔을 것이다.

이것은 어린 시절 훈련의 중요성을 가리키는 또 하나의 증거이다. 아이의 최초의 기억 속에서 가시적 사물에 대한 흥미가 나타난다면, 그 아이는 눈을 사용하는 직업에 적합하다고 결론을 내릴 수 있다. 직업 지도에 있어서는 유아기 초기의 기억은 대단히 중요하다. 어떤 아이는 누군가가 자기에게 말을 걸었다든지, 바람 소리나 벨 소리에 대한 인상을 이야기할지도 모른다. 그때 우리는 그 아이가 청각적인 유형임을 쉽게 알 수 있고, 무엇인가 음악에 관련된 직업에 적당하다고 추측할 수 있다. 다른 아이의 기억 속에서는 운동에 관한 인상을 볼 수 있을는지도 모른다. 이런 사람들은 좀 더 활동을 요구하는 사람들이다. 아마 그들은 밖에서의 노동같은 좀 더 활동적인 직업에 흥미를 가질 것이다.

가장 흔히 볼 수 있는 어린아이의 노력 중의 하나는 가족의 다른 구성원보다 — 특히 아버지 혹은 어머니보다도 — 월등하게 앞서려고 하는 시도이다. 이것은 대단히 가치 있는 노력이 될 수 있다. 나이 어린 세대의 지위가 향상되어 가는 것을 보는 것은 기쁜 일이며, 만약 아이가 아버지의 직업을 좇아 아버지의 업적을 따라잡으려고 욕심을 낸다면 일정한 정도까지는 아버지의 경험이 아이에게 멋진 출발을 줄 수도 있다. 아버지가 경찰관인 가정에서 태어난 아이는 종종 변호사나 재판관이 되겠다는 야심을 가진다. 아버지가 의사에게 고용되어 있으면, 아이는 의사가 되고 싶다고 생각한다. 아버지가 중고등학교의 교사이면, 아이는 대학교수가 되고 싶어한다.

아이들을 관찰하고 있으면, 종종 그들이 성인이 된 후의 직업을 위해서 훈련하고 있는 것을 볼 수 있다. 예를 들어 교사가 되고 싶은 아이는 때때로 어린아이들을 모아놓고 학교놀이를 하고 논다. 아이들의 놀이는 우리에게 그들의 흥미에 관한 힌트를 준다. 어머니가 되고 싶은 여자아이는 인형을 가지고 놀며, 아기에 대한 흥미를 기르도록 훈련할 것이다. 어머니의 역할을 부여받는 훈련에 대한 이런 관심은 격려해 줄 만한 것이며, 우리는 여자아이들의 놀이 상대로서 인형을 주는 것을 두려워할 필요는 없다. 어떤 사람들은 만일 여자아이들에게 인형을 주면, 그녀들을 현실에서 갈라놓는 것이 아닌가 하고 우려하는데, 실제로는 여자아이들이 그런 빠른 시기에 훈련을 시작하는 것은 가치 있는 일이다. 왜냐하면, 너무 늦게 훈련을 시작하면, 그녀들의 관심은 이미 고정화되어 변화시키기가 어렵기 때문이다. 아이들은 기계나 기술적인 일에 커다란 흥미를 나타내는데, 이것 또한 만일 그들이 자신이 하고 싶은 것을 이룰 수만 있다면 장래의 성공적인 직업을 약속해 주는 것이다.

또한, 지도적 입장에는 결코 놓이기 싫어하는 아이들이 있다. 그런 아이들의 주된 관심은 자기들이 올려다볼 수 있는 지도자, 쉽게 따라잡을 수 있는 다른 아이라든가 어른에게만 국한되어 있다. 이런 일은 그다지 바람직하지 못하다. 그리고 만약 우리가 그러한 종속적인 경향을 감소시킬 수 없다면, 그런 아이는 장래 생활 속에서 지도적인 입장에 설 수 없고, 스스로 자진해서 말단 공무원과 같은 지위를 선택할 것이다. 그런 위치에서의 그들의 일은 지극히 당연하며, 그들이 해야 할 일은 자업자득의 결과로서 결정된 것이다.

병이나 죽음이라는 문제에 아무런 준비도 없이 부딪쳤던 아이들은 그 충격으로 이 사실들에 대해서 계속해서 관심을 가질 것이다. 그래서 그들은 종종 의사나 간호사나 화학자가 되기를 희망한다. 그러한 그들의 노력은 격려할 만한 것이다. 왜냐하면, 나는 그런 충격에 자극받아 의사가 된 아이는 대부분 그 훈련을 매우 빠른 시기에 시작했으며, 그들이 자신의 직업에 대단히 만족하고 있는 것을 보아왔기 때문이다. 때로는 죽음에 대한 경험이 다른 방법으로 보상될 수 있다. 즉, 죽음을 경험한 아이는 그것을 예술적 혹은 문학적 창작으로 승화시키려는 야심을 가질지도 모르며, 숭고한 종교적인 심성을 키울는지도 모른다. 마음이 정해지지 않았거나 나태하든가 해서 계속 직업을 피하는 그릇된 훈련도 인생의 초기에 시작된다. 그런 아이가 나중에 곤경에 빠진 것을 볼 때, 우리는 과학적 방법으로 그 아이의 잘못된 원인을 찾아내어 바로잡아 주어야 한다.

만일 일하지 않고도 필요로 하는 모든 것을 얻을 수 있는 행성 위에 우리가 사는 것이라면 나태한 것이 미덕이 되고 근면한 것이 악덕이 될지도 모른다. 우리가 지구에 살아가는 동안 직업이라는 문제에 대한 상식적인 유일한 답변은 사회 속에서 일해야 하며 협동하여 다른 사람들에게 공헌해야 한다. 이것은 언제나 인류의 직관 때문에 그렇게 느껴져 온 것인데, 이제 우리는 그 필요성을 과학적인 각도에서 이해할 수 있다. 천재라고 인정받는 사람들의 경우에는 항상 어린 시절의 초기부터 훈련했다는 것을 분명히 볼 수 있다. 그래서 나는 천재 문제는 초기 교육의 문제에 빛을 던져줄 것이라고 믿고 있다. 인류는 공통의 복리를 위해 많은 공헌을 한 사람들만을 천재라고 부른다. 인류를 위해서 아무런 이익도 남기지 않은 천재라는 것은 상상할 수도 없다. 예술은 특히 협동적인 사람들의 산물이다. 그래서 인류의 위대한 천재들은 우리 문화 전체의 수준을 끌어올려 왔다.

호메로스는 그의 시 속에서 단 세 가지의 색에 대해 언급하고 있는데, 이 세 가지 색이 모든 것을 구별하는 데 도움이 될 것이라고 말하고 있다. 물론 그 당시 사람들도 좀 더 많은 색의 차이를 구별하고 있었을 것이지만, 그 색들의 차이가 크게 문제시되지 않았기 때문에 각 색깔의 이름을 붙일 필요를 느끼지 않는지도 모른다. 오늘날 우리가 구분할 수 있는 색깔의 이름은 분명히 누가 가르쳐 주었을 것이다. 그것은 예술가나 화가의 역할이라고 말해야 한다. 또한, 작곡가들은 우리가 음을 듣고 이해하는 힘을 고양해 주고 세련되게 만들어 주었다. 우리가 현재 원시적인 조잡한 음 대신에 조화로운 음을 이야기할 수 있는 것은 순전히 음악가들의 덕택이다. 음악가들은 우리의 정신세계를 풍요롭게 해 주고 여러 가지 음악적 기능을 훈련하도록 가르쳐 주었다.

그러면 우리의 감정의 깊이를 폭넓게 해 주고 우리가 좀 더 잘 이야기하고 좀 더 훌륭히 이해할 수 있도록 가르쳐 준 사람은 누구일까? 그것은 시인들이었다. 그들은 인생의 모든 목적을 위해서 우리의 언어를 풍성하게 하여 더 유연하고 적절한 표현을 만들어 주었다. 천재들이 모든 인간 중에서 가장 협동적이었다는 사실에 대해서는 아무런 이의도 없다. 그들의 행동이나 태도에 대해서는 어느 특정 상황 속에서는 그들의 협동 능력을 잘 볼 수 없을지도 모르지만, 우리는 그것을 그들의 전체 인생 스타일 속에서 잘 간파할 수 있다. 그들에게 있어서 협동하는 것은 다른 어떤 사람들보다 어려운 일이었다. 그들은 힘겨운 길을 헤쳐 나가면서 많은 장애와 싸워야 했다. 어떤 사람은 태어나면서부터 중대한 신체적 결함을 갖고 있었다.

거의 모든 천재적인 사람들에게서는 무언가 기관의 불완전함이 발견된다. 그래서 우리는 그들이 인생의 초기에 심한 곤란에 직면했음에도 불구하고 불굴의 의지로써 곤란을 극복했을 것이라는 사실을 추측할 수 있다. 특히 그들이 얼마나 일찍부터 자신의 관심을 집중하고 어린 시절부터 자기 자신을 훈련했는가를 알 수 있다. 그들은 자기의 여러 감각을 예민하게 훈련하고, 그렇게 함으로써 인류의 여러 문제와 접하여 그것들을 이해하는 경지에 이르게 된 것이다. 그들이 인생 초기에 얼마나 피나는 맹훈련을 했는가 미루어볼 때, 우리는 그들의 예술이나 천재성이 우연이나 유전에 의한 선천적인 산물이 아니며 그들 자신이 창출해낸 위대한 창조물이라는 결론을 내릴 수 있다. 그들의 피나는 노력 덕분으로 오늘의 우리가 축복을 받는 것이다.

이런 초기의 노력이 훗날의 성공을 위한 가장 좋은 밑거름이 된다. 3, 4세의 여자아이가 있다고 가정해 보자. 그 아이는 자기의 인형을 위해 모자를 꿰매기 시작한다. 그 아이가 하는 행동을 보고 우리는 매우 멋진 모자라고 말하면서 어떻게 하면 더욱더 좋은 모자를 만들 수 있는가를 암시해 준다. 그 아이는 용기를 얻고 자극을 받는다. 그녀는 자기의 노력을 증대시키고 기술을 닦을 것이다. 그런데 우리가 그녀에게 다음과 같이 말했다면 어떠했을까? '그 바늘은 아래로 해! 흠집을 내잖아. 애당초 네가 모자를 만들 필요가 없는 거야. 외출해서 훨씬 더 좋은 모자를 살 수 있잖아.' 아마도 그녀는 즉각 자기의 노력을 포기해 버릴 것이다. 이 경우의 두 소녀를 비교해 보면, 전자의 아이는 그녀의 예술적인 취향을 발달시켜 일하는 데 흥미를 느끼게 되었을 것이다. 그리고 후자의 아이는 자기 일을 어떻게 하면 좋을지 몰라 당황하고 자기가 만드는 것보다는 좀 더 좋은 것을 살 수 있다고 생각하게 될 것이다.

　가정생활에 있어서 돈의 가치가 지나치게 강조되면, 아이들은 직업문제에 대해 단지 돈을 벌 수 있는 수단이라는 관념으로 굳어질 것이다. 이것은 크나큰 잘못이다. 왜냐하면, 그런 아이는 인류에 공헌한다는 문제에는 도통 관심을 보이지 않게 될 것이기 때문이다. 모든 사람이 돈을 벌어서 자기의 생계를 유지해야 한다는 것은 명백한 사실이다. 그리고 이 점을 무시하는 사람들이 다른 사람들에 대해서 무거운 짐이 되는 것을 볼 수 있는 것도 사실이다. 그렇지만 만약 아이가 돈을 번다는 사실밖에 흥미가 없다면, 그 아이는 쉽게 협동의 길을 잃고 자기 자신의 이익만을 추구하게 될 것이다. 만일 '돈을 버는 일'이 유일한 목표이며, 게다가 사회적 관심이 전혀 결부되어 있지 않다면, 그 아이가 도둑질하거나 다른 사람을 속이거나 해서 돈을 모으는 것이 왜 안 되는 일인가 하는 데 대한 이유를 발견하지 못하게 된다. 또한, 그만큼 극단적이지는 않으나, 단지 미미한 사회적 관심이 목표에 결부되어 있을 뿐이라면, 그 사람은 막대한 돈을 모을지는 몰라도 그의 활동이 인류에게 큰 이익이 되지는 않을 것이다.

　우리의 이 복잡한 시대에는 이런 사고방식으로도 성공하여 부자가 될 수는 없다. 설령 잘못된 길이라도 때로는 어느 면에서는 성공하고 있는 것처럼 보인다. 그것은 놀랄 만한 일은 아니다. 우리는 올바른 정신 태도로 인생을 살아가고 있는 사람이 ― 반드시 성공한다는 약속을 그들에게 할 수도 없다.

　그러나 우리는 그런 사람이 계속 용기를 가지고 자신감을 잃는 일이 없다면, 장래의 성공을 반드시 약속할 수 있다. 직업은 때에 따라서 문제를 회피하기 위해서 이용될 수 있으며, 사회와 애정 문제를 회피하기 위한 좋은 구실도 될 수 있다. 우리의 사회생활에서는 흔히 어떤 일에서 활동하고 있는 것이 과장되어, 그것이 사랑과 결혼 문제를 회피하기 위한 수단으로 선택될 수 있다. 또 때에 따라서는 그것이 실패에 대한 좋은 구실로써 이용되기도 하는 것을 볼 수 있다.

어떤 남자는 열심히 일에 헌신하면서 이렇게 생각한다. '내게는 결혼 생활에 할애할 시간이 없다. 그러니까 그 불행에 대해서 나는 책임이 없다'고. 특히 신경증 환자들에게서는 사회와 사랑이라는 문제를 회피하려는 것을 발견할 수 있다. 그들은 이성에게 전혀 가까이 가려고 하지 않든지, 또는 접근한다 해도 잘못 접근하게 된다. 그들에게는 친구가 없으며, 다른 사람에게 관심도 없다. 그들은 밤이나 낮이나 오직 자기 일에만 몰두해 있다. 그들은 낮에 일을 생각하며, 밤에는 일에 대한 꿈을 꾼다. 그들은 자신을 팽팽한 긴장 속에 내던지고, 그 긴장 속에서 위장병이나 다른 괴로움이라는 신경증적 특징을 나타낸다.

그들은 위통이 사회와 사랑 문제에 직면하는 일로부터 그들을 벗어나게 해 준다고 느낀다. 그렇지 않을 때는 자신의 직업을 바꾸게 될지도 모른다. 그는 항상 자신에게 좀 더 적당한 직업에 대해 생각한다. 마침내 그는 한 군데 정착하지 못하고 이 일에서 다른 일로 끊임없이 옮겨 다니게 된다.

문제아에 있어서 우리가 발견해 내야 할 가장 중요한 점은, 그들의 주된 흥미가 무엇인가 하는 것이다. 이 결과에 따라 그들에게 용기를 주는 일이 더욱 쉬워진다. 한 가지 직업에 정착하지 못하고 있는 젊은이나 직업에 실패한 나이 많은 사람들의 경우에는, 올바른 방법으로 그들의 참다운 흥미를 찾아내어 그들에게 직업 지도를 해 주고 일자리를 찾는 노력을 도와주어야 할 것이다. 이 일은 실제로는 대단히 어려운 작업이다. 현대에는 실업자가 위험 수위의 숫자를 기록한다.

이 같은 상황은 사람들의 협동을 증대시키려 하는 시대에 있어서 바람직한 현상이 아니다. 그래서 나는 협동의 중요성을 인식한 모든 사람이 실업자에게 일자리를 제공해 주고자 노력을 계속해야만 한다고 믿는다. 그 방편으로서, 우리는 기술 학교라든가 전문 교육을 할 수 있는 기관 설립을 촉진하는 운동을 전개해야 할 것이다. 대다수 실업자는 훈련을 받지 않았으므로, 특별한 기술을 갖고 있지 않다. 그들 중의 어떤 사람은 아마 사회생활에 전혀 흥미를 갖고 있지 않을 것이다. 훈련을 받지 않은 사회의 구성원이나 공통의 복리에 전혀 관심이 없는 구성원을 가진다는 것은 인류발전에 있어서 상당한 저해 요소가 된다. 그들은 자신들도 실제로 뒤떨어져 있는 사람이고 불이익을 받는 사람이라고 느끼고 있다.

그래서 범죄자나 신경증 환자나 자살자의 대부분이 훈련을 받지 않은, 기술을 갖지 못한 사람들로 이루어져 있음을 주지해 볼 때, 우리는 그것을 이해할 수 있다. 그들은 훈련에 대한 중요성을 소홀히 하고 있어서 인류의 한쪽 끝에서 우물쭈물하고 있다. 부모와 교사, 그리고 장래 인류의 발전과 개선에 관심을 가진 사람들은 많은 아이가 더 좋은 훈련을 받고 그 숫자만큼의 아이들이 성인이 되어 사회생활의 분업 속에서 실업자가 되는 일이 없도록 하는 노력을 거듭해야 할 것이다.

제 **11** 장
인류와 인간

Alfred Adler: The Man & His Work, Hertha Orgler

　인류가 해온 가장 오래된 노력 중의 하나는 동료 인간과 밀접한 관계를 맺으려고 하는 일이었다. 인류의 모든 진보가 이루어져 온 것은 인간에 대한 인류의 관심에 의해서이다. 가정은 다른 사람에의 관심이 가장 본질적인 형태로 이루어진 제도이다. 역사를 거슬러 올라가면 무리를 지어 가정을 이룬 인간들에게서 이러한 경향을 발견할 수 있다. 원시적인 부족은 공통된 목적에 따라 자신들을 서로 결부시키고 있었다. 그리고 그 목적은 그들의 동료와 협동을 계속하면서 결합하는 일이었다. 가장 단순한 원시적 종교는 토템 숭배이다. 어떤 집단은 도마뱀을 숭배하고 다른 집단은 소나 뱀을 숭배하였다.

　같은 토템을 숭배한 사람들은 서로 협동하여 함께 생활하고, 그 무리의 구성원은 다른 구성원을 모두 자기 자신의 형제·자매라고 생각했다. 이 원시적인 관습은 협동을 고정화·안정화하기 위한 인류 최대의 업적 중의 하나였다. 이런 원시 종교의 제사 때 도마뱀을 숭배하고 있던 사람들은 모두 친구가 되어 곡식의 수확이나 어떻게 하면 야수나 기후변화의 힘으로부터 자신들을 지킬 수 있는가에 대해 서로 논의했다. 결혼은 무리 전체의 관심이 서로 일치되는 최대의 문제였다. 같은 토템을 숭배하는 형제는 사회적 규정에 따라 자기 무리 밖에서 배우자를 찾아야 했다.

특히 결혼은 개인적인 문제가 아니라, 인류 전체가 마음과 영혼으로 참가해야 할 공동의 과제라는 사실로 인식되었다. 결혼에는 그에 부과되는 책임이 있다. 왜냐하면, 결혼은 사회 전체에 의해 기대되고 있는 과제이며, 사회는 건강한 아이들이 태어나고 그들이 협동 능력을 훈련받으며 길러지는 사실에 관심이 있기 때문이다. 그러므로 전 인류는 모든 결혼에 기꺼이 협력해야 한다. 원시 사회의 생활 방식과 그들의 토템과 결혼을 통제하는 복잡한 여러 체계는 오늘날의 우리에게는 어리석게 생각될지도 모른다. 그러나 그들 시대에 있어서 체계의 중요성은 아무리 높이 평가해도 지나치다고 할 수 없다. 그들의 목적은 오로지 인간의 협동을 증대시키는 일이었다.

종교에 의해 부과되었던 가장 중요한 문제는 언제나 '네 이웃을 사랑하라'는 것이었다. 여기서 또한 우리는 다른 형태로서 동료의 관심을 고양하려는 똑같은 의지를 볼 수 있다. 이 노력의 가치를 과학적 견지에서 확인할 수 있다는 것도 매우 흥미로운 일이다. 응석받이로 자란 아이는 우리에게 '나는 내 이웃을 사랑해야 할까? 내 이웃은 나를 사랑하고 있을까?' 하고 자문하게 될 것이다. 인생에 있어서 가장 큰 곤경에 부딪히고 다른 사람에게 최대의 해를 끼치는 사람은 동료 인간에게 전혀 흥미를 갖고 있지 않은 인물이다. 인간의 모든 실패가 생기는 것은 그런 인물로부터 파생되는 것이다. 많은 종파와 종교는 협동 정신을 각각의 독자적인 방법으로 증대시키려 노력하고 있다.

그리고 나 자신은 협동이라는 것을 최종 목표로 인정하는 모든 인간의 노력에 찬동하고 싶다. 싸우거나 비판하거나 과소평가할 필요는 전혀 없다. 우리는 절대적인 진리를 소유할 수 있는 축복을 받고 있지 않으며, 협동이라는 최종 목표로 이끄는 많은 길이 있다. 정치에서는 가장 좋은 수단조차도 왜곡될 가능성이 더 큼을 우리는 알고 있다. 그러나 누구도 만일 협동이라는 것을 창출해내지 않는다면, 정치에 의해서는 아무 일도 달성될 수 없다. 모든 정치가는 인류의 개선을 자신의 최종 목표로 삼아야 한다. 그리고 인류의 개선이라는 것은 항상 보다 높은 정도의 협동을 의미한다.

그러나 실제로 우리는 어느 정치가나 어느 정당이 인류를 정말 올바른 개선으로 이끌어갈 수 있는가를 판단하는 데 충분히 준비되어 있지 못하다. 각 개인은 각각 자기 자신의 인생 스타일에 맞추어 판단한다. 그렇지만 만약 정당이 그 자신의 영역 속에서 동료를 만든다면, 우리가 그 활동에 반발할 이유는 없다. 민족 운동에 대해서도 이와 마찬가지로 말할 수 있다. 그런 운동에 종사하고 있는 사람들의 목표가 아이들을 진정한 인간으로서 훈련해서 사회감정을 증대시키는 일이라면, 그들은 그들 자신의 전통에 따라 진행해도 상관없을 것이며, 그들 자신의 민족성을 숭상해도 좋을 것이다. 우리는 그들의 노력에 이의를 거론할 수 없다. 계급 운동 또한 하나의 협동이다.

만일 그 목표가 인류를 위한 개선이라면, 우리는 편견을 버려야 한다. 그런 까닭으로 모든 운동은 동료에 관심을 증대시킬 수 있는 그들의 능력에 근거해서만 판단되어야 한다. 우리는 협동을 증대시키는 데 도움이 되는 길이 많이 있다는 것을 발견할 것이다. 아마도 더 좋은 길도 나쁜 길도 발견될 것이다. 그런데 협동이라는 목표가 나타내고 있는 바에 대해 어떤 한 가지 방법이 반드시 가장 좋은 방법은 아니라고 하면서 그것을 공격하는 것은 전혀 무익한 일이다.

우리는 단지 자신들에게 주어져 있는 것만을 추구하며 사적인 이익만을 추구하는 인생관을 배격해야 한다. 이것은 개인과 인류 공통의 진보에 대한 최대의 장애이다. 인간의 모든 능력이 발전하는 것은 ― 그것이 어떤 것이든 ― 우리 동료의 관심 때문이다. 이야기하는 것, 읽고 쓰는 것, 이 모든 것들은 다른 사람들과의 교제를 전제로 하고 있다. 언어 자체가 인류 공통의 창조물이며, 사회적 관심의 결과이다. 이해한다는 것은 개인의 정신적인 기능이 아니라, 하나의 공통된 문제이다. 이해한다는 것은 우리가 기대하는 것과 같이 모든 사람이 공통으로 마땅히 이해해야 하는 것을 이해하는 것이다. 그것은 우리 자신이 공통된 의미로서 다른 사람들과 결부되는 것이며, 전 인류의 상식에 의해 이해되는 것이다.

물론 자기 자신의 흥미와 개인적인 우월만을 추구하고 있는 듯한 사람들도 있다. 그들은 인생에 오로지 사적인 의미를 부여하여 인생은 단지 자기 자신만을 위해서 존재하는 것처럼 생각한다. 하지만 그것은 잘못된 것이다. 그런 견해는 이 넓은 세계 속에서 그 누구도 함께 나누어 가질 수 없는 아집이다. 우리는 그런 사람들이 자기 자신을 다른 사람들과 결부시킬 수 없다는 것을 안다. 자기 자신의 관심에만 훈련되어 온 듯한 아이들에게서 우리는 그들의 얼굴에 나타나는 비굴한, 혹은 얼빠진 표정을 가끔 보게 되는데, 그것과 같은 표정을 우리는 종종 범죄자나 미친 사람의 얼굴 속에서도 발견하게 된다. 그들은 그들의 눈을 다른 사람들과 결부시키기 위해 사용하지는 않는다. 그들은 같은 방향을 보고 있지는 않다.

때에 따라서 그런 아이들은 ― 혹은 어른들은 ― 그들의 동료조차 응시하지 않는다. 그들은 눈을 돌려 엉뚱한 곳을 본다. 마찬가지로 결합의 결여는 많은 신경증적 특징 속에서 볼 수 있다. 예를 들면 강박 적면赤面·말더듬이·성 불능·조루 등의 현상에 명료하게 나타난다. 이 모든 것들은 단적으로 다른 사람과 함께 어울릴 수 없다는 무능력을 나타내고 있는 것인데, 그것은 다른 사람에의 관심을 불러일으키게 되면 치유할 수 있다. 그러나 사실 그런 증상은 자살을 제외한 다른 어떤 표현보다도 동료 인간과의 최대의 거리감을 드러내는 것이다. 그러한 증상들을 치유하는 것은 대단히 어려운 작업이라고 할 수 있다. 우리는 환자를 어떻게든 설득해서 협동으로 따라오도록 해야 한다. 그리고 우리는 그것을 인내 삼아 가장 친절하고 가장 우정 어린 방법으로밖에 할 수가 없다.

어느 날, 나는 조현병인 소녀를 치료해 달라는 부탁을 받았다. 그녀는 그 상태로 8년간이나 시달리고 있었고, 마지막 2년간은 정신병원에 보내져 있었다. 그녀는 개처럼 짖고 침을 흘리며, 자기의 옷을 잡아 뜯고 자기의 손수건을 먹으려 했다. 나는 그 소녀가 인간의 관심에서 얼마만큼 멀리 떨어져 있는가를 볼 수 있었다. 그녀는 개의 역할을 하고 싶어 하는데, 알고 보니 그녀는 자기의 어머니가 자기를 개처럼 다룬다고 느끼고 있었다.

그리고 아마 그녀는 '내가 인간을 보면 볼수록 점점 개가 되고 싶어진다'고까지 얘기하고 싶었을 것이다. 나는 8일 동안 계속해서 그녀에게 말을 걸어보았는데, 그녀는 한 마디도 대답하려 하지 않았다. 그리고 또다시 20일 동안 노력을 계속한 결과, 그녀는 이해하기 어려운 혼란한 방법으로 이야기하기 시작했다. 그녀는 나를 친구로 받아들였고 다시금 용기를 얻었다. 이런 유형의 환자가 용기를 얻으면, 대개 자기의 용기를 어떻게 하면 좋을지를 전혀 모르고 있기 마련이다. 동료 인간에 대한 그 환자의 저항은 상당히 강한 것이었다. 용기는 일정한 정도까지 돌아왔으나 아직 협동적이기를 기대할 수 없는 경우, 우리는 그 사람이 어떠한 행동을 하려고 할지 예측할 수 있다.

그는 문제아와 같이 방해하려 한다. 그는 닥치는 대로 물건을 부수거나 곁에서 시중드는 사람을 때리기도 할 것이다. 내가 그 소녀에게 이야기를 걸었을 때 그녀는 나를 때렸다. 나는 어떻게 해야 하는가를 생각하지 않으면 안 되었다. 그녀를 놀라게 할 유일한 수단은 아무런 저항도 하지 않는 것이었다. 그녀는 육체적으로 힘이 센 소녀는 아니었다. 나는 그녀가 나를 때린 상태인 채로 그대로 놔두고 계속 상냥한 얼굴을 하고 있었다. 물론 그녀는 이런 상황을 전혀 예측하지 못했다. 그것은 그녀에게서 모든 도전적인 태도를 없애 버리고 말았다. 그녀는 되살아난 자신의 용기를 어떻게 하면 좋을지 몰랐다.

그녀는 부엌문을 부술 때 유리로 손을 베었다. 나는 그녀를 비난하지 않고 정성스레 붕대를 감아주었다. 그런 폭력에 대해서 보통 이루어지는 방법 ─ 그녀를 방에 가두고 열쇠를 잠그는 것 등 ─ 은 매우 잘못된 방법이다. 이런 소녀를 설득하기 위해서는 다른 식으로 행동하지 않으면 안 된다. 미친 사람에게 정상인과 같이 행동하기를 기대하는 것은 최대의 잘못이다. 거의 모든 사람은 미친 사람이 보통 사람처럼 응답하지 않는다는 이유로 난처해 하거나 애를 태운다. 신경증적 사람들은 보편적으로 먹지도 않고 의복을 찢기도 하는 증상을 보인다. 그들을 도울 다른 가능성은 없는 것이다.

그 후 그 소녀는 회복되었다. 1년이 지나자 그녀는 완전히 건강을 되찾고 있었다. 그런데 어느 날, 나는 그녀가 이전에 감금당했던 정신병원을 방문하는 길에서 그녀를 만났다. 그녀는 내게 "어디 가세요?" 하고 물었다. 나는

"나와 함께 가보자. 네가 2년간이나 살았던 정신병원에 가는 길이야." 하고 대답했다. 우리는 함께 그 정신병원으로 가서 그녀를 치료했던 의사를 찾아 갔다. 나는, 내가 다른 환자를 진찰하고 있는 사이에 그가 그녀와 이야기를 하도록 제안했다. 내가 돌아왔을 때 그 의사는 매우 화가 나 있었다.

그는 이렇게 말했다. "그녀는 완전히 정상이군요. 그러나 마음에 들지 않는 점이 딱 하나 있습니다. 그녀는 내 이야기에 흥미를 갖지 않는다는 것입니다." 나는 지금도 종종 그녀와 만나는데, 그녀는 10년간이나 쭉 건강하게 지내고 있다. 그녀 자신의 힘으로 생계를 꾸려나가고 있는 동료들과 화해했다. 그리고 그녀와 만난 사람은 누구도 그녀가 예전에 광기로 괴로움을 당했었다고는 믿으려 하지 않을 것이다.

다른 인간에게서 소외되었다는 것을 특히 명확하게 나타내는 두 가지 상태는 편집증과 우울증이다. 편집증일 경우의 환자는 전 인류에게 증오심을 가지고 있다. 그는 동료 인간들이 조직하여 그에게 대항하는 음모를 꾸미고 있다고 생각한다. 우울증 환자의 경우에는 자기 자신을 증오한다.

예를 들어 그는 '나에게는 가족 모두가 소용 없다'라든가, '나는 돈을 모두 잃어버렸다. 나의 아이들은 굶어 죽을 것이 틀림없다'라고 생각한다. 그러나 어떤 사람이 자기 자신을 증오하고 있다면, 그것은 다만 그의 허위에 불과하다. 그 사람은 실제로는 다른 사람을 증오하고 있다.

한 예를 들어보자. 대단한 영향력을 지니고 있던 저명한 어느 부인이 사고를 당해 더는 사회 활동을 계속할 수 없게 되었다. 그녀에게는 세 명의 딸이 있었는데, 이미 모두 결혼을 한 상태였고, 그래서 쓸쓸한 생각을 하고 있던 터에 남편도 세상을 떠나 버렸다. 이전의 그녀는 누구에게나 관심의 대상이었다. 그래서 그녀는 자신이 잃어버렸다고 생각하는 것을 되찾기 위해 노력했다. 그녀는 유럽 여행을 떠났다. 그러나 그녀는 이전처럼 자신이 중요한 인물이라고 느낄 수 없었다. 그리고 유럽에 체류하는 동안에도 우울증으로 인해 고통을 느끼기 시작했다. 그녀와 친밀했던 사람들도 모두 떠나버렸다.

우울증이라는 것은 그 당사자에게는 무척 견디기 힘든 병이다. 그녀는 딸들에게 자신을 방문해 주도록 전보를 쳤으나, 딸들은 핑계를 대어 그녀가 있는 곳으로 와주지 않았다. 다시 집으로 돌아왔을 때 그녀가 가장 자주 했던 말은 "내 딸들은 무척 친절하게 대해주었어"라는 말이었다. 그녀의 딸들은 그녀를 혼자 내버려 두고 간호사에게 그녀의 시중을 맡겨 버렸다. 그녀가 돌아온 이후에도 딸들은 거의 그녀를 방문하는 일이 없었다. 물론 그녀의 진술을 액면 그대로 받아들일 수는 없다. 그 말들은 한결같이 증오심에 불타 있었고, 사정을 잘 알고 있는 사람은 누구나 그 말들이 증오심을 나타낸 것임을 잘 알고 있었다.

우울증이라는 것은 다른 사람에 대한 오랜 시일에 걸친 노여움과 증오 같은 것이다. 우울증 환자는 관심이나 동정심을 얻기 위해 자기 자신의 죄책감에 대해 실망하고 있는 것처럼 보인다. 우울증 환자 최초의 기억은 일반적으로 다음과 같은 것이다. "나는 긴 의자 위에 눕고 싶었는데, 거기에 형이 누워 있었다. 내가 막 울었기 때문에 형은 거기에서 일어나야만 했다." 종종 우울증 환자들은 자살로 자기 자신에게 복수하려는 경향이 있다. 그러므로 처음에 의사가 주의해야 할 것은, 그들에게 자살의 구실을 주지 않도록 하는 것이다. 나는 치료의 제1원칙으로 그들에게 "어떤 일이라도 자신이 하고 싶지 않으면 하지 말라"고 해서 전체적인 긴장감을 유발하지 않도록 한다. 이것은 얼핏 사소한 문제처럼 보일지도 모르나, 나는 그것이 문제

전체의 핵심을 이루고 있는 것이라고 믿고 있다.

만약 우울증 환자가 자신이 하고 싶은 일만 할 수 있다면 과연 그가 누구를 증오할 필요가 있을까. 무엇 때문에 그가 자신에게 복수해야 한다고 생각할 것인가. 나는 그에게 "만약 당신이 극장에 가고 싶거나 휴가를 얻고 싶다면 그렇게 하시오. 그리고 중간에 싫어진다면 그만두시오" 하고 말한다. 그것은 어떤 사람에게 있어 가장 좋은 치료 방법이다. 그것은 우월성을 추구하는 그의 노력에 만족을 준다. 그는 그 무엇이라도 자기가 원하는 것을 할 수 있는 신과 같은 존재가 되고 싶은 것이다. 그러나 그런 원망이 그의 인생에 있어서 그렇게 간단하게 이루어지지는 않는다.

그는 다른 사람을 지배하고 증오하고 싶어하지만, 만일 다른 사람이 그에게 그것을 허락하지 않는다면 그들을 지배할 방법이 없다. 이 법칙은 대단한 해방이며, 그래서 지금까지 내 환자 중에서 자살자가 나온 적은 없다. 물론 환자를 누군가가 지켜주는 것이 가장 좋은 일이라는 것은 당연하다. 그런데 내 환자 중의 어떤 사람들은 내가 바라는 만큼 주의 깊게 지켜봐 주는 보호자가 없었다. 지켜보는 사람이 있는 한은 아무런 위험도 없다.

종종 환자는 "내게는 하고 싶다고 생각되는 일이 아무것도 없습니다" 라고 말한다. 나는 그런 말을 너무나 자주 들어 왔으므로, 그 말에 대해서는 준비한 대답이 있다. "그렇다면 당신이 싫어하는 것은 아무것도 하지 않도록 하세요" 하고 나는 말한다. 때로 어떤 환자는 "나는 온종일 자고 싶습니다"라고 말한다. 만약 내가 그것을 허락한다면, 그는 이미 그것을 하고 싶지 않는다는 것을 나는 잘 알고 있다. 그리고 만약 내가 그를 방해한다면, 그가 투쟁하기 시작할 것을 알고 있다. 그래서 나는 언제나 그들의 말에 동의한다.

이것이 하나의 법칙이다. 또 하나의 다른 법칙은 그들의 인생 스타일을 더욱더 직접 공격하는 것이다. 나는 그들에게 말한다. "당신이 만일 이 규칙에 따른다면 2주 안에 완치될 것입니다. 매일 어떻게 하면 누군가를 기쁘게 할 수 있을까를 생각해 보십시오"라고. 이것이 그들에게 있어서 무엇을 의미하는 것인지 이해할 수 있으리라. 그들의 머리는 '어떻게 하면 누군가에게 걱정을 끼칠 수 있을까?' 하는 생각으로 가득 차 있다. 그들의 대답은 대단히 흥미롭다. 어떤 사람들은 "그런 것은 내게는 아주 간단한 일이죠. 태어나면서부터 쭉 해온 일이니까요"라고 말한다. 사실 그들은 그런 일을 한 번도 한 적이 없는 것이다.

내가 그들에게 생각을 바꾸어 보도록 권유해도 그들은 생각을 고치지 않는다. 나는 그들에게 "당신은 자지 않는 시간을 모두 사용해서 어떻게 하면 누군가를 기쁘게 할 수 있나를 생각할 수 있습니다. 그것은 당신을 건강으로 이끌어 주는 첫걸음이 될 것입니다"라고 말한다. 그리고 다음 날 그들을 만났을 때, 나는 그들에게 "내가 권한 것을 생각해 보았습니까?" 하고 묻는다. 그들은 "어젯밤은 잠자리에 들자마자 곧 잠이 들어 버렸지요" 하고 대답한다. 물론 이 모든 것은 침착하고 부드러운 방법으로 우월성을 암시하면서 이루어져야 한다. 어떤 사람들은 이렇게 한탄한다. "그런 일을 나는 할 수 없을 겁니다. 매우 걱정스럽습니다." 나는 그런 사람에게는 "걱정까지 할 필요는 없지요. 그러나 때때로 다른 사람에 대해 생각하도록 노력해 보십시오" 하고 말한다.

나는 그들의 흥미를 항상 그들의 동료 쪽으로 돌려주는 것이 좋다고 생각한다. 사람들은 "어째서 내가 다른 사람들을 기쁘게 해야 합니까? 다른 사람들은 나를 기쁘게 하려고도 하지 않는데" 하고 반박한다. 그러면 나는

"당신은 자신의 건강에 대해 생각해야 합니다. 다른 사람들 일은 나중에 고심하십시오" 하고 대답한다. "나는 당신이 권해 준 것을 신중히 생각해 보았습니다" 하고 대답하는 환자는 극히 드물다. 나의 모든 노력은 환자의 사회적 관심을 증대시키는 일에 집중되어 있다. 나는 환자의 병의 근본적인 원인이 협동 정신의 결여라는 것을 알고 있으며, 환자가 그 사실을 깨닫게 되기를 희망한다. 그렇게 되면, 환자가 동료 인간과 평등하고 협동적인 입장에서 자기 자신을 결부시킬 수 있는 동시에 그들의 병은 고쳐지는 것이다.

사회적 관심의 결여에 관한 또 하나의 명백한 예는 이른바 '범죄적 과실'이다. 예를 들면 담배를 피우다가 실수로 떨어뜨려 산림의 화재를 일으키는 경우나, 어느 전기공이 전선을 늘어뜨린 채로 놔두고 집에 돌아갔기 때문에 그 길을 지나가던 버스가 늘어져 있던 전선에 감전돼 타고 있던 승객들이 모두 죽어 버린 일이다. 이 중 어느 경우에도 다른 사람에게 고의로 위험을 가하려고 의도했던 것은 아니다. 이들은 도덕적인 측면에서는 실제로 일어난 재해에 대하여 책임이 있다고 볼 수 없다. 단지 그런 사람은 다른 사람 생각을 하도록 훈련받아 오지 않았던 것뿐이며, 다른 사람의 안전을 위해 자발적으로 주의하지 않았기 때문이다. 그것은 난폭한 아이라든가, 타인의 발을 밟는 사람이라든가, 그릇이나 접시를 깨뜨리는 사람이라든가, 난로 선반의 장식물을 떨어뜨리는 사람에게서도 볼 수 있는 것과 같은 협동 정신의 결여가 지나친 정도에 불과한 것이다.

동료에 관한 관심은 가정과 학교에서 훈련받는다. 그리고 우리는 이미 어린아이의 발달 과정에 어떠한 장애가 놓일 수 있는지에 대해서 고찰해 보았다. 사회감정이라는 것은 유전이 아니겠지만, 사회감정을 위한 잠재 능력은 유전된 것이다. 이 잠재 능력은 아이에 대한 어머니의 관심 정도에 따라, 또한 자신의 환경에 대해서 그 아이 자신의 판단에 따라서 발달한다. 만일 그 아이가 다른 사람들을 적대시하여, 자기는 적에게 둘러싸여 있으며 막다른 곳까지 몰려 있다고 느낀다면, 그 아이가 친구를 사귀거나 스스로 다른 사람의 친구가 될 수 있는 확률은 희박하다고 볼 수 있을 것이다.

만일 그 아이가 다른 사람은 모두 자신의 노예가 되어야 한다고 생각하고 있다면, 그 아이는 다른 사람에게 공헌하기보다는 다른 사람을 지배하기 위해 주력할 것이다. 또 만일 그 아이가 자기 자신의 감정이나 육체적인 자극에만 흥미를 느끼고 있다면, 그는 사회로부터 차단되고 말 것이다. 아이에게 있어서 자기가 가족의 평등한 구성원이라고 느끼는 것과 가족의 다른 구성원 모두에 관심을 두는 일이 얼마나 바람직한가 하는 점은 이미 살펴본 바와 같다. 또한, 아이의 입장에서 부모와의 사이가 서로 좋아야 하고 외부 세계에서도 좋은 친구를 가져야 하는 이유도 이미 살펴보았다.

이런 식으로 아이들은 가족 외에도 신뢰할 만한 가치 있는 사람들이 존재한다는 것을 느끼게 된다. 또 아이가 왜 학교에서 자기는 학급의 일원이며, 다른 아이들의 친구이고, 그들의 우정에 대해 신뢰할 수 있다고 느껴야 하는지도 이미 살펴보았다. 가정에서의 생활과 학교에서의 생활은 좀 더 커다란 전체를 위한 준비 과정이다. 가정이나 학교의 목표는 아이들이 서로 동료 인간이 되고, 전 인류의 평등한 일부가 되도록 교육하는 것이다. 이런 상황에서만 이 아이는 자신의 용기를 계속 가지며, 긴장감 없이 인생의 여러 문제에 직면하고 다른 사람의 복리를 증대시키는 일에 공헌할 수 있게 되는 것이다.

만일 그가 사람들의 친구가 되고, 유익한 일과 행복한 결혼으로 그들에게 공헌할 수 있다면, 그는 결코 다른 사람들에게 뒤떨어진다고 느끼지 않을 것이며, 또한 결코 패배했다고 느끼지 않을 것이다. 그는 이 세계 속에서 사랑이 가득 찬 장소에 속해 있는 사람으로서 편안하게 느끼고 자신이 좋아하는 사람들과 만나며, 모든 곤경에 맞설 수 있는 자신감을 느끼게 될 것이다. 그는 '이 세계는 나의 세계다. 그러므로 나는 단지 다른 사람에게 기대만 할 것이 아니라 나 스스로 행동하고 창출해내지 않으면 안된다'고 느낄 것이다.

그는 현재의 시기가 인류 역사 속에서 단 한 번만의 시기라는 것, 그리고 그가 인간의 역사 전체에 ― 과거·현재·미래에 걸치는 ― 속해 있는 사람이라는 것을 충분히 인정할 것이다. 그러나 그는 또한 지금이야말로 자신의 창조적 과제를 성취하고 인류발전에 스스로 공헌할 수 있는 시기라는 것도 느낄 것이다. 이 세계에 수많은 악이나 곤란이나 편견이나 재해가 존재하고 있는 것은 사실이다. 그러나 그것도 우리의 세계이고, 그 이점도 불리한 점도 우리 것이다. 그것은 우리가 그 안에서 애써 개선해 가야 할 세계이며, 자기 일을 맡은 사람은 누구나 인류를 발전시켜 가는 일에 있어서 올바른 방법으로 자기의 몫을 충분히 해내야 한다.

우리가 해야 할 과제란 인생의 세 가지 문제를 협동적인 방법으로 해결하는 책임을 맡는 것이다. 우리가 인간 한 사람 한 사람에게 요구하는 모든 일은, 그리고 우리가 그에게 줄 수 있는 최고의 조언은, 그 사람이 선량하고 유능한 동료이며, 서로서로 사랑과 결혼에 있어서 진정한 동반자이어야 한다는 것이다. 한마디로 말하면 우리 인간 각자가 스스로 서로의 동료라는 사실을 증명하는 것이다.

Alfred Adler; The Man & His Work, Hertha Orgler

독일의 어느 지방에는 약혼한 두 사람이 과연 결혼생활을 조화롭게 영위해 나갈 수 있을지 시험해 보는, 오랫동안 전해 내려오는 관습이 있다. 결혼식을 앞두고 신랑과 신부는 나무줄기가 잘려 쓰러져 있는 공터로 가게 된다. 거기에서 그들은 날이 무딘 칼을 건네받고, 그 나무줄기를 자르도록 명을 받는다. 이 테스트를 통해 그들이 서로 어느 정도까지 협력할 수 있는가가 평가되는 것이다. 그것은 두 사람에게 주어진 과제이다. 두 사람의 관계가 상대의 성적 매력에만 이끌리고 서로에게 신뢰가 없다면, 그 두 사람은 아무것도 함께 성취할 수 없다. 만일 어느 한 편이 주도권을 쥐고 모든 것을 혼자서 하고자 생각한다면, 설령 다른 한쪽이 양보했다고 하더라도 일은 두 배의 시간이 걸리게 될 것이다. 그들 두 사람 모두 자발적이지 않으면 안 되지만, 그들의 자발성은 결합을 요구한다. 즉, 독일의 이 마을 사람들은 협동이라는 것이 결혼을 위한 가장 주된 필요조건이라 생각하고 있었다.

사랑과 결혼이란 무엇을 의미하는가에 대해 나는 불완전하지만, 다음과 같이 정의해야만 한다고 생각한다.

결혼에 있어서 성취되는 사랑은 이성의 반려자를 향하는 가장 친밀한 헌신이며, 그것은 서로에게 육체적인 매력을 느끼는 것, 동지임을 의식하는 것, 자녀를 갖는다고 하는 결의 속에서 표명된다. 사랑과 결혼이 협동 ― 두 사람의 행복만을 위한 협동이 아닌, 전 인류의 행복을 위한 협동 ― 의 한 측면이라는 것은 쉽게 증명될 수 있다.

사랑과 결혼이 인류의 복리를 위한 협동이라고 하는 견해는 이 문제의 모든 국면을 조명하기 시작한다. 모든 인간적인 노력 중에서 가장 중요한 육체적 관심조차도 인류에게 있어서 가장 필요한 발달이다.

거듭 설명했듯이, 불완전한 기관으로 인해 고통스러워하는 사람은 지구라고 하는 이 가련한 행성의 표면에서 살아가기 위한 준비가 잘 되어 있다고는 말할 수 없다. 인간의 생명을 이어나가는 방법은 번식이다. 우리들의 번식력과 육체적 관심에 대한 끊임없는 노력은 바로 인간 생명의 보존이라는 필연성으로부터 유래하는 것이다. 사람들은 흔히 사랑에 관한 모든 문제에 대하여 곤란함을 표명하고 수많은 의견의 엇갈림이 일어나고 있다. 많은 부부는 이러한 곤란함에 직면하고 있고, 부모들은 그들의 일을 걱정하고 있으며, 사회 전체가 그들 때문에 정신을 차리지 못하고 있다. 만일 우리가 사랑에 대한 정확한 결론에 도달하려고 한다면, 우리의 이러한 도전은 완전히 편견을 배제한 것이어야만 한다. 우리는 이전에 배운 것을 잊어버리거나, 다른 고찰이 개입함으로써 충분하고도 자유로운 토의를 방해받는 일 없이 가능한 한 폭넓은 방향으로 생각하지 않으면 안 된다.

나는 사랑과 결혼의 문제가 완전히 고립된 하나의 문제로써 판단할 수 있다고 말하는 것은 아니다. 인간은 완전히 자유일 수는 없기 때문이다. 다시 말해서 인간은 자신의 모든 문제에 대한 해결에 있어서 자기만의 개인적인 고찰로서는 합리적인 결론에 도달할 수 없다. 인간은 누구나 일정한 끈으로 묶여있다. 인간의 발달은 일정한 테두리 안에서 일어나는 것이고, 그는 자신의 모든 결정을 이 테두리 안에서 맞추어 나가지 않으면 안 된다. 이 세 가지 주된 끈은 다음과 같다.

첫째로, 우리가 우주 안의 하나의 특정한 장소에서 살고 있고, 우리에게 환경이 우리들에게 부과하는 한계나 가능성을 근거로 삼아 발달해 나가지 않으면 안 된다고 하는 사실이다. 둘째로, 우리와 똑같은 타인들 사이에서 살고 있으며, 그들에게 동조하는 것을 배워 나가지 않으면 안 된다고 하는 사실이다. 그리고 셋째로, 우리는 남자와 여자라고 하는 양성兩性 속에서 살고 있고, 우리 자손의 미래는 이들 두 개의 성의 관계에 의존하고 있다고 하는 사실이다.

만일 어느 한 개인이 다른 사람들이나 인류의 복리에 관심이 있다면, 그가 이루는 모든 것은 다른 사람들의 모든 관심과 이해로 이끌려지고 있으며, 사랑과 결혼의 문제를 마치 타인의 행복과 관련된 것처럼 해결하려고 할 것이라는 사실을 쉽게 이해할 수 있을 것이다. 그는 자신이 그 문제를 이러한 방식으로 해결하려 하고 있다는 사실을 알 필요는 없다. 그에게 물어보아도, 아마 그는 자신의 목표에 대해서 과학적으로 설명할 수는 없을 것이다.

하지만 그는 자연 발생적으로 인류의 복리와 개선을 추구하고 있는 것이며, 이 관심은 그의 모든 활동 속에서 간파될 수 있다. 그런데 인류의 복리에 그다지 관심이 없는 사람도 있다. 그들의 근본적인 인생관은 '나는 이웃에게 어떠한 공헌을 할 수 있는가? 어떻게 하면 나는 전체 중 일부로서 적합할 것인가?'라고 생각하는 대신에 '인생은 왜 필요한 것인가? 나는 인생으로부터 무엇을 획득할 수 있는가? 인생에는 어떠한 보상이 있는가? 다른 사람들은 나의 일을 충분히 고려하고 있는가? 정당하게 평가받고 있는가?'라고 묻는다. 이러한 인생관을 가진 사람은 사랑과 결혼에 관한 문제도 역시 똑같은 방식으로 해결하려고 할 것이다. 그는 항상 '나는 결혼으로부터 무엇을 얻을 수 있는가?'라고 자문할 것이다.

사랑이란 어떤 심리학자들이 믿고 있는 것처럼 그렇게 순수하고도 자연적인 것은 아니다. 성은 충동이나 본능이라고 불린다. 그러나 사랑과 결혼의 문제는 그저 단순하게 어떻게 하여 이 충동을 만족하게 하는가 문제는 아니다. 어디를 보아도 우리들의 충동이나 본능은 발달하고 교화되고 세련되어 가고 있다는 것을 알 수 있다. 우리는 그러한 욕망이나 경향조차도 억압해 왔다. 또한, 우리는 우리들의 이웃을 위하여 어떻게 하면 서로 방해하지 않고 순조롭게 일을 처리할 수 있는지 배워왔다.

우리는 옷을 입는 방법과 옷을 청결하게 하는 방법을 배워왔다. 우리들의 공복감조차도 단순히 자연적인 배출구를 찾아내기 위한 것은 아니다. 우리는 식사에 있어서 취미나 음식 만드는 법을 창출해 왔다. 우리들의 모든 충동은 우리들의 공통의 문화에 적합하게 훈련받아 왔다. 그 모든 것은 우리가 인류의 복리를 위하여, 그리고 교제 속에서 존재하는 우리들의 생을 위하여 노력하도록 익혀 왔음을 반영해 주고 있다. 우리가 사랑과 결혼의 문제에 이러한 이해를 적용해 보면, 여기에서도 또한 우리는 전체에 대한 관심과 인류에 대한 관심이 항상 내포되어 있지 않으면 안 된다는 것을 알 수 있을 것이다. 바로 이러한 관심이 최우선으로 되는 것이다.

이 문제는 그 전체적인 관련에 있어서만, 그리고 전체로서의 인간의 복리를 고려함으로써만 해결될 수 있는 것이라는 것을 이해하기 전에는, 사랑과 결혼의 어떠한 면을 의논해도, 또한 해방이나 변혁이나 새로운 규칙이나 제도를 의논해도 아무런 유익이 없다. 어쩌면 우리는 무언가를 개량할 수 있을지도 모르며, 이 문제에 대한 보다 완전한 해답을 발견할지도 모른다. 하지만 만일 우리가 더 좋은 해답을 발견하더라도, 그것은 우리가 두 개의 성性 속에서 살고 있다는 사실과 우리가 서로 교제해야 하는 이 지구의 표면에 살고 있다는 사실을 더욱 충분히 고려하는 것을 전제로 한 것이다. 우리들의 해답이 이미 이들 조건을 고려해 넣고 있는 한, 그들의 해답 속에 있는 진리는 영원히 불변하는 것이다.

이러한 접근 방식을 통해 볼 때, 사랑의 문제에 있어서 맨 처음으로 제기되는 문제는, 그 문제들이 두 사람의 개인을 위한 과제라고 하는 사실이다. 우리는 일정한 정도까지는 혼자서 일을 하도록 훈련받아 왔으며, 또 일정한 정도까지 무리 속에서 일하도록 훈련을 받아왔다. 우리는 일반적으로 두 사람이 함께 일하는 경험은 거의 갖고 있지 않다고 볼 수 있다. 그러한 이유에서 이러한 새로운 문제는 ― 사랑과 결혼 ― 곤란하게 할지도 모른다. 그러나 그것은 만일 이들 두 사람의 인간이 서로에게 관심이 있다면 해결은 더욱 쉽게 이루어질 수 있다.

이 두 사람의 협동을 충분히 해결하기 위해서는 각자가 자기 자신보다도 상대에 대해서 좀 더 커다란 관심을 품고 있지 않으면 안 된다. 이것이야말로 사랑과 결혼이 성공할 수 있는 유일한 기초이다. 우리는 이미 결혼에 관한 많은 의견이나 그 개혁을 위한 많은 제안이 어떠한 식으로 잘못되어 왔는가를 이해할 수 있다. 결혼한 두 사람이 자기 자신보다도 상대방에 좀 더 커다란 관심을 두기 위해서는 평등이라는 조건이 필요하다. 즉, 그만큼 친밀한 헌신이 요구되는 경우에는, 그 어느 쪽도 종속된다든가 소외되는 처지가 되어서는 안 되기 때문이다.

양자가 이러한 태도를 보일 때만 비로소 평등이라고 하는 것은 가능해진다. 서로의 삶을 기쁘고 풍성한 삶으로 만들기 위한 노력이 쌍방에서 이루어지지 않으면 안 된다. 이러한 상태에서만 각자 서로에게 가치 있는 존재이며, 서로가 필요하다고 느낄 수 있다. 여기에서 우리는 결혼의 근본적인 보증, 결혼의 관계 속에 있는 행복의 근원적인 의미를 찾아낼 수 있다. 그것은 '당신은 가치 있는 존재다. 당신은 나에게 있어서 그 무엇과도 바꿀 수 없는 소중한 사람이다. 당신의 반려자는 당신이 필요하다. 당신의 행동은 매우 사랑스럽다. 당신은 친구 중의 참 친구다'라고 하는 사랑의 감정일 것이다.

협동이라는 작업에 있어서 반려자가 종속되어야 하는 관계로서는 불가능한 것이다. 만일 한 편이 다른 한 편을 지배하고 강제로 복종시키고자 한다면 두 사람의 인간이 풍부한 삶을 함께 살아간다는 것은 전혀 불가능해진다. 우리들의 현재의 조건에서는 많은 남성과 실로 많은 여성까지도 지배하고 명령하고 지도적 역할을 쥐고 주인이 되는 것은 남성 쪽이라고 확신하고 있다. 바로 이것이야말로 너무나도 많은 불행한 결혼이 존재하는 이유가 되는 것이다. 열등한 상황에 있으면서 분노나 불쾌감을 느끼는 일 없이 끝까지 참을 수 있는 사람은 이 세상에 아무도 없다. 친구나 동료는 평등한 관계에 있지 않으면 안 된다.

그리고 두 사람이 평등할 때는 항상 자신들의 곤란한 점들을 함께 해결해 내려고 노력할 것이다. 예를 들면 그들은 자녀를 갖는 문제에 서로 동의할 것이다. 그들은 자녀를 갖지 않는다고 하는 결정이 인류의 미래에 대해 어떤 경고를 하고 있다는 것도 잘 알고 있다. 또한, 그들은 교육의 문제에도 서로가 동의할 것이다. 교육상에 어떠한 문제가 발생했을 때, 그들은 그것을 해결하기 위해 서로가 노력할 것이다. 왜냐하면, 그들은 불행한 결혼으로 인해 태어난 어린이가 얼마나 불리한 상황에 놓이며 훌륭하게 자라날 수 없다는 사실을 잘 알고 있기 때문이다.

현대 문명 속의 사람들은 협동을 위한 준비가 제대로 되어 있지 않다. 우리가 해온 훈련은 오로지 개인적인 성공과 인생에 무엇을 공헌할 수 있는지보다도 인생으로부터 무엇을 획득할 수 있는가에 좀 더 커다란 관심을 집중하고 있다. 결혼이 요구하는 친밀한 관계로써 두 사람의 인간이 함께 생활하는 경우, 상대방에 관심을 두는 것이라든가, 아니면 협동하는 데 있어서의 실패는 지극히 중대한 결과를 초래한다. 대개의 사람은 이러한 친밀한 관계를 처음 경험하게 된다. 그들은 타인의 흥미·목표·야망·희망·야심 등을 염두에 두는 것에 익숙해 있지 않다. 그들은 공통의 과제라고 하는 문제에 대하여 준비가 부족하다. 우리는 주변에서 발견되는 많은 결혼의 실패를 보고 놀랄 필요는 없다. 그러나 우리는 그러한 사실들을 주의 깊게 살핌으로써 앞으로 어떻게 하면 그토록 많은 잘못을 피할 수 있을까를 배울 수는 있다.

성인의 생활에서 겪게 되는 어떠한 위기도, 사전의 훈련 없이 밀어닥치는 경우는 없다. 즉, 우리는 인생의 모든 국면에 항상 우리들의 인생 스타일에 따라 응답하는 것이다. 결혼을 위한 준비가 하룻밤 사이에 이루어질 수는 없다. 우리는 어린이의 특징적 사고방식이나 행동 속에서 그 어린이가 성인이 되었을 때 자기 앞에 벌어질 상황을 위하여 어떠한 식으로 자신을 훈련하고 있는지를 간파할 수 있다. 그 어린이가 자라나 사랑의 문제에 대해 접하게 될 때의 주된 특징은 5 ~ 6세 때 이미 확립된다.

즉, 어린이의 발달 과정 초기에 이미 그 어린이가 사랑과 결혼에 관한 자신의 견해를 형성시키고 있는 것을 관찰할 수 있다. 물론 이것은 어른 세계의 성적 자극을 의미하고 있는 것은 아니다. 그 어린이는 일반적인 사회생활의 하나하나의 국면에 대하여 계속해서 자신을 훈련해 나가고 있다. 사랑과 결혼은 어린 시절의 환경의 여러 요소와 결부되어 있다. 즉, 그 어린이를 둘러싸고 있는 환경은 그 어린이의 장래에 관한 관념 속으로 파고들어 가게 되는 것이다. 어린이는 그러한 환경의 여러 요소에 대해 어떤 방식으로든 이해를 하고, 어떤 입장으로든 행동을 취하지 않으면 안 된다.

어린이들이 이른 시기에 이성에 관심의 증거를 보이거나 자신들이 좋아하는 상대를 선택하거나 할 때, 우리는 결코 무조건 그것을 잘못된 것이라든가, 곤란한 일이라든가, 성적으로 조숙한 경향이라는 식으로 해석해서는 안 된다. 더욱이 그것을 비웃거나 조롱하거나 해서는 더욱 안 될 것이다. 우리는 그것을 사랑과 결혼을 위한 그들 나름대로 준비를 향한 제1보라고 보아야 한다. 우리는 그와 같은 현상을 아무짝에도 쓸모없는 일이라고 일축해서는 안 되며, 사랑이란 멋진 과제를 훌륭히 치르기 위하여 준비하지 않으면 안 될, 전 인류를 위한 필연적인 과정이라는 사실에 대해 어린이에게 동의해야만 한다.

이처럼 우리는 어린이의 마음에 하나의 이상을 심어줄 수가 있는 것이며, 어린이들은 머지않은 장래에 서로에게 대단히 훌륭하게 준비된 동료이면서 또한 헌신을 함께 나누는 친밀한 친구로서 서로 만날 수 있을 것이다. 어린이들이 무의식적으로 온 힘을 다해 일부일처제를 신봉하고 있다는 사실을 관찰하는 것은 참으로 흥미로운 일이다. 더구나 이런 현상은 그들 부모의 결혼이 반드시 조화롭고 행복하지 않은 상황에서도 자주 보이는 현상이다.

나는 대다수 부모가 자녀에게 너무나 빠른 시기에 성에 관해 설명하거나, 어린이들이 알고자 하는 이상으로 설명하는 것은 결코 바람직하지 못하다고 생각한다. 어린이가 결혼의 문제를 생각하는 견해가 그 자신에게 있어서 얼마나 중대한 일이라는 것은 충분히 짐작할 수 있을 것이다. 만일 어린이가 그릇된 방법으로 가르침을 받는다면, 그 어린이는 이 문제를 위험한 것이나 자신의 힘으로는 도저히 감당해낼 수 없는 것이라고 간주하게 될 수도 있다. 나 자신의 경험에 비추어 보면 4 ~ 6세의 빠른 시기에 어른들의 성적 관계의 여러 가지 사실을 알게 되거나, 조숙한 경험을 한 적이 있는 어린이들은 훗날 다른 어떤 사람보다도 훨씬 더 사랑과 결혼의 문제를 두려워하게 된다.

육체적인 매력도 그들에게는 위험으로 받아들여진다. 어린이가 최초로 성적 설명이나 경험에 접하는 시기는 좀 더 커 있을수록 그 충격이 줄어든다. 그러한 어린이에게 있어서는 성적 문제를 이해시키는 데 잘못을 범할 위험성이 훨씬 줄어드는 것이다. 그들에게 도움이 되는 열쇠는 결코 어린이에게 거짓을 말하지 않을 것과 그들의 질문을 대충 얼버무리지 말 것, 그리고 그들의 질문 배후에 어떤 의도가 있는가를 정확히 이해하는 것, 그들이 이해할 수 있다고 여겨지는 만큼의 설명을 해 주는 것이다. 쓸데없는 변명이나 지나친 정보는 오히려 크나큰 문제를 일으킬 수 있다.

인생의 다른 문제와 마찬가지로 이 문제에도 어린이들에게는 자신이 배우고자 하는 것을 자신의 노력으로 터득하는 편이 보다 바람직하다. 어린이와 부모 사이에 깊은 신뢰가 밑바탕이 되어 있다면, 어린이가 해를 당하는 경우는 없다. 어린이는 언제라도 자기가 알 필요가 있는 것에 대해 질문할 것이다. 어른들은 대개 어린이들 사이에서 또래의 친구들에게 듣는 성적 설명은 잘못된 방향으로 흘러갈 것으로 생각하고 있다. 다른 정신 영역이 건강한 어린이가 이러한 방식으로 해를 받는 것을 나는 이제까지 한 번도 본 적이 없다. 어린이들은 자기 친구들이 말하는 것을 전부 곧이곧대로 믿지는 않는다.

대개 그들은 대단히 비판적이며, 그들이 들은 것이 진실이라고 확신할 수 없을 때는 부모나 형제·자매에게 다시 질문한다. 나는 또한 이러한 문제에는 어른들보다도 어린이들이 훨씬 더 섬세하고 재치가 있다는 것을 내 오랫동안의 경험을 통해 고백하지 않을 수 없다. 어른들의 생활 속에서의 육체적 관심조차도 유년 시절에 이미 훈련되고 있다. 동정이라든가, 사랑에 관해 어린이가 감지하는 막연한 느낌과 그들의 주위에 있는 이성의 사람들로부터 받는 막연한 인상들은 육체적인 관심의 시초이다.

이러한 인상을 소년은 그의 어머니나 여자 형제나 주위의 소녀들로부터 받아들인다. 그가 장차 미래에 어떠한 육체적인 타입의 여성을 선택하는가는 그와 같이 아주 어렸을 때 느낀 이성의 영향을 크게 받는다. 때로는 예술 작품에 의해 영향을 받기도 한다. 모든 사람은 대개 이러한 식으로 자기의 이상형을 꿈꾼다. 이처럼 각 개인은 미래의 생활 속에서 엄밀한 의미로서의 '자유로운' 선택을 할 수 없으며, 자신이 훈련을 받은 범위 안에서만 선택할 뿐이다. 이러한 미적 탐구는 결코 무의미한 탐구는 아니다. 우리들의 미적 감각은 항상 건강과 인류의 개선을 향하는 감정에 기초하고 있다.

우리들의 모든 기능과 모든 능력도 이 방향을 향하여 형성된다. 우리는 그것에게서 벗어날 수는 없다. 우리는 영원을 향하는 것, 그리고 인류의 복리와 장래의 이익이 되는 것을 아름다운 것이라고 인식한다. 그것들은 우리의 자녀들이 그렇게 자라나 주기를 바라는 마음의 상징이다. 이러한 것이야말로 항상 우리들의 마음을 사로잡는 아름다움인 것이다. 때때로 소년이 어머니와의 관계가 원만치 못하다거나 소녀가 아버지와 사이가 좋지 못하다거나 하면 ― 이런 일은 결혼생활에 있어서 협동이 잘 이루어지지 않으면 얼마든지 일어날 수 있는 일이다 ― 그들은 대개 부모와 대조적인 타입의 연애 대상을 찾게 된다.

예를 들면 어느 소년의 어머니가 그에게 잔소리를 많이 하고 몹시 위협적인 사람이라면, 그는 지배적인 타협이 아닌 여성만을 성적 매력이 있는 사람이라고 생각하게 될지도 모른다. 그리고 그의 이러한 생각을 통해 자칫 잘못을 범하기가 쉬워진다. 즉, 그는 자신이 복종시킬 수 있는 상대를 찾게 되는 것이다. 그러나 평등이 없는 행복한 결혼이란 불가능한 것이며, 간혹 그러한 타입의 남성은 자신이 힘센 자임을 증명하고자 하여 상대적으로 연약한 상대를 찾는 때도 있다. 그 이유는 자기 자신의 강함을 스스로 즐기기 위함이든지, 아니면 상대방을 통하여 자신의 강함을 증명해 보이기 위해서이다. 만일 그와 어머니와의 불화가 매우 심각한 정도라면, 사랑과 결혼에 대해 그는 제대로 준비하지 못할지도 모르며, 이성에 대한 육체적인 매력조차 느끼지 못할지도 모른다. 물론 이러한 경우는 여러 가지 다른 상황이 있다. 그 정도가 지나칠 때는, 그는 이성을 완전히 배제해 버리는 성도착자가 되어 버릴 것이다.

만일 부모의 결혼이 조화롭다면, 자녀들은 항상 좋은 훈련을 받게 될 것이다. 어린이가 생각하는 결혼에 대한 초기의 인상은 그들의 부모의 생활로부터 받아들여진다. 그리고 인생 실패자의 대다수가 붕괴한 결혼이나 불행한 가정생활을 경험한 어린이들 사이에서 흔히 보인다고 하는 사실은 놀라운 일이다. 부모들 자신이 협동할 수 없다면, 그들이 자녀들에게 협동이라는 것을 가르칠 수 없다. 어떤 사람이 결혼에 적합한가를 살펴보는 가장 좋은 방법은 그 사람이 올바른 가정생활 속에서 훈련받아 왔는지 아닌지를 살펴보는 것. 다시 말해서 그 사람의 부모·형제·자매에 대한 태도를 관찰하는 것이다.

중요한 것은 그 사람이 사랑과 결혼을 위한 훈련을 받았는가이다. 그러나 우리는 이 점에 있어서 주의 깊게 생각하지 않으면 안 된다. 우리가 어떤 사람을 평가할 때는 그 사람의 환경에 의해서가 아니라, 그 사람이 자신의 환경에 부여하는 가치에 의한 것임을 잘 알고 있다. 자기 자신의 환경에 대해 내리는 평가는 유익한 것일 수도 있다. 그가 자신의 부모에 대한 가정생활에 대한 불행한 경험만 없었다면 이것은 단지 그 사람이 자기 자신의 가정생활을 더 좋은 방면으로 이끌어가기 위한 자극이 되는 경우도 있다. 그 사람은 결혼을 위한 훌륭한 준비를 하려고 스스로 노력할지도 모른다. 우리는 어떤 사람이 과거에 불행한 가정생활을 경험했다는 사실만으로 결코 그 사람을 저울질하거나 배제해서는 안 된다.

인생에 대한 최악의 준비는 항상 자기 자신의 관심만을 추구하는 것이다. 만일 어떤 사람이 이러한 식으로 계속 훈련을 받는다면, 그는 항상 인생을 어떠한 쾌락이나 자극을 획득할 수 있는 것으로만 생각하게 될 것이다. 그는 자신의 자유와 쾌락만을 요구하고, 어떻게 하면 상대방의 삶을 즐겁고 풍요롭게 만들 것인가에 대한 생각은 절대 하지 않을 것이다. 이것은 지극히 불행한 일이다. 나는 이러한 남자을 말에게 목걸이를 걸어주려는데 엉덩이부터 들이밀려고 하는 사람에 비유하고 싶다. 그것이 죄악은 아니지만, 그릇된 방법이다. 그러므로 우리는 사랑에 대한 태도를 준비하는 데 있어서 항상 책임을 줄이려 하거나 회피해서는 안 될 것이다. 망설임이나 의심이 있는 사람은 확고한 인생을 설계할 수 없다.

협동은 영원을 향한 결단을 요구한다. 그리고 그처럼 확고하고 변함없는 결단이 행해지는 결합만이 참사랑이요, 참된 결혼이라고 할 수 있다. 이러한 결단 속에는, 우리가 자녀를 낳고 서로 협동하면서 그들을 교육하고, 훈련을 시키고, 될 수 있는 한 참된 인간으로 인류에게 유익을 주는 책임 있는 구성원으로 키워 나가겠다고 하는 결단도 포함된다. 바람직한 결혼은 인류의 미래 세대를 양육시키기 위한 최선의 수단이라고 할 수 있다. 그리고 실제로 결혼이라는 것은 항상 이런 사실을 생각에 넣지 않으면 안 되는 것이다. 결혼은 실로 어려운 문제이다. 그것은 독자적인 법칙이나 법률을 갖고 있다. 만일 우리가 일부만을 선택하고 나머지는 회피한다면, 이 지구상에서 협동이라고 하는 영원불멸의 법칙을 어기는 결과를 초래하는 것이다.

만일 우리의 책임을 5년이라든가, 10년이라는 일정 기간에 한정하거나 결혼을 하나의 시험 기간으로 간주한다면, 친밀한 사랑의 헌신과 같은 일은 도저히 불가능하다. 만일 사람이 그와 같은 도피를 미리 생각하고 있다면, 그 과제를 위해 전력을 기울이는 것은 불가능하다. 인생에 있어서 대단히 중요하고 진지한 과제는 결코 그러한 '도피'를 마련해 놓고 있지는 않다. 우리는 그처럼 한정해 놓은 사랑 따위는 결코 논할 가치가 없다. 결혼을 아무런 부담을 주지 않는 홀가분한 그 무엇으로 생각하는 사람들은, 설령 그들이 매우 착한 사람이며 호감이 가는 인물이라 하더라도 매우 그릇된 길을 걷고 있다. 그들이 주장하고 있는 홀가분함 같은 것은 결혼을 앞둔 커플의 순수한 노력을 깨뜨려 버릴 것이다.

그들은 한 쌍의 남녀가 도피할 길을 마련해 주고, 그들에게 부과된 과제에 대해 소홀하게 여기는 것을 더욱 쉽게 이루도록 만들어 버릴 것이다. 우리들의 사회생활 속에는 수많은 어려움이 있고 또한 그 어려움이 많은 사람은 사랑과 결혼의 문제를 올바른 방식으로 해결하는 것에 방해가 된다는 것을 — 설령 그들이 그 어려운 문제를 올바른 방식으로 해결하려고 간절히 희망하고 있어도 — 나는 잘 알고 있다. 하지만 나는 사랑과 결혼을 희생시키고 싶지는 않다. 나는 오히려 사회생활의 어려운 문제들을 희생시키고 싶다. 서로 사랑하는 반려자는 서로에게 필요한 것이 무엇인지 — 소극적이거나 이기적이 아닌, 서로에 대한 성실하고도 진실에 가득 찬 신뢰감인 것을 — 잘 알고 있다.

만일 일상생활 전반에 걸쳐 매우 불성실한 사람은 결혼에 대해서도 마찬가지로 준비가 제대로 된 사람이라고 볼 수 없다. 만일 남녀 모두가 각자의 자유를 누리는 데 동의한다면, 참다운 동지 관계를 계속 유지한다는 것은 불가능하다. 진정한 의미에 있어서 그러한 관계는 참된 동지 관계라 할 수 없다. 동지 관계란 모든 방향에 걸쳐서 자유로운 것이 아니라, 항상 서로 협동해야만 하는 책무를 짊어지고 있다.

그와 같은 이기적인 동의 — 그것은 결혼의 성공을 위해서도 인류의 행복을 위해서도 선택된 것이 아니다 — 가 서로에게 얼마만큼 해를 미치게 되는지 여기서 한 예를 들어보자.

그들은 서로가 한 번씩 이혼한 경력을 갖고 있었으며, 두 사람 모두 교양과 지성을 겸비한 사람들로서 그들은 결혼이라는 새로운 모험이 이전에 경험했던 결혼보다는 훨씬 나은 것이 될 수 있기를 간절히 원하고 있었다. 그러나 그들은 자신들의 첫 번째 결혼이 왜 실패로 끝났는가를 깨닫지 못하고 있었다. 그들은 스스로가 사회적 관심이 없다는 것을 인식하지 못한 채 그저 올바른 방법만을 찾아 헤매고 있었다.

그들은 자신들이 자유 사상의 선구자임을 공언하며, 서로가 서로에게 싫증을 내는 위험을 겪는 일 따위는 절대로 일어나지 못하도록 전혀 부담을 주지 않는 홀가분한 결혼을 원하고 있었다. 그러한 이유에서 그들은 서로에게 모든 의미에서 완전한 자유를 선언했다. 결국, 그들은 각자가 하고 싶은 것은 무엇이든지 하되 서로가 신뢰하고 있다는 전제하에서 무엇이든지 이야기하기로 했다. 이 점에서는 남편 쪽이 훨씬 커다란 용기를 갖고 있었던 것 같다. 이 점에서는 남편 쪽이 훨씬 커다란 용기를 갖고 있었던 것 같다.

남편은 집에 돌아오면 언제나 아내에게 그가 즐긴 많은 화려한 이야기들을 들려주었는데, 아내도 역시 그 이야기를 들으면서 크게 기뻐하고 남편의 성공 사례들을 대단히 자랑스럽게 생각하고 있었다. 한편 아내는 나름대로 바람을 피우거나 다른 연애 관계를 시작해 보려 하고 있었는데, 그 첫걸음을 내딛으려고 하기 바로 전에 그녀는 광장공포증에 시달리기 시작했다. 그녀는 이윽고 혼자서는 외출도 할 수 없게 되었다. 그녀는 신경증으로 인하여 방 안에만 틀어박힌 채 꼼짝도 하지 못했다. 그녀는 현관에서부터 한 발자국만 밖으로 내딛으려 해도 너무나 무서워서 다시 되돌아올 수밖에 없는 지경이었다.

그런데 이 광장공포증은 그녀의 결의에 대한 일종의 방위였다. 그런데 또여기에는 그 이상의 뜻이 내포되어 있었다. 그녀가 밖에 나갈 수 없었기 때문에, 드디어는 그녀의 남편도 그녀 곁에 있을 수밖에 없었다. 결혼의 논리가 어떠한 힘으로 그들의 결의를 깨뜨려 버렸는가 이제는 이해할 수 있을 것이다. 남편은 아내와 함께 집에 있지 않으면 안 되었기 때문에 더는 자유 방임을 부르짖을 수가 없게 되었다. 아내 쪽에서도 혼자서 밖에 나가는 것을 두려워했기 때문에, 스스로 자유를 마음껏 누릴 수 없었다. 만일 이 부인이 치유되었다고 하면, 그녀는 분명히 결혼에 관한 보다 나은 이해에 도달하게 되었을 것이며, 남편도 역시 결혼을 협동적인 과제로써 재인식하게 되었을 것이다.

결혼에 있어서 또 다른 문제는 그 출발점에 있다. 가정에서 지나치게 귀여움을 받고 자라난 어린이가 커서 결혼하면 흔히 자신이 상대방에게 무시를 당하고 있다고 느낀다. 왜냐하면, 그는 사회생활에 적응하는 훈련을 받지 못하고 자랐기 때문이다. 지나치게 귀여움을 받고 자라난 어린이가 결혼하게 되면 대단한 폭군이 될지도 모른다. 그는 자신이 희생물이 되었다고 생각하며 감옥에 갇혔다고 느끼고 저항하기 때문이다. 결혼한 두 사람 모두가 각 가정에서 지나치게 귀여움을 받고 자라난 어린이였던 사람들이 결합한 모습을 관찰하는 것은 무척 흥미로운 일이다. 부부는 서로 자기에게 관심과 주의를 기울여 줄 것을 원하고, 또 양쪽 모두 서로에게 쉽게 만족하지 못한다. 그러고 나서는 도피를 추구하기 시작한다. 다른 한 편이 더욱 많은 주의를 끌기 위하여 누군가 다른 사람과 사귀기 시작한다.

개중에는 단 한 사람과 연애하는 것도 제대로 이루지 못하고, 동시에 두 사람을 좋아하지 않고는 못 배기는 사람이 있다. 그들은 그렇게 함으로써 스스로 자유롭다고 느끼는 것이다. 그들은 이 사람에게서 저 사람에게로 도피하며, 사랑에 대한 책임을 충분히 지려 하지 않는다. 두 사람을 사랑하려고 하는 것은 그 어느 쪽도 사랑하지 않는다는 증거이다. 또 때로 낭만적이고 이상적인, 혹은 이루어질 수 없는 사랑을 어설프게 만들어내려는 사람들도 있다. 그들은 그와 같은 식으로 해서 현실 속의 어떤 상대와도 사랑할 필요가 없다는 자기 나름의 감정에 깊이 빠지는 것이다.

너무 높은 사랑의 이상도 또한 모든 가능성을 배제하기 위해서 사용된다. 왜냐하면, 거기에 도달할 수 있는 사람은 이 세상에 아무도 없기 때문이다. 수많은 사람은 그들의 성장 과정 속에서 잘못 때문에 그들 자신의 성적 역할을 혐오스럽게 받아들이도록 자신을 훈련하고 있어야 한다. 그들은 자신의 자연적인 기능을 방해하여 육체적으로도 ― 선천적으로 특별한 장애가 없음에도 불구하고 ― 합당한 결혼생활을 유지할 수 없게 만들어 버린다. 이것은 내가 '남성적 항의'라고 부르는 것으로서, 현재 우리들의 문화 속에서 남성이 과대 평가됨으로 인해 더욱 크게 촉진되는 현상이다. 만일 어린이들이 자신들의 성적 역할에 대해 혐오감을 느끼도록 강요당한다면, 그들이 크게 불안감을 느낄 것은 두말할 나위도 없다.

성에 있어서 남성의 역할이 지배적인 위치에 있다는 것을 인식하도록 요구되는 한, 소년이건 소녀건 그들은 모두 남성적인 역할을 우상시하게 될 것은 너무나 당연한 이치이다. 동시에 소년들은 자신이 과연 성적 역할을 훌륭히 감당해 낼 수 있을지의 여부를 의심할 것이며, 남성적이라는 것의 중요성을 지나치게 강조한 나머지 자신이 시험대에 오르는 것을 회피하려고 할 것이다. 이 성적 역할에 대한 불만족은 우리 문화 속에서 너무나 자주 볼 수 있다. 우리는 그것을 여성의 불감증 및 남성의 성적 불능의 모든 예에서 찾아볼 수 있다. 이들 예에서는 한결같이 사랑과 결혼에 대한 저항이 보인다. 그리고 이것은 정당한 저항이다. 여성과 남성이 평등하다는 감정을 진심으로 갖고 있지 않는 한 이들의 실패는 도저히 회복 불가능한 것이다.

그리고 인류의 반 이상이 자신에게 주어진 입장에 만족할 수 없는 이유가 있는 한 결혼을 성공시키기 위해서는 너무나도 커다란 장애가 계속될 것이다. 이에 대한 치료법은 오직 평등을 위한 훈련뿐이다. 그리고 우리는 자녀들에게 그들 자신의 장래의 역할에 대해 애매한 상태로 있는 것을 절대로 허락해서는 안 될 것이다. 만일 결혼 이전에 성적 관계가 없었다면, 사랑과 결혼에 있어서 바람직한 헌신은 가장 확실하게 이루어질 것이다. 나는 경험을 통해서 남성들은 그들의 연인이 결혼 전에 자신에게 몸을 맡기는 것을 내심으로는 원치 않고 있다는 것을 깨달았다. 남성들은 종종 그것을 정숙지 못한 표시로 간주한 행동으로 충격을 받기도 한다. 더욱이 오늘날 우리의 문화적 상황에서는 혼전의 친밀한 관계는 여성 측에 있어서 훨씬 더 무거운 짐이 된다. 게다가 만일 결혼이라는 계약이 용기에서 우러나온 것이 아닌, 두려움이 밑바닥에 깔린 것이라면 그야말로 크나큰 잘못이다.

우리는 용기라는 것이 협동의 한 측면이라는 것을 이해하고 있다. 그리고 만일 사람들이 자신의 반려자를 두려움을 갖고 선택한다면, 그것은 그들이 참다운 협동을 원하고 있는 것이 아니라는 것을 확연히 나타내 주는 것이다. 이러한 경우는 알코올 중독자나, 또는 사회적 지위나 교육면에서 자기보다 훨씬 낮은 사람을 선택하려는 사람에게서 볼 수 있다. 그들은 사랑과 결혼을 너무나 두려워한 나머지 자신의 상대가 자신을 우러러보아 줄 상황을 형성하고 싶은 것이다.

사회적 관심을 훈련할 수 있는 또 하나의 방법은 우정이다. 우정 속에서 상대방의 눈으로 보고, 상대방의 귀로 듣고, 상대방의 마음으로 느끼는 것을 배운다. 만일 어린이가 욕구 불만에 가득 차 있고, 항상 감시당하고 과보호를 받고 고립된 상태에서 자라나서 한 사람의 친구도 갖지 못했다면, 그 어린이는 자신을 타인과 일치시켜 한마음을 만들어 나가는 능력을 발달시킬 수 없다. 그 어린이는 언제나 자기만의 세계에서 자신이 가장 중요한 존재라고 생각하며, 항상 자기 자신의 복리를 확보하는 데에만 온 힘을 쏟게 된다. 우정의 훈련은 결혼을 위한 훌륭한 준비가 된다.

게임은 만일 그것이 협동 정신의 훈련이라 생각된다면 도움이 될는지 모르겠지만, 어린이들에게 있어서 게임은 경쟁심으로 상대방을 이겨 누르려는 욕망이 너무나 자주 엿보인다. 두 사람의 어린이가 함께 일하고 함께 배우고 함께 공부하는 상황을 만들어 주는 것은 대단히 유익한 것이다. 또 나는 춤추는 것을 절대 나쁘게 평가해서는 안 된다고 생각한다. 춤은 두 사람이 공통의 관계를 형성하지 않으면 안 되는 활동이며, 그런 의미에서 나는 어린이들에게 춤을 추도록 훈련하는 것을 무척 바람직하게 생각하고 있다. 그러나 그것은 공통의 과제라고 하기보다는 오히려 일종의 쇼처럼 되어가는 춤을 의미하는 것은 결코 아니다. 어린이들에게 단순하고도 쉬운 춤이 있다면, 그것은 어린이들의 발달에 대단히 훌륭한 역할을 해 줄 것이다.

결혼 준비가 갖춰진 지의 여부를 나타내 주는 또 한 가지의 문제는 직업이다. 이 문제의 해결은 오늘날 사랑과 결혼 문제의 해결보다 오히려 우선시되고 있다. 부부 가운데 어느 한 사람이나 아니면 두 사람 모두 직업을 갖고 있어서 생활비를 벌어 가족을 부양해 나가야 한다는 사실은 결혼생활에 있어서 지극히 당연한 일이다. 그리고 결혼을 위한 올바른 준비란 직업을 위한 올바른 준비도 포함되어야만 한다는 사실도 너무나 당연한 일이다. 이성에 대한 접근 속에는 항상 어느 정도의 용기와 협동 능력이 보인다. 사람들은 모두 구애求愛를 하는 데 있어서 그들 특유의 접근 방식, 즉 자기의 독자적인 스타일이나 기질을 갖고 있다. 그리고 이러한 것들은 항상 그 사람의 인생 스타일과 일치한다.

이 구애의 기질을 통하여 과연 이 사람이 인류의 미래에 도움을 줄 수 있는지 어떤지, 자신이 있고 협동적인지, 혹은 오로지 자기 자신만을 생각하고 무대 공포증에 괴로워하며, '나는 지금 어떤 쇼를 하고 있는가? 모든 사람은 나를 어떻게 생각할 것인가?'라는 회의감에 자신을 괴롭히고 있는지를 간파할 수 있다. 구애하는 데 있어서 어떤 사람은 무척 여유 있고 신중하게 할지도 모른다. 또 어떤 사람은 경솔하고 성급할지도 모른다. 어쨌든 그 사람의 연애 기질은 그 사람의 목표나 인생 스타일과 일치되며, 그것의 한 가지 표현임이 분명하다. 우리는 단지 그 사람의 연애 스타일에 의해 그의 결혼에 대한 적성을 완전하게 판단할 수는 없다. 왜냐하면, 연애할 당시에는 직업적인 목표를 바로 눈앞에 두고 있으므로 다른 문제에 대해서는 우유부단해질 수도 있기 때문이다. 그렇지만 우리는 그의 태도로부터 그 사람의 퍼스낼리티의 확실한 지표를 간파할 수 있다.

우리의 문화 속에서는, 일반적으로 남성이 먼저 연정을 고백하고 최초의 접근을 시도해야만 한다는 식으로 기대하고 있다. 이러한 문화적 요구가 존재하는 한 소녀들에게 남성적인 태도 ─ 망설이거나 도피함이 없이 주도권을 장악하는 태도 ─ 를 취하도록 훈련을 시키는 것이 필요하다. 그러나 그들이 자신을 사회생활 전체 중 일부로 느끼며, 그 이점과 불리한 점도 모두 자신의 것으로 받아들일 수 있을 때 비로소 그들은 훈련을 받을 수 있을 것이다. 물론 소녀나 부인도 구애할 수는 있으며 그녀들도 주도권을 잡을 수 있다.

그러나 아직 우리의 상황에서는 여성들은 좀 더 신중하고 조심스러운 것이 미덕으로 되어 있어, 여성들의 구애는 그녀들의 갑작스러운 치장이라든가 말할 때 또는 눈빛을 통해서 표현되는 것이다. 따라서 남성의 접근은 더욱 단순하고 적극적이며 여성의 경우는 좀 더 복잡하고 소극적인 것이라고 말할 수 있다. 이제 우리는 한 발 더 앞으로 나갈 수 있다. 상대방을 향한 성적 관심은 필요한 것이지만, 그것은 항상 인간의 복리를 추구하는 욕구의 선을 따라 이루어지지 않으면 안 된다. 만일 두 사람이 정말 서로에게 관심이 있다면, 성적 매력이 사라져 버리는 문제는 절대 발생하지 않을 것이다. 이것이 끝나 버린다고 하는 것은 언제나 관심의 결여를 내포하고 있다.

즉, 그것은 그 사람이 이미 상대방에 대하여 평등하고 아름다운 협동 정신을 갖고 있지 않으며, 이미 상대방의 삶을 풍요롭게 만들고자 하는 의욕이 사라졌음을 말하고 있다. 때때로 사람들은 관심은 지속하고 있지만, 매력이 소멸했다고 생각할지도 모른다. 이것은 결코 진실에서 우러나오는 말이 아니다. 때로 정신은 거짓을 말하고 이해하지 못할지 모르나, 육체적인 기능은 항상 진실만을 말해 준다. 만일 육체적 기능들이 충분치 못하다면, 이들 두 사람 사이에는 진실한 동의라는 것은 없다. 두 사람 다 서로를 향한 관심을 잃어버렸거나, 적어도 어느 한 편이 이미 사랑과 결혼의 과제를 해결하고자 하는 의욕을 잃고 도피를 추구하고 있다.

인간의 성 욕구는 다른 동물의 성 욕구와는 다르다. 즉, 인간의 성 욕구는 지속적이라는 것이다. 이것은 인류의 복리와 존속을 보증해 주는 또 하나의 방법이다. 그것은 인류를 증대시키고, 그 거대한 숫자에 의해 인류의 복리와 생존을 확실한 것으로 만들 수 있는 길이다. 다른 피조물들은 이처럼 종족 보존 본능의 생존권을 확실한 것으로 만들기 위해 인간과는 다른 수단을 마련했다. 예를 들면 동물의 암컷은 완전히 성숙하지 않은 수많은 알을 낳는 것을 볼 수 있다. 수많은 알 중의 대부분은 없어져 버리거나 부서져 버리지만, 그 중의 어느 정도는 살아남을 수 있다는 것을 보증해 주고 있다. 인간도 살아남을 수 있는 한 가지 방법은 자녀를 갖는 것이다.

그러므로 사랑과 결혼의 문제에 있어서, 인류의 복리에 대한 자연 발생적인 관심을 두는 사람이라면 누구나 자식을 낳고 기르는 일에 헌신적이며, 반면에 의식적이든 무의식적이든 이웃 사람들에게 관심을 갖지 않는 사람들은 생식이라는 무거운 짐을 거부한다. 만일 항상 다른 사람에게 무언가를 요구하고 기대하기만 하며, 남을 위해 결코 베풀고자 하지 않는 사람은 아마도 어린이를 좋아할 수 없을 것이다. 그들은 오로지 자기 자신에게만 관심을 기울일 뿐이며, 어린이들을 귀찮고 성가시고 시끄러운 존재, 자기 스스로에게만 관심을 두는 것을 방해하는 존재라고 생각할 것이다. 그 때문에 우리는 사랑과 결혼의 문제를 충분히 해결하기 위해서는 자녀를 낳는다는 결의가 필요하다고 말할 수 있다.

인류의 다음 세대를 키워 나가기 위한 가장 좋은 방법은 바로 결혼이다. 그리고 결혼하는 사람은 항상 이것을 염두에 두고 있어야만 한다. 일반적으로 사회에서 사랑과 결혼의 문제에 대한 해결은 일부일처제이다. 친밀한 헌신, 상대방에 대한 진실한 관심을 요구하는 관계를 시작하려고 하는 사람은 누구나 이 관계의 근본적 기초를 흔들거나, 그곳으로부터 도망하려고 하지 않는다. 물론 이 관계가 붕괴할 가능성이 있다는 것을 우리는 잘 알고 있다. 불행하게도 우리는 그 가능성을 항상 피할 수 있다고 보장할 수가 없다.

그러나 만일 우리가 사랑과 결혼을 우리가 직면한, 우리가 해결해야만 할 사회적 과제라고 보고 있다면, 문제는 쉽게 해결될 수도 있다. 그때는 이 문제를 해결하기 위해 모든 수단을 다 동원할 것이다. 붕괴가 일어나는 원인은 일반적으로 쌍방이 온 힘을 집중하지 않는 데 있다. 결국, 그들은 결혼을 통해 값진 것을 창출해내려 하지 않고, 단지 무언가를 획득하려고 기대만 하고 있기 때문이다. 사랑과 결혼을 천국과 같이 생각하는 것은 잘못이다. 마찬가지로 결혼을 만사의 끝이라 간주하는 것도 잘못이다. 두 사람 관계에 있어서 진정한 가능성이 시작되는 것은 바로 그들의 결혼이며, 결혼이란 그들이 인생의 참 과제에 직면하고 사회를 위하여 무언가를 공헌할 수 있는 절호의 기회인 것이다. 그런데 실상 이것과는 다른 견해, 즉 결혼을 하나의 종말이나 궁극적인 목표로 보는 견해가 아직도 우리 문화 속에서 많이 나타난다.

예를 들면 수많은 소설의 내용은 남녀가 막 결혼을 하려는 시점에서 끝나는 것이 많은데, 사실 이것은 그들이 공동생활의 출발점에 서 있는 것에 지나지 않는 것이다. 그러나 그런 소설의 전반적인 상황은 마치 결혼 자체가 만사를 만족스러운 상태로 해결해 준 것처럼, 마치 그들이 그들의 과제의 맨 마지막 부분에 서 있는 것처럼 취급된다. 여기서 우리가 또 한 가지 인식해야만 할 점은, 사랑 그 자체가 만사를 해결해 주지 않는다는 것이다. 사랑에는 여러 종류가 있다. 결혼과 함께 제기되는 여러 문제를 해결하기 위해서는 직업과 관심, 그리고 협동이 반드시 요구된다. 이 관계 속에 어떤 기적적인 요소가 있다고 생각하는 것은 잘못이다. 결혼에 대한 모든 사람의 태도는 그 사람의 인생 스타일의 여러 표현 중의 하나이다. 우리가 그 태도를 이해할 수 있는 것은 그 사람의 인생 스타일을 이해했을 때이다.

인생 스타일은 그의 모든 노력이나 목표와 일치한다. 따라서 우리는 왜 그토록 많은 사람이 항상 자유나 도피를 추구하고 있는가를 이해할 수 있을 것이다. 나는 정확히 어느 정도의 사람들이 이러한 태도를 보이는가를 말할 수 있다. 즉, 끊임없이 지나치게 귀여움을 받고 자라난 어린이면 누구나 다 그러하다고 단언할 수 있다. 이러한 사람들은 사회생활 전반에 걸쳐 위험한 타입의 인물들이다. 즉, 이들은 성인이 되어서도 변함없이 응석받이 어린이들이다. 그들의 인생 스타일은 태어나서 4, 5년 사이에 이미 굳어져 버렸기 때문에, 항상 '나는 내가 원하는 것은 무엇이든지 손에 넣을 수 있다'라는 통각 체계를 갖고 있다.

그들은 만일 자신들이 원하는 모든 것을 손에 넣을 수 없으면 인생에는 아무 의미도 없다고 한다. 그들은 '만일 내가 원하는 것을 손에 넣을 수 없다면 산다는 것에 무슨 의미가 있는가'라고 생각한다. 그들은 염세적으로 되어가며, '죽음을 향한 동경'을 갖기도 한다. 그들은 자신을 병들게 하고 신경질적이 되며, 그들의 잘못된 인생 스타일로부터 자기만의 '철학'을 만들어낸다. 그들은 자기의 그릇된 사고를 독창적이며, 대단히 소중한 것이라고 느낀다. 그들은 자기들의 충동이나 감정을 억압해야만 할 때는, 마치 세상이 자신들에게 원한을 품고 있는 것처럼 느낀다. 그것은 그들이 단지 그러한 식으로 훈련받아 왔기 때문이다. 예전에 그들은 자기들이 원하기만 하면 무엇이든지 손에 넣을 수 있었던 시기를 경험했다.

그들 중 어떤 사람은 아마 아직도 자기가 계속 끈질기게 울어대고 항의를 계속하고 협동을 거부하기만 하면, 자기가 원하는 바를 달성할 수 있으리라 기대하고 있을지도 모른다. 그들은 인생 전반에 관한 관심이 아닌 오로지 자기 자신의 사적인 관심에만 매달려 있다. 그 결과 그들은 다른 사람들에게 공헌하기를 원치 않고 언제나 모든 일을 편하게 하고 싶어하며 자기가 원하는 모든 일로부터 거부당하지 않기를 간절히 원한다. 그리고 그 때문에 그들은 결혼을 한 번 시험 삼아 해 보거나 원상태로 되돌리고 싶어하며, 계약 결혼 내지는 부담 없는 결혼 따위를 희망한다. 그들은 결혼 생활의 첫날부터 자유와 권리를 요구한다.

만일 어느 한 인간이 또 다른 한 인간에게 진심으로 관심이 있다면, 그 관심에 부합되는 모든 희생도 각오할 것임이 틀림없다. 결국, 그 사람은 자기 자신을 진실하고 책임감 있는 성실한 사람, 신뢰할 만한 가치가 있는 사람으로 가꾸어 나갈 것이다. 나는 조화로운 결혼생활을 가꾸어 나가는 데 성공하지 못하는 사람은 적어도 사랑과 결혼이라는 문제에 있어서 자기 자신의 인생 스타일이 잘못된 것이었음을 깨달아야만 한다.

그리고 또 중요한 것은 어린이들의 복리에 관심을 두는 것이다. 만일 어떤 결혼이 내가 지지해 왔던 바와는 다른 견해에 따라 이루어진다면 자녀를 양육하는데 대단히 심각한 문제가 발생할 것이다. 만일 결혼한 두 사람이 매일 말싸움을 벌이거나 그들의 결혼을 하찮은 것으로 생각하거나, 결혼생활 중에 빚어지는 모든 문제를 부정적으로 받아들여서 결과적으로 그들의 관계가 원만히 지속할 수 없을 때는, 그들의 자녀들이 긍정적으로 자라나는 데 결코 도움이 되지 않을 것은 자명한 일이다.

아마도 부부가 떨어져서 생활할 수밖에 없는 때도 있고 부부가 헤어지는 편이 오히려 더 나을 때도 있을 수 있을 것이다. 그런데 누가 이러한 경우를 결정해야만 할 것인가. 우리는 어려서부터 정확하게 가르침을 받아오지 못했던 사람들, 결혼이 하나의 과제라고 하는 사실을 이해하지 못하는 사람들, 오로지 자기 자신에게만 관심과 흥미가 있는 사람들의 손에 이 문제를 위탁해야만 할 것인가. 그들은 '그곳으로부터 무엇을 얻을 수 있는가?'라는 식으로 결혼을 보아왔듯이, 이혼도 똑같은 방식으로 볼 것이다. 분명 이러한 사람들에게 결정을 맡겨서는 안 된다. 이혼이나 결혼을 몇 번이나 반복하고 똑같은 잘못을 계속해서 저지르는 사람들이 실제로 우리 주변에 너무나 많이 있다.

그렇다면 과연 누가 결정해야 하겠는가? 우리는 결혼생활이 순조롭게 이루어지지 않았을 때, 이혼을 시킬 것인가 아닌가의 문제를 자칫 정신과 의사가 결정하도록 맡겨야 한다고 생각하기 쉽다. 그러나 거기에는 어려움이 따른다. 미국은 어떤지 모르겠지만 유럽에 있는 대부분 정신과 의사는 개인적 행복이 가장 중요한 것으로 생각하는 것을 나는 보아왔다. 그래서 일반적으로 그러한 경우를 그들에게 상담할 경우, 의사들은 그 부부에게 이혼이 바로 문제 해결의 열쇠라고 말할지도 모른다. 나는 그들이 도중에 생각을 바꾸어 그러한 충고를 받아들이지 않게 될 것이라고 확신하고 있다. 의사들이 그와 같은 해결을 제안할 수 있는 것은, 단지 그들이 이 문제의 전체적 관련 ― 그것이 이 지구상에서 우리 생활의 다른 과제와 관련된 상태 ― 을 볼 수 있도록 올바르게 훈련받아 오지 않은 부부일 경우에만 제시할 수 있는 해결 방안이라고 할 수 있다.

결혼이 개인적 문제의 해결이라고 간주할 때도 똑같은 잘못이 범해진다. 유럽에서는 만일 어느 소년이나 소녀가 신경증에 걸리게 되면, 정신과 의사들은 종종 그들에게 애인을 사귀어 성관계를 해보라고 권하고 있다. 그들은 성인에게도 똑같은 충고를 한다.

이것은 사실 사랑과 결혼을 단순한 하나의 치료법으로 간주하는 처사이며, 그 처방을 실행하는 사람들은 엄청나게 많은 것들을 잃어버리게 될 것이다. 사랑과 결혼 문제의 올바른 해결은 개인의 퍼스낼리티에 있어서 최고의 성취에 속하는 사항이다. 인생에 있어서 사랑과 결혼 이상으로 행복과 진실과 밀접하게 결부된 문제는 없다.

우리는 그것을 절대로 사소한 일로 취급할 수는 없다. 그리고 사랑과 결혼을 단순히 범죄 행위나 알코올 중독이나 신경증을 위한 치료법으로 간주할 수는 없다. 신경증 환자는 사랑과 결혼에 적합한 자가 되기 이전에 반드시 올바른 치료를 받을 필요가 있다. 만일 그 환자가 사랑과 결혼에 바르게 접근할 수 있게 되기 전에 그러한 관계 속으로 들어가게 된다면, 그 사람은 반드시 새로운 위험과 불행을 맞이하게 될 것이다. 결혼은 실로 높은 이상이며, 그 과제의 해결은 대단한 노력과 자발적 헌신을 요구하는 것이며 그와 같은 무거운 짐을 짊어져서는 안 되는 것이다.

또한, 불합리한 목표를 갖고 결혼의 문에 들어서는 사람들도 있다. 어떤 사람들은 경제적인 안정을 위하여 결혼한다. 개중에는 어떤 한 사람을 불쌍히 여겨서 결혼하는 사람도 있는가 하면, 그의 재산을 손에 넣기 위하여 결혼하는 사람도 있다. 그러나 결혼에는 그러한 장난기 어린 의도를 허락할 만한 여지가 없다. 심지어 어떤 사람은 자신의 수많은 곤란한 점들을 보다 증대시키기 위하여 결혼하는 때도 있다. 그는 아마 시험이나 장래의 직업에 대해서 곤란을 느끼고 있었던 것 같다. 그는 스스로 너무나 간단히 실패해 버릴 것이라고 느끼고 있었기 때문에 무언가 구실을 만들고 싶어한다. 그리하여 무언가 알리바이를 조작하기 위하여 결혼이라는 여분의 무거운 짐을 끌어들였다. 우리는 결혼이라는 문제를 가볍게 보거나 그 가치를 하락시켜서는 안 되며, 그것을 항상 높은 수준에 두어야만 하는 것이다.

많은 사람이 지금까지 자유라고 주창해 온 모든 것에 대해서 실제로 불이익을 뒤집어쓰는 쪽은 항상 여성들이다. 우리들의 문화 속에서 편안함을 즐기고 있는 쪽은 분명 남성들이다. 이것은 우리들의 공통의 접근 방식에서의 오류이다. 그것은 개인적인 항변에 의해서는 극복될 수 없다. 특히 결혼 자체에 있어서 개인적인 항변은 사회적 관계나 배우자의 관심을 방해하기만 할 뿐이다. 그것은 전체적인 우리 문화의 방향을 인식하고, 그것을 변화시킴에 의해서만 극복될 수 있다. 나의 제자 중의 한 사람인 데이지 교수는 어느 앙케트 조사를 통하여, 그녀가 질문한 소녀 중 42%가 다시 태어나면 남자로 태어나기를 희망한다는 사실을 발견했다.

이 사실은 그 소녀들이 자신들의 성에 대해 실망하고 있다는 것을 의미한다. 이렇게 인류의 반수가 자신의 성에 대해 실망하고 낙담하고 자신의 뜻을 비관적으로 생각하고 남성에 의해 자유가 주어지고 있는 것에 항의하고 있다면, 과연 사랑과 결혼의 문제를 어떻게 해결할 수 있겠는가. 만일 여성들이 항상 자기들이 경시되는 것을 예측하고 자신들이 남성의 성적 대상물밖에는 되지 않는다고 믿고 있거나, 남성들이 일부다처주의를 부르짖거나 바람기가 있는 것이 당연하다고 믿고 있다면, 그러한 상태에서 어떻게 사랑과 결혼의 문제가 바람직하게 해결될 수 있겠는가.

지금까지 우리가 논술해 왔던 모든 것으로부터 우리는 하나의 단순하고도 유익한 결론을 내릴 수 있다. 인간은 반드시 일부일처주의적이지도 않고, 일부다처주의적이지도 않다. 다만 우리가 서로 평등한 다른 인간과의 교제 속에서 두 개의 성으로 나뉘어 생활하고 있다는 사실과 환경이 우리에게 부과하는 인생의 세 가지 문제를 충실한 방법으로 해결해 나가지 않으면 안 된다는 사실은 다음과 같은 귀결에 이르게 한다. 즉, 사랑과 결혼에 있어서 개인에게 가장 바람직한 최고의 발달은 바로 일부일처제에 따라서 가장 확실히 이루어질 수 있다는 것을 우리는 충분히 이해하고도 남음이 있다.

제3부 아들러 심리학이
설명해 주는 것들

Personality

편역자 해설

1

아들러 심리학의 특성

아들러 심리학의 후진들이나 관련 연구가들의 연구를 종합하여 아들러 심리학의 특성을 대변하고 약술하자면 다음과 같다.

인생 스타일

모든 인간 생활의 배후에는 어떤 근원적이고도 역동적인 힘이 있다. 그것은 마이너스 상황에서 플러스 상황으로, 열등성에서 우월성·완전성·전체성으로 향하려는 노력이다. 그러한 노력은 개인에게 고유한 목표나 이상으로부터 독특한 방향을 설정해 준다. 그 목표나 이상은 생물학적·환경적인 많은 요인으로부터 영향을 받는데, 궁극적으로는 개개인의 창조물이라고 할수 있다. 아들러는, 그 목표는 개개인에 있어서 단지 막연히 암시되어 있을 뿐이라고 하는데, 그것은 목표가 모든 인간에게는 거의 의식되지 않고 이해되지 않는다는 것을 뜻한다. 그것이 아들러가 말하는 '무의식의 정의'이다. 다시 말해서 무의식이라는 것은 개인의 목표가 이해되지 않는 영역이다.

하나의 목표는 최종적인 원인이 되고, 또 궁극적인 독립변수가 되기도 한다. 이 목표가 개인을 이해하기 위한 열쇠를 제공하는 한, 그것은 심리학자에게 있어서 가장 유효한 가설이다. 모든 심리학 과정은 이 목표의 견지에서 일관된 체계를 이룬다, 그것은 처음부터 마지막을 상정하면서 구상된 것과 같은 것이다. 이 일관된 퍼스낼리티의 구조를 아들러는 '인생 스타일'[1]이라고 부른다.

인생 스타일은 아동기의 초기 단계에서 이미 확립되고, 그때부터 쭉 개인의 생활 전체를 통해 결정적인 역할을 완수해 가는 것이다. 모순되어 보이는 전후의 행동도 같은 목표를 추구하기 위한 다른 수단을 쓰는 것에 지나지 않는 것이다. 여러 가지 충동이나 의식과 무의식의 대비같이 명료해 보이는 심리학적인 범주는 관련 체계의 여러 국면에 지나지 않고, 결코 개개인의 실체나 자질을 대표하는 것은 아니라고 할 수 있다. 생물학적 인자라든가 과거의 개인사와 같은 모든 객관적인 결정인자는 직접적인 원인으로써 작용하는 것이 아니라, 단지 가능성을 부여할 뿐이다. 개인은 모든 객관적 요인을 자신의 인생 스타일과 일치시켜서 사용한다.

그것의 중요성과 효과는 이른바 심리학적 메타볼리즘신진대사에서만 발달시킬 수 있다. 개개인이 자기 자신과 세계에 관하여 갖는 견해나 통각 체계나 해석 등은 모두 그의 인생 스타일의 여러 국면이며, 모든 심리 과정에 영

---

1) 이 독특한 개념은 생활형태나 생활양식 등으로 번역되곤 했는데, 자칫 생활의 외면성을 강조하는 것 같아서 본래 아들러가 뜻하는 것은 개인의 생활 전체의 근원에 있고, 거기에서 그 개인의 삶의 모습 전체를 방향짓는 의미를 부여할 수 있는, 퍼스낼리티 전체에 관계되는 것이다. 그러므로 그 개념을 나타내는 데에는 생활형태 나 생활양식 이라는 말은 충분하지 않은 것 같다.

향을 미치는 것이다. 즉, '만물은 개인의 견해에 달려 있다'는 것이 아들러의
지론이다. 개인을 그 사회적인 상황으로부터 떼어내서는 생각할 수 없다. 개
인심리학은 개인을 사회적 관련 속에서 파악한다. 다시 말해서 사회와 유리
시킨 별개의 인간으로 보지 않는다는 것이다.

사회 감정

 특정한 충동의 충족을 포함한 중요한 인생 문제는 사회 문제가 된다. 모
든 가치는 사회적 가치가 된다. 개인의 사회화는 억압을 희생하여 달성된
것이 아니라, 생득적인천부적인 능력에 의하여 이루어질 수 있는 것이다사실
그것을 발달시킬 필요가 있다.

 아들러가 '사회 감정의식이라든가' '사회적 관심'이라고 부르는 것은 바로
그러한 능력을 뜻한다. 개인은 사회적 외부 상황에 기초를 두고 있으므로,
사회적 관심은 그의 적응에 있어서 결정적인 것이 되는 것이다. 적응 불능
이라는 징후는 늘어가는 열등감과 미숙한 사회적 관심·독자적 우월·비협
동적 목표라는 특징이 있다. 그러므로 개인이 부딪치는 사회의 여러 가지
문제는 과제 중심적인 상식이라는 방법에 의해서보다는 자기 중심적인 방법
에 의하여 해결된다.

 신경증 환자에게 있어서 이것은 실패의 경험이 된다. 신경증 환자의 경우,
그는 자신의 행동이 사회적 타당성을 여전히 그의 궁극적 규범으로서 받아
들이고 있기 때문이다. 한편 정신병자의 경우에는 직관적·상식적 판단으로
는 분명히 인생에서 실패한 것으로 볼 수 있지만, 그는 그것을 실패라는 경

험으로 받아들이지 않는다. 왜냐하면, 정신병자는 사회적 타당성이라는 궁극적인 규범을 스스로 받아들이고 있지 않기 때문이다.

해설

위에 약술한 것들이 개괄적으로 살펴본 아들러 심리학의 특성이라고 할 것이다. 아들러에 따르면, 개인이 그 삶을 통하여 행해지는 모든 협동의 중심이라고 할 수 있는 '인생 스타일'은 매우 이른 시기 — 만 5세까지의 시기 — 에 형성된다.

아들러는 그때 그 개인이 남성인지 여성인지, 응석받이였는지 무시당해 왔는지, 가족 사이에서 어떤 위치에 있었는지, 신체적인 결함을 가졌는지, 어떤 모습을 지니고 있는지 등의 여러 가지 요인에 따라 그에게 커다란 영향을 미치는 것을 인정하면서도, 그 요인들을 절대적이고 궁극적인 것으로 여기지 않는다. 여러 가지 상황이나 다양한 경험은 오로지 그 개인의 특성에 의하여 해석되어 받아들여지는 것이다. 개인이 어떠한 상황이나 경험을 어떻게 이해하는가가 결정적인 것이다. 이러한 해석이나 이해가 협동적인 방향으로 향하는지, 아니면 개인적인 영역 속에 머물러 마이너스 방향으로 퇴행하는지가 그 사람의 삶을 좌우하는 결정적인 요인이 된다.

그리고 개인이 자신의 삶에 필연적으로 가하는 해석이나 이해나 의미가 그 사람의 삶의 방향을 결정하는 것이다. 이 해석이나 이해나 의미는 개인의 마음의 작업인 것이다. 개인이 어떻게 해서 각기 다른 해석을 하는지 그이상의 규명은 불가능하다. 그것은 그야말로 인간의 마음이 빚어내는 신비라고나 할까. 그것은 그 개인의 주체적 결정에 따른 것이라고 할 수 있을 것이다.

그러한 의미에서 아들러 심리학은 '주체적 심리학'이라고 해석해야 할지도 모른다. 주체적이라고 하면 자칫 뭔가 단순한 결심에서 비롯되는 것처럼 받아들이기 쉽지만, 그것은 무언가 깊은 인격의 밑바닥에서 빚어지는 것이다. 그러나 아들러는 운명론자가 아니다. 그는 모든 인간이 결국 무시할 수 없는 세 가지 유대 속에서 살고 있다고 한다. 그 존재 규정적 유대는 인간에게 주어진 불가피한 구조 및 본성으로서, 또 모든 사람에게 생득적인 능력이나 필요로서 주어져 있다. 그러므로 모든 인간은 이 유대에 본질적으로 알맞은 상대를 만난다면, 개인적인 세계로부터 벗어나서 플러스 방향, 즉 협동적인 방향으로 나아갈 수 있을 것이다.

그러므로 아들러는 운명론자도 비관론자도 아니다. 아들러는 무엇보다도 사람들과 함께 살고 이야기하고 협동하는 것을 사랑했다고 할 수 있다. 그와 함께 있으면 삶이 밝고 희망에 찬 것으로 생각되고, 삶의 의미를 음미하게 된다고 그의 주변 사람들이 늘 말했다고 한다. 어떤 사람들은, 아들러가 그의 심리학을 '개인심리학'이라고 명명한 것은 잘못된 것이라고도 말한다. 사실 그의 '개인심리학'을 '개성심리학'이라고 해석하는 학자도 있다.

그런데 '개성'이라고 하면 '개인'보다도 폭이 좁고 여운이 남을지도 모른다. 아들러가 '개인'이라고 표현한 것은 단순히 마음의 문제만을 의미하고 있는 것이 아니라, 육체의 문제도 포함하고 있기 때문이다. 그러한 의미에서 '개인' 쪽이 더 포괄적이라고 할 수 있다. 그러나 '개인'이라고 할 수도 있고 '개성'이라고도 할 수 있으므로, 개인의 문제가 사회적인 문제를 넘어서는 듯한 인상을 줄 수도 있다. 그러나 아들러 심리학의 이론을 조금만 연구해도 명료하게 밝혀지는 사실은 삶의 사회적 측면을 언제나 강조했다는 점이다. 그러므로 아들러가 인간의 사회적 측면을 경시했다는 비판은 옳지 않은 것이다. 그것은 아들러 심리학에 대한 오해나 무지에서 비롯된 것이다.

그래서 아들러가 '개성'이란 말이 궁극적으로는 '개인'의 해석이나 이해에 저촉된다고 주장했던 것은 사실이고, 그것이야말로 그의 공로라고도 할 수 있다.

그렇다면 그러한 오해를 피할 수 있는 명칭을 찾을 수는 없었을까? 아들러 자신도 고심했을 것이지만, 결국 어쩔 수 없이 '개인심리학'으로 낙착했던 것이 아닐까? 어쨌든 우리는 아들러가 말하는 '개인'이라는 말의 의미를 분명히 깨달아 둘 필요가 있을 것이다.

아들러가 모든 사람으로부터 추방하고자 했던 것은 어떤 이유로든지 개인이 잘못 이룬 '사적인 세계'이다. 이 '사적'이라는 말은 본래 라틴어 'privare'라는 동사에서 유래한 것인데, 그것은 '다른 사람을 멀리하고, 다른 사람으로부터 빼앗다'라는 의미이다. 이 '사적'이라는 말도 대개 '개인적'이라고 해석되지만, 그러한 해석은 오해를 일으키기 쉽다.

아들러의 경우에 이 두 가지 말은 완전히 대립적으로 쓰이고 있다. 본래 인간은 '사적'으로는 살 수 없는 존재이고, 만일 인간이 사적으로만 살아가려고 하면 그 사람은 자기 자신 존재의 근원적 구조에 반역하려 드는 것이며, 그것은 어쩔 수 없이 자멸을 초래하게 되는 것이다. 일찍이 마르크스는 인간의 '본성'과 '본질'을 구별했다. '본성'은 인간에게 본래 주어져 있는 근원적 구조를 뜻하고, '본질'은 인간이 개개의 역사나 문화나 사회적 상황에 따라 규정됨과 동시에 선택되는 독자적인 내용으로 보았다.

이러한 구별은 인간학적 차원에서 매우 중요한 인식이라고 생각된다. 인간에게 있어서 가장 중요한 것은 지금 여기에 있다는 사실이다. 아들러식으로 말하면, 우리 인간이 이 지구라는 행성에서 생명을 부여받음으로써 존재하는 것은 피할 수 없는 사실이다. 우리는 정신과 육체라는 불가분의 연계 속에서 사는 것이고, 그와 같이 존재한다는 것은 우리가 스스로 선택한 것이 아니라 이미 결정된 것이다. 그러한 구조는 불가변적이고 개인인 우리에게 선행하는 것이며, 그 순서는 역행될 수가 없다. 그것은 그야말로 불가분의 관계, 불가역의 관계에 있는 것이라고 할 수가 있다. 인간의 이러한 근원적 구조는 그렇게밖에 표현할 수 없다.

아들러가 말하는 '삶의 세 가지 근본적 유대'라는 것도 이러한 생각과 기본적으로 일치한다고 할 수 있을 것이다. 그러나 그에 대한 비판이 없을 수는 없으리라. 종교에 대한 아들러의 이해는 너무나 긍정적이라거나, 사회를 인식하는 방법이 너무 안이하다고도 생각될 수 있을 것이다. 물론 시대적 제약도 있을 것이다. 그러나 우리는 아무리 뛰어난 학자라 할지라도, 그 사상 체계에 흠이 없을 수는 없으리라는 전제로써 아들러의 심리학 이론을 이해해 나갈 수 있을 것으로 믿는다.

아무튼, 아들러의 개인심리학이 오늘날 깊은 관심을 기울여야 할 많은 문제을 포함하고 있다는 사실은 자명하다. 아들러의 개인심리학은 인간에 관한 우리들의 탐구와 진정한 행복의 실현을 위한 실천에 커다란 지주가 될 것이다.

2

열등감의 문제

오늘날 흔히 사용하는 용어인 '열등감'이라는 말은 바로 아들러가 창안한 말이다. 인간이라면, 스스로 인간이고자 할 때 열등감이 시작된다는 것이 아들러의 통찰이다. 즉, 인간은 누구나 열등감을 지니고 있으며, 그 열등감은 온갖 인간적 노력의 바탕으로서 인간의 행위에 지대한 영향을 미친다는 것이다.

인간 생활에 있어서 모든 진보는 자기 자신의 열등성을 극복하려고 애쓰는 가운데 이루어진다고 할 것이다. 완전과 안전으로 향한 노력은 불충분과 불안을 자각하는 가운데 일어나는 것이다. 인간은 필연적으로 자연 속에서 무력하게 노출된 자기 자신을 의식하며, 안전을 위하여 애쓰게 되어 있다. 그리하여 인간 생활은 언제나 인간이 진보를 요구하는 것이다.

아들러는 열등감이 인생 전반에 걸쳐서 커다란 영향을 미치는 것을 통찰하면서, 그 기원을 밝히고 그 문제를 풀어 가고자 했다. 인간 생활을 진보로 이끄는 열등감이 아닌, 인생을 실패로 이끄는 열등감을 풀어 가고자 노력하면서, 아들러는 아동기 초기에 형성된 열등감을 발견하게 된 것이다. 그리고 그는 열등감이 세 가지 근원 ― 기관성 열등·응석받이·무시 ― 으로부터 비롯된다는 것을 밝혀냈다.

'기관성 열등'은 아들러의 중요한 저술인 《기관성 열등에 관한 연구1907년》에서 진지하게 다루어졌다. 인간에게 있어서 어떤 기관의 손상은 그것이 형태적인 장애나 기능적인 장애를 일으킬 때, 어떤 비정상적인 과정을 초래한다고 생각하면서, 그러한 손상이나 결함 전체를 '기관성 열등'으로 규정하였다. 기관성 열등에 대한 아들러의 연구는 다음과 같이 집약될 수 있다.

외부로부터의 요구에 적응하지 못할 때 우리는 그 기관의 열등성을 발견하게 되며, 기관성 열등은 심신 양면에 영향을 미치기도 한다. 기관성 열등은 긍정적인 측면에서 볼 때 훌륭한 일을 성취하는 때도 있고, 부정적인 측면으로는 신경 장애나 정신 장애를 초래하기도 한다. 기관성 열등을 극복한 훌륭한 예를 우리 주변에서 많이 발견할 수 있다. 가장 훌륭한 예를 우리는 헬렌 켈러에게서 찾아볼 수 있다. 그녀는 시각장애인인 데다가 청각장애인이었지만, 가히 기적적이라고 할 수 있는 발달을 이루어 세계적인 명사가 되었고, 스스로 자서전까지 쓰기에 이르렀다.

그에 반해 기관성 열등을 극복하지 못하고 열등감에 빠지게 되는 경우가 있다. 아들러에 의하면, 그것은 유년기에 다른 사람들의 관심이 얼마나 강하게 형성되느냐에 달려 있다. 그리하여 응석받이는 기관성 열등과 같이 열등감을 초래하기 쉽다는 사실을 밝혀냈다. 실제로 응석받이는 개인의 발달에 있어서 매우 불리하다. 응석받이는 다른 사람에 관한 관심을 방해하고 오로지 자기 자신에게 관심을 집중시키기 때문이다.

어린아이는 응석을 부리면서 자기가 원하는 것은 언제든지 취할 수 있으리라고 기대하게 되어, 결국 자신이 세상에서 가장 중요한 존재이며, 자기가 의도하는 것은 모두 이루어져야 한다는 전제 아래 인생 스타일을 이루게 된다. 그렇게 자란 어린아이는 어른이 되어서도 받기만 할 줄 알며, 그것을 당연하게 여기고 남을 위해 베푼다는 것은 전혀 모르게 되는 것이다. 응석받이로 자라난 어린이들이 가진 사회성의 결핍은 그 성장 과정에서 숱한 문제를 일으키게 될 것이다.

아들러는 어린이가 지닌 다양한 발달의 가능성을 강조하면서, 응석받이의 문제를 제기한다. 그 가운데 가장 두드러진 것이 어려움에 부딪혔을 때 적응력의 결여로 야기되는 열등감이라고 했다.

무시당하며 자라난 어린이들이 열등감에 빠지는 것은 쉽게 발견할 수 있는 현상이다. 정상적인 부모 사이에서 자연스럽게 자라지 못한 아이라든가 고아로 자라난 아이, 사랑이 없는 분위기 속에서 자라난 아이, 그리고 외견상은 그럴듯하지만, 문제가 많은 가정에서 자라난 아이들이 보통의 아이들과는 달리 생활 자체를 나아가서 인생을 지겨운 것으로 여기게 될 것은 당연한 사실이다. 그들은 탈 없이 자연스럽게 삶을 헤쳐가는 사람들의 모습을 통하여 자기 자신의 열등감을 키워가는 것이다.

그런데 '우월감'이라는 것이 사람들이 다른 사람들과 좋은 관계를 이루지 못하게 하고, 나아가서 좀 더 합리적인 성공을 이루지 못하게 하는 때도 있다. 그러한 사람들은 대개 힘에 대한 집착이 강하다. 그러나 자연스럽게 그 힘을 소유하지 못하고 현실 이상으로 물의를 빚는 경우가 많다. 프로이트가 인간의 심리적 동기를 성욕性慾에서 연역하듯이, 아들러는 그것을 힘에 대한 욕구에서 연역하려 한다고 주장하는 학자도 있다고 한다. 그러나 아들러는 인간에게 있어서 힘에 대한 욕구가 자칫 무익한 쪽으로 인간을 몰아세운다는 것을 강조한다.

여성에게 있어서 열등감은 자신을 남성보다 약한 쪽의 성으로 생각하는 데서 비롯되는 것 같다. 그것은 사회적 인습이나 관념으로 인하여 은연중에 그러한 의식을 지니게 되고, 사회적 현실에 적응하는 가운데 심화되는 것이라고 할 수 있다. 그러나 생물학적인 면에서는 남성과 여성 간의 차이는 어쩔 수 없다고 하더라도, 그 우열의 차이는 이미 낡은 관념이 되고 있다. 그런데도 이 낡은 콤플렉스로부터의 해방은 아직도 종종 도처에서 문제가 되고 있기도 하다.

오늘날에 이르러 열등감이나 우월감에 대한 지식의 보편화는 우리들의 인간 생활의 유지에 크게 이바지하고 있다. 그것은 서로 인간적인 적응에 있어서 자기와 타인을 돌아보고 발견할 수 있는 계기를 가질 수 있게 해 준 것이다. 아들러는 그러한 콤플렉스를 발견하고 그 예방과 치료를 제시함으로써, 많은 사람들로 하여금 심각한 상황에 이르기 전에 스스로의 노력으로 거기에서 벗어날 수 있도록 길을 마련해 준 것이다.

3
다른 심리학파와의 비교
― 프로이트 심리학과의 갈등 ―

오늘날 인간의 심리에 관하여 프로이트가 제시한 개념들이나 융이 설파하고자 한 개념들이 낯설게 느껴지지는 않을 것이다. 그러나 그러한 개념들 가운데 아들러의 공적이 많이 숨어 있다는 사실은 별로 알려지지 않은 것 같다.

우리가 흔히 쓰는 '열등감'이라는 용어는 바로 아들러가 창안한 개념에서 비롯된 것이다. 그런데 우리는 그 용어조차도 프로이트 심리학의 개념에서 비롯된 것으로 오해하기 쉽다. 확실히 아들러는 프로이트나 융보다 덜 알려져 있다. 이 점에 대해서는 아들러 자신의 이야기에서도 그 문제성을 찾을 수 있을 것이다. 언젠가 아들러는 프로이트에게 농담 아닌 농담을 던졌다고 한다.

"왜 언제나 내가 선생의 그림자에 가려져야 할까요."

이 말의 진의를 프로이트와 프로이트학파 사람들은 크게 오해를 했다고 한다. 그때 아들러의 진의는 이미 프로이트학파와 견해를 달리할 수밖에 없는 자신의 독자노선을 암시한 것이라고 한다.

1907년에 아들러는 《기관성 열등에 관한 연구》라는 책을 출간했다. 인간의 신체 조직 가운데 가장 약한 부분은 일반적인 감염에 발병률이 높다는 사실은 기존의 이론이었다. 그러나 아들러는 원인이 밝혀지지 않는 질병이 기관의 열등성으로 발병할는지도 모른다고 시사했다. 아들러는 그 책에서 매우 흥미로운 사실을 기술했는데, 그것은 그러한 열등성이 보상 작용을 통하여 힘의 원천이 될 수도 있다고 한 것이다. 예를 들면 화가가 된 사람들 가운데는 눈병이나 질환과 어떤 관계가 많이 있다는 것이다.

아들러의 높은 사회의식에서 쓰인 책으로서 《재단사를 위한 건강서1898년》라는 책이 있는데, 사회에 대한 그의 열렬한 관심은 구체적으로 이웃에 대한 사랑으로 나타나고 있다. 예나 지금이나 어려운 직업에 종사하는 사람들에게는 특유의 질병이 따르는 법이다.

한 사람의 의사로서 그들의 고충을 배려하는 아들러의 모습에서 우리는 예사롭지 않은 풍모를 발견할 수 있다. 아들러는 글을 잘 쓰는 편이 아니었다. 대개 동료나 후진들이 편집해서 재구성한 경우가 많았다고 한다.

그런데 프로이트와 결별한 직후, 1912년에 출간한 《신경질적인 체질》은 아들러 자신이 직접 쓴 책이었다. 이 책도 정신의학 사상 크게 주목할 만한 책이지만, 고르지 못한 문장 때문에 난해하게 느껴지는 것이었다. 그의 동료인 어느 교수는 "이 책은 위대한 책이지만 다른 형태로 다시 쓰이지 않으면 누구라도 이해하기 어려울 것이다"라고 말하기도 했다.

아들러의 학문적 자세는 진리라는 것을 절대적으로 신봉한다기보다는 인간 사회에 대한 탐구적인 태도였다고 할 수 있다. 아들러는 자신이 전제하는 개인심리학이 교육과 정신요법을 통하여 인간 사회를 개선할 수 있기를 기대했다. 아들러 학파의 사람들은 개인심리학이 이론적인 문제만 깊이 파고드는 듯한 위선을 하지 않고, 개인이 자기 자신과 다른 사람들에 대한 실제적인 지식을 얻을 수 있는 원칙과 방법을 제시해 준다고 주장하고 있다.

그것은 실제 요법에 대해서보다는 진리에 대하여 훨씬 깊은 관심을 기울인 프로이트와 좋은 대조를 이룬다고 하겠다. 저명한 사람들끼리 서로 결별하게 될 때, 대개 우리는 대단한 견해차나 사상적 대립을 예상하지만, 실상은 별것 아닌 그저 그런 이유일 경우가 많다. 아들러가 프로이트와 융을 멀리하고 독자적인 길을 가게 된 그 발단도 단지 감정적인 계기에서 비롯되었다고도 볼 수 있다.

프로이트는 1902년 가을부터 매주 수요일마다 자신의 환자 대기실에서 모임 — 소위 '수요일 심리학회'를 시작했고, 여기에 아들러도 회원이 되었다 이 모임의 토론 내용을 오토 링크에서 출판 되었는데, 1906년 부터 1918년 까지 요약되어 있다. 그리고 1908년에 정신분석학회가 창립되면서 그 모임은 자연히 학회의 기능을 띠게 되었다.

1910년에는 '국제 정신분석학회'가 창설되었고, 프로이트는 유일하게 비유대계 학자인 융을 회장으로 지명했다. 유대인 일색이라는 비평을 피하고, 국제적인 학회로 만들어 가기 위해서였다. 그러나 아들러는 거기에 완강한 반대를 했고, 융이 학회지 편집을 맡게 되자 학회지에서 손을 놓았다. 프로이트는 여러모로 아들러와 함께 일할 수 있길 바랐다. 프로이트가 '빈 정신분석학회' 회장직을 아들러에게 양도할 때, 그의 동료인 페렌치Sandor Ferenczi에게 보낸 편지에서도 그런 감정을 여실히 느낄 수 있다.

……나는 빈 정신분석학회 회장 자리를 내놓으려고 하네. 아들러에게 넘겨줄 걸세. 그가 대단히 만족스럽다거나 그렇게 하고 싶어서가 아니라, 그외에 특별히 내세울 인물이 없기 때문이라네. 그리고 아들러도 그 자리에 있다 보면, 우리의 공동 기반을 지지하게 될 테니까 말일세…… 과학에 관한 한, 나는 숨을 거둘 때까지도 그들과 협력할 것일세……

프로이트는 아들러가 공식적으로 결별을 선언한 뒤에도, 여러 차례에 걸쳐서 결별을 재고해 주도록 청했다는 사실이 여러 기록에서 발견되기도 한다. 그러나 아들러는 돌이킬 수 없는 틈을 느끼고 자기의 길을 갔다. 아들러는 프로이트학파를 떠난 후 '자유 정신 분석연구회'를 결성하고 프로이트학파에 대항하려고 했으나, 여러 가지 난항에 부딪히기도 했다. 그는 자신의 심리학을 '개인심리학'이라 칭하고, 인간의 심리를 전인간적으로 파악함으로써 독창적인 이론을 펼쳐 나갔다.

아들러 심리학이 프로이트의 심리학에서 비롯된 한 갈래냐 아니냐 하는 논란은 아들러가 본래 프로이트학파의 일원이었느냐 아니었느냐 하는 것과 같을 것이다. 그 문제에 대한 아들러의 반응은 부정적이었다. 자신이 프로이트와 함께 교류는 했지만, 처음부터 프로이트 온상에서 자라난 학자는 아니라고 주장했다. 그리고 자신의 심리학개인심리학은 프로이트의 심리학과는 처음부터 궤를 달리한 것이라고 주장했다.

아들러가 아직 '빈 정신분석학회'의 토론에 참석하고 있던 — 학회장직을 맡고 있었을 당시 — 어느 날 1911년 1월, 아들러는 프로이트 이론에 저항하여 〈정신분석에서의 여러 가지 문제점〉이라는 주제로 강연을 하기도 했다. 그리고 그 뒤에 또 아들러는 신경증에 있어서 '남성적 저항'이 결정적인 역할을 한다는 논문을 발표했다. 그러자 프로이트는 침묵을 깨고, 아들러의 견해가 정신분석과 전혀 상치되는 것이라고 비판했다. 그 직후에 아들러는 자신이 이미 무의식과 자아 심리만을 강조하는 정신분석에서 벗어났다고 자타가 공인하는 상황에 있음을 알고 학회장직을 사임했다.

두 사람, 두 학파 간의 관계를 연구한 사람들의 관찰에 의하면, 또 다른 많은 일화가 있었다는 것이다. 아들러는 추종자에 그치는 것으로 만족할 수 없었다는 것이다. 그가 '빈 정신분석회' 회장직에 있을 때, 그는 자신의 이론을 바탕으로 심리학계에 새로운 바람을 일으키고자 했다. 그러나 프로이트학파의 많은 추종자들에 의하여 비판을 받기만 했다. 그러한 상황에서 그는 더는 자신의 이론을 크게 펼 수가 없다고 생각하기에 이르렀다.

그는 자신이 심리학계의 제1인자가 되고자 했다. 그러나 저술가로서의 아들러는 프로이트를 따르지 못했다. 프로이트는 보통 사람들의 상상을 뛰어넘는 정열로 매력적이고 예지에 찬 저술 활동을 펼쳤지만, 아들러는 그리 많지 않은 저술을 남겼을 뿐이다. 그리고 그의 문장력도 프로이트와는 비교도 되지 않았다.

아들러가 자기 자신을 프로이트와 경쟁자로서 생각했다면, 그는 우선 저술 활동에 있어서 열세를 면치 못한 셈이었다. 그러나 아들러로서는 자신의 심리학이, 프로이트의 정신분석이 책임질 수 없는 '절대적인 인간성' ─ 전인간성 ─ 에 대한 훌륭한 배려를 하고 있다고 생각하고, 더욱 인간적인 심리학의 자리를 차지한다는 확신을 하고 있었던 것이다.

그러면 끝으로 아들러의 평전을 쓴 H. 안스바헬의 흥미 있는 대조를 살펴보는 것도 의의가 있으리라고 생각한다.

프로이트	아들러
경험주의자	합리주의자
사실주의자	원칙주의자
염세주의자	낙천주의자
다원론적	일원론적
비종교적	종교적
실제적	감정적
회의주의적	독단주의적

프로이트와 아들러의 두 학파 간의 차이를 이해하는 데에는 앞으로 좀 더 많은 연구가 진행되어야 할 것으로 보인다.

A. 아들러 연보

Alfred Adler

편역자 해설

- 1870년 2월 7일 오스트리아 빈의 유대계 중류 가정에서 6남매 중 둘째로 출생하다.

- 1895년 빈 의과대학에서 학위 취득하다.

- 1897년 러시아 사람인 아리사 에프쉬타인과 결혼하다.

- 1898년 장남 발렌틴 출생하다.
  처녀작 《재단사를 위한 건강서 : Health Book for the Tailor Trade》 출간하다.

- 1901년 장녀 알렉산드라 출생하다.

- 1902년 프로이트의 〈수요일 심리학회〉에 가담하다.

- 1905년 차남 쿠르트 출생하다.

- 1907년 《기관성 열등에 관한 연구 : Study of Organ Inferiority》 출간

- 1910년 차녀 코넬리아 출생하다.

- 1911년 프로이트와 결별하다.

- 1912년 《신경질적 성격 : The Neurotic Constitution》

- 1917년 《동성애의 문제 : The Problem of Homosexuality》

- 1919년 《다른 견해 : The Other Side》

- 1920년 《개인심리학의 실행과 이론 : Practice and Theory of
  Individual Psychology》

- 1927년 《인간성의 이해 : Understanding Human Nature》

- 1928년 《개인심리학의 기술 : The Technique of individual psychology》

- 1929년 《미스 R의 예 : The Case of Miss R》
  《학교에서의 개인심리학 : Individual Psychology in School》
  《생활의 과학 : The Science of Living》
  《신경증의 문제 : Problems of Neurosis》

- 1930년 《어린이들의 교육 : The Education of Children》

《어린이 지도 : Guiding the Child》

《삶의 양식 : The Pattern of Life》

• 1931년《삶의 심리학 : What life Should Mean to You》

《A 부인의 예 : The Case of Mrs. A》

• 1933년《인류에의 도전 : A Challenge to Mankind》

《종교와 개인심리학 : Religion and Individual Psychology》

• 1937년 스코틀랜드 애버딘에서 강연 여행 중 향년 68세로 별세하다.

'현대 자아심리학의 아버지'라고 불리는 A. 아들러

1914년 아들러의 아내Raissa Adler와
그의 아이들

아들러는 최초의 기억이 인간의
정신생활 속에 깊이 관여한다는
인식을 설파하여 심리학 사상
영원한 업적을 남겼다.

1885년 소년 시절의 아들러

1920년에 발행된 아들러의 저서
《개인심리학의 실행과 이론》